新编审计模拟实习

高圣荣 陈力生 编著

立信会计出版社
LIXIN KUAIJI CHUBANSHE

图书在版编目(CIP)数据

新编审计模拟实习 / 高圣荣,陈力生编著. —上海:
立信会计出版社,2007.2
ISBN 978-7-5429-1807-9

Ⅰ.新… Ⅱ.①高… ②陈… Ⅲ.审计学 Ⅳ.F239.0

中国版本图书馆 CIP 数据核字(2007)第 025888 号

责任编辑　徐小霞
封面设计　周崇文

新编审计模拟实习

出版发行	立信会计出版社		
地　　址	上海市中山西路 2230 号	邮政编码	200235
电　　话	(021)64411389	传　　真	(021)64411325
网　　址	www.lixinaph.com	电子邮箱	lxaph@sh163.net
网上书店	www.shlx.net	电　　话	(021)64411071
经　　销	各地新华书店		

印　　刷	常熟市梅李印刷有限公司	
开　　本	787 毫米×1 092 毫米	1/16
印　　张	38.5	
字　　数	951 千字	
版　　次	2007 年 2 月第 1 版	
印　　次	2018 年 1 月第 4 次	
印　　数	9 101—10 200	
书　　号	ISBN 978-7-5429-1807-9/F	
定　　价	48.00 元	

前　　言

为了适应社会主义市场经济体制对审计专业人才的需求,加强理论联系实际,锻炼学生的实际操作技能和综合分析能力,使学生能在较短的时间内,在有限的空间范围内,掌握审计的基本程序、方法和技能,我们根据多年从事审计教学、审计业务以及指导学生实习的经验和体会,编写了这本《新编审计模拟实习》,作为会计实习的姊妹篇。

本书强调审计检查、计算、分析程序(分析性复核)的基本功训练。模拟实习资料取材于一个进出口贸易公司的实务,并根据其大量真实的核算资料分析、筛选、增补而成。本书给出被审计单位的基本书面资料,1月至11月份的资产负债表、利润表和现金流量表的工作底稿以及完整的12月份证、账、表全部资料,还给出审计1月至11月预查以及12月份部分审计结果,要求审计实习者在此平台上完成一项报表审计的基本程序:即从取证到编制审计底稿,直至撰写审计报告,完成审计底稿归档的全部过程。

审计实习不同于会计实习,很难给出一个确切的参考答案。因为实际审计工作,往往是智者见智,仁者见仁。尽管如此,为了便于实习者上手操作和检查核对,并起到具体而有效的辅导作用,本书还是给出了一份明确的审定后的会计报表(仅提供给指导老师),并对实习答辩给出了一些建设性的示范意见,仅供参考。

本书是诸多老师集体劳动之成果。首先,我们充分吸取了周杏芳老师的有益经验与成功做法。其次,在会计资料的核算部分,我们采用了电算化,巩绪峰同学做了基础数据的录入工作,杨卉老师做了数据的校对工作,朱亚兵老师参与了初稿部分内容的编审工作,还有许多老师提出了宝贵意见。在编撰的过程中,我们还虚心拜会了立信会计师事务所的实务精英,走访了上海市审计局,进行调研。在此一并向提供帮助的各位老师表示由衷的感谢。

审计模拟实习是通向审计实践的一个尝试,希望能为即将或正在从事审计工作的人们提供一些切实的帮助。由于目前仍处于新旧准则磨合期,因此,我们采用在书的最后以附录的方式,给出新旧报表、科目的对照表,以应对可能出现的情况与问题。过了磨合期后,我们将全面刷新本模拟实习教材。

由于我们的水平和经验有限,书中难免有不妥之处,敬请批评和指正。让我们共同把审计实习模拟得更好!

编　者

2007年2月

目　　录

一、实习目的、程序、假设及实习组织

(一) 实习目的

通过本书的模拟实习操作，学生能比较系统、全面地掌握会计报表审计的基本程序和具体方法，有利于加强对基本理论的理解、基本方法的运用和基本技能的训练，将专业理论和审计实务紧密结合。本书的模拟实习操作，也是对学生所学专业知识掌握程度及运用能力的一次综合考查和检验，为他们即将从事的审计工作打下扎实的基础。

(二) 实习程序与要求

(1) 熟悉报表审计程序。

(2) 运用检查与核对法，了解被审计单位的概况。

(3) 熟悉与了解被审计单位的会计政策与内部会计核算制度。

(4) 掌握与了解对被审计单位的控制测试情况，以及部分实质性程序的工作情况。

(5) 运用实质性程序对被审计单位 12 月份的会计相关资料进行审计，并编制审计工作底稿。

(6) 撰写审计报告。

(7) 撰写管理建议书。

(8) 整理所有审计实习资料，装订成册。

(9) 小结审计实习过程所学所思的问题，准备答辩。

(10) 完成了所有审计实习程序并通过答辩，标志模拟实习的结束。

(三) 实习假设

(1) 审计方式的假设：假设为注册会计师对企业的初次财报审计。

(2) 实习重点放在怎样审计，即如何查出问题，而不将关注点放在查出问题后如何与被审计单位沟通，要不要调整与披露方面。

(3) 审计实习重点放在实质性程序上，限于书面实习之碍，即将诸多控制测试，以预查的方式和以底稿形式告之实习者。

(4) 审计查证被审计单位的情况有查证书面资料与证实客观实物之分。实习假设工作重心放在前者，前者是注册会计师的基本功，后者尽量以已知条件告之实习者。审计方法中更强调检查、计算、分析程序的运用。

(5) 本次实习中，适当弱化审计重要性水平的把握，即假定查证错误无论金额大小，一般都应调整。1 月至 11 月份中，除了告之已查出的错误问题之外，假设其余会计账务处理已经认定无误。因为审计模拟实习是一种初步尝试，在此阶段，我们只能强调基本功的训练。对于一个初涉审计者，要想使其掌握重要性水平的“度”，实在勉为其难。首先要会查，查得出，查得清。然后，进一步要求查得主次分明，查得巧，查得好。

(6) 假设通过书面查证出的错误，皆可通过实际确认，否则实习无法得以继续进行。

(7) 为避免模拟实习资料过于冗长，只给出了部分原始凭证，假定均未经审核；未给出的部分，假定已经审核无误。

(8) 关于调整与披露的假设：对于查证出的所有应予调整和披露的事项，被审计单位均同意调整或披露。

(9) 对于审计准则、一些术语已按新准则予以刷新，方便读者理解与掌握。

(四) 实习方式、组织

1. 实习方式

主要是书面实习；有条件的学校，可运用电脑将被审计单位会计资料全部输入，尝试电算化会计下的审计(我们采用用友电算化软件，效果比较理想)。

2. 实习组织

(1) 应配备专职或兼职实习老师，组织和指导实习全过程，并根据学生完成的质量和工作量给予评分。

(2) 可根据具体情况选择分组共同完成实习或一人单独完成实习。

分组共同完成实习，有利于相互讨论和加强复核。每组人数以 2～4 人为宜，完成实习后，应填写各人分工及工作量明细表，以便明确责任和考核评分。为了弥补分组实习的缺陷，在实习过程中应加强交流。指导教师在实习完成后还应组织学生进行口头或书面的答辩，以了解学生对所实习内容的熟悉和掌握程度。

一人单独完成实习的效果较好，有利于其系统、全面地熟悉与掌握整个财务报表审计的“工艺流程”。

二、审计目标、程序、底稿

(一) 审计目标

1. 审计总目标

财务报表审计的总目标是对被审计单位财务报表的合法性和公允性表示意见。

2. 审计具体目标(新表见附录5)

管理当局认定	具体审计目标	
	一般审计目标	运用于存货的项目审计目标
	1.总体合理性	全部存货及销售成本合理,无重要错报
	其他特定目标	
1. 存在或发生	2. 真实性	资产负债表日,已记录的全部存货均存在
2. 完整性	3. 完整性	现有存货均盘点并计入存货总额
3. 权利和义务	4. 所有权	① 公司对所有存货均拥有所有权 ② 存货未作抵押
4. 估价或分摊	5. 估价	① 账面存货量与实有实物数量相符,用以上估价存货的价格无重大错误,单价与数量的乘积正确,详细数据的加总正确 ② 当存货的可变现净值减少时,已冲减存货价值
	6. 截止	① 年末采购截止是恰当的 ② 年末销售截止是恰当的
	7. 机械准确性	① 存货项目的总计数与总账一致
5. 表达与披露	8. 披露	① 存货主要种类和估价基础已揭示 ② 存货的抵押或转让已作揭示
	9. 分类	存货已恰当地分为原材料、在产品和产成品等几类

(二) 审计程序

确定审计目标后,注册会计师就可以开始收集审计证据,以实现审计总目标和各项具体审计目标。审计证据的收集是在审计过程中实现的,因此,审计目标的实现与审计过程密切相关。审计过程,是指审计工作从开始到结束的整个过程,一般包括三个主要的阶段,即计划阶段、实施审计阶段和审计完成阶段(以下按制度基础审计模式阐述,新内容见附录6)。

1. 计划阶段

计划阶段是整个审计过程的起点。对于任何一项审计工作，为了如期实现审计目标，注册会计师都必须在具体执行审计程序之前，制定科学、合理的计划。科学、合理的计划可以帮助注册会计师有的放矢地去审查、取证，形成正确的审计结论，从而实现审计目标；可以使审计成本保持在一种合理的水平上，提高审计工作的效率。一般地讲，计划阶段的主要工作包括：调查了解被审计单位的基本情况；与被审计单位签订业务约定书；初步评价被审计单位的内部控制；确定重要性；分析审计风险；编制审计计划等。

2. 实施审计阶段

实施审计阶段是根据计划阶段确定的范围、要点、步骤、方法,进行取证、评价,借以形成审计结论,实现审计目标的中间过程。它是审计全过程的中心环节,其主要工作包括:对被审计单位内部控制的建立及遵守情况进行控制测试,根据测试结果修订审计计划;对财务报表项目的数据进行实质性程序,根据测试结果进行评价和鉴定。上述两项工作之间有着密切的关系。如果注册会计师认为被审计单位内部控制的可信赖程度较高,则实质性程序工作就可以大大减少;反之,实质性程序工作则大大增加。但不管何时,实质性程序工作必不可少。

3. 审计完成阶段

审计完成阶段是实质性的项目审计工作的结束,其主要工作有:整理、评价执行审计业务中收集到的审计证据;复核审计工作底稿,审计期后事项;汇总审计差异,并提请被审计单位调整或作适当披露;形成审计意见,编制审计报告。为了实现审计目标,注册会计师必须正确运用专业判断,综合所收集到的各种证据,根据中国注册会计师执业准则,形成适当的审计意见,出具审计报告。

(三) 审计底稿的基本内容和编制要求

1. 审计工作底稿的基本内容

审计工作底稿有许许多多,各张审计工作底稿的内容也各不相同,但一般来说,每张底稿必须同时包括以下基本内容。

(1) 被审计单位名称。每一张审计工作底稿都应写上被审计单位名称,以防混淆。如果被审计单位下面有子(分)公司,或内部的车间、部门,则应同时注明子(分)公司或车间部门名称,如: ××公司——××子公司,××公司——××车间。

(2) 审计项目名称。每张审计工作底稿都应写明审计的内容,如审查的是某一会计报表项目,比如销售收入;或某一业务循环,比如销售及收款循环控制测试。

(3) 审计项目时点或期间。在审计工作底稿上应写明审计内容的时点(指资产负债类项目)或期间(指损益类项目)。

(4) 审计过程及其结果的记录。注册会计师应将其实施审计程序而达到审计目标的过程记录在审计工作底稿上。每张审计工作底稿都要有经过注册会计师审计的轨迹,或专业判断的记录。这种专业判断,就控制测试而言,是指注册会计师对被审计单位某项内部控制的满意程度以及是否可以信赖;就实质性程序而言,是指注册会计师对某一审计事项的余额或发生额或列报认定是否可以确认。这一点很重要。有的审计工作底稿只是抄录了被审计单位账簿上的一些记录，没有审计过程记录，也没有注册会计师的专业判断或审计结论，这样不说明问题的审计工作底稿实际上是无用的底稿。

(5) 审计标识及其说明。在审计工作底稿上可以用审计标识。如果在整套审计底稿前有一张审计标识表的，在每张工作底稿上运用这些标识时，一般不必注明所用标识的含义。如果在每张底稿上把用到的标识在附注中对其含义作出说明则更好。当然，审计标识应前后一致以及整个会计师事务所一致。在统一的审计标识表中已有的标识，注册会计师不能自作主张另订一套应用。但如果某张工作底稿上应用某些特殊的标识，即统一的审计标识表中没有的标识，则必须在附注中对其含义作出说明。

(6) 索引号及页次。为了便于整理和查阅，在每张审计工作底稿上都要注明索引号及页次。索引号在审计工作底稿目录表中能查到，页次是指在同一索引号下不同的审计工作底稿的顺序编号。

(7) 编制者姓名及编制日期。审计工作底稿的编制者必须在其编制的审计工作底稿上签名和注明编制日期。签名如用简签，则应在审计计划中参加审计人员名单后附有签名样式。

(8) 复核者姓名及复核日期。审计工作底稿的复核者必须在复核过的审计工作底稿上签名和注明复核日期。如果有多级复核，每级复核者均应签名和注明复核日期。签名如用简签，则应在审计计划中参加审计人员名单后附有签名样式。

由被审计单位、其他第三者提供的资料或代为编制的审计工作底稿，注册会计师应在上面注明其来源，实施必要的审计程序，并按照上述基本内容的要求记录在工作底稿上。

此外，注册会计师根据其专业判断，认为需要在审计工作底稿上注明的其他相关事项也可予以记录。

2. 审计工作底稿的编制要求

如前所述，由于审计工作底稿不仅是形成审计结论的依据，而且是评价注册会计师业绩、控制和监督审计质量的基础，因此，对于审计工作底稿的编制不能认为只是工作底稿，就可以马马虎虎、草率从事，而必须认真对待，在内容上做到资料翔实、重点突出、繁简得当、结论明确；在形式上做到要素齐全、格式规范、标识一致、记录清晰。

(1) 资料翔实。由于审计工作底稿上所记录的就是审计证据，它将作为发表审计意见的依据，因此，记录的内容，必须真实完整，必须注明资料的来源，可以核实，否则会导致错误的审计结论。

(2) 重点突出。一张审计工作底稿，往往只是说明某一个或几个问题，因此，每张工作底稿中所反映的内容，必须重点突出，对需要说明的与审计结论有重大影响的内容进行记录。

(3) 繁简得当。审计工作底稿应当根据记录内容的不同，按照重要性原则，对重要的、与形成审计结论密切有关的内容要详细记录，对一般内容可酌情简单记录。

(4) 结论明确。审计工作底稿是审计证据的载体，必须要有明确的结论。因此，注册会计师按审计程序对审计项目实施审计后，应对该项目明确表达其最终的专业判断意见。如某一业务循环的内部控制是否齐全，是否可以信赖；某一审计事项的发生额或余额是否可确认等。

(5) 要素齐全。每张审计工作底稿都必须按照前述审计工作底稿的基本内容完整填列。

(6) 格式规范。审计工作底稿分为编制的和取得的。如果注册会计师自己编制的工作底稿，一般都应用会计师事务所统一规定的格式，以达到格式规范的要求；如果是被审计单位或第三者提供的资料，格式不一定规范，只能在实施审计程序时，尽可能做到规范。

(7) 标识一致。每张审计工作底稿上用的同一审计标识，应该做到含义一致。一般都是按照各会计师事务所自己制定的审计标识表统一使用标识符号。

(8) 记录清晰。审计工作底稿上的记录要完整，文字要端正，层次要清楚，计算要正确，便于他人阅读。

3. 审计工作底稿的勾稽关系

审计工作底稿的勾稽关系主要包括三方面内容。

(1) 各财务报表项目审计工作底稿之间勾稽关系。由于被审计单位的经济业务与财务状况是一个有机的整体，对某一财务报表项目进行审计必然会涉及另一些财务报表项目，因此，每一张审计工作底稿反映的内容，必然与其他审计工作底稿之间存在密切关系。注册会计师必须通过交叉索引及备注说明等形式反映相关审计工作底稿之间的勾稽关系。交叉索引是指注册会计师在某一审计工作底稿中引用其他审计工作底稿上的资料或数据时，在两张工作底稿上同时注明对方工作底稿索引号的一种方法。即在引用其他工作底稿数据的工作底稿上引用的数据前，注明被引用工作底稿的索引号(表示数据来源)；被引用工作底稿上被引用数据后，注明引用工作底稿的索引号(表示去向)。交叉索引可以帮助注册会计师清晰地反映某些审计资料或数据的来源和去向，以方便对审计工作底稿的检查和复核，并且有利于简化审计工作底稿和节省审计工时，增强审计工作底稿的严谨性和可理解性。

(2) 各财务报表项目审计工作底稿与试算平衡表之间勾稽关系。当注册会计师按照审计计划完成审计业务约定书中约定的全部审计事项后，应将具体审计项目工作底稿中的相关数据和内容进行归类汇总，编制试算平衡表和审计差异调整表。上述审计工作底稿经复核无误后，才能编制审计报告。试算平衡表应控制审计差异调整表和各财务报表项目审计工作底稿，并通过交叉索引得以明确反映。

(3) 各财务报表项目审计工作底稿与被审计单位未审计财务报表之间勾稽关系。按照有关财务报表项目、会计科目或具体审计项目编制的审计工作底稿所记载的内容和数据(未审数)，应与被审计单位未审计财务报表、账簿、凭证等直接对应，并通过交叉索引或备注说明予以反映。

这种勾稽关系可简示如下图。

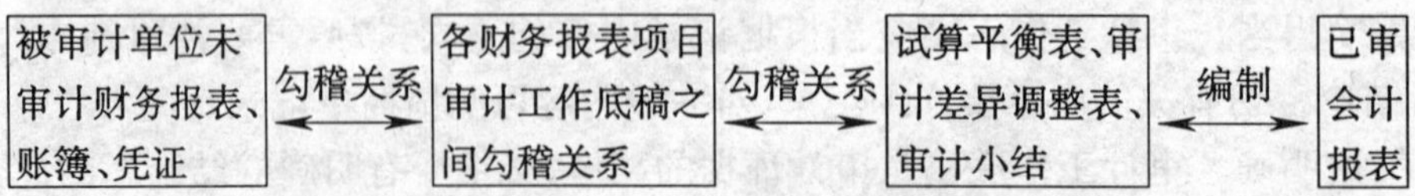

下面以存货项目为例，其审计工作底稿的勾稽关系示范如下图。

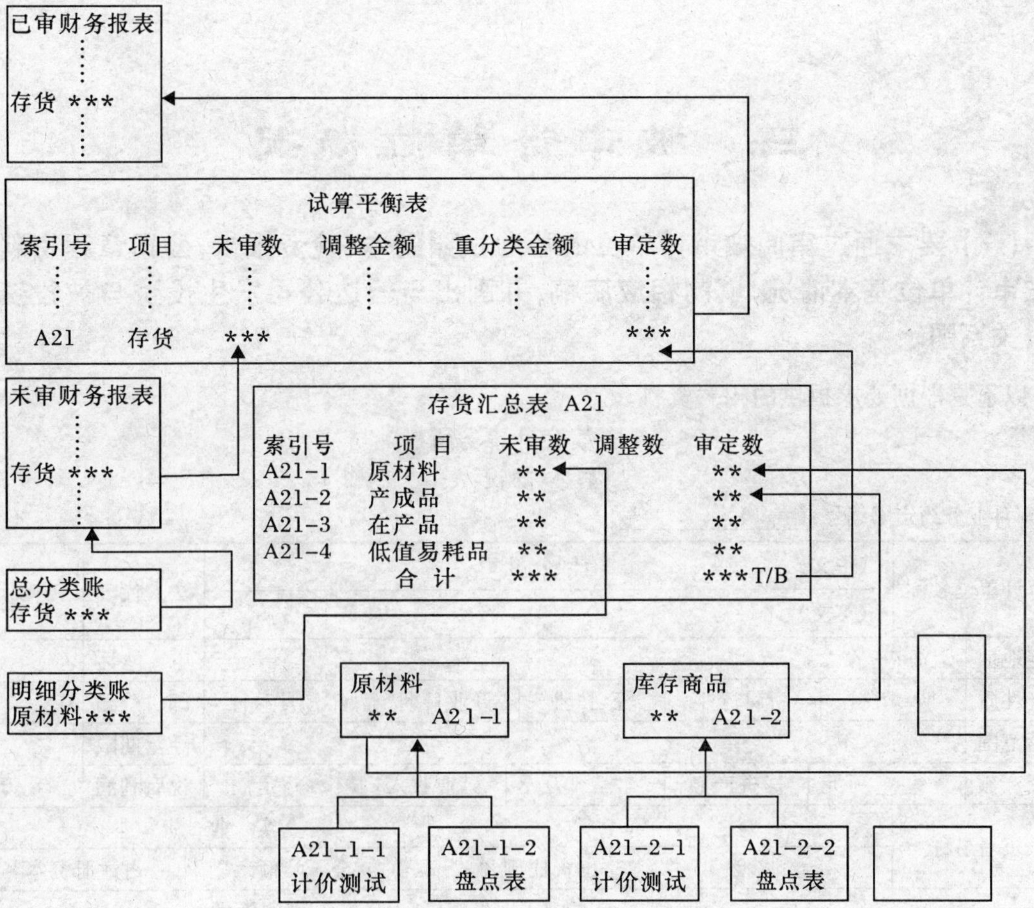

审计工作底稿的勾稽关系

（存 货）

三、被审计单位概况

(一) 要求通过审阅被审计单位的营业执照副本、验资报告、公司章程资料了解被审计单位基本情况，填制相应底稿，并画出与信达公司发生投资与被投资的投资关系图

以下是根据要求提供的相关资料。

立信会计事务所

基本概况表

审计业务约定书编号：(　　)第(　　)号

被审计单位名称	(中文) 有限公司					法人代表	
	(英文)						
法定地址	上海市					电　话	
经济性质	股份制	所属行业	轻工业	开业日期	年　月　日	邮　编	
经营范围						经营期限	年
总资产额	万元	净资产额	万元	营业收入	万元	税后利润	万元
投资者名称	注册资本		实收资本				
	金额	出资比例%	金额	占注册资本%			
	万元		万元				
	万元		万元				
合计	万元		万元				
批准机关及证书号码	市计划委员会(　　)××号					营业执照号码	
注册日期	年　月　日	主管工商机关	市工商行政管理局	主管税务机关	税务局第三税务所		
主要负责人	董事长		总经理	陈培国	财务负责人		
办公地址	号	休假日	星期六、日	联系人	李国强		
委托项目	类别	财务报表审计	前注册会计师审计情况				
	目的	公司年度审计					
	范围	年度					
初步洽谈情况	同意接受委托，初步安排审计分预审、终审两阶段进行，年度存货盘点，由事务所派人员参加监盘。洽谈人：吕　萍						
备注							
收费标准	元	人员安排	主办：吴蓉　助理：赵桃　陈林　罗芳　张远　陆云　李兵				
时间安排	初步考虑12月下旬进驻现场审计，月初出具审计报告					核准	徐星

企业法人营业执照

（副本）

注册号 3101151016520

名称　上海信达进出口有限公司

住所　浦东东方路 1234 号 6 幢 8 楼

法人代表　蔡一鸣

注册资本　人民币伍佰万元

企业类型　有限责任公司(国内合资)

经营范围　自营和代理各类商品及技术的进出口业务，但国家限定公司经营或禁止进出口的商品及技术除外，经营进料加工和“三来一补”业务，经营对销贸易和转口贸易。

营业期限　自二〇〇一年十二月七日至二〇一六年十二月六日

成立日期　二〇〇一年十二月七日

说　明

1.《企业法人营业执照》是企业取得企业法人资格和合法经营的凭证。

2.《企业法人营业执照》分正本和副本，正本和副本具有同等法律效力。营业执照正本应放在企业法人住所醒目的位置。企业法人应根据业务需要，向登记机关申请领取若干副本。

3. 营业执照不得伪造、涂改、出租、出借、转让。除登记机关外，其他任何单位和个人均不得扣留、收缴和吊销。

4. 企业法人应在核准登记的经营范围内从事经营活动。

5. 企业法人登记注册事项发生变化时，应向原登记机关申请变更登记。

6. 每年一月一日至四月三十日，登记机关对企业法人进行年度检验。

7. 企业注销登记时，就交回营业执照正、副本。营业执照被登记机关吊销后即自行失效。

企业法人年检情况

证照编号　150000012002012500008

企业标识　150000012001120700022

执照有效期：2002 年 01 月 25 日至 2011 年 09 月 30 日 登记机关

二〇〇二年一月二十五日

上海正则会计师事务所有限公司

沪正会验字(2001)第 1818 号

验　资　报　告

上海信达进出口有限公司(筹)全体股东：

我们接受委托，审验了贵公司(筹)截至 2001 年 11 月 30 日止申请设立登记的注册资本实收情况，按照国家相关法律、法规的规定和协议、章程的要求出资，提供真实、合法、完整的验资资料，保护资产的安全、完整是全体股东及贵公司(筹)的责任，我们的责任是对贵公司(筹)注册的实收资本情况发表审验意见，我们的审验是依据《独立审计实务公告第 1 号——验资》进行的，在审验过程中，我们结合贵公司(筹)的实际情况，实施了检查等必要的审验程序。

根据公司章程的规定，贵公司(筹)申请登记的注册资本为人民币 500 万元，由全体股东 2001 年 11 月 30 日之前缴足。经我们审验，截至 2001 年 11 月 30 日止，贵公司(筹)已收到全体股东缴纳的注册资本合计人民币 500 万元。其中以货币出资 301.2 万元，实物等出资198.8万元。

本验资报告供贵公司(筹)申请设立登记及据以向全体股东签发出资证明时使用，不应将其视为是对贵公司(筹)验资报告日后资本保全、偿债能力和持续经营能力等的保证，因使用不当所造成的后果，与执行验资业务的注册会计师及会计师事务所无关。

附件：

1. 注册资本实收情况明细表；

2. 验资事项说明；

3. 出资单位净资产额验证证明；

4. 银行进账单、银行询证函；

5. 验资证明表。

上海正则会计师事务所有限公司　　　　　　　　　　主任会计师：唐斌

注册会计师：李兰

报告日期：二〇〇一年十一月三十日

录入：曹萍　　　　　　　　　　　　　　　　　　　　　　　校对：李兰

验资事项说明

一、组建及审批情况：

上海信达进出口有限公司由上海国泰有限公司（以下简称甲方）和上海技术工业研究所（以下简称乙方）共同出资组建，于2001年7月5日取得上海市工商行政管理局核发的沪名称预（内）01200107050035号《企业名称预先核准通知书》，正在申请办理设立登记。

二、申请的注册资本及出资规定：

根据经批准的协议、章程的规定，贵公司（筹）申请登记的注册资本为人民币500万元，由全体股东于2001年11月30日之前缴足。其中：甲方应出资人民币450万元，占注册资本的90%，出资方式为货币资金251.2万元，实物等198.8万元；乙方应出资人民币50万元，占注册资本的10%，出资方式为货币资金50万元。

三、审验结果：

截至2001年11月30日止，贵公司（筹）已收到甲方和乙方缴纳的注册资本合计人民币500万元。

（一）甲方缴纳人民币450万元。于2001年11月26日缴存中信实业银行人民币账户，账号086780—83900000105，251.2万元；实物资产和股权经评估价值为198.8万元，于2001年11月30日投入，存货和股权合计198.8万元。

（二）乙方缴纳人民币50万元。于2001年11月8日缴存中信实业银行人民币账户，账号086780—83900000105，50万元。

二〇〇一年十一月三十日

附件一

注册资本实收情况明细表

拟设立公司名称：上海信达进出口有限公司　　截至2001年11月30日止　　　　货币单位：万元

股东名称	认缴注册资本		实际出资情况							
	金额	出资比例（%）	货币	实物	无形资产	净资产	其他	合计	其中：实缴注册资本	
									金额	占注册资本总额比例（%）
上海国泰有限公司	450	90	251.2	48.11			150.69	450	450	90
上海技术工业研究所	50	10	50					50	50	10
合　　计	500	100	301.2	48.11			150.69	500	500	100

上海正则会计师事务所（公章）　　　　　　　　　中国注册会计师：（签章）

出资单位净资产额验证证明

编号：

上海信达进出口有限公司由出资单位拨款投入注册资本伍佰万元。对各出资单位的净资产额验证列表如下：

出资单位名称	出资额	累计投资额	2001年10月净资产额	比例
上海国泰有限公司	450万元	3 909.5万元	11 052.7万元	35.4%
上海技术工业研究所	50万元	50万元	1 033.2万元	4.8%

根据《中华人民共和国公司法》第十二条精神，出资单位累计投资额不得超过本公司净资产的百分之五十的规定，现经验证上述出资单位的投资额符合公司法规定。

验证单位章　　　　中国注册会计师：（签章）

二〇〇一年十一月三十日

上海市工商行政管理局监制

编者注：《中华人民共和国公司法》已作修改，此条款已删去，即允许出资单位写明投资额可以超过本公司净资产的百分之五十。

验资证明表

公司名称	上海信达进出口有限公司	公司类型	有限责任	地址	浦东东方路1234号	电话	
委托人	上海国泰有限公司	验资机构专用账号		新开业或变更	新开业		

股东名称	出资额（万元）	出资方式	缴纳出资额（万元）	以实物、工业产权、非专利技术土地使用权出资的评估额（万元）	工业产权、非专利技术占注册资本的比例（%）	募集设立的发起人认购股份占股份总数的比例（%）
上海国泰有限公司	450	货币251.2 实物198.8	450			
上海技术研究所	50	货币	50			
合计	500		500			

备注：1. 根据《公司注册资本登记管理暂行规定》第十六条规定，验资报告应当附以下有关文件：

（一）验资机构、资产评估机构的《企业法人营业执照》复印件；（二）银行出具的企业登记注册人“专用账户”的资金凭证；（三）以实物出资的，附实物转让清单；（四）以专利权出资的，附专利证书复印件和专利登记簿副本复印件；（五）以注册商标出资的，附《商标注册证》复印件；（六）以土地使用权出资的，附土地使用权证明；（七）以非货币出资的，附资产评估报告及评估结果确认书或股东、发起人认可证明。

2. 公司类型一栏应填写有限责任公司；股份有限公司（上市）；股份有限公司（非上市）。

中国注册会计师（签章）　　　　验资机构盖章

验资日期　2001年11月30日

上海市工商行政管理局

贷记凭证(收账通知) BJ960087

签发日期:2001 年 11 月 8 日

付款人	全　　称	上海技术工业研究所
	账　　号	1001238800014448608
	开户银行	交行上海分行
人民币　伍拾万元正		
收款人	全　　称	上海信达进出口有限公司
	账　　号	086780—83900000105
	开户银行	中信实业银行上海分行
用途　划款 投资款 收款人开户行 盖章		

贷记凭证(收账通知) AA659635

签发日期:2001 年 11 月 26 日

付款人	全　　称	上海国泰有限公司
	账　　号	086780—10226418168
	开户银行	中信实业银行上海分行
人民币　贰佰伍拾壹万贰仟元整		
收款人	全　　称	上海信达进出口有限公司
	账　　号	086780—83900000105
	开户银行	中信实业银行上海分行
用途　划款 投资款 收款人开户行 盖章		

银行询证函

________(银行):

本公司(筹)聘请的上海正则会计师事务所有限公司正在对本公司(筹)的注册资本实收情况进行审验。按照中国注册会计师独立审计准则的要求和国家有关法规的规定,应当询证本公司股东向贵行缴存的出资额。下列数据如与贵行记录相符,请在本函下端"数据证明无误"处签章证明;如有不符,请在"数据不符"处列明不符金额。有关询证费用可直接从本公司(筹)存款账户中收取。回函请直接寄至上海正则会计师事务所有限公司。

通信地址:上海牡丹江路 1528 号

邮编 201900　　电话:56124148　　传真:56101270

截至 2001 年 11 月 27 日止,本公司股东缴入的出资额列示如下:

缴款人	缴入日期	银行账号	币种	余额	款项用途	备注
	2001.11.8	1001238800014448608	人民币	500 000	投资	
	2001.11.26	086780—10226418168	人民币	2 512 000	投资	
合计金额(大写)		叁佰零壹万贰仟元整				

法定代表或委托代理人(签章)

1. 数据证明无误

(银行签章)

经办人:

2001 年 11 月 27 日

2. 数据不符,请列明不符金额

(银行签章)

经办人:

2001 年　月　日

往来户明细表

账号：73110—01—834—000001—05　　客户名：上海信达进出口有限公司

日期范围：2001.11.08～2001.11.27　打印日期：2001年11月27日　　交易码：0361

交易日期	柜员交易号	起息日期	借贷	发生额	账户余额	支票号码
2001.11.09	73110—1—0141—0005	2001.11.8		500 000	500 000	
2001.11.26	73110—1—0155—0005	2001.11.26		2 512 000	2 512 000	

上海至信资产评估有限公司

沪至信评报字(2001)第E—1—28号

上海国泰有限公司
资产评估报告书摘要

上海至信资产评估有限公司接受上海国泰有限公司的委托，根据国家有关资产评估的规定，本着客观、独立、公正、科学的原则，按照公认的资产评估方法，对拟对外投资而涉及的部分资产进行了评估。本公司评估人员按照必要的评估程序对委托评估的资产实施了实地查勘、市场调查和询证，对委估资产于2001年8月31日所表现的市场价值作了公允反映。现将资产评估情况及评估结果报告如下：

评估范围：本项评估的范围为上海国泰有限公司截至2001年8月31日止所拥有的部分资产，包括存货、固定资产——设备、长期投资。

评估基准日：2001年8月31日。

评估目的：对外投资作价。

评估方法：重置成本法。

评估结果：经评估，上海国泰有限公司的部分资产价值人民币2 184 839.78元（大写：贰佰壹拾捌万肆仟捌佰叁拾玖元柒角捌分）。

评估结果汇总如下：

评估结果汇总表

2001年8月31日　　单位：万元

项　　目	账面净值	调整后账面净值	评估值	增减额	增减率（%）
	A	B	C	D=C−B	E=D÷B
存货	102.23	102.23	59.26	−42.91	−42.05
其中：原材料	94.27	94.27	56.72	−37.60	−30.83
库存商品	7.96	7.96	2.54	−5.42	−68.09
固定资产	9.81	9.81	8.53	−1.28	−13.11
其中：设备	9.81	9.81	8.53	−1.28	−13.11
长期投资	168.40	168.40	150.69	−17.71	−10.51
合　　计	280.44	280.44	218.48	−61.96	−22.09

本报告仅供委托方为本报告所列明的评估目的服务，本评估报告的使用权归委托方所有。除按规定报送有关政府管理部门或依据法律需公开的情形外，未经许可，报告的全部或部分内容不得发表于任何公开的媒体上。

本评估结论的有效期为一年，即评估基准日后的一年。

以上内容摘自资产评估报告书，欲了解本评估项目的全面情况，应认真阅读资产评估报告书全文。

SHANGHAI 上海至信资产评估有限公司

评估机构：上海至信资产评估有限公司

法人代表签章：青蔡印文

总评估师签章：中国注册资产评估师 王炳全 03020207

中国注册资产评估师签章：中国注册资产评估师 李淑兰沪 0033　　中国注册资产评估师 吴丛伟 03020150

2001 年 11 月 8 日

上海国泰有限公司转账凭单

2001 年 11 月 30 日

总号	7
分号	49

账户及摘要	过账页码	金额										贷方账户及摘要	过账页码	金额									
		千	百	十	万	千	百	十	元	角	分			千	百	十	万	千	百	十	元	角	分
长期投资信达				3	9	5	7	6	8	5	9	产成品					2	5	3	5	0	0	0
应收账款信达							8	8	3	7	4	原材料				3	7	1	3	0	2	3	3
合计				3	9	6	6	5	2	3	3	合计				3	9	6	6	5	2	3	3

核准：　　会计：　　复核：（略）　　记账：（略）　　制单：（略）

总号	7
分号	48

上海国泰有限公司转账凭单

2001 年 11 月 30 日

账户及摘要	过账页码	金额										贷方账户及摘要	过账页码	金额									
		千	百	十	万	千	百	十	元	角	分			千	百	十	万	千	百	十	元	角	分
长期投资信达			1	5	0	6	9	8	2	4	1	长期投资国际			1	6	8	3	9	3	6	4	7
长期投资国际				1	7	6	9	5	4	0	6												
合计			1	6	8	3	9	3	6	4	7	合计			1	6	8	3	9	3	6	4	7

核准： 会计： 复核：（略） 记账：（略） 制单：（略）

上海国泰有限公司商品出库单

2001 年 11 月 15 日

购货单位：上海信达进出口有限公司 No：0054321

商品名称	品种及规格	计量单位	数量	单价	总金额	备注
杨梅拷胶		吨	44.8	1 100	49 280.00	该化工原料作为对国泰投资
皮革助剂		吨	18.4	14 200	261 280.00	
EVA 树脂		吨	4	6 774.44	27 097.76	
聚氯乙烯		吨	0.15	3 000	450.00	
合计					338 107.76	

制单：宋小伟

上海国泰有限公司商品出库单

2001 年 11 月 15 日

购货单位：上海信达进出口有限公司 No：0054322

商品名称	品种及规格	计量单位	数量	单价	总金额	备注
女鞋		双	845	30	25 350.00	该皮革作为对国泰投资
合计					25 350.00	

制单：宋小伟

上海国泰有限公司商品出库单

2001年11月15日

购货单位：上海信达进出口有限公司　　No：0054323

商品名称	品种及规格	计量单位	数 量	单 价	总金额	备 注
黄牛二层		平方米	581.96	25.8	15014.57	该皮革作为对国泰投资
支跟包头		张	1010	18	18180.00	
合 计					33194.57	

（印章：上海国泰有限公司 310043132207478 发票专用章）

制单：宋小伟

上海至信资产评估有限公司

沪至信评报字(2001)第E—1—22号

上海国际制衣厂
整体资产评估报告书摘要

上海至信资产评估有限公司接受上海国泰有限公司的委托，根据国家有关资产评估的规定，本着客观、独立、公正、科学的原则，按照公认的资产评估方法，对其投资建办的上海国际制衣厂拟对外投资作价而涉及的全部资产和负债进行了评估。本公司评估人员按照必要的评估程序对委托评估的资产和负债实施了实地查勘、市场调查和询证，对委估资产和负债于2001年8月31日所表现的市场价值作了公允反映。现将资产评估情况及评估结果报告如下：

评估范围：本项评估的范围为上海国际制衣厂截至2001年8月31日止所有的全部资产、负债和所有者权益。

评估基准日：2001年8月31日。

评估目的：对外投资作价。

评估方法：重置成本法。

评估结果：经评估，上海国际制衣厂的净资产价值人民币1506982.41元(大写：壹佰伍拾万零陆仟玖佰捌拾贰元肆角壹分)。

其中待处理固定资产净损失25765.50元。

评估结果汇总如下：

评估结果汇总表

2001年8月31日 单位：万元

项　　目	账面净值	调整后账面净值	评 估 值	增 减 额	增减率(%)
	A	B	C	D=C-B	E=D/B
流动资产	176.58	176.46	184.04	+10.58	+4.30
固定资产	16.00	15.99	16.68	+10.59	+66.26
其中：设备	13.60	13.41	24.00	+10.59	+78.99
待处理固定资产净损失	2.40	2.58	2.58		
资产总计	192.58	192.45	210.62	+18.17	+9.44
流动负债	61.54	59.93	59.93		
负债合计	61.54	59.93	59.93		
净资产	131.04	132.52	150.69	+18.17	+13.71

本报告仅供委托方为本报告所列明的评估目的服务，本评估报告的使用权归委托方所有。除按规定报送有关政府管理部门或依据法律需公开的情形外，未经许可，报告的全部或部分内容不得发表于任何公开的媒体上。

本评估结论的有效期为一年，即评估基准日的一年。

以上内容摘自资产评估报告书，欲了解本评估项目的全面情况，应认真阅读资产评估报告书全文。

评估机构：上海至信资产评估有限公司

法人代表签章：青蔡印文

总评估师签章：中国注册资产评估师 王炳全 03020207

中国注册资产评估师签章：中国注册资产评估师 李淑兰沪0033　中国注册资产评估师 吴丛伟 03020150

2001年11月8日

上海国泰有限公司转账凭单

总号	7
分号	47

2001 年 11 月 30 日

借方账户及摘要	过账页码	千	百	十	万	千	百	十	元	角	分	贷方账户及摘要	过账页码	千	百	十	万	千	百	十	元	角	分
151 长期投资信达					8	5	2	4	9	0	0	166 固定资产清理 电器设备					7	0	8	5	4	0	0
												166 固定资产清理 车辆					1	4	3	9	5	0	0
合　计					8	5	2	4	9	0	0	合　计					8	5	2	4	9	0	0

核准：　　会计：周涛　　复核：　　记账：　　制单：宋小伟

上海国泰有限公司投资上海信达进出口有限公司

设备清单

序号	设备编号	名　称	规格型号	生产厂家	单位	购货日期	评估净值
1		空调	春兰 2 匹		台	2000.7	4 232.00
2		传真机	松下 FOD		台	1995.3	588.00
3		电脑	赛扬		台	1995.3	630.00
4		空调	华宝 3 匹 BF—3G		台	1996.7	2 590.00
5		空调	华宝 1 匹 KFR—35GWF		台	1996.7	1 110.00
6		电脑	奔 3677		台	2000.12	5 520.00
7		传真机	佳能 490		台	1995.1	768.00
8		空调	华宝 1.5 匹 KFR—35GWF		台	1996.7	900.00
9		空调	华宝 3 匹 KFR—35GWF		台	1996.7	2 100.00
10		电脑	COMPACT—5DM		台	1998.12	900.00
11		电脑	奔Ⅱ350		台	1998.12	900.00
12		服务器	华硕 AP—100		台	2000.1	13 680.00
13		数码相机	索尼 SONYS—50		台	2000.6	6 375.00
14		复印机	AL1240		台	2000.5	7 241.00
15		空调	夏普 1.5 匹 A—1.36KAI		台	2004.8	3 380.00
16		空调	日立 KFR—35GWA		台	1996.6	1 575.00
17		空调	日立 KFR—35GWA		台	1996.6	1 575.00
18		空调	日立 KFR—35GWA		台	1996.6	1 575.00
19		空调	日立 KFR—35GWA		台	1996.6	1 575.00

（续表）

序号	设备编号	名　称	规格型号	生产厂家	单位	购货日期	评估净值
20		数码相机	柯达 DC280		台	2000.4	5 395.00
21		复印机	施乐 5518		台	2001.1	4 185.00
22		电脑	泰格 PT166		台	1998.4	4 060.00
23		合　计					70 854.00
24							
25							

上海国泰有限公司投资上海信达进出口有限公司

设备清单（车辆）

序号	设备编号	名　称	规格型号	生产厂家	单位	购货日期	评估净值
1		助动车	霸伏		辆	1994.12	1 380.00
2		助动车	汤姆司		辆	1995.12	1 480.00
3		助动车	霸伏		辆	1995.6	3 645.00
4		助动车	霸伏		辆	1995.6	3 645.00
5		助动车	霸伏		辆	1995.6	3 645.00
6		助动车	永久 26928		辆	1994.1	600.00
7		合　计					14 395.00
8							
9							
10							
11							
12							
13							
14							
15							
16							
17							
18							
19							
20							
21							
22							
23							
24							
25							

(二) 公司内部组织机构及人数分布

公司现有员工 52 人,内部组织机构及人数分布如下:

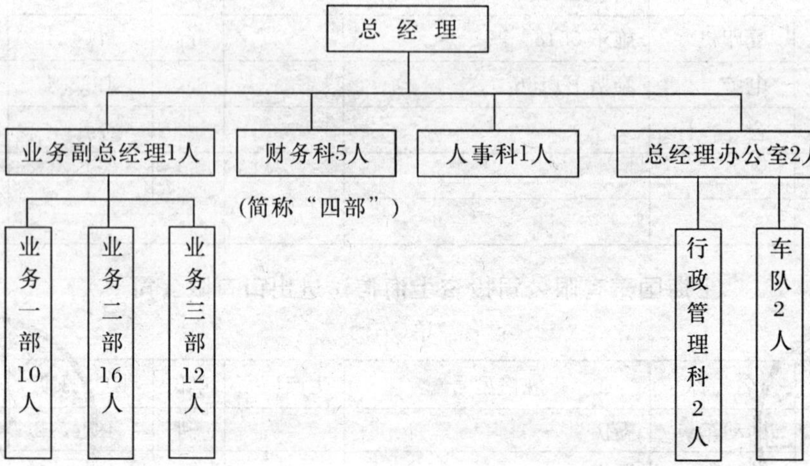

说明:总经理、业务副总经理、财务科、人事科、总经理办公室全部由投资单位国泰公司人员兼任,并由国泰公司承担相应工资福利待遇。

(三) 上海信达进出口有限公司章程

上海信达进出口有限公司章程

为了适应建立现代企业制度的需要,促进社会主义市场经济的发展,根据《中华人民共和国公司法》制定本公司的章程如下:

第一章　公司名称和住所

第一条　公司名称:上海信达进出口有限公司

第二条　公司住所:上海市浦东东方路 1234 号

第二章　公司经营范围

第三条　经营范围:

经营和代理皮革、土畜产品、文化体育用品、纺织原料及纺织品、服装、玩具、塑料制品、工艺品、机械设备、轻工业品、五金交电、化工材料(除危险品外)等商品的进出口业务,承办中外合资合作,三来一补,对外经济贸易咨询业务,经营转口贸易等。

第四条　公司注册资本为人民币 500 万元。

第三章　股东的姓名或者名称

第五条　法人名称:

1. 上海国泰有限公司

2. 上海技术工业研究所

第四章　股东权利和义务

第六条　股东的权利:

(一) 股东有权查阅股东会会议记录和公司财务会计报告;

(二) 股东按照出资比例分取红利。公司新增资本时,股东可以优先认缴出资;

(三) 股东作为出资者按投入公司的资本额享有所有者资产受益、重大决策和选择管理者等权利。

第七条　股东的义务:

(一) 在规定期限内足额缴纳公司章程中规定的各自所认缴的出资额,否则应当向已足额缴纳出资的股东承担违约责任;

(二) 股东全部缴纳出资后,必须经法定的验资并出具验资证明;

(三) 股东在公司登记后,不得抽回资金;

(四) 股东以其所认缴的出资额为限对公司承担责任,公司以其全部财产对公司的债务承担责任。

第五章　股东的出资方式和出资额

第八条　股东的出资方式:

公司股东是以货币或以折算成货币的实物等作为认缴的出资额。以货币出资的,应当将货币出资足额存入准备设立的有限责任公司在银行开设的临时账户;以实物出资的,应当依法办理其财产权的转移手续。

第九条　股东的出资额:

(一) 上海国泰有限公司认缴出资额450万元(其中:现金251.2万元、实物198.8万元),占公司注册资本的90%;

(二) 上海技术工业研究所认缴出资额50万元,占公司注册资本的10%。

第十条　公司各股东所认缴的出资额必须在2001年11月27日之前足额汇入法定的验资机构。

第十一条　公司成立后,向股东签发出资证明书。

第六章　股东转让出资的条件

第十二条　股东之间可以相互转让其全部出资或部分出资。股东向股东以外的人转让其出资时,须经全体股东过半数同意,不同意转让的股东应当购买该转让的出资,如果不购买该转让的出资,视为同意转让。经股东同意转让的出资,在同等条件下其他股东对该出资有优先购买权。

第十三条　股东依法转让其出资后,由公司将受让人的姓名或者名称、住所以及受让的出资额记载于股东名册。

第七章　公司的机构及其产生办法、职权、议事规则

第十四条　股东会:

（一）公司股东会由全体股东组成，股东会是公司的权力机构，依照《中华人民共和国公司法》行使职权。

（二）股东会行使下列职权：

1. 决定公司的经营方针和投资计划；

2. 选举和更换董事、决定有关董事的报酬事项；

3. 选举和更换由股东代表出任的监事，决定有关监事的报酬事项；

4. 审议批准董事会的报告；

5. 审议批准监事会或者监事的报告；

6. 审议批准公司的年度财务预算方案、决定方案；

7. 审议批准公司的利润分配方案和弥补亏损方案；

8. 对公司增加或者减少注册资本作出决议；

9. 对股东向股东以外的人转让出资作出决议；

10. 对公司合并、分立、变更公司的形式、解散和清算等事项作出决议；

11. 修改公司章程。

（三）股东会对公司增加或者减少注册资本、分立、合并、解散或者变更公司形式作出决议，必须经代表三分之二以上表决权的股东通过。

（四）修改公司章程决议，必须经代表三分之二表决权的股东通过。

（五）股东会会议由股东按照出资比例行使表决权。

（六）股东会的首次会议由出资最多的股东召集和主持。

（七）股东会会议分为定期会议和临时会议。

定期会议每年召开一至二次，代表四分之一以上表决权的股东，三分之一以上董事或者监事，可以召开临时会议。

（八）召开股东会会议，应当于会议召开十五日以前通知全体股东，股东会应当对所议事项的决定作成会议记录，出席会议股东应当在会议记录上签名。

第十五条　董事会：

（一）公司设董事会，董事由股东会选举（委派）产生，共设董事五人，甲方委派四人，乙方委派一人。

（二）董事会设董事长一人，由股东会选举产生。

（三）董事会对股东会负责，行使下列职权：

1. 负责召集股东会，并向股东会报告工作；

2. 执行股东会的决议；

3. 决定公司的经营计划和投资方案；

4. 制订公司的年度财务预算方案、决算方案；

5. 制订公司的利润分配方案和弥补亏损方案；

6. 制订公司增加或者减少注册资本的方案；

7. 拟订公司合并、分立、变更公司形式、解散的方案；

8. 决定公司内部管理机构的设置；

9. 聘任或者解聘公司经理，根据经理的提名，聘任或者解聘公司副经理、财务负责人、业务部经理、决定其报酬事项。

10. 制定公司的基本管理制度。

（四）董事任期每届三年，任期届满，连选可以连任，董事在任期届满前，股东会不得无故解除其职务。

（五）董事会会议由董事长召集和主持，董事长因特殊原因不能履行职务时，由董事长指定其他董事召集和主持，三分之一以上董事可以提议召开董事会会议。

（六）召开董事会会议，应当于会议召开十日以前通知全体董事，董事会应当对所议事项的决定作成会议记录，出席会议的董事应当在会议记录上签名。

第十六条　经理。

经理由董事会聘任或者解聘，经理对董事会负责行使下列职权：

1. 主持公司的生产经营管理工作，组织实施董事会决议；

2. 组织实施公司年度经营计划和投资方案；

3. 拟订公司内部管理机构设置方案；

4. 拟订公司的基本管理制度；

5. 制定公司的具体规章；

6. 提请聘任或者解聘公司副经理、财务负责人、业务部经理；

7. 聘任或者解聘除应由董事会聘任或者解聘以外的负责管理人员；

8. 列席董事会会议。

第十七条　监事：

（一）公司设监事二人，监事由股东会选举产生，公司董事、经理及财务负责人不得兼任监事。

（二）监事的任期每届三年，任期届满，连选可以连任。

（三）监事行使下列职权：

1. 检查公司财务；

2. 对董事、经理执行公司职务时违反法律、法规或者公司章程的行为进行监督；

3. 当董事和经理的行为损害公司的利益时，要求董事和经理予以纠正；

4. 提议召开临时股东会；

5. 监事列席董事会会议。

第十八条　董事、监事、经理的条件与义务：

（一）公司董事、监事、经理必须符合《中华人民共和国公司法》第五十七条和五十八条的规定。

（二）董事、监事、经理应当遵守公司章程，忠实履行职务，维护公司利益，不得利用在公司的地位和职权为自己谋取私利，不得利用职权收受贿赂或者其他非法收入，不得侵占公司的财产。

（三）董事、经理不得挪用公司资金或者将公司资金借贷给他人，董事、经理不得将公司资产以其个人名义或者以其他个人名义开立账户存储，董事、经理不得以公司资产为本公司的股东或者其他个人债务提供担保。

（四）董事、经理不得自营或者为他人经营与其所任职公司同类的营业或者从事损害本公司利益的活动，从事上述营业或者活动的所得收入应当归公司所有。

（五）董事、经理除股东会议同意外，不得同本公司订立合同或者进行交易。

（六）董事、监事、经理除依照法律规定或者经股东会同意外，不得泄露公司秘密。

（七）董事、监事、经理执行公司职务时违反法律、行政法规或者公司章程的规定，给公司造成损害的,应当承担赔偿责任。

第十九条　公司财务、会计:

(一)公司应当依照法律、行政法规和国务院财政主管部门的规定,建立本公司的财务、会计制度。

(二)公司应当在每一会计年度终了时制作财务会计报告,并依法审查验证,财务会计报告应当包括下列财务会计报表及附属明细表:

1. 资产负债表;

2. 利润表;

3. 财务状况变动表;

4. 财务情况说明书;

5. 利润分配表。

(三)公司应当在每年的一月底以前将上一年度的财务会计报告送各股东。

(四)公司分配当年税后利润时,应当提取利润的10%列入公司法定公积金,并提取利润的5%~10%列入公司法定公益金。公司法定公积金累计额为公司注册资本的50%以上的,可不再提取。

公司的法定公积金不足以弥补上一年度公司亏损的,在依照前款规定提取法定公积金和法定公益金之前,应当先用当年利润弥补亏损。

公司弥补亏损和提取法定公积金,法定公益金后所余利润,按照股东的出资比例分配。股东会或者董事会违反前款规定,在公司弥补亏损和提取法定公积金、法定公益金之前向股东分配利润的,必须将违反规定分配的利润退回公司。

(五)公司的公积金用于弥补公司的亏损、扩大公司生产经营或者转为增加公司资本。

(六)公司提取的法定公益金用于公司职工的集体福利。

(七)公司除法定的会计账册外,不得另立会计账册。对公司资产,不得以任何个人名义计立账户存储。

第八章　公司法定代表人

第二十条　董事长为公司的法定代表人;董事长由股东会选举产生。

第九章　公司的解散事由与清算办法

第二十一条　公司因不能清偿到期债务,被依法宣告破产的,由人民法院依照有关法律的规定,组织股东、有关机关及有关专业人员成立清算组,对公司进行破产清算。

第二十二条　公司有下列情形之一的,可以解散:

(一)公司章程规定的营业期限届满时;

(二)股东会决议解散;

(三)因公司合并或者分立需要解散的。

第二十三条　公司依照前条第(一)项、第(二)项规定解散的,应当在十五日内成立清算组,清算组由公司股东组成,进行清算。

第二十四条　公司违反法律、行政法规被依法责令关闭,应当解散,由有关主管机关组织股东有关机关及有关专业人员成立清算组,进行清算。

第二十五条　清算组在清算期间行使下列职权：

（一）清理公司财产，分别编制资产负债表和财产清单；

（二）通知或者公告债权人；

（三）处理与清算有关的公司未了结的业务；

（四）清缴所欠税款；

（五）清理债权、债务；

（六）处理公司清偿债务后的剩余财产；

（七）代表公司参与民事诉讼活动。

第二十六条　清算组应当自成立之日起十日内通知债权人，并于六十日内在报纸上至少公告三次。债权人应当自接通知书之日起三十日内，未接到通知书的自第一次公告之日起九十日同向清算组申报其债权，并提供证明材料。清算组应当对债权进行登记。

第二十七条　清算组在清理公司财产，编制资产负债表和财产清单后，应当制定清算方案，并报股东会或者有关主管机关确认。

公司财产能够清偿公司债务的，分别支付清算费用，职工工资和劳动保险费用，缴纳所欠税款清偿公司债务。

公司财产按前款规定清偿后的剩余财产，按照股东的出资比例分配。

清算期间公司不得开展新的经营活动，公司财产在未按第二款的规定清偿前，不得分配给股东。

第二十八条　因公司解散而清算，清算组在清理公司财产，编制资产负债表和财产清单后，发现公司财产不足清偿债务的，应当立即向人民法院申请宣告破产。

公司经人民法院裁定宣告破产后，清算组应当将清算事务移交人民法院。

第二十九条　公司清算结束后，清算组应当制作清算报告，报股东会或者有关主管机关确认，并报送公司登记机关，申请注销公司登记，公告公司终止。

第三十条　清算组成员应当忠于职守，依法履行清算义务。清算组成员不得利用职权收受贿赂或者其他非法收入，不得侵占公司财产。

清算组成员因故意或者重大过失给公司或者债权人造成损失的，应当承担赔偿责任。

第十章　其他事项

第三十一条　公司经营期限自公司营业执照签发之日起至2016年9月30日止。

第三十二条　本公司章程的修改权属公司股东会。

第三十三条　本公司章程的未尽事项按《中华人民共和国公司法》及有关法规规定办理。

股东签名盖章如下：

上海国资有限公司　　　　上海技术工业研究所

二〇〇一年九月十八日

四、被审计单位会计政策与内部会计核算办法

要求通过审阅《信达公司财务管理制度》与预审阶段的控制测试底稿，充分熟识与了解被审计单位会计政策与内部会计核算办法，为进一步介入实质性程序做好准备。

上海信达进出口有限公司财务管理制度

二零零二年一月

第一章　总　　则

企业财务管理是利用货币形式，对企业资金的形成、运用、补偿、收入、分配所进行的计划、调节、监督等综合管理工作。其具体内容包括：财务预算管理、财务决算管理、固定资产管理、流动资产管理、工资管理、成本管理、费用管理、销售和利润管理、财务分析和财务机构等。

企业财务管理是企业管理的重要组成部分，它的主要任务是按照党和国家的方针、政策和制度的规定，认真编制财务预算，组织和管好、用好资金，搞好经济核算，降低成本费用，提高经济运行效益。实行财务监督，反对铺张浪费，防止贪污盗窃，保障资产安全，正确分配盈利，依法纳税，妥善处理各方面的经济关系。进行财务分析，参与经济政策，提高管理水平，促进企业发展。

第二章　财务预算管理制度

财务预算管理是根据市场供求情况，结合企业实际情况，在预测的基础上积极而稳妥地编

制，主要包括：固定资产预算、流动资产预算、成本预算、销售预算、利润预算、财务收支预算、现金流量预算等。财务预算的编制应在公司领导的指导下，各有关部门的配合下，在每年第一个月内拿出草案，提交公司董事会讨论通过。

第三章　财务决算管理制度

企业在编制财务决算前，应认真清算账面，核实各项收入和支出，按规定清核各项待摊费用和递延费用，清算应收、应付、预收、预付款项，盘点各项财产物资，多余积压的物资要进行处理。在编制年报决算时要严格执行成本开支范围，企业的一切收入都要入账。要认真总结财务管理工作的经验教训，找出管理和财务核算的薄弱环节，提出改进措施。

第四章　固定资产管理制度

一、固定资产确认

固定资产是指使用年限在1年以上的各种机器设备、房屋和建筑物运输工具用其他与生产经营相关的设备器具等。对不属于生产经营主要设备但单位价值在2 000元以上，并且使用期限在2年以上的工具、器具也应作为固定资产。不同时具备以上两个条件的为低值易耗品。

二、固定资产分类

根据固定资产经济用途和使用情况企业的固定资产分为生产用固定资产、非生产用固定资产、租出固定资产、未使用固定资产、不需用固定资产、土地和融资租入固定资产。

三、固定资产的入账价值

固定资产计价按历史成本原则，按固定资产取得方式确定入账价值。

1. 自行建造的固定资产按建造该项固定资产达到预定可使用状态前所发生的全部支出作为固定资产入账价值。

2. 有偿调入或购入的固定资产按现行调拨价格或购入价格上发生的包装费、运杂费、安装费后的价值入账。

3. 在原有基础上进行改建、扩建的固定资产，按原固定资产的原价减去改建、扩建过程中拆除部分的变价收入，加上改建、扩建增加的价值入账。

4. 其他单位投入的固定资产按双方议定价格入账。

5. 融资租入的固定资产按租赁开始日租赁资产的账面价值入账。

6. 接受捐赠的固定资产，根据捐赠方提供的有关凭证上标明的金额加上应支付的相关税费作为入账价值，如无凭据的按同类固定资产市场价格估计的金额加上应支付的相关税费作为入账价值。

7. 盘盈的固定资产按同类或类似同定资产市场价格减去该项固定资产的新旧程度估计的价值损耗后的余额作为入账价格。

8. 接受债务人抵债或以非货币交易换入的固定资产，按应收债权或换出资产账面价值加上应支付的相关税费作为入账价值。对收到补价的按应收债权或换出资产的账面价值减去补价加上应支付的相关税费作为入账价值。对支付补价的按应收债权或换出资产的账面价值加上应支付的相关税费加上补价作为入账价值。

9. 固定资产修理工程一般不增加固定资产的价值，但在修理时进行技术改造的应增加固定资产的价值。

四、固定资产价值的改变

企业已入账的固定资产除发生下列情况外不得随意变动。

1. 根据国家规定对固定资产重新估价。

2. 增加补充设备或改良装置。

3. 将固定资产的一部分拆除。

4. 调整固定资产估计记账价值的差额。

5. 发现原记录固定资产价值的错误。

五、固定资产折旧

(一) 提取折旧的范围

1. 房屋和建筑物。

2. 在用的机器设备、仪器仪表、生产管理用具、运输车辆。

3. 季节性停用或大修理停用的设备。

4. 租给外单位使用的固定资产。

5. 未使用、不需用的固定资产。

(二) 下列固定资产清理不提折旧

1. 土地。

2. 租入不属于企业的固定资产。

3. 账面已提足折旧的固定资产。

(三) 提取折旧的方法和依据

1. 提取折旧的依据以固定资产的账面原值为依据,根据月初可提取折旧的固定资产账面原值,按月计算当月应提折旧,记入当月成本,当月增加的固定资产,当月不提折旧,当月减少的固定资产,当月照提折旧。

2. 提取折旧的方法,按分类折旧法计提单项固定资产折旧,固定资产折旧方法一律采用平均年限法,平均年限法的固定资产折旧率和折旧额的计算公式如下:

月折旧率=(1-预计净残值率)÷折旧年限×12

月折旧额=固定资产原值×月折旧率

3. 固定资产净残值率按固定资产原价的4%确定。

4. 固定资产折旧年限的分类:

(1) 房屋、建筑类、钢筋水泥建筑25年,砖木结构20年。

(2) 运输设备使用年限为10年。

(3) 电子仪器、仪表设备使用年限为5年。

(4) 机器设备、生产用具及其他固定资产使用年限10年。

六、固定资产的修理

固定资产修理不实行预提大修理资金,按实际数列支,数额较大的可分次摊销。

七、固定资产的日常管理

1. 固定资产实物管理由公司设备科实施,财务部门负责固定资产账面核算。

2. 固定资产的购置、调拨、报废、盘亏等手续的审批部门为公司经理室。

3. 对每项固定资产要设立明细账卡,正确、全面、及时地记录固定资产增减变动情况,要建立健全使用管理制度和维修制度。

4. 新增固定资产，事先必须进行可行性研究，作出经济效益预测，防止盲目购建，要按规定办理报批手续，认真做好新增固定资产验收和入账工作。

5. 闲置不用的固定资产，按新旧程度及时出售有偿转让，对报废的固定资产，要经技术部门鉴定，按报经批准，要做好残料的变价收入。

6. 定期进行固定资产清查盘点，由财务部门牵头，设备部门和使用部门共同参与，做到账卡物三相符，对盘盈盘亏和毁损的固定资产，要查明原因，按规定报经批准，作增加或减少固定资产处理。

第五章 流动资产管理制度

企业的流动资产是指企业主要用于生产经营活动的那部分资金，应当按照既保证经营、生产需要，又节约使用资金的原则核定使用。因此必须做好现金管理、银行存款管理、应收账款管理、物资管理、低值易耗品管理等。

一、现金管理制度

1. 设置现金日记账，企业所发生的现金收支业务全部通过出纳人员根据收付凭证按业务发生的顺序逐笔登记。

2. 除规定可用现金支付的项目外，一切付款均应通过银行结算。

3. 现金日记账必须做到日清月结，账款相符，不白条抵库。

4. 库存现金不超过限额，超库存现金必须在当天或次日上午解交银行。

5. 不坐支。

6. 现金报销凭证要合法有效，对不合法凭证坚决不予报销。

7. 业务员现金报销金额在100元以下由部门负责人审批，超过限额需企业负责人审批，部门负责人报销由企业负责人审批，企业负责人报销交叉审批。

8. 部门借款金额在1 000元以下由部门负责人审批，超过1 000元需企业负责人审批，部门负责人借款由企业负责人审批，企业负责人借款要有交叉审批手续。

二、银行存款管理制度

1. 不开具空白支票。

2. 按时与银行对账，月底做好银行余额调节表。

3. 不出租出借银行账户。

4. 不得将单位资金以个人名义私存。

5. 对信用卡和信用保证金存款设立其他货币资金账户进行核算。

6. 支票领用要有审批手续，审批权限参照现金审批办法。

三、存货管理制度

公司存货主要由原材料、成品、包装物构成。要加强物资管理制度，完善原始凭证管理和设置必要的账册。要及时完整地记录各种物资的收、发、存的数量，单价、金额。委托加工要设置专门账册，做好收、付记录。仓库保管要有专人负责，防止物资的霉烂变质。要每季进行一次局部清查，年终进行一次全面清查盘点，对发生的盘盈、盘亏、毁损按规定程序报经批准后处理。

(一) 存货管理程序

1. 业务部门建立销售台账，记录商品名称、货号、数量、单价、金额，根据收发凭证记账，按月编制销售报表，每月1日前报公司经理室和财务部门。

2. 仓库要有专人管理，办理入库验收和出库发放手续。设置库存实物账，记录本仓库存放各种商品名称、数量、货号。根据进出仓单登记反映库存数量品种变动，按月编制库存实物报表报业务部门和财务部门。

3. 收发货必须符合下列手续：

(1) 存货入库需清点验收，由验收人在进仓单(三联)上签收，注明实收数量，退二联给业务部门。对不入库商品(如工厂直接到码头或客户直接从工厂提货)也须办理进出库手续，并在进货和提货凭证上注明发货地点、发货人、发运方式。

(2) 发货必须凭提货联，并要有提货人签收。

(3) 代客户托运发货要有销售合同，合同上要载明委托事项、发运方式、到达地、费用结算等内容。

4. 存货发生溢缺应及时报溢报损调整账面，报溢报损单由仓库管理人员及业务部门填报，报公司经理审核，送财务部门调整账面，并查明原因由业务部门提出处理意见，按审批权限上报公司总经理批准。

5. 对库存搁置半年以上不动的商品，应通知业务部门停止进货和采取措施。对库存期限1年以上的商品要计提跌价准备。

(二) 低值易耗品管理制度

低值易耗品指不属于生产经营主要设备，单位价值在2 000元以下，并且使用期限在1年以上的工具、器具、物品。

1. 低值易耗品管理部门：公司低值易耗品管理归口公司办公室，负责低值易耗品采购、发放、登记盘点清查等，财务部门负责核算工作。

2. 低值易耗品购置：

(1) 部门和个人需领用低值易耗品，须递交低值易耗品购买申请书，经主管负责人批准后采购。

(2) 低值易耗品购入后由办公室开出低值易耗品领用单一式二联，领用部门和个人签收后领用。

(3) 办公室根据低值易耗品领用单登记低值易耗品台账，财务部门根据低值易耗品领用单销账。

3. 低值易耗品摊销：低值易耗品摊销采用一次摊销法，在领用时一次计入成本费用。

4. 低值易耗品保管：个人使用的低值易耗品由个人保管，部门使用的由部门指定专人负责保管。

5. 低值易耗品盘点：管理部门应每年与使用部门和个人进行实物盘点，与账面进行核对，如发生盘亏，应查明原因经领导批准后转销。

6. 低值易耗品报废：低值易耗品报废后，使用部门和个人将报废的低值易耗品交送给管理部门，填写低值易耗品报废单，据以办理注销。

四、应收账款管理制度

(一) 应收账款的日常核算

应收账款包括预付账款管理，要及时清理结算办理收付手续，对超过正常结算期的货款，应督促业务人员专门解决，对经常往来的客户应每半年上门核对一次账，对即将满2年又可能无法收回的账款应及时进行诉讼。

1. 严格货款结算制度，应收账款根据销售方式的不同管理办法也有区别：

(1) 进销方式：坚持款到发货原则，支票、汇票结算，以资金划入企业银行账户为准，货款未入账不发货，特殊情况按赊销审批制度办理。

(2) 代销方式：每月25日前业务人员要同代销商店按当月销售实际数量，金额结账，开具普通发票或增值税发票。

(3) 业务员必须做到每笔销售和货款回笼相一致，应收账款要逐笔结清，不要前账后账混在一起，划不清欠款时间界限。

(4) 建立赊销审批制度，赊销账款需由公司业务部门经理审批，凡前债不清，后债一律不放。

(5) 收到的货款与欠款单位户名不一致时，要有付款单位出具代付款通知书，加盖付款单位公章，财务部门据此登入原欠款单位账内。

(6) 收到客户用全额现金支付的货款在发票上要盖现金收讫章，收到部分现金部分支票支付的货款在发票上要注明收取现金金额和支票金额，盖发票专用章。对清收欠款收到的现金可以开收据，但收据上一定要注明收某某发票欠款。

2. 建立定期对账制度：

(1) 财务部门每月向业务部门经理提供应收账款清单，对3个月以上不动的账款附上清欠通知，清欠通知一式三份，一份交分公司经理，一份交业务部门，财务留底一份。

(2) 业务部门对未能及时了结的欠款应定期同客户对账，办理对账手续。对账单要有欠款单位公章，对账时间间隔不超过半年。对账回单应送财务部门建档保管。

(3) 对不能取得对账单或欠款即将满2年可能丧失时效的账款，业务部门应及时进行诉讼。

(二) 坏账核销

1. 坏账的确认标准和确认方法是：账龄3年以上无催讨记录和对账单，法院宣布企业破产或免除还债责任。

2. 坏账损失核算办法是备抵法。

3. 计提坏账准备金按应收账款年末余额的0.5%计提。

第六章　对外投资管理制度

投资是通过让渡其他资产而换取的另一项资产，企业通过以现金、实物、无形资产或者以购买的股票、债券等有价证券方式向其他单位的债权投资或股票投资，包括短期投资和长期投资。

短期投资是指能够随时变现，持有时间不超过1年的有价证券和其他投资。长期投资是指不准备随时变现，持有时间超过1年以上的有价证券和其他投资。

一、投资初始成本的确定

1. 以现金购入的投资，按实际支付的全部价款(包括支付的税金，手续费等相关费用)作为初始投资成本。

2. 以接受债务人以非现金资产抵债方式取得投资，或以应收账款换入长期股权投资，按应收债权的账面价格加上应支付的相关税费作为初始投资成本。

对涉及补价的初始投资成本是：对收到补价的按应收债权账面价值减去补价加上应支付的相关税费作为初始投资成本，对支付补价的按应收债权的账面价值加上应支付的相关税费加上补价作为初始投资成本。

3. 以非货币性交易换入投资的，按换出资产的账面价格加上应支付的相关税费作为初始投资成本。对涉及补价的初始投资成：对收到补价的按换出资产的账面价值，加上应确认的收益和应支付的相关税费作为初始投资成本。对支付补价的按换出资产的账面价值，加上应支付的相关税费加上补价作为初始投资成本。

二、投资收益

(一) 短期投资收益

短期投资采用成本法，短期投资持有期间获得的现金股利或利息冲减投资成本，处置短期投资时发生的损益才作为投资收益。收益确认按收付实现制。

(二) 长期投资收益

长期投资核算采用成本法和权益法两种方法，债权投资按成本法，股权投资根据对投资企业的持股比例和影响程度来决定采用成本法还是权益法。

1. 对投资企业持股比例在20%以上或持股比例虽在20%以下但能对被投资企业施加重大影响的采用权益法，否则采用成本法。

2. 企业以实物、无形资产方式对外投资，其资产重估确认价值与其账面价值的差额计入资本公积。以购买的债券方式对外投资的实际支付款项与债券面值的差额，为企业债券的溢价或折价，在债券到期以前分期摊销或转销。

3. 企业以购买股票方式向外投资实际支付款项中含有已宣布发放股利的实际支出款项扣除应收股利后的差额作为对外投资。

4. 采取成本法核算的收益确认按收付实现制，采用权益法核算的收益确认按权责发生制。

5. 企业对外投资分得利润或者股利计入投资收益，按照所得税政策计算所得税。

第七章　成本管理制度

公司成本管理主要是存货的成本控制、确认和核算，经营费用和管理费用的控制和核算。在成本管理中要严格按成本开支范围核算成本，划清本期成本与下期成本的界限，收益性支出与资本性支出的界限。

一、存货成本管理

(一) 存货的计价

存货的价格由以下几项内容构成。

1. 存货价格按进货发票注明的货款金额。

2. 外埠运杂费。

3. 大宗货物的市内运杂费。

4. 按规定计入成本的税金(如进口关税)。

5. 委托外单位加工完成的存货实际耗用的材料以及相关的加工费、包装费、运杂费、税金等。

6. 投资者投入的存货按投资各方确认的价值作为实际价格。

7. 接受捐赠的存货，根据捐赠方提供的有关凭证上标明的金额加上应支付的相关税费作为入账价值，如无凭据的，按同类存货市场价格估计的金额加上应支付的相关税费作为入账价值。

8. 盘盈的存货按同类或类似市场价格作为入账价格。

9. 接受债务人抵债或以非货币交易换入的存货，按应收债权或换出资产的账面价值加上应支付的相关税费作为入账价值。对收到补价的，按应收债权或换出资产的账面价值减去补价加上应支付的相关税费作为入账价值。对支付补价的，按应收债权或换出资产的账面价值加上应支付的相关税费加上补价作为入账价值。

（二）存货的核算

1. 存货核算采用实际成本法。

2. 存货的计量方法采用永续盘存制。

3. 存货的计价采用个别计价法。

二、营业费用核算

营业费用主要核算以下内容。

1. 产品销售过程发生的费用，如包装费、运输费、装卸费、保险费。

2. 扩大促进商品销售发生的费用，如展览费、广告费、经营租赁费、销售服务费。

3. 销售机构的职工工资及其福利费的费用。

4. 委托代销手续费。

三、管理费用

管理费用主要核算以下内容。

（一）企业管理部门及职工方面的费用

1. 公司经费：如修理费、水电费、低值易耗品摊销、办公费和差旅费。

2. 职工工资：如工资、奖金、津贴、公积金、膳费等。

3. 工会经费：按职工工资总额（不含公积金、车贴）的2%计提拨交工会使用。

4. 职工教育经费：按职工工资总额（不含公积金、车贴）的1.5%计提，用于职工培训、学习。

5. 职工福利费：按职工工资总额（不含公积金、车贴）的14%计提，用于职工医疗保险、职工家属医疗费、职工困难补助、职工福利支出等。

6. 劳动保险费：支付退休职工家属医药费、异地安家费、职工退职金以及长病假人员工资、缴纳的养老保险费。

7. 待业保险费。

8. 差旅补贴：按财税部门的一般标准执行后另行补贴，并按财税制度正确核算纳税。

9. 交通费：乘坐飞机须由总经理审批。

10. 住宿费：分直辖市和省会城市和中小城市区别核定，实行包干方法，超过或节省部分相应奖励或个人承担。

11. 会务费：参加各种业务会议，费用按规定报销。会务费内含补贴，则不再报销差旅费补贴。

（二）用于企业直接管理以外的费用

1. 董事会费用，是公司董事会及其成员为执行职权而发生的各项费用，包括成员津贴、差旅费，会议费等。

2. 咨询费，企业支付的经济顾问、法律顾问、技术顾问费用。

3. 聘请中介费，企业进行的查账、验资、资产评估、清账发生的中介费用。

4. 诉讼费。

5. 税金,企业按规定缴纳的房产税、车船使用税、土地使用金、印花税。

(三) 提供生产经营条件的费用

1. 绿化费。

2. 研究开发费。

3. 无形资产摊销。

4. 长期待摊费用摊销。

5. 业务招待费。

6. 损失或准备:

(1) 坏账准备。

(2) 存货跌价准备。

(3) 存货的盘盈或盘亏。

7. 其他费用。

四、财务费用

公司为筹集经营所需资金而发生费用。

1. 利息支出,指企业借款利息(除资本化的利息外)票据利息扣除存款利息收入后的净额。

2. 总损失,外币清算和外币记账与人民币结算和记账因而产生的收益或损失。

3. 相关的手续费、银行手续费、调剂外汇手续费、发行债券支付的手续费。

4. 融资租赁费用,融资租入固定资产发生的费用。

五、期间费用结转法

公司期间费用结转实行账结法,费用结转均通过"本年利润"科目进行转账。

第八章 收入和利润管理制度

一、收入的分类

企业的收入是企业在销售商品,提供劳务及让渡资产使用权等活动中形成的经济利益的总流入,包括商品销售收入、劳务收入、利息收入、使用费收入、租金收入、股利收入等,但不包括为第三方或客户代收的款项。

按收入的主次,将公司的收入分为:"主营业务收入"、"其他业务收入"、"投资收益",分别进行核算收入的确认。

二、收入的确认

销售商品的收入只有同时符合以下四项条件,才能予以确认: ① 企业已将商品所有权上的主要风险和报酬转移给购买方; ② 企业既没有保留通常与所有权相联系的继续管理权,也没有对已售出的商品实施控制; ③ 与交易相关的经济利益能够流入企业; ④ 相关的收入和成本能够可靠地计量。

三、销售商品的计量原则

销售商品收入的金额,应根据企业与购货方签订的合同或协议金额确定合同或协议的,按购销双方都同意或能够接受的价格确定。

按照收入确认和计量原则,加强对收入的管理,当期收入要按权益发生制原则,不论货款收到与否,都计入收入,不得采取任何方式隐瞒和抵扣销售收入。

必须正确计算销售成本、费用和利润，按国家税法规定及时足额上交各种税金。

第九章 财务分析制度

一、财务分析方法

财务分析主要运用数字手段对财务指标的实际数与计划数进行验算，以绝对数和相对数值来表示各种因素对各项指标变动的影响程度，然后通过定性定量分析，揭示问题，寻求降低成本、增加盈利的途径。

二、财务分析内容

财务分析包括对销售完成、利润完成、产品成本、资金运用、费用支出等情况的分析，对报告期各项财务指标完成情况，分别与计划、与上年同期分析对比，找出差距，分析造成原因及影响程度，提出解决问题的措施和建议，为做好财务分析工作，财务部门要及时收集整理有关资料，财务分析每月连同会计报告送经理室。

第十章 发票管理制度

发票是销售活动中售货方提供劳务或商品而取得报酬，购买方取得商品或得到服务而支付货币的合法书面凭证。按发票性质可分为增值税专用发票、普通发票、外销发票、税务监制收据。按发票用途分为销售发票、购货发票。由于发票涉及税收、成本和利润计算，因此加强发票管理是财务部门和业务部门的共同要求。

一、购货发票管理

（一）购货发票取得时的要求

取得购货发票时首先要确认其真伪，是否是税务机关监制或认可的合法凭证：其次要查看发票填制的内容是否完整，特别是增值税专用发票更要符合填制要求；再次是核对大小写金额是否一致；最后是查看发票盖章是否与本企业签发支票或承付的单位名称一致。对增值税专用发票还要查看税金计算是否正确，所附明细清单中数量、单价、金额、增值税是否齐全，与增值税专用发票是否相符。

（二）购货发票取得后的要求

1. 业务部门取得外来发票后应及时办理入账手续，保证核算的及时完整、会计时期的一致及增值税的抵扣。

2. 业务部门取得发票按规定应填制进仓单，经验收后的进仓单同发票一同交财务部门。

3. 业务部门还应设立购货发票登记簿，以记录经手的发票号码、单位名称、业务内容、金额、业务经办人和货款支付情况，以便查询和在业务人员调动时了解其经办业务结束情况和办理移交。

4. 财务部门收到需查验的增值税发票还应验票后再办理入账付款手续。

二、销售发票管理

（一）增值税专用发票管理

1. 财务部门要有专人负责增值税专用发票的领用和保管，按现金保管要求保管，每天下班前要存放在保险箱内。

2. 增值税专用发票的领用：由分公司财务向公司财务部门领用，用完一本再领一本，凭存根联调换。

3. 增值税专用发票的填制：由业务部门填写，所附明细清单填写内容要齐全，与发票联相一致。除按规定格式要求填写外，还要按发票序号，不得跳号，不得跨月填写。当月开出的发票一定要当月进账，发票交给购货方时要求对方经办人在记账联上签字，发票邮寄给客户要用挂号信，邮件收据粘贴在记账联上，并注明邮寄人。

4. 增值税专用红发票的填写：因购货方部分退货需开红发票时，要有购货方所属税务部门出具销货退回证明原件方可开具。当购货方将货物全额退回时，需将发票联、抵扣联全部退回（所开发票时间不超过6个月）才可开具。本单位要将退回的增值税专用发票联、抵扣联粘贴在所对应的红票联上。红票几联都不得撕下，全部留在发票簿上，财务转账用自制凭证，记清事项内容。

5. 购货方需一般纳税人才可开增值税专用发票。

（二）普通发票管理

普通发票用于小额纳税人或非增值税应税项目，对普通发票使用参照增值税专用发票办法。

三、收据管理

收据由财务部门填写，主要用于分公司与职工之间，分公司与公司之间，以及清理欠款作为收到欠款证明用。收据不得用于销售结算，对收回代客户垫付运输等费用，据规定抬头开具的是客户名称不是分公司名称时才可开收据，否则只能开普通发票。

四、发票传递

（一）进货发票传递

业务部门将进货发票连同验收后的进仓单和抵扣联送财务部门，财务部门根据发票和进仓单编制进货转账凭证（发票全部附在转账凭证后，支付货款另开具付款通知书），登记明细账，进行总账核算，对增值税专用发票需验票后再转账。

（二）销售发票的传递

业务部门将开出的增值税专用发票记账联交财务部门，财务部门根据记账联编制销售转账凭证（记账联附在转账凭证后，银行进账单后可不附），登记明细账，进行总账核算。

第十一章　财务核算体系制度

1. 公司按国家统一会计制度的规定设置会计科目和进行会计核算。

2. 公司作为企业法人，应编制公司的会计报表，向外报告公司的财务状况和经营成果。

3. 公司核算程序采用记账凭证核算形式。

4. 财会核算要求：

(1) 公司财务按国家统一的财政、财务、会计制度规定，审核原始凭证，监督财务收支，不受理不真实、不合法的原始凭证。

(2) 会计核算按规定设置启用总账和明细账，扉页填写完整，活页账按年装订成册，按账户顺序编号和编写页码。

(3) 按会计规范要求记账，结账，算账，报账，做到账证，账账，账表相符。财务人员按照财务制度规定和会计核算要求，做好记账、算账的日常工作，一切经济收支业务必须要有合法凭证，手续要完备，内容要真实，数字要准确，账目要清楚，现金日记账要日清月结，其他账目要月清月结，要定期做好财务分析工作。

(4) 报表数字真实，内容完整，报送及时。

(5) 深入了解各业务部门经营状况,及时向领导反馈,做好财务分析。

(6) 财务人员调动或离职,必须与接管人员办清交接手续,要有交接记录。

(7) 财务人员每隔5年要轮岗。

(8) 对各岗位要建立责任制,检查考核。

第十二章　财会机构和财会人员

一、财务科机构设置

1. 公司设置财务科负责全公司的财务管理和会计核算。

2. 各业务部门设置台账配合财务核算。

二、财会人员责任制

(一) 出纳岗位责任制

1. 工作内容:负责银行收支和现金报销,编制现金收入、现金付出、银行收入、凭证,登记现金日记账、银行日记账,月末编制银行现金收付汇总表、调节表,装订会计凭证。

2. 岗位要求。

(1) 严格执行审批程序,认真审核收付凭证,购货发票的复核工作,按制度规定收付款,拒绝不符合要求的凭证。

(2) 严格遵守现金管理制度,除现金报销外,一律通过银行结算,库存现金不超过限额(库存限额为20 000元)。

(3) 保管好收讫章和空白支票。支票专用章按内部牵制办法由主办会计管理。

(4) 正确使用会计科目,凭证填制内容要完整、清晰、正确。

(5) 按时结账,日结日清,月底做好余额调节表。

(6) 不签发空白支票、空头支票,不白条抵库。

(7) 支票领用要书写收款单位、金额、用途,不开空白支票,领用支票要登记备查账簿。

(8) 按月装订会计凭证,移交主办会计保管。

(二) 主办会计岗位责任制

1. 工作内容:负责公司总分类核算和明细分类核算,对会计凭证和付款进行审核,编制转账凭证、编制资产负债表、利润表和主要税金明细表、现金流量表,进行财务分析,使用和保管支票专用章,保管会计账册和凭证,管理发票。

2. 岗位要求:

(1) 按规定设置启用总账和明细账,扉页填写完整,活页账按年装订成册,按账户顺序编号和编写页码。

(2) 账簿登记符合会计制度的规定,记账及时、文字规范、账实、账账、账表相符。

(3) 按国家统一会计制度和规定设置会计科目和进行会计核算。

(4) 按国家统一的财政、财务、会计制度和分公司规定审核原始凭证,监督财务收支,不受理不真实不合法的原始凭证。

(5) 报表数字真实,内容完整,报送及时。

(6) 深入了解各业务部门经营状况,及时向领导反映工作。

(7) 每月做好应收账款应付账款核对工作,提供给各业务部门账款清单协助做好清理工作。

(8) 保管好印鉴。

(9) 保管好会计凭证和会计账册。

(10) 保管好发票。

(三) 财务科长岗位责任制

1. 组织制定单位的各项财务会计制度,并贯彻执行。

2. 组织检查会计工作的进度和质量。

3. 负责编制公司财务预算和组织决算。

4. 进行财务分析,提出管理意见,实现财务监督。

5. 组织资金,保持收支平衡。

6. 检查税收执行情况,按期足额缴纳税费。

(四) 记账员

1. 工作内容:负责登记公司的应收账款、应付账款、其他应收款、其他应付款、预付账款、预收账款的总账及明细账,并要对内销增值税专用发票和普通发票进行复核和保管,对外销发票进行管理。对进货增值税专用发票抵扣联和印花税进行保管。月末编制进销存月报表,编制各部门应收账款、应付账款、其他应收款、其他应付款、预付账款、预收账款的明细清单。

2. 岗位要求:

(1) 正确及时地登记各账簿,记账规范,做到账账、账证、账表相符。

(2) 正确编制进销存报表及各类相应清单。

(3) 对内销和外销发票做好收发保管工作。

(4) 保管好印鉴和发票专用章。

(5) 对付款通知书进行审核,拒绝不完整、不符合财务制度的付款。

(6) 付佣金时,做好对此笔佣金相应业务是否已结汇的确认。

3. 复币记账。对于外币业务必须复币记账,复币记账须从本月第一天的外汇汇率中间价为本月的记账汇率。

4. 会计档案保管。对于会计凭证、会计账簿等重要的会计资料进行专门管理,当月、当年的会计凭证、会计账簿分类管理。3年以上的会计凭证、会计账簿存放入会计档案室,他人如需借用查阅必须经过会计档案保管人员的同意。

(五) 进出口外汇核销员

1. 工作内容:负责购买、保管、领用、管理外汇核销单,办理外汇核销手续,保证单证齐全,协助办理出口退税。

2. 岗位要求:

(1) 保证及时提供外汇核销单。

(2) 严格办理外汇核销单领用手续,不准领用空白核销单,领用办理登记手续。

(3) 按规定收齐各种单证。

3. 外汇核销单管理:

(1) 核销单领用:由部门指定人员办理,领用的核销单都要填写合同号,不得领用空白核销单,并在领用登记簿上签名。

(2) 核销单上交:货物出运后业务部门将经海关签章的外汇核销单、出口报关单(二联)、外销发票、装箱单、收汇水单复印件、专用税票、增值税专用发票抵扣联等规定凭证上交。

(3) 核销单领用多少返回多少，作废单证在20日内返回。谁遗失谁负责。

(4) 出口收汇申报单业务部门在30日内要上交。

(5) 严格加强核销单管理，禁止将核销单交外单位人员填写及使用。

(六) 出口退税员

1. 工作内容：负责企业出口退税的申报工作，每月按时申报，以及保证企业出口退税的及时退回。

2. 岗位要求：

(1) 审核部门上交有关的退税单证，包括审核出口报关单退税联、外汇核销单退税联、外销发票退税联、装箱单、增值税专用发票抵扣联、缴款书等的正确性。对于不符合要求的单证及时向有关部门提出，及时纠正。

(2) 及时申报退税。根据退税处的工作要求及时办理退税手续，保证退税款按时到位。及时向公司有关领导汇报退税的新政策，使企业及时根据新的情况作出相应的变更。

(3) 对于有关进料加工的单证要填写好委托加工出口货物申请表，以及附上税票的复印件。

三、会计档案管理制度

1. 为加强会计档案的管理，对公司会计档案管理作如下规定：在每年会计年度终了后，对装订成册的会计凭证和会计账簿、会计报表、备查簿及相关资料进行登记在册，防止失落。

2. 会计凭证装订后应加盖骑缝章，无特殊理由，一般不得拆封，如要拆封，需报告财务主管，由装订人拆封。

3. 会计档案原则上不出借，如要出借需报经上海国泰有限公司财务科批准，不得拆散原卷册，并限期归还。

4. 当年会计档案在财务部门保管期限不超过3年，期满后编制清册移交单位档案部门保管。

5. 会计凭证的保管期为15年，总账、日记账的保管期为15年，现金、银行日记账的保管期为25年，月度、季度会计报表的保管期为5年，年度会计报表永久保管，会计移交清册、会计档案保管清册，会计档案销毁清册的保管期为25年。

四、会计工作交接制度

1. 会计人员工作调动或离职，须将本人经管的会计工作全部移交给接替人员，没有办清交接手续的，不得调动或离职。

2. 会计人员交接前，应将本人未完成的工作全部做好，凭证填制完毕，账目登记结清。

3. 会计人员交接应编制移交清册，根据移交清册逐项移交，逐项核对点收，移交清册一式三份，交接双方各执一份，存档一份。

4. 会计人员办理交接手续，由财务负责人监交。

5. 接替人员应继续使用移交的会计账簿，不得自行另立新账，要保持会计记录的连续性。

五、会计稽核制度

1. 现金、银行记账凭证，由记账员进行审核，转账凭证由财务负责人进行审核。

2. 会计报表的审核由财务负责人审核。

3. 会计账簿审核由财务负责人根据总账数据，定期对账簿记录进行核对。

五、被审计单位会计资料

（一）2002年1月至2002年11月资产负债表、主要税金应交明细表、利润表及现金流量表底稿

资　产

编制单位：上海信达进出口有限公司　　2002年

顺序号	资　　产	行次	年初数	期末数
1	流动资产：			
2	货币资金	1		2 508 100.89
3	短期投资	2		
4	应收票据	3		
5	应收股利	4		
6	应收利息	5		
7	应收账款	6		0
8	其他应收款	7		500 000.00
9	预付账款	8		754 615.38
10	应收补贴款	9		
11	存货	10		396 652.33
12	待摊费用	11		
13				
14	一年内到期的长期债权投资	21		
15	其他流动资产	24		
16	流动资产合计	31	0	4 159 368.60
17				
18	长期投资：			
19	长期股权投资	32		1 506 982.41
20	长期债权投资	34		
21	长期投资合计	38	0	1 506 982.41
22	其中：合并价差(贷差以“—”号表示，合并报表填列)	38-1		
23	其中：股权投资差额(贷差以“—”号表示，合并报表填列)	38-2		
24	固定资产：			
25	固定资产原价	39		85 249.00
26	减：累计折旧	40		1 580.76
27	固定资产净值	41	0	83 668.24
28	减：固定资产减值准备	42		
29	固定资产净额	43	0	83 668.24
30	工程物资	44		
31	在建工程	45		
32	固定资产清理	46		
33	固定资产合计	50	0	83 668.24
34	无形资产及其他资产：			
35	无形资产	51		
36	长期待摊费用	52		
37	其他长期资产	53		
38	无形及其他资产合计	60	0	0
39	递延税项：			
40	递延税款借项	61		
41	资　产　总　计	67	0	5 750 019.25

负 债 表

会企地月 01 表
1 月 31 日 金额单位：元

负债和所有者权益	行次	年初数	期末数
流动负债：			
短期借款	68		0
应付票据	69		
应付账款	70		6 530.03
预收账款	71		810 057.54
应付工资	72		
应付福利费	73		0
应付股利	74		
应交税金	75		−67 430.91
其他应交款	80		0
其他应付款	81		3 038.00
预提费用	82		
预计负债	83		
递延收益	84		
一年内到期的长期负债	86		
其他流动负债	90		
流动负债合计	100	0	752 194.66
长期负债：			
长期借款	101		
应付债券	102		
长期应付款	103		
专项应付款	106		
职业风险基金	107		
其他长期负债	108		
长期负债合计	110	0	0
递延税项：			
递延税款贷项	111		
负债合计	114	0	752 194.66
少数股东损益(合并报表填列)	114-1		
所有者权益：			
实收资本(或股本)	115		5 000 000.00
减：已归还投资	116		
实收资本(或股本)净额	117		
资本公积	118		
盈余公积	119		
其中：法定公益金	120		
减：未确认的投资损失(合并报表填列)	120-1		
未分配利润	121		−2 175.41
外币报表折算差额(合并报表填列)	121-1		
所有者权益(或股东权益)合计	122	0	4 997 824.59
负债和所有者权益(或股东权益)总计	135	0	5 750 019.25

资　产

编制单位：上海信达进出口有限公司　　　　2002 年

顺序号	资　　产	行次	年初数	期末数
1	流动资产：			
2	货币资金	1		2 902 362.08
3	短期投资	2		
4	应收票据	3		
5	应收股利	4		
6	应收利息	5		
7	应收账款	6		−768 849.03
8	其他应收款	7		510 412.50
9	预付账款	8		861 855.38
10	应收补贴款	9		
11	存货	10		396 652.33
12	待摊费用	11		
13				
14	一年内到期的长期债权投资	21		
15	其他流动资产	24		
16	流动资产合计	31	0	3 902 433.26
17				
18	长期投资：			
19	长期股权投资	32		1 506 982.41
20	长期债权投资	34		
21	长期投资合计	38	0	1 506 982.41
22	其中：合并价差(贷差以“－”号表示，合并报表填列)	38-1		
23	其中：股权投资差额(贷差以“－”号表示，合并报表填列)	38-2		
24	固定资产：			
25	固定资产原价	39		85 249.00
26	减：累计折旧	40		3 161.52
27	固定资产净值	41	0	82 087.48
28	减：固定资产减值准备	42		
29	固定资产净额	43	0	82 087.48
30	工程物资	44		
31	在建工程	45		
32	固定资产清理	46		
33	固定资产合计	50	0	82 087.48
34	无形资产及其他资产：			
35	无形资产	51		
36	长期待摊费用	52		
37	其他长期资产	53		
38	无形及其他资产合计	60	0	0
39	递延税项：			
40	递延税款借项	61		
41	资　产　总　计	67	0	5 491 503.15

负 债 表

会企地月 01 表

2 月 28 日　　　　金额单位：元

负债和所有者权益	行次	年初数	期末数
流动负债：			
短期借款	68		0
应付票据	69		
应付账款	70		159 786.10
预收账款	71		490 416.17
应付工资	72		
应付福利费	73		0
应付股利	74		
应交税金	75		−118 965.13
其他应交款	80		10.65
其他应付款	81		3 038.00
预提费用	82		
预计负债	83		
递延收益	84		
一年内到期的长期负债	86		
其他流动负债	90		
流动负债合计	100	0	534 285.79
长期负债：			
长期借款	101		
应付债券	102		
长期应付款	103		
专项应付款	106		
职业风险基金	107		
其他长期负债	108		
长期负债合计	110	0	0
递延税项：			
递延税款贷项	111		
负债合计	114	0	534 285.79
少数股东损益(合并报表填列)	114-1		
所有者权益：			
实收资本(或股本)	115		5 000 000.00
减：已归还投资	116		
实收资本(或股本)净额	117		
资本公积	118		
盈余公积	119		
其中：法定公益金	120		
减：未确认的投资损失(合并报表填列)	120-1		
未分配利润	121		−42 782.64
外币报表折算差额(合并报表填列)	121-1		
所有者权益(或股东权益)合计	122	0	4 957 217.36
负债和所有者权益(或股东权益)总计	135	0	5 491 503.15

资　产

编制单位：上海信达进出口有限公司　　　　2002 年

顺序号	资　　产	行次	年初数	期末数
1	流动资产：			
2	货币资金	1		3 252 661.95
3	短期投资	2		
4	应收票据	3		
5	应收股利	4		
6	应收利息	5		
7	应收账款	6		−999 719.96
8	其他应收款	7		511 612.50
9	预付账款	8		861 855.38
10	应收补贴款	9		
11	存货	10		396 652.33
12	待摊费用	11		
13				
14	一年内到期的长期债权投资	21		
15	其他流动资产	24		
16	流动资产合计	31	0	4 023 062.20
17				
18	长期投资：			
19	长期股权投资	32		1 506 982.41
20	长期债权投资	34		
21	长期投资合计	38	0	1 506 982.41
22	其中：合并价差(贷差以“－”号表示，合并报表填列)	38-1		
23	其中：股权投资差额(贷差以“－”号表示，合并报表填列)	38-2		
24	固定资产：			
25	固定资产原价	39		89 049.00
26	减：累计折旧	40		4 805.61
27	固定资产净值	41	0	84 243.39
28	减：固定资产减值准备	42		
29	固定资产净额	43	0	84 243.39
30	工程物资	44		
31	在建工程	45		
32	固定资产清理	46		
33	固定资产合计	50	0	84 243.39
34	无形资产及其他资产：			
35	无形资产	51		
36	长期待摊费用	52		
37	其他长期资产	53		
38	无形及其他资产合计	60	0	0
39	递延税项：			
40	递延税款借项	61		
41	资　产　总　计	67	0	5 614 288.00

负 债 表

会企地月 01 表

3 月 31 日　　　　　　　　　　　　　　　　　　　　　　　　　　金额单位：元

负债和所有者权益	行次	年初数	期末数
流动负债：			
短期借款	68		0
应付票据	69		
应付账款	70		254 930.03
预收账款	71		653 998.31
应付工资	72		
应付福利费	73		0
应付股利	74		
应交税金	75		−227 705.89
其他应交款	80		0
其他应付款	81		3 038.00
预提费用	82		
预计负债	83		
递延收益	84		
一年内到期的长期负债	86		
其他流动负债	90		
流动负债合计	100	0	684 260.45
长期负债：			
长期借款	101		
应付债券	102		
长期应付款	103		
专项应付款	106		
职业风险基金	107		
其他长期负债	108		
长期负债合计	110	0	0
递延税项：			
递延税款贷项	111		
负债合计	114	0	684 260.45
少数股东损益(合并报表填列)	114-1		
所有者权益：			
实收资本(或股本)	115		5 000 000.00
减：已归还投资	116		
实收资本(或股本)净额	117		
资本公积	118		
盈余公积	119		
其中：法定公益金	120		
减：未确认的投资损失(合并报表填列)	120-1		
未分配利润	121		−69 972.45
外币报表折算差额(合并报表填列)	121-1		
所有者权益(或股东权益)合计	122	0	4 930 027.55
负债和所有者权益(或股东权益)总计	135	0	5 614 288.00

资　产

编制单位：上海信达进出口有限公司　　　　2002 年

顺序号	资　　产	行次	年初数	期末数
1	流动资产：			
2	货币资金	1		3 054 273.26
3	短期投资	2		
4	应收票据	3		
5	应收股利	4		
6	应收利息	5		
7	应收账款	6		－319 491.81
8	其他应收款	7		941 863.80
9	预付账款	8		470 000.00
10	应收补贴款	9		
11	存货	10		396 652.33
12	待摊费用	11		
13				
14	一年内到期的长期债权投资	21		
15	其他流动资产	24		
16	流动资产合计	31	0	4 543 297.58
17				
18	长期投资：			
19	长期股权投资	32		1 506 982.41
20	长期债权投资	34		
21	长期投资合计	38	0	1 506 982.41
22	其中：合并价差(贷差以“－”号表示，合并报表填列)	38-1		
23	其中：股权投资差额(贷差以“－”号表示，合并报表填列)	38-2		
24	固定资产：			
25	固定资产原价	39		89 049.00
26	减：累计折旧	40		6 449.70
27	固定资产净值	41	0	82 599.30
28	减：固定资产减值准备	42		
29	固定资产净额	43	0	82 599.30
30	工程物资	44		
31	在建工程	45		
32	固定资产清理	46		
33	固定资产合计	50	0	82 599.30
34	无形资产及其他资产：			
35	无形资产	51		
36	长期待摊费用	52		
37	其他长期资产	53		
38	无形及其他资产合计	60	0	0
39	递延税项：			
40	递延税款借项	61		
41	资　产　总　计	67	0	6 132 879.29

负 债 表

会企地月 01 表

4 月 30 日 金额单位：元

负债和所有者权益	行次	年初数	期末数
流动负债：			
短期借款	68		0
应付票据	69		
应付账款	70		715 102.77
预收账款	71		995 668.08
应付工资	72		
应付福利费	73		0
应付股利	74		
应交税金	75		−590 840.92
其他应交款	80		0
其他应付款	81		3 038.00
预提费用	82		
预计负债	83		
递延收益	84		
一年内到期的长期负债	86		
其他流动负债	90		
流动负债合计	100	0	1 122 967.93
长期负债：			
长期借款	101		
应付债券	102		
长期应付款	103		
专项应付款	106		
职业风险基金	107		
其他长期负债	108		
长期负债合计	110	0	0
递延税项：			
递延税款贷项	111		
负债合计	114	0	1 122 967.93
少数股东损益(合并报表填列)	114-1		
所有者权益：			
实收资本(或股本)	115		5 000 000.00
减：已归还投资	116		
实收资本(或股本)净额	117		
资本公积	118		
盈余公积	119		
其中：法定公益金	120		
减：未确认的投资损失(合并报表填列)	120-1		
未分配利润	121		9 911.36
外币报表折算差额(合并报表填列)	121-1		
所有者权益(或股东权益)合计	122	0	5 009 911.36
负债和所有者权益(或股东权益)总计	135	0	6 132 879.29

资　产

编制单位：上海信达进出口有限公司　　　　2002 年

顺序号	资　　产	行次	年初数	期末数
1	流动资产：			
2	货币资金	1		2 761 014.52
3	短期投资	2		
4	应收票据	3		
5	应收股利	4		
6	应收利息	5		
7	应收账款	6		－1 996 239.91
8	其他应收款	7		935 863.80
9	预付账款	8		470 000.00
10	应收补贴款	9		
11	存货	10		395 002.33
12	待摊费用	11		
13				
14	一年内到期的长期债权投资	21		
15	其他流动资产	24		
16	流动资产合计	31	0	2 565 640.74
17				
18	长期投资：			
19	长期股权投资	32		1 506 982.41
20	长期债权投资	34		
21	长期投资合计	38	0	1 506 982.41
22	其中：合并价差(贷差以"－"号表示，合并报表填列)	38-1		
23	其中：股权投资差额(贷差以"－"号表示，合并报表填列)	38-2		
24	固定资产：			
25	固定资产原价	39		89 049.00
26	减：累计折旧	40		8 093.79
27	固定资产净值	41	0	80 955.21
28	减：固定资产减值准备	42		
29	固定资产净额	43	0	80 955.21
30	工程物资	44		
31	在建工程	45		
32	固定资产清理	46		
33	固定资产合计	50	0	80 955.21
34	无形资产及其他资产：			
35	无形资产	51		
36	长期待摊费用	52		
37	其他长期资产	53		
38	无形及其他资产合计	60	0	0
39	递延税项：			
40	递延税款借项	61		
41	资　产　总　计	67	0	4 153 578.36

负　债　表

会企地月 01 表

5 月 31 日　　　　金额单位：元

负债和所有者权益	行次	年初数	期末数
流动负债：			
短期借款	68		0
应付票据	69		
应付账款	70		−764 362.34
预收账款	71		874 869.18
应付工资	72		
应付福利费	73		0
应付股利	74		
应交税金	75		−881 500.61
其他应交款	80		39.67
其他应付款	81		26 660.50
预提费用	82		
预计负债	83		
递延收益	84		
一年内到期的长期负债	86		
其他流动负债	90		
流动负债合计	100	0	−744 293.60
长期负债：			
长期借款	101		
应付债券	102		
长期应付款	103		
专项应付款	106		
职业风险基金	107		
其他长期负债	108		
长期负债合计	110	0	0
递延税项：			
递延税款贷项	111		
负债合计	114	0	−744 293.60
少数股东损益(合并报表填列)	114-1		
所有者权益：			
实收资本(或股本)	115		5 000 000.00
减：已归还投资	116		
实收资本(或股本)净额	117		
资本公积	118		
盈余公积	119		
其中：法定公益金	120		
减：未确认的投资损失(合并报表填列)	120-1		
未分配利润	121		−102 128.04
外币报表折算差额(合并报表填列)	121-1		
所有者权益(或股东权益)合计	122	0	4 897 871.96
负债和所有者权益(或股东权益)总计	135	0	4 153 578.36

资　产

编制单位：上海信达进出口有限公司　　2002 年

顺序号	资　　产	行次	年初数	期末数
1	流动资产：			
2	货币资金	1		2 234 886.88
3	短期投资	2		
4	应收票据	3		
5	应收股利	4		
6	应收利息	5		
7	应收账款	6		−378 188.65
8	其他应收款	7		935 863.80
9	预付账款	8		2 556 135.00
10	应收补贴款	9		
11	存货	10		395 002.33
12	待摊费用	11		
13				
14	一年内到期的长期债权投资	21		
15	其他流动资产	24		
16	流动资产合计	31	0	5 743 699.36
17				
18	长期投资：			
19	长期股权投资	32		1 506 982.41
20	长期债权投资	34		
21	长期投资合计	38	0	1 506 982.41
22	其中：合并价差(贷差以“—”号表示，合并报表填列)	38-1		
23	其中：股权投资差额(贷差以“—”号表示，合并报表填列)	38-2		
24	固定资产：			
25	固定资产原价	39		294 289.00
26	减：累计折旧	40		9 737.88
27	固定资产净值	41	0	284 551.12
28	减：固定资产减值准备	42		
29	固定资产净额	43	0	284 551.12
30	工程物资	44		
31	在建工程	45		
32	固定资产清理	46		
33	固定资产合计	50	0	284 551.12
34	无形资产及其他资产：			
35	无形资产	51		
36	长期待摊费用	52		
37	其他长期资产	53		
38	无形及其他资产合计	60	0	0
39	递延税项：			
40	递延税款借项	61		
41	资　产　总　计	67	0	7 535 232.89

负 债 表

会企地月 01 表

6 月 30 日 金额单位：元

负债和所有者权益	行次	年初数	期末数
流动负债：			
短期借款	68		0
应付票据	69		
应付账款	70		26 911.01
预收账款	71		2 828 554.83
应付工资	72		
应付福利费	73		652.40
应付股利	74		
应交税金	75		−1 201 359.53
其他应交款	80		16.59
其他应付款	81		906 512.26
预提费用	82		
预计负债	83		
递延收益	84		
一年内到期的长期负债	86		
其他流动负债	90		
流动负债合计	100	0	2 561 287.56
长期负债：			
长期借款	101		
应付债券	102		
长期应付款	103		
专项应付款	106		
职业风险基金	107		
其他长期负债	108		
长期负债合计	110	0	0
递延税项：			
递延税款贷项	111		
负债合计	114	0	2 561 287.56
少数股东损益(合并报表填列)	114-1		
所有者权益：			
实收资本(或股本)	115		5 000 000.00
减：已归还投资	116		
实收资本(或股本)净额	117		
资本公积	118		
盈余公积	119		
其中：法定公益金	120		
减：未确认的投资损失(合并报表填列)	120-1		
未分配利润	121		−26 054.67
外币报表折算差额(合并报表填列)	121-1		
所有者权益(或股东权益)合计	122	0	4 973 945.33
负债和所有者权益(或股东权益)总计	135	0	7 535 232.89

资　产

编制单位：上海信达进出口有限公司　　　　2002 年

顺序号	资　　产	行次	年初数	期末数
1	流动资产：			
2	货币资金	1		2 212 077.07
3	短期投资	2		
4	应收票据	3		
5	应收股利	4		
6	应收利息	5		
7	应收账款	6		−2 935 335.62
8	其他应收款	7		1 910 763.80
9	预付账款	8		3 176 135.00
10	应收补贴款	9		
11	存货	10		395 002.33
12	待摊费用	11		
13				
14	一年内到期的长期债权投资	21		
15	其他流动资产	24		
16	流动资产合计	31	0	4 758 642.58
17				
18	长期投资：			
19	长期股权投资	32		1 506 982.41
20	长期债权投资	34		
21	长期投资合计	38	0	1 506 982.41
22	其中：合并价差(贷差以“−”号表示,合并报表填列)	38-1		
23	其中：股权投资差额(贷差以“−”号表示,合并报表填列)	38-2		
24	固定资产：			
25	固定资产原价	39		294 289.00
26	减：累计折旧	40		13 273.01
27	固定资产净值	41	0	281 015.99
28	减：固定资产减值准备	42		
29	固定资产净额	43	0	281 015.99
30	工程物资	44		
31	在建工程	45		
32	固定资产清理	46		
33	固定资产合计	50	0	281 015.99
34	无形资产及其他资产：			
35	无形资产	51		
36	长期待摊费用	52		
37	其他长期资产	53		
38	无形及其他资产合计	60	0	0
39	递延税项：			
40	递延税款借项	61		
41	资　产　总　计	67	0	6 546 640.98

负 债 表

会企地月 01 表

7 月 31 日　　　　金额单位：元

负债和所有者权益	行次	年初数	期末数
流动负债：			
短期借款	68		0
应付票据	69		
应付账款	70		－82 438.25
预收账款	71		2 228 149.05
应付工资	72		
应付福利费	73		1 443.65
应付股利	74		
应交税金	75		－1 721 210.13
其他应交款	80		2.28
其他应付款	81		1 220 322.34
预提费用	82		
预计负债	83		
递延收益	84		
一年内到期的长期负债	86		
其他流动负债	90		
流动负债合计	100	0	1 646 268.94
长期负债：			
长期借款	101		
应付债券	102		
长期应付款	103		
专项应付款	106		
职业风险基金	107		
其他长期负债	108		
长期负债合计	110	0	0
递延税项：			
递延税款贷项	111		
负债合计	114	0	1 646 268.94
少数股东损益(合并报表填列)	114-1		
所有者权益：			
实收资本(或股本)	115		5 000 000.00
减：已归还投资	116		
实收资本(或股本)净额	117		
资本公积	118		
盈余公积	119		
其中：法定公益金	120		
减：未确认的投资损失(合并报表填列)	120-1		
未分配利润	121		－99 627.96
外币报表折算差额(合并报表填列)	121-1		
所有者权益(或股东权益)合计	122	0	4 900 372.04
负债和所有者权益(或股东权益)总计	135	0	6 546 640.98

资　产

编制单位：上海信达进出口有限公司　　2002 年

顺序号	资　　产	行次	年初数	期末数
1	流动资产：			
2	货币资金	1		1 288 935. 95
3	短期投资	2		
4	应收票据	3		
5	应收股利	4		
6	应收利息	5		
7	应收账款	6		−2 589 919. 14
8	其他应收款	7		2 050 763. 80
9	预付账款	8		4 853 055. 00
10	应收补贴款	9		
11	存货	10		395 002. 33
12	待摊费用	11		
13				
14	一年内到期的长期债权投资	21		
15	其他流动资产	24		
16	流动资产合计	31	0	5 997 837. 94
17				
18	长期投资：			
19	长期股权投资	32		1 506 982. 41
20	长期债权投资	34		
21	长期投资合计	38	0	1 506 982. 41
22	其中：合并价差(贷差以“－”号表示，合并报表填列)	38-1		
23	其中：股权投资差额(贷差以“－”号表示，合并报表填列)	38-2		
24	固定资产：			
25	固定资产原价	39		301 769. 00
26	减：累计折旧	40		16 808. 14
27	固定资产净值	41	0	284 960. 86
28	减：固定资产减值准备	42		
29	固定资产净额	43	0	284 960. 86
30	工程物资	44		
31	在建工程	45		
32	固定资产清理	46		
33	固定资产合计	50	0	284 960. 86
34	无形资产及其他资产：			
35	无形资产	51		
36	长期待摊费用	52		
37	其他长期资产	53		
38	无形及其他资产合计	60	0	0
39	递延税项：			
40	递延税款借项	61		
41	资　产　总　计	67	0	7 789 781. 21

负 债 表

会企地月 01 表

8 月 31 日　　　　金额单位：元

负债和所有者权益	行次	年初数	期末数
流动负债：			
短期借款	68		0
应付票据	69		
应付账款	70		1 960 690.96
预收账款	71		2 158 179.95
应付工资	72		
应付福利费	73		2 231.96
应付股利	74		
应交税金	75		−2 904 120.25
其他应交款	80		1.14
其他应付款	81		1 520 582.22
预提费用	82		
预计负债	83		
递延收益	84		
一年内到期的长期负债	86		
其他流动负债	90		
流动负债合计	100	0	2 737 565.98
长期负债：			
长期借款	101		
应付债券	102		
长期应付款	103		
专项应付款	106		
职业风险基金	107		
其他长期负债	108		
长期负债合计	110	0	0
递延税项：			
递延税款贷项	111		
负债合计	114	0	2 737 565.98
少数股东损益(合并报表填列)	114-1		
所有者权益：			
实收资本(或股本)	115		5 000 000.00
减：已归还投资	116		
实收资本(或股本)净额	117		
资本公积	118		
盈余公积	119		
其中：法定公益金	120		
减：未确认的投资损失(合并报表填列)	120-1		
未分配利润	121		52 215.23
外币报表折算差额(合并报表填列)	121-1		
所有者权益(或股东权益)合计	122	0	5 052 215.23
负债和所有者权益(或股东权益)总计	135	0	7 789 781.21

资　产

编制单位：上海信达进出口有限公司　　2002年

顺序号	资　　产	行次	年初数	期末数
1	流动资产：			
2	货币资金	1		4 057 524.37
3	短期投资	2		
4	应收票据	3		
5	应收股利	4		
6	应收利息	5		
7	应收账款	6		2 338 707.31
8	其他应收款	7		2 071 263.80
9	预付账款	8		3 747 118.00
10	应收补贴款	9		
11	存货	10		395 002.33
12	待摊费用	11		
13				
14	一年内到期的长期债权投资	21		
15	其他流动资产	24		
16	流动资产合计	31	0	12 609 615.81
17				
18	长期投资：			
19	长期股权投资	32		1 506 982.41
20	长期债权投资	34		
21	长期投资合计	38	0	1 506 982.41
22	其中：合并价差(贷差以“－”号表示，合并报表填列)	38-1		
23	其中：股权投资差额(贷差以“－”号表示，合并报表填列)	38-2		
24	固定资产：			
25	固定资产原价	39		333 233.10
26	减：累计折旧	40		20 462.95
27	固定资产净值	41	0	312 770.15
28	减：固定资产减值准备	42		
29	固定资产净额	43	0	312 770.15
30	工程物资	44		
31	在建工程	45		
32	固定资产清理	46		
33	固定资产合计	50	0	312 770.15
34	无形资产及其他资产：			
35	无形资产	51		
36	长期待摊费用	52		
37	其他长期资产	53		
38	无形及其他资产合计	60	0	0
39	递延税项：			
40	递延税款借项	61		
41	资　产　总　计	67	0	14 429 368.37

负　债　表

会企地月 01 表

9 月 30 日　　　　金额单位：元

负债和所有者权益	行次	年初数	期末数
流动负债：			
短期借款	68		0
应付票据	69		
应付账款	70		2 184 543.05
预收账款	71		8 405 505.41
应付工资	72		
应付福利费	73		3 061.78
应付股利	74		
应交税金	75		−3 722 797.49
其他应交款	80		0
其他应付款	81		2 508 049.12
预提费用	82		0
预计负债	83		
递延收益	84		
一年内到期的长期负债	86		
其他流动负债	90		
流动负债合计	100	0	9 378 361.87
长期负债：			
长期借款	101		
应付债券	102		
长期应付款	103		
专项应付款	106		
职业风险基金	107		
其他长期负债	108		
长期负债合计	110	0	0
递延税项：			
递延税款贷项	111		
负债合计	114	0	9 378 361.87
少数股东损益(合并报表填列)	114-1		
所有者权益：			
实收资本(或股本)	115		5 000 000.00
减：已归还投资	116		
实收资本(或股本)净额	117		
资本公积	118		
盈余公积	119		
其中：法定公益金	120		
减：未确认的投资损失(合并报表填列)	120-1		
未分配利润	121		51 006.50
外币报表折算差额(合并报表填列)	121-1		
所有者权益(或股东权益)合计	122	0	5 051 006.50
负债和所有者权益(或股东权益)总计	135	0	14 429 368.37

资　产

编制单位：上海信达进出口有限公司　　　　2002 年

顺序号	资　　产	行次	年初数	期末数
1	流动资产：			
2	货币资金	1		1 411 397.56
3	短期投资	2		
4	应收票据	3		
5	应收股利	4		
6	应收利息	5		
7	应收账款	6		3 976 722.61
8	其他应收款	7		3 380 263.80
9	预付账款	8		4 651 828.04
10	应收补贴款	9		
11	存货	10		395 002.33
12	待摊费用	11		
13				
14	一年内到期的长期债权投资	21		
15	其他流动资产	24		
16	流动资产合计	31	0	13 815 214.34
17				
18	长期投资：			
19	长期股权投资	32		1 506 982.41
20	长期债权投资	34		
21	长期投资合计	38	0	1 506 982.41
22	其中：合并价差(贷差以"－"号表示，合并报表填列)	38-1		
23	其中：股权投资差额(贷差以"－"号表示，合并报表填列)	38-2		
24	固定资产：			
25	固定资产原价	39		333 233.10
26	减：累计折旧	40		24 621.19
27	固定资产净值	41	0	308 611.91
28	减：固定资产减值准备	42		
29	固定资产净额	43	0	308 611.91
30	工程物资	44		
31	在建工程	45		
32	固定资产清理	46		
33	固定资产合计	50	0	308 611.91
34	无形资产及其他资产：			
35	无形资产	51		
36	长期待摊费用	52		
37	其他长期资产	53		
38	无形及其他资产合计	60	0	0
39	递延税项：			
40	递延税款借项	61		
41	资　产　总　计	67	0	15 630 808.66

负 债 表

会企地月 01 表

10 月 31 日 金额单位：元

负债和所有者权益	行次	年初数	期末数
流动负债：			
短期借款	68		0
应付票据	69		
应付账款	70		200 208.99
预收账款	71		11 651 372.79
应付工资	72		
应付福利费	73		4 081.68
应付股利	74		
应交税金	75		−4 144 313.56
其他应交款	80		2.00
其他应付款	81		2 896 854.24
预提费用	82		
预计负债	83		
递延收益	84		
一年内到期的长期负债	86		
其他流动负债	90		
流动负债合计	100	0	10 608 206.14
长期负债：			
长期借款	101		
应付债券	102		
长期应付款	103		
专项应付款	106		
职业风险基金	107		
其他长期负债	108		
长期负债合计	110	0	0
递延税项：			
递延税款贷项	111		
负债合计	114	0	10 608 206.14
少数股东损益(合并报表填列)	114-1		
所有者权益：			
实收资本(或股本)	115		5 000 000.00
减：已归还投资	116		
实收资本(或股本)净额	117		
资本公积	118		
盈余公积	119		
其中：法定公益金	120		
减：未确认的投资损失(合并报表填列)	120-1		
未分配利润	121		22 602.52
外币报表折算差额(合并报表填列)	121-1		
所有者权益(或股东权益)合计	122	0	5 022 602.52
负债和所有者权益(或股东权益)总计	135	0	15 630 808.66

资　产

编制单位：上海信达进出口有限公司　　　　2002 年

顺序号	资　　　产	行次	年初数	期末数
1	流动资产：			
2	货币资金	1		2 515 348.47
3	短期投资	2		
4	应收票据	3		
5	应收股利	4		
6	应收利息	5		
7	应收账款	6		9 387 130.00
8	其他应收款	7		3 304 030.77
9	预付账款	8		2 893 908.14
10	应收补贴款	9		
11	存货	10		395 002.33
12	待摊费用	11		
13				
14	一年内到期的长期债权投资	21		
15	其他流动资产	24		
16	流动资产合计	31	0	18 495 419.71
17				
18	长期投资：			
19	长期股权投资	32		1 506 982.41
20	长期债权投资	34		
21	长期投资合计	38	0	1 506 982.41
22	其中：合并价差(贷差以“－”号表示，合并报表填列)	38-1		
23	其中：股权投资差额(贷差以“－”号表示，合并报表填列)	38-2		
24	固定资产：			
25	固定资产原价	39		341 503.10
26	减：累计折旧	40		28 779.43
27	固定资产净值	41	0	312 723.67
28	减：固定资产减值准备	42		
29	固定资产净额	43	0	312 723.67
30	工程物资	44		
31	在建工程	45		
32	固定资产清理	46		
33	固定资产合计	50	0	312 723.67
34	无形资产及其他资产：			
35	无形资产	51		
36	长期待摊费用	52		
37	其他长期资产	53		
38	无形及其他资产合计	60	0	0
39	递延税项：			
40	递延税款借项	61		
41	资　产　总　计	67	0	20 315 125.79

负 债 表

会企地月 01 表

11 月 30 日 金额单位：元

负债和所有者权益	行次	年初数	期末数
流动负债：			
短期借款	68		900 000.00
应付票据	69		
应付账款	70		1 005 166.79
预收账款	71		14 214 566.29
应付工资	72		
应付福利费	73		4 887.67
应付股利	74		
应交税金	75		−5 116 195.46
其他应交款	80		122.55
其他应付款	81		4 384 863.33
预提费用	82		
预计负债	83		
递延收益	84		
一年内到期的长期负债	86		
其他流动负债	90		
流动负债合计	100	0	15 393 411.17
长期负债：			
长期借款	101		
应付债券	102		
长期应付款	103		
专项应付款	106		
职业风险基金	107		
其他长期负债	108		
长期负债合计	110	0	0
递延税项：			
递延税款贷项	111		
负债合计	114	0	15 393 411.17
少数股东损益(合并报表填列)	114-1		
所有者权益：			
实收资本(或股本)	115		5 000 000.00
减：已归还投资	116		
实收资本(或股本)净额	117		
资本公积	118		
盈余公积	119		
其中：法定公益金	120		
减：未确认的投资损失(合并报表填列)	120-1		
未分配利润	121		−78 285.38
外币报表折算差额(合并报表填列)	121-1		
所有者权益(或股东权益)合计	122	0	4 921 714.62
负债和所有者权益(或股东权益)总计	135	0	20 315 125.79

上海市二〇〇二年

主要税金应交明细表

会企地月 01 表附表 1

编制单位：上海信达进出口公司　　2002 年 1 月　　金额单位：元

项　　目	行次	上 年 数	本年累计数
一、增值税			
1. 应交增值税			
(1) 期初未抵扣数(用“—”号填列)	1		0
(2) 销项税额	2		0
出口退税	3		0
进项税额转出数	4		0
转出多交增值税	5		0
(3) 进项税额	6	67 430.91	67 430.91
已交税金	7		0
	8		0
	9		0
转出未交增值税	10		0
(4) 期末未抵扣数(用“—”号填列)	11	−67 430.91	−67 430.91
2. 未交增值税			0
(1) 期初未交数(多交数用“—”号填列)	12		0
(2) 本期转入数(转入多交数用“—”号填列)	13		0
(3) 已交数	14		0
(4) 期末未交数(多交数用“—”号填列)	15		0
二、消费税			
1. 期初未交数(多交数用“—”填列)	16		0
2. 应交数	17		0
3. 已交数	18		0
4. 期末未交数(多交数用“—”填列)	19		0
三、营业税			
1. 期初未交数(多交数用“—”填列)	20		0
2. 应交数	21		0
3. 已交数	22		0
4. 期末未交数(多交数用“—”填列)	23		0
四、城乡维护建设税			
1. 期初未交数(多交数用“—”填列)	24		0
2. 应交数	25		0
3. 已交数	26		0
4. 期末未交数(多交数用“—”填列)	27		0
五、企业所得税			
1. 期初未交数(多交数用“—”填列)	28		0
2. 应交数	29		0
3. 已交数	30		0
4. 期末未交数(多交数用“—”填列)	31		0

企业月度会计报表

利 润 表

会企地月02表

2002年1月 金额单位：元

项 目	行次	本 月 数	本年累计数
一、主营业务收入	1	0	0
减：主营业务成本	4	0	0
主营业务税金及附加	5	0	0
二、主营业务利润(亏损以“－”号填列)	10	0	0
加：其他业务利润(亏损以“－”号填列)	11	0	0
减：营业费用	14	4 618.76	4 618.76
管理费用	15	0	0
财务费用	16	－2 443.35	－2 443.35
			0
三、营业利润(亏损以“－”号填列)	18	－2 175.41	－2 175.41
加：投资收益(亏损以“－”号填列)	19	0	0
补贴收入	22	0	0
营业外收入	23	0	0
减：营业外支出	25	0	0
四、利润总额(亏损以“－”号填列)	27	－2 175.41	－2 175.41
减：所得税	28	0	0
少数股东损益(合并报表填列)	28-1		0
加：未确认的投资损失(合并报表填列)	28-2		0
五、净利润(亏损以“－”号填列)	30	－2 175.41	－2 175.41

上海市二〇〇二年

主要税金应交明细表

会企地月 01 表附表 1

编制单位：上海信达进出口公司　　2002 年 2 月　　金额单位：元

项　　目	行次	上　年　数	本年累计数
一、增值税少数股东损益(合并报表填列)			
1. 应交增值税			
(1) 期初未抵扣数(用“—”号填列)	1	−67 430.91	−67 430.91
(2) 销项税额	2		0
出口退税	3		0
进项税额转出数	4		0
转出多交增值税	5		0
(3) 进项税额	6	51 784.60	119 215.51
已交税金	7		0
	8		0
	9		0
转出未交增值税	10		0
(4) 期末未抵扣数(用“—”号填列)	11	−119 215.51	−119 215.51
2. 未交增值税			0
(1) 期初未交数(多交数用“—”号填列)	12		0
(2) 本期转入数(转入多交数用“—”号填列)	13		0
(3) 已交数	14		0
(4) 期末未交数(多交数用“—”号填列)	15		0
二、消费税			
1. 期初未交数(多交数用“—”填列)	16		0
2. 应交数	17		0
3. 已交数	18		0
4. 期末未交数(多交数用“—”填列)	19		0
三、营业税			
1. 期初未交数(多交数用“—”填列)	20		0
2. 应交数	21	234.00	234.00
3. 已交数	22		0
4. 期末未交数(多交数用“—”填列)	23		0
四、城乡维护建设税			
1. 期初未交数(多交数用“—”填列)	24		0
2. 应交数	25	16.38	16.38
3. 已交数	26		0
4. 期末未交数(多交数用“—”填列)	27		0
五、企业所得税			
1. 期初未交数(多交数用“—”填列)	28		0
2. 应交数	29		0
3. 已交数	30		0
4. 期末未交数(多交数用“—”填列)	31		0

企业月度会计报表

利 润 表

会企地月 02 表

2002 年 2 月 金额单位：元

项 目	行次	本 月 数	本年累计数
一、主营业务收入	1	308 321.55	308 321.55
减：主营业务成本	4	304 615.40	304 615.40
主营业务税金及附加	5	0	0
二、主营业务利润（亏损以“－”号填列）	10	3 706.15	3 706.15
加：其他业务利润（亏损以“－”号填列）	11	3 714.97	3 714.97
减：营业费用	14	47 367.97	51 986.73
管理费用	15	0	0
财务费用	16	660.38	－1 782.97
			0
三、营业利润（亏损以“－”号填列）	18	－40 607.23	－42 782.64
加：投资收益（亏损以“－”号填列）	19	0	0
补贴收入	22	0	0
营业外收入	23	0	0
减：营业外支出	25	0	0
四、利润总额（亏损以“－”号填列）	27	－40 607.23	－42 782.64
减：所得税	28	0	0
少数股东损益（合并报表填列）	28-1		0
加：未确认的投资损失（合并报表填列）	28-2		0
五、净利润（亏损以“－”号填列）	30	－40 607.23	－42 782.64

上海市二〇〇二年

主要税金应交明细表

会企地月 01 表附表 1

编制单位：上海信达进出口公司　　　　2002 年 3 月　　　　金额单位：元

项　　目	行次	上　年　数	本年累计数
一、增值税			
1. 应交增值税			
(1) 期初未抵扣数(用“—”号填列)	1	−119 215.51	−119 215.51
(2) 销项税额	2		0
出口退税	3		0
进项税额转出数	4	14 465.37	14 465.37
转出多交增值税	5		0
(3) 进项税额	6	122 955.75	242 171.26
已交税金	7		0
	8		0
	9		0
转出未交增值税	10		0
(4) 期末未抵扣数(用“—”号填列)	11	−227 705.89	−227 705.89
2. 未交增值税			0
(1) 期初未交数(多交数用“—”号填列)	12		0
(2) 本期转入数(转入多交数用“—”号填列)	13		0
(3) 已交数	14		0
(4) 期末未交数(多交数用“—”号填列)	15		0
二、消费税			
1. 期初未交数(多交数用“—”填列)	16		0
2. 应交数	17		0
3. 已交数	18		0
4. 期末未交数(多交数用“—”填列)	19		0
三、营业税			
1. 期初未交数(多交数用“—”填列)	20	234.00	
2. 应交数	21		234.00
3. 已交数	22	234.00	234.00
4. 期末未交数(多交数用“—”填列)	23		0
四、城乡维护建设税			
1. 期初未交数(多交数用“—”填列)	24	16.38	
2. 应交数	25		16.38
3. 已交数	26	16.38	16.38
4. 期末未交数(多交数用“—”填列)	27		0
五、企业所得税			
1. 期初未交数(多交数用“—”填列)	28		0
2. 应交数	29		0
3. 已交数	30		0
4. 期末未交数(多交数用“—”填列)	31		0

企业月度会计报表

利 润 表

会企地月 02 表

2002 年 3 月　　　　金额单位：元

项　　目	行次	本 月 数	本年累计数
一、主营业务收入	1	745 265.79	1 053 587.34
减：主营业务成本	4	746 378.97	1 050 994.37
主营业务税金及附加	5	0	0
二、主营业务利润(亏损以"－"号填列)	10	－1 113.18	2 592.97
加：其他业务利润(亏损以"－"号填列)	11	－1 056.00	2 658.97
减：营业费用	14	28 179.13	80 165.86
管理费用	15	0	0
财务费用	16	－3 158.50	－4 941.47
			0
三、营业利润(亏损以"－"号填列)	18	－27 189.81	－69 972.45
加：投资收益(亏损以"－"号填列)	19	0	0
补贴收入	22	0	0
营业外收入	23	0	0
减：营业外支出	25	0	0
四、利润总额(亏损以"－"号填列)	27	－27 189.81	－69 972.45
减：所得税	28	0	0
少数股东损益(合并报表填列)	28-1		0
加：未确认的投资损失(合并报表填列)	28-2		0
五、净利润(亏损以"－"号填列)	30	－27 189.81	－69 972.45

上海市二〇〇二年

主要税金应交明细表

会企地月01表附表1

编制单位：上海信达进出口公司　　2002年4月　　金额单位：元

项　　目	行次	上　年　数	本年累计数
一、增值税			
1. 应交增值税			
(1) 期初未抵扣数(用“－”号填列)	1	－227 705.89	－227 705.89
(2) 销项税额	2		0
出口退税	3		0
进项税额转出数	4	51 347.20	65 812.57
转出多交增值税	5		0
(3) 进项税额	6	419 363.94	661 535.20
已交税金	7		0
	8		0
	9		0
转出未交增值税	10		0
(4) 期末未抵扣数(用“－”号填列)	11	－595 722.63	－595 722.63
2. 未交增值税			
(1) 期初未交数(多交数用“－”号填列)	12		0
(2) 本期转入数(转入多交数用“－”号填列)	13		0
(3) 已交数	14		0
(4) 期末未交数(多交数用“－”号填列)	15		0
二、消费税			
1. 期初未交数(多交数用“－”填列)	16		0
2. 应交数	17		0
3. 已交数	18		0
4. 期末未交数(多交数用“－”填列)	19		0
三、营业税			
1. 期初未交数(多交数用“－”填列)	20		0
2. 应交数	21		234.00
3. 已交数	22		234.00
4. 期末未交数(多交数用“－”填列)	23		0
四、城乡维护建设税			
1. 期初未交数(多交数用“－”填列)	24		0
2. 应交数	25		16.38
3. 已交数	26		16.38
4. 期末未交数(多交数用“－”填列)	27		0
五、企业所得税			
1. 期初未交数(多交数用“－”填列)	28	0	0
2. 应交数	29	4 881.71	4 881.71
3. 已交数	30	0	0
4. 期末未交数(多交数用“－”填列)	31	4 881.71	4 881.71

企业月度会计报表

利润表(审计前)

会企地月 02 表

2002 年 4 月　　金额单位：元

项　　目	行次	本　月　数	本年累计数
一、主营业务收入	1	2 682 342.19	3 735 929.53
减：主营业务成本	4	2 518 194.27	3 569 188.64
主营业务税金及附加	5	0	0
二、主营业务利润(亏损以“—”号填列)	10	164 147.92	166 740.89
加：其他业务利润(亏损以“—”号填列)	11	—901.00	1 757.97
减：营业费用	14	67 754.90	147 920.76
管理费用	15	0	0
财务费用	16	6 986.50	2 045.03
			0
三、营业利润(亏损以“—”号填列)	18	88 505.52	18 533.07
加：投资收益(亏损以“—”号填列)	19	0	0
补贴收入	22	0	0
营业外收入	23	0	0
减：营业外支出	25	3 740.00	3 740.00
四、利润总额(亏损以“—”号填列)	27	84 765.52	14 793.07
减：所得税	28	4 881.71	4 881.71
少数股东损益(合并报表填列)	28-1		0
加：未确认的投资损失(合并报表填列)	28-2		0
五、净利润(亏损以“—”号填列)	30	79 883.81	9 911.36

上海市二〇〇二年

主要税金应交明细表

会企地月 01 表附表 1

编制单位：上海信达进出口公司　　2002 年 5 月　　金额单位：元

项　　目	行次	上　年　数	本年累计数
一、增值税			
1. 应交增值税			
(1) 期初未抵扣数(用“—”号填列)	1	—595 722.63	—595 722.63
(2) 销项税额	2	871.79	871.79
出口退税	3		0
进项税额转出数	4	36 409.29	102 221.86
转出多交增值税	5		0
(3) 进项税额	6	323 120.09	984 655.29
已交税金	7		0
	8		0
	9		0
转出未交增值税	10		0
(4) 期末未抵扣数(用“—”号填列)	11	—881 561.64	—881 561.64
2. 未交增值税			
(1) 期初未交数(多交数用“—”号填列)	12		0
(2) 本期转入数(转入多交数用“—”号填列)	13		0
(3) 已交数	14		0
(4) 期末未交数(多交数用“—”号填列)	15		0
二、消费税			
1. 期初未交数(多交数用“—”填列)	16		0
2. 应交数	17		0
3. 已交数	18		0
4. 期末未交数(多交数用“—”填列)	19		0
三、营业税			
1. 期初未交数(多交数用“—”填列)	20		0
2. 应交数	21		234.00
3. 已交数	22		234.00
4. 期末未交数(多交数用“—”填列)	23		0
四、城乡维护建设税			
1. 期初未交数(多交数用“—”填列)	24		0
2. 应交数	25		16.38
3. 已交数	26		16.38
4. 期末未交数(多交数用“—”填列)	27		0
五、企业所得税			
1. 期初未交数(多交数用“—”填列)	28	4 881.71	
2. 应交数	29		4 881.71
3. 已交数	30	4 881.71	4 881.71
4. 期末未交数(多交数用“—”填列)	31	0	0

企业月度会计报表

利润表(审计前)

会企地月 02 表

2002 年 5 月 金额单位：元

项　　目	行次	本　月　数	本年累计数
一、主营业务收入	1	2 114 250.36	5 850 179.89
减：主营业务成本	4	1 960 896.62	5 530 085.26
主营业务税金及附加	5	98.52	98.52
二、主营业务利润(亏损以“—”号填列)	10	153 255.22	319 996.11
加：其他业务利润(亏损以“—”号填列)	11	—1 254.00	503.97
减：营业费用	14	261 242.58	409 163.34
管理费用	15	0	0
财务费用	16	470.04	2 515.07
			0
三、营业利润(亏损以“—”号填列)	18	—109 711.40	—91 178.33
加：投资收益(亏损以“—”号填列)	19	0	0
补贴收入	22	0	0
营业外收入	23	0	0
减：营业外支出	25	2 328.00	6 068.00
四、利润总额(亏损以“—”号填列)	27	—112 039.40	—97 246.33
减：所得税	28		4 881.71
少数股东损益(合并报表填列)	28-1		0
加：未确认的投资损失(合并报表填列)	28-2		0
五、净利润(亏损以“—”号填列)	30	—112 039.40	—102 128.04

上海市二〇〇二年

主要税金应交明细表

会企地月 01 表附表 1

编制单位：上海信达进出口公司　　2002 年 6 月　　金额单位：元

项　　目	行次	上　年　数	本年累计数
一、增值税			
1. 应交增值税			
(1) 期初未抵扣数(用“—”号填列)	1	—881 561.64	—881 561.64
(2) 销项税额	2	7 356.60	8 228.39
出口退税	3		0
进项税额转出数	4	47 038.06	149 259.92
转出多交增值税	5		0
(3) 进项税额	6	374 582.63	1 359 237.92
已交税金	7		0
	8		0
	9		0
转出未交增值税	10		0
(4) 期末未抵扣数(用“—”号填列)	11	—1 201 749.61	—1 201 749.61
2. 未交增值税			
(1) 期初未交数(多交数用“—”号填列)	12		0
(2) 本期转入数(转入多交数用“—”号填列)	13		0
(3) 已交数	14		0
(4) 期末未交数(多交数用“—”号填列)	15		0
二、消费税			
1. 期初未交数(多交数用“—”填列)	16		0
2. 应交数	17		0
3. 已交数	18		0
4. 期末未交数(多交数用“—”填列)	19		0
三、营业税			
1. 期初未交数(多交数用“—”填列)	20		0
2. 应交数	21	364.56	598.56
3. 已交数	22		234.00
4. 期末未交数(多交数用“—”填列)	23		0
四、城乡维护建设税			
1. 期初未交数(多交数用“—”填列)	24	61.03	
2. 应交数	25	—35.51	41.90
3. 已交数	26		16.38
4. 期末未交数(多交数用“—”填列)	27	25.52	25.52
五、企业所得税			
1. 期初未交数(多交数用“—”填列)	28	0	0
2. 应交数	29		4 881.71
3. 已交数	30	0	4 881.71
4. 期末未交数(多交数用“—”填列)	31	0	0

企业月度会计报表

利润表(审计前)

会企地月02表

2002年6月 金额单位:元

项　　目	行次	本　月　数	本年累计数
一、主营业务收入	1	2 456 373.68	8 306 553.57
减:主营业务成本	4	2 257 017.47	7 787 102.73
主营业务税金及附加	5	−98.52	0
二、主营业务利润(亏损以"—"号填列)	10	199 454.73	519 450.84
加:其他业务利润(亏损以"—"号填列)	11	4 729.49	5 233.46
减:营业费用	14	133 067.13	542 230.47
管理费用	15	0	0
财务费用	16	−4 956.28	−2 441.21
			0
三、营业利润(亏损以"—"号填列)	18	76 073.37	−15 104.96
加:投资收益(亏损以"—"号填列)	19	0	0
补贴收入	22	0	0
营业外收入	23	0	0
减:营业外支出	25		6 068.00
四、利润总额(亏损以"—"号填列)	27	76 073.37	−21 172.96
减:所得税	28		4 881.71
少数股东损益(合并报表填列)	28-1		0
加:未确认的投资损失(合并报表填列)	28-2		0
五、净利润(亏损以"—"号填列)	30	76 073.37	−26 054.67

上海市二〇〇二年

主要税金应交明细表

会企地月 01 表附表 1

编制单位：上海信达进出口公司　　2002 年 7 月　　金额单位：元

项　　目	行次	上　年　数	本年累计数
一、增值税			
1. 应交增值税			
(1) 期初未抵扣数(用"－"号填列)	1	－1 201 749.61	
(2) 销项税额	2	255.95	8 484.34
出口退税	3		0
进项税额转出数	4	70 122.10	219 382.02
转出多交增值税	5		0
(3) 进项税额	6	590 969.30	1 950 207.22
已交税金	7		0
	8		0
	9		0
转出未交增值税	10		0
(4) 期末未抵扣数(用"－"号填列)	11	－1 722 340.86	－1 722 340.86
2. 未交增值税			
(1) 期初未交数(多交数用"－"号填列)	12		0
(2) 本期转入数(转入多交数用"－"号填列)	13		0
(3) 已交数	14		0
(4) 期末未交数(多交数用"－"号填列)	15		0
二、消费税			
1. 期初未交数(多交数用"－"填列)	16		0
2. 应交数	17		0
3. 已交数	18		0
4. 期末未交数(多交数用"－"填列)	19		0
三、营业税			
1. 期初未交数(多交数用"－"填列)	20	364.56	
2. 应交数	21	50.00	648.56
3. 已交数	22	364.56	598.56
4. 期末未交数(多交数用"－"填列)	23	50.00	50.00
四、城乡维护建设税			
1. 期初未交数(多交数用"－"填列)	24	25.52	
2. 应交数	25	3.50	45.40
3. 已交数	26	25.52	41.90
4. 期末未交数(多交数用"－"填列)	27	3.50	3.50
五、企业所得税			
1. 期初未交数(多交数用"－"填列)	28	0	0
2. 应交数	29		4 881.71
3. 已交数	30	0	4 881.71
4. 期末未交数(多交数用"－"填列)	31	0	0

企业月度会计报表

利润表(审计前)

会企地月 02 表

2002 年 7 月　　　　金额单位:元

项　　目	行次	本 月 数	本年累计数
一、主营业务收入	1	3 776 421.81	12 082 975.38
减:主营业务成本	4	3 581 450.12	11 368 552.85
主营业务税金及附加	5	0	0
二、主营业务利润(亏损以"—"号填列)	10	194 971.69	714 422.53
加:其他业务利润(亏损以"—"号填列)	11	944.35	6 177.81
减:营业费用	14	184 065.25	726 295.72
管理费用	15	0	0
财务费用	16	45 690.08	43 248.87
			0
三、营业利润(亏损以"—"号填列)	18	—33 839.29	—48 944.25
加:投资收益(亏损以"—"号填列)	19	0	0
补贴收入	22	0	0
营业外收入	23	35 028.00	35 028.00
减:营业外支出	25	74 762.00	80 830.00
四、利润总额(亏损以"—"号填列)	27	—73 573.29	—94 746.25
减:所得税	28		4 881.71
少数股东损益(合并报表填列)	28-1		0
加:未确认的投资损失(合并报表填列)	28-2		0
五、净利润(亏损以"—"号填列)	30	—73 573.29	—99 627.96

上海市二〇〇二年

主要税金应交明细表

会企地月 01 表附表 1

编制单位：上海信达进出口公司　　2002 年 8 月　　金额单位：元

项　　目	行次	上　年　数	本年累计数
一、增值税			
1. 应交增值税			
(1) 期初未抵扣数(用“－”号填列)	1	－1 722 340.86	
(2) 销项税额	2	15 233.32	23 717.66
出口退税	3		0
进项税额转出数	4	154 427.00	373 809.02
转出多交增值税	5		0
(3) 进项税额	6	1 356 057.91	3 306 265.13
已交税金	7		0
	8		0
	9		0
转出未交增值税	10		0
(4) 期末未抵扣数(用“－”号填列)	11	－2 908 738.45	－2 908 738.45
2. 未交增值税			
(1) 期初未交数(多交数用“－”号填列)	12		0
(2) 本期转入数(转入多交数用“－”号填列)	13		0
(3) 已交数	14		0
(4) 期末未交数(多交数用“－”号填列)	15		0
二、消费税			
1. 期初未交数(多交数用“－”填列)	16		0
2. 应交数	17		0
3. 已交数	18		0
4. 期末未交数(多交数用“－”填列)	19		0
三、营业税			
1. 期初未交数(多交数用“－”填列)	20	50.00	
2. 应交数	21	25.00	673.56
3. 已交数	22	50.00	648.56
4. 期末未交数(多交数用“－”填列)	23	25.00	25.00
四、城乡维护建设税			
1. 期初未交数(多交数用“－”填列)	24	3.50	
2. 应交数	25	1.75	47.15
3. 已交数	26	3.50	45.40
4. 期末未交数(多交数用“－”填列)	27	1.75	1.75
五、企业所得税			
1. 期初未交数(多交数用“－”填列)	28	0	0
2. 应交数	29	4 332.74	9 214.45
3. 已交数	30	0	4 881.71
4. 期末未交数(多交数用“－”填列)	31	4 332.74	4 332.74

企业月度会计报表

利润表(审计前)

会企地月 02 表

2002 年 8 月　　　　金额单位：元

项　　目	行次	本 月 数	本年累计数
一、主营业务收入	1	8 715 643.12	20 798 618.50
减：主营业务成本	4	8 325 179.55	19 693 732.40
主营业务税金及附加	5	0	0
二、主营业务利润(亏损以"—"号填列)	10	390 463.57	1 104 886.10
加：其他业务利润(亏损以"—"号填列)	11	472.11	6 649.92
减：营业费用	14	236 024.76	962 320.48
管理费用	15	0	0
财务费用	16	1 928.99	45 177.86
			0
三、营业利润(亏损以"—"号填列)	18	152 981.93	104 037.68
加：投资收益(亏损以"—"号填列)	19	0	0
补贴收入	22	0	0
营业外收入	23	—35 028.00	0
减：营业外支出	25	—38 222.00	42 608.00
四、利润总额(亏损以"—"号填列)	27	156 175.93	61 429.68
减：所得税	28	4 332.74	9 214.45
少数股东损益(合并报表填列)	28-1		0
加：未确认的投资损失(合并报表填列)	28-2		0
五、净利润(亏损以"—"号填列)	30	151 843.19	52 215.23

上海市二〇〇二年

主要税金应交明细表

会企地月 01 表附表 1

编制单位：上海信达进出口公司　　2002 年 9 月　　金额单位：元

项　　目	行次	上　年　数	本年累计数
一、增值税			
1. 应交增值税			
(1) 期初未抵扣数(用"—"号填列)	1	−2 908 738.45	
(2) 销项税额	2	1 546.91	25 264.57
出口退税	3		0
进项税额转出数	4	96 375.00	470 184.02
转出多交增值税	5		0
(3) 进项税额	6	912 711.82	4 218 976.95
已交税金	7		0
	8		0
	9		0
转出未交增值税	10		0
(4) 期末未抵扣数(用"—"号填列)	11	−3 723 528.36	−3 723 528.36
2. 未交增值税			
(1) 期初未交数(多交数用"—"号填列)	12		0
(2) 本期转入数(转入多交数用"—"号填列)	13		0
(3) 已交数	14		0
(4) 期末未交数(多交数用"—"号填列)	15		0
二、消费税			
1. 期初未交数(多交数用"—"填列)	16		0
2. 应交数	17		0
3. 已交数	18		0
4. 期末未交数(多交数用"—"填列)	19		0
三、营业税			
1. 期初未交数(多交数用"—"填列)	20	25.00	
2. 应交数	21		673.56
3. 已交数	22	25.00	673.56
4. 期末未交数(多交数用"—"填列)	23		0
四、城乡维护建设税			
1. 期初未交数(多交数用"—"填列)	24	1.75	
2. 应交数	25		47.15
3. 已交数	26	1.75	47.15
4. 期末未交数(多交数用"—"填列)	27		0
五、企业所得税			
1. 期初未交数(多交数用"—"填列)	28	4 332.74	
2. 应交数	29	0	9 214.45
3. 已交数	30	4 332.74	9 214.45
4. 期末未交数(多交数用"—"填列)	31	0	0

企业月度会计报表

利润表(审计前)

会企地月02表

2002年9月 金额单位:元

项　　目	行次	本　月　数	本年累计数
一、主营业务收入	1	6 089 883.66	26 888 502.16
减:主营业务成本	4	5 601 223.37	25 294 955.77
主营业务税金及附加	5	0	0
二、主营业务利润(亏损以"—"号填列)	10	488 660.29	1 593 546.39
加:其他业务利润(亏损以"—"号填列)	11	0.14	6 650.06
减:营业费用	14	441 949.54	1 404 270.02
管理费用	15	0	0
财务费用	16	47 919.62	93 097.48
			0
三、营业利润(亏损以"—"号填列)	18	—1 208.73	102 828.95
加:投资收益(亏损以"—"号填列)	19	0	0
补贴收入	22	0	0
营业外收入	23	0	0
减:营业外支出	25		42 608.00
四、利润总额(亏损以"—"号填列)	27	—1 208.73	60 220.95
减:所得税	28		9 214.45
少数股东损益(合并报表填列)	28-1		0
加:未确认的投资损失(合并报表填列)	28-2		0
五、净利润(亏损以"—"号填列)	30	—1 208.73	51 006.50

上海市二〇〇二年

主要税金应交明细表

会企地月 01 表附表 1

编制单位：上海信达进出口公司　　2002 年 10 月　　金额单位：元

项　　目	行次	上　年　数	本年累计数
一、增值税			
1. 应交增值税			
(1) 期初未抵扣数(用"—"号填列)	1	—3 723 528.36	
(2) 销项税额	2		25 264.57
出口退税	3		0
进项税额转出数	4	55 040.23	525 224.25
转出多交增值税	5		0
(3) 进项税额	6	477 486.33	4 696 463.28
已交税金	7		0
	8		0
	9		0
转出未交增值税	10		0
(4) 期末未抵扣数(用"—"号填列)	11	—4 145 974.46	—4 145 974.46
2. 未交增值税			
(1) 期初未交数(多交数用"—"号填列)	12		0
(2) 本期转入数(转入多交数用"—"号填列)	13		0
(3) 已交数	14		0
(4) 期末未交数(多交数用"—"号填列)	15		0
二、消费税			
1. 期初未交数(多交数用"—"填列)	16		0
2. 应交数	17		0
3. 已交数	18		0
4. 期末未交数(多交数用"—"填列)	19		0
三、营业税			
1. 期初未交数(多交数用"—"填列)	20		0
2. 应交数	21	50.00	723.56
3. 已交数	22		673.56
4. 期末未交数(多交数用"—"填列)	23	50.00	50.00
四、城乡维护建设税			
1. 期初未交数(多交数用"—"填列)	24		0
2. 应交数	25	3.50	50.65
3. 已交数	26		47.15
4. 期末未交数(多交数用"—"填列)	27	3.50	3.50
五、企业所得税			
1. 期初未交数(多交数用"—"填列)	28	0	0
2. 应交数	29	0	9 214.45
3. 已交数	30	0	9 214.45
4. 期末未交数(多交数用"—"填列)	31	0	0

企业月度会计报表

利润表(审计前)

会企地月 02 表

2002 年 10 月　　　　金额单位：元

项　　　目	行次	本　月　数	本年累计数
一、主营业务收入	1	3 358 217.64	30 246 719.80
减：主营业务成本	4	2 972 685.76	28 267 641.53
主营业务税金及附加	5	0	0
二、主营业务利润(亏损以"—"号填列)	10	385 531.88	1 979 078.27
加：其他业务利润(亏损以"—"号填列)	11	945.00	7 595.06
减：营业费用	14	382 678.18	1 786 948.20
管理费用	15	0	0
财务费用	16	32 202.68	125 300.16
			0
三、营业利润(亏损以"—"号填列)	18	—28 403.98	74 424.97
加：投资收益(亏损以"—"号填列)	19	0	0
补贴收入	22	0	0
营业外收入	23	0	0
减：营业外支出	25		42 608.00
四、利润总额(亏损以"—"号填列)	27	—28 403.98	31 816.97
减：所得税	28		9 214.45
少数股东损益(合并报表填列)	28-1		0
加：未确认的投资损失(合并报表填列)	28-2		0
五、净利润(亏损以"—"号填列)	30	—28 403.98	22 602.52

上海市二〇〇二年

主要税金应交明细表

会企地月 01 表附表 1

编制单位：上海信达进出口公司　　2002 年 11 月　　金额单位：元

项　　目	行次	上 年 数	本年累计数
一、增值税			
1. 应交增值税			
(1) 期初未抵扣数(用"—"号填列)	1	—4 145 974.46	
(2) 销项税额	2	10 990.76	36 255.33
出口退税	3		0
进项税额转出数	4	125 299.70	650 523.95
转出多交增值税	5		0
(3) 进项税额	6	1 110 647.88	5 807 111.16
已交税金	7		0
	8		0
	9		0
转出未交增值税	10		0
(4) 期末未抵扣数(用"—"号填列)	11	—5 120 331.88	—5 120 331.88
2. 未交增值税			
(1) 期初未交数(多交数用"—"号填列)	12		0
(2) 本期转入数(转入多交数用"—"号填列)	13		0
(3) 已交数	14		0
(4) 期末未交数(多交数用"—"号填列)	15		0
二、消费税			
1. 期初未交数(多交数用"—"填列)	16		0
2. 应交数	17		0
3. 已交数	18		0
4. 期末未交数(多交数用"—"填列)	19		0
三、营业税			
1. 期初未交数(多交数用"—"填列)	20	50.00	
2. 应交数	21	3 063.54	3 787.10
3. 已交数	22	50.00	723.56
4. 期末未交数(多交数用"—"填列)	23	3 063.54	3 063.54
四、城乡维护建设税			
1. 期初未交数(多交数用"—"填列)	24	3.50	
2. 应交数	25	214.45	265.10
3. 已交数	26	3.50	50.65
4. 期末未交数(多交数用"—"填列)	27	214.45	214.45
五、企业所得税			
1. 期初未交数(多交数用"—"填列)	28	0	0
2. 应交数	29		9 214.45
3. 已交数	30	0	9 214.45
4. 期末未交数(多交数用"—"填列)	31	0	0

企业月度会计报表

利润表(审计前)

会企地月 02 表

2002 年 11 月　　　　金额单位：元

项　　目	行次	本　月　数	本年累计数
一、主营业务收入	1	7 088 086.71	37 334 806.51
减：主营业务成本	4	6 969 675.98	35 237 317.51
主营业务税金及附加	5	0	0
二、主营业务利润(亏损以"－"号填列)	10	118 410.73	2 097 489.00
加：其他业务利润(亏损以"－"号填列)	11	57 906.37	65 501.43
减：营业费用	14	260 959.02	2 047 907.22
管理费用	15	0	0
财务费用	16	16 245.98	141 546.14
			0
三、营业利润(亏损以"－"号填列)	18	－100 887.90	－26 462.93
加：投资收益(亏损以"－"号填列)	19	0	0
补贴收入	22	0	0
营业外收入	23	0	0
减：营业外支出	25		42 608.00
四、利润总额(亏损以"－"号填列)	27	－100 887.90	－69 070.93
减：所得税	28		9 214.45
少数股东损益(合并报表填列)	28-1		0
加：未确认的投资损失(合并报表填列)	28-2		0
五、净利润(亏损以"－"号填列)	30	－100 887.90	－78 285.38

现 金

上海信达进出口

单位名称：信达 2002.1 （2002

行 次	项 目	2002 年 1 月
1	一、经营活动产生的现金流量	
2	销售商品、提供劳务收到的现金	810 057.54
3	收到的税费返回	
4	收到其他与经营活动有关费用	1 509 536.07
5	现金流入小计	2 319 593.61
6	购买商品、接受劳务支付的现金	816 400.00
7	支付给职工以及为职工支付的现金	0
8	支付的各项税费	0
9	支付的其他与经营活动有关的现金	2 007 092.72
10	现金流出小计	2 823 492.72
11	经营活动产生的现金流量净额	−503 899.11
12	二、投资活动产生的现金流量	
13	收回投资所收到的现金	
14	取得投资收益所收到的现金	
15	处置固定资产、无形资产、长期资产收到的现金净额	
16	收到的其他与投资活动有关的现金	
17	现金流入小计	0
18	购建固定资产、无形资产、长期资产支付的现金	0
19	投资所支付的现金	
20	支付的其他与投资活动有关的现金	
21	现金流出小计	0
22	投资活动产生的现金流量净额	0
23	三、筹资活动产生的现金流量	
24	吸收权益性投资收到的现金	3 012 000
25	借款所收到的现金	0
26	收到其他与筹资活动有关的现金	
27	现金流入小计	3 012 000
28	偿还债务支付的现金	
29	分配股利利润或偿付利息所支付的现金	
30	支付的其他与筹资活动有关的现金	
31	现金流出小计	0
32	筹资活动产生的现金流量净额	3 012 000
33	四、汇率变动对现金的影响	
34	五、现金及现金等价物净增加额	2 508 100.89

流 量 表

有限公司(审计前)

年)　　　　　　　　　　　　　　　　　　　　　　　　　　金额单位：万元

行 次	项　　　目	金　　额
35	补 充 资 料	
36		
37	1. 将净利润调节为经营活动现金流量：	
38	净利润	-2 175.41
39	加:计提的资产减值准备	
40	固定资产折旧	1 580.76
41	无形资产摊销	0
42	长期待摊费用摊销的减少(减：增加)	
43	待摊费用的减少(减：增加)	
44	预提费用的增加(减：减少)	
45	处置固定资产、无形资产和其他长期资产的损失(减：收益)	
46	固定资产报废损失	
47	财务费用	0
48	投资损失(减：收益)	0
49	递延税款贷项(减：借项)	
50	存货的减少(减：增加)	-396 652.33
51	经营性应收项目的减少(减：增加)	-1 254 615.38
52	经营性应付项目的增加(减：减少)	752 194.66
53	其他	395 768.59
54	经营活动产生的现金流量净额	-503 899.11
55		
56		
57	2. 不涉及现金收支的投资活动和筹资活动：	
58	债务转为资本	
59	一年内到期的可转换公司债券	
60	融资租入固定资产	
61	不涉及现金收支的投资活动和筹资活动合计	0
62		
63	3. 现金及现金等价物净增加情况：	
64	现金的期末余额	893 665.92
65	减：现金的期初余额	
66	加：现金等价物的期末余额	
67	减：现金等价物的期初余额	
68	现金及现金等价物净增加额	893 665.92

现　金

上海信达进出口

单位名称：信达 2002.2　　(2002

行　次	项　　目	2002 年 2 月
1	一、经营活动产生的现金流量	
2	销售商品、提供劳务收到的现金	1 583 586.57
3	收到的税费返回	
4	收到其他与经营活动有关费用	1 511 923.87
5	现金流入小计	3 095 510.44
6	购买商品、接受劳务支付的现金	1 139 466.93
7	支付给职工以及为职工支付的现金	0
8	支付的各项税费	0
9	支付的其他与经营活动有关的现金	2 065 681.43
10	现金流出小计	3 205 148.36
11	经营活动产生的现金流量净额	−109 637.92
12	二、投资活动产生的现金流量	
13	收回投资所收到的现金	
14	取得投资收益所收到的现金	
15	处置固定资产、无形资产、长期资产收到的现金净额	
16	收到的其他与投资活动有关的现金	
17	现金流入小计	0
18	购建固定资产、无形资产、长期资产支付的现金	0
19	投资所支付的现金	
20	支付的其他与投资活动有关的现金	
21	现金流出小计	0
22	投资活动产生的现金流量净额	0
23	三、筹资活动产生的现金流量	
24	吸收权益性投资收到的现金	3 012 000
25	借款所收到的现金	0
26	收到其他与筹资活动有关的现金	
27	现金流入小计	3 012 000
28	偿还债务支付的现金	
29	分配股利利润或偿付利息所支付的现金	
30	支付的其他与筹资活动有关的现金	
31	现金流出小计	0
32	筹资活动产生的现金流量净额	3 012 000
33	四、汇率变动对现金的影响	
34	五、现金及现金等价物净增加额	2 902 362.08

流　量　表

有限公司(审计前)

年)　　　　金额单位：万元

行　次	项　　　　目	金　　额
35	补　充　资　料	
36		
37	1. 将净利润调节为经营活动现金流量：	
38	净利润	－42 782.64
39	加:计提的资产减值准备	
40	固定资产折旧	3 161.52
41	无形资产摊销	0
42	长期待摊费用摊销的减少(减：增加)	
43	待摊费用的减少(减：增加)	
44	预提费用的增加(减：减少)	
45	处置固定资产、无形资产和其他长期资产的损失(减：收益)	
46	固定资产报废损失	
47	财务费用	0
48	投资损失(减：收益)	0
49	递延税款贷项(减：借项)	
50	存货的减少(减：增加)	－396 652.33
51	经营性应收项目的减少(减：增加)	－603 416.85
52	经营性应付项目的增加(减：减少)	534 285.79
53	其他	395 768.59
54	经营活动产生的现金流量净额	－109 637.92
55		
56		
57	2. 不涉及现金收支的投资活动和筹资活动：	
58	债务转为资本	
59	一年内到期的可转换公司债券	
60	融资租入固定资产	
61	不涉及现金收支的投资活动和筹资活动合计	0
62		
63	3. 现金及现金等价物净增加情况：	
64	现金的期末余额	893 665.92
65	减：现金的期初余额	
66	加：现金等价物的期末余额	
67	减：现金等价物的期初余额	
68	现金及现金等价物净增加额	893 665.92

现　金

上海信达进出口

单位名称：信达 2002.3　　　　(2002

行　次	项　　　　目	2002 年 3 月
1	一、经营活动产生的现金流量	
2	销售商品、提供劳务收到的现金	2 737 931.02
3	收到的税费返回	
4	收到其他与经营活动有关费用	1 521 815.77
5	现金流入小计	4 259 746.79
6	购买商品、接受劳务支付的现金	1 916 588.68
7	支付给职工以及为职工支付的现金	0
8	支付的各项税费	261.03
9	支付的其他与经营活动有关的现金	2 102 235.13
10	现金流出小计	4 019 084.84
11	经营活动产生的现金流量净额	240 661.95
12	二、投资活动产生的现金流量	
13	收回投资所收到的现金	
14	取得投资收益所收到的现金	
15	处置固定资产、无形资产、长期资产收到的现金净额	
16	收到的其他与投资活动有关的现金	
17	现金流入小计	0
18	购建固定资产、无形资产、长期资产支付的现金	0
19	投资所支付的现金	
20	支付的其他与投资活动有关的现金	
21	现金流出小计	0
22	投资活动产生的现金流量净额	0
23	三、筹资活动产生的现金流量	
24	吸收权益性投资收到的现金	3 012 000
25	借款所收到的现金	0
26	收到其他与筹资活动有关的现金	
27	现金流入小计	3 012 000
28	偿还债务支付的现金	
29	分配股利利润或偿付利息所支付的现金	
30	支付的其他与筹资活动有关的现金	
31	现金流出小计	0
32	筹资活动产生的现金流量净额	3 012 000
33	四、汇率变动对现金的影响	
34	五、现金及现金等价物净增加额	3 252 661.95

流 量 表

有限公司(审计前)

年)

金额单位：万元

行 次	项 目	金 额
35	补 充 资 料	
36		
37	1. 将净利润调节为经营活动现金流量：	
38	净利润	−69 972.45
39	加:计提的资产减值准备	
40	固定资产折旧	4 805.61
41	无形资产摊销	0
42	长期待摊费用摊销的减少(减：增加)	
43	待摊费用的减少(减：增加)	
44	预提费用的增加(减：减少)	
45	处置固定资产、无形资产和其他长期资产的损失(减：收益)	
46	固定资产报废损失	
47	财务费用	0
48	投资损失(减：收益)	0
49	递延税款贷项(减：借项)	
50	存货的减少(减：增加)	−396 652.33
51	经营性应收项目的减少(减：增加)	−373 747.92
52	经营性应付项目的增加(减：减少)	684 260.45
53	其他	391 968.59
54	经营活动产生的现金流量净额	240 661.95
55		
56		
57	2. 不涉及现金收支的投资活动和筹资活动：	
58	债务转为资本	
59	一年内到期的可转换公司债券	
60	融资租入固定资产	
61	不涉及现金收支的投资活动和筹资活动合计	0
62		
63	3. 现金及现金等价物净增加情况：	
64	现金的期末余额	893 665.92
65	减：现金的期初余额	
66	加：现金等价物的期末余额	
67	减：现金等价物的期初余额	
68	现金及现金等价物净增加额	893 665.92

现　金

上海信达进出口

单位名称：信达 2002.4　　　　(2002

行 次	项　　　目	2002 年 4 月
1	一、经营活动产生的现金流量	
2	销售商品、提供劳务收到的现金	5 106 861.31
3	收到的税费返回	
4	收到其他与经营活动有关费用	1 735 969.57
5	现金流入小计	5 106 861.31
6	购买商品、接受劳务支付的现金	3 995 469.47
7	支付给职工以及为职工支付的现金	0
8	支付的各项税费	261.03
9	支付的其他与经营活动有关的现金	2 804 827.12
10	现金流出小计	6 800 557.62
11	经营活动产生的现金流量净额	42 273.26
12	二、投资活动产生的现金流量	
13	收回投资所收到的现金	
14	取得投资收益所收到的现金	
15	处置固定资产、无形资产、长期资产收到的现金净额	
16	收到的其他与投资活动有关的现金	
17	现金流入小计	0
18	购建固定资产、无形资产、长期资产支付的现金	0
19	投资所支付的现金	
20	支付的其他与投资活动有关的现金	
21	现金流出小计	0
22	投资活动产生的现金流量净额	0
23	三、筹资活动产生的现金流量	
24	吸收权益性投资收到的现金	3 012 000
25	借款所收到的现金	0
26	收到其他与筹资活动有关的现金	
27	现金流入小计	3 012 000
28	偿还债务支付的现金	
29	分配股利利润或偿付利息所支付的现金	
30	支付的其他与筹资活动有关的现金	
31	现金流出小计	0
32	筹资活动产生的现金流量净额	3 012 000
33	四、汇率变动对现金的影响	
34	五、现金及现金等价物净增加额	3 054 273.26

流　量　表

有限公司(审计前)

年)

金额单位：万元

行　次	项　　　目	金　　额
35	补　充　资　料	
36		
37	1. 将净利润调节为经营活动现金流量：	
38	净利润	－9 911.36
39	加:计提的资产减值准备	
40	固定资产折旧	6 449.70
41	无形资产摊销	0
42	长期待摊费用摊销的减少(减：增加)	
43	待摊费用的减少(减：增加)	
44	预提费用的增加(减：减少)	
45	处置固定资产、无形资产和其他长期资产的损失(减：收益)	
46	固定资产报废损失	
47	财务费用	0
48	投资损失(减：收益)	0
49	递延税款贷项(减：借项)	
50	存货的减少(减：增加)	－396 652.33
51	经营性应收项目的减少(减：增加)	－1 092 371.99
52	经营性应付项目的增加(减：减少)	1 122 967.93
53	其他	391 968.59
54	经营活动产生的现金流量净额	42 273.26
55		
56		
57	2. 不涉及现金收支的投资活动和筹资活动：	
58	债务转为资本	
59	一年内到期的可转换公司债券	
60	融资租入固定资产	
61	不涉及现金收支的投资活动和筹资活动合计	0
62		
63	3. 现金及现金等价物净增加情况：	
64	现金的期末余额	893 665.92
65	减：现金的期初余额	
66	加：现金等价物的期末余额	
67	减：现金等价物的期初余额	
68	现金及现金等价物净增加额	893 665.92

现　金

上海信达进出口

单位名称：信达 2002.5　　　　(2002

行　次	项　　　　　目	2002 年 5 月
1	一、经营活动产生的现金流量	
2	销售商品、提供劳务收到的现金	9 801 331.82
3	收到的税费返回	
4	收到其他与经营活动有关费用	1 742 088.37
5	现金流入小计	11 543 420.19
6	购买商品、接受劳务支付的现金	8 742 373.35
7	支付给职工以及为职工支付的现金	0
8	支付的各项税费	5 142.74
9	支付的其他与经营活动有关的现金	3 046 889.58
10	现金流出小计	11 794 405.67
11	经营活动产生的现金流量净额	−250 985.48
12	二、投资活动产生的现金流量	
13	收回投资所收到的现金	
14	取得投资收益所收到的现金	
15	处置固定资产、无形资产、长期资产收到的现金净额	
16	收到的其他与投资活动有关的现金	
17	现金流入小计	0
18	购建固定资产、无形资产、长期资产支付的现金	0
19	投资所支付的现金	
20	支付的其他与投资活动有关的现金	
21	现金流出小计	0
22	投资活动产生的现金流量净额	0
23	三、筹资活动产生的现金流量	
24	吸收权益性投资收到的现金	3 012 000
25	借款所收到的现金	0
26	收到其他与筹资活动有关的现金	
27	现金流入小计	3 012 000
28	偿还债务支付的现金	
29	分配股利利润或偿付利息所支付的现金	
30	支付的其他与筹资活动有关的现金	
31	现金流出小计	0
32	筹资活动产生的现金流量净额	3 012 000
33	四、汇率变动对现金的影响	
34	五、现金及现金等价物净增加额	2 761 014.52

流　量　表

有限公司(审计前)

年)　　　　金额单位：万元

行次	项　　目	金　　额
35	补　充　资　料	
36		
37	1. 将净利润调节为经营活动现金流量：	
38	净利润	－102 128.04
39	加：计提的资产减值准备	0
40	固定资产折旧	8 093.79
41	无形资产摊销	0
42	长期待摊费用摊销的减少(减：增加)	
43	待摊费用的减少(减：增加)	
44	预提费用的增加(减：减少)	
45	处置固定资产、无形资产和其他长期资产的损失(减：收益)	
46	固定资产报废损失	
47	财务费用	0
48	投资损失(减：收益)	0
49	递延税款贷项(减：借项)	
50	存货的减少(减：增加)	－395 002.33
51	经营性应收项目的减少(减：增加)	590 376.11
52	经营性应付项目的增加(减：减少)	－744 293.60
53	其他	391 968.59
54	经营活动产生的现金流量净额	－250 985.48
55		
56		
57	2. 不涉及现金收支的投资活动和筹资活动：	
58	债务转为资本	
59	一年内到期的可转换公司债券	
60	融资租入固定资产	
61	不涉及现金收支的投资活动和筹资活动合计	0
62		
63	3. 现金及现金等价物净增加情况：	
64	现金的期末余额	893 665.92
65	减：现金的期初余额	
66	加：现金等价物的期末余额	
67	减：现金等价物的期初余额	
68	现金及现金等价物净增加额	893 665.92

现　金

上海信达进出口

单位名称：信达 2002.6

(2002

行 次	项　　　目	2002 年 6 月
1	一、经营活动产生的现金流量	
2	销售商品、提供劳务收到的现金	11 689 663.06
3	收到的税费返回	0
4	收到其他与经营活动有关费用	2 578 642.98
5	现金流入小计	14 268 306.04
6	购买商品、接受劳务支付的现金	11 696 942.46
7	支付给职工以及为职工支付的现金	0
8	支付的各项税费	12 499.32
9	支付的其他与经营活动有关的现金	3 130 737.38
10	现金流出小计	14 840 179.16
11	经营活动产生的现金流量净额	−571 873.12
12	二、投资活动产生的现金流量	
13	收回投资所收到的现金	
14	取得投资收益所收到的现金	
15	处置固定资产、无形资产、长期资产收到的现金净额	
16	收到的其他与投资活动有关的现金	
17	现金流入小计	0
18	购建固定资产、无形资产、长期资产支付的现金	0
19	投资所支付的现金	
20	支付的其他与投资活动有关的现金	
21	现金流出小计	0
22	投资活动产生的现金流量净额	0
23	三、筹资活动产生的现金流量	
24	吸收权益性投资收到的现金	3 012 000
25	借款所收到的现金	0
26	收到其他与筹资活动有关的现金	
27	现金流入小计	3 012 000
28	偿还债务支付的现金	
29	分配股利利润或偿付利息所支付的现金	
30	支付的其他与筹资活动有关的现金	
31	现金流出小计	0
32	筹资活动产生的现金流量净额	3 012 000
33	四、汇率变动对现金的影响	
34	五、现金及现金等价物净增加额	2 440 126.88

流　量　表

有限公司（审计前）

年）　　　　　　　　　　　　　　　　　　　　　　　　　　　　　　　金额单位：万元

行　次	项　　　　　目	金　　　额
35	补　充　资　料	
36		
37	1. 将净利润调节为经营活动现金流量：	
38	净利润	－26 054.67
39	加：计提的资产减值准备	0
40	固定资产折旧	9 737.88
41	无形资产摊销	0
42	长期待摊费用摊销的减少（减：增加）	
43	待摊费用的减少（减：增加）	
44	预提费用的增加（减：减少）	
45	处置固定资产、无形资产和其他长期资产的损失（减：收益）	
46	固定资产报废损失	
47	财务费用	0
48	投资损失（减：收益）	0
49	递延税款贷项（减：借项）	
50	存货的减少（减：增加）	－395 002.33
51	经营性应收项目的减少（减：增加）	－3 113 810.15
52	经营性应付项目的增加（减：减少）	2 561 287.56
53	其他	391 968.59
54	经营活动产生的现金流量净额	－571 873.12
55		
56		
57	2. 不涉及现金收支的投资活动和筹资活动：	
58	债务转为资本	
59	一年内到期的可转换公司债券	
60	融资租入固定资产	
61	不涉及现金收支的投资活动和筹资活动合计	0
62		
63	3. 现金及现金等价物净增加情况：	
64	现金的期末余额	893 665.92
65	减：现金的期初余额	
66	加：现金等价物的期末余额	
67	减：现金等价物的期初余额	
68	现金及现金等价物净增加额	893 665.92

现　金

上海信达进出口

单位名称：信达 2002.7　　(2002

行　次	项　　　目	2002 年 7 月
1	一、经营活动产生的现金流量	
2	销售商品、提供劳务收到的现金	17 465 402.40
3	收到的税费返回	
4	收到其他与经营活动有关费用	3 269 700.84
5	现金流入小计	20 735 103.24
6	购买商品、接受劳务支付的现金	16 687 255.65
7	支付给职工以及为职工支付的现金	38 466.60
8	支付的各项税费	15 400.40
9	支付的其他与经营活动有关的现金	4 588 663.52
10	现金流出小计	21 329 786.17
11	经营活动产生的现金流量净额	−594 682.93
12	二、投资活动产生的现金流量	
13	收回投资所收到的现金	
14	取得投资收益所收到的现金	
15	处置固定资产、无形资产、长期资产收到的现金净额	
16	收到的其他与投资活动有关的现金	
17	现金流入小计	0
18	购建固定资产、无形资产、长期资产支付的现金	205 240
19	投资所支付的现金	
20	支付的其他与投资活动有关的现金	
21	现金流出小计	205 240
22	投资活动产生的现金流量净额	−205 240
23	三、筹资活动产生的现金流量	
24	吸收权益性投资收到的现金	3 012 000
25	借款所收到的现金	0
26	收到其他与筹资活动有关的现金	
27	现金流入小计	3 012 000
28	偿还债务支付的现金	
29	分配股利利润或偿付利息所支付的现金	
30	支付的其他与筹资活动有关的现金	
31	现金流出小计	0
32	筹资活动产生的现金流量净额	3 012 000
33	四、汇率变动对现金的影响	
34	五、现金及现金等价物净增加额	2 212 077.07

流　量　表

有限公司(审计前)

年)　　金额单位：万元

行　次	项　　　目	金　　额
35	补　充　资　料	
36		
37	1. 将净利润调节为经营活动现金流量：	
38	净利润	−99 627.96
39	加：计提的资产减值准备	
40	固定资产折旧	13 273.01
41	无形资产摊销	0
42	长期待摊费用摊销的减少(减：增加)	
43	待摊费用的减少(减：增加)	
44	预提费用的增加(减：减少)	
45	处置固定资产、无形资产和其他长期资产的损失(减：收益)	
46	固定资产报废损失	
47	财务费用	0
48	投资损失(减：收益)	0
49	递延税款贷项(减：借项)	
50	存货的减少(减：增加)	−395 002.33
51	经营性应收项目的减少(减：增加)	−2 151 563.18
52	经营性应付项目的增加(减：减少)	1 646 268.94
53	其他	391 968.59
54	经营活动产生的现金流量净额	−594 682.93
55		
56		
57	2. 不涉及现金收支的投资活动和筹资活动：	
58	债务转为资本	
59	一年内到期的可转换公司债券	
60	融资租入固定资产	
61	不涉及现金收支的投资活动和筹资活动合计	0
62		
63	3. 现金及现金等价物净增加情况：	
64	现金的期末余额	893 665.92
65	减：现金的期初余额	
66	加：现金等价物的期末余额	
67	减：现金等价物的期初余额	
68	现金及现金等价物净增加额	893 665.92

现　金

上海信达进出口

单位名称：信达 2002.8　（2002

行　次	项　　　　目	2002 年 8 月
1	一、经营活动产生的现金流量	
2	销售商品、提供劳务收到的现金	26 167 722.43
3	收到的税费返回	13 631.25
4	收到其他与经营活动有关费用	5 178 657.80
5	现金流入小计	31 360 011.48
6	购买商品、接受劳务支付的现金	27 382 480.82
7	支付给职工以及为职工支付的现金	80 538
8	支付的各项税费	17 019.73
9	支付的其他与经营活动有关的现金	5 390 316.98
10	现金流出小计	32 870 355.53
11	经营活动产生的现金流量净额	−1 510 344.05
12	二、投资活动产生的现金流量	
13	收回投资所收到的现金	
14	取得投资收益所收到的现金	
15	处置固定资产、无形资产、长期资产收到的现金净额	
16	收到的其他与投资活动有关的现金	
17	现金流入小计	0
18	购建固定资产、无形资产、长期资产支付的现金	212 720
19	投资所支付的现金	
20	支付的其他与投资活动有关的现金	
21	现金流出小计	212 720
22	投资活动产生的现金流量净额	−212 720
23	三、筹资活动产生的现金流量	
24	吸收权益性投资收到的现金	3 012 000
25	借款所收到的现金	0
26	收到其他与筹资活动有关的现金	
27	现金流入小计	3 012 000
28	偿还债务支付的现金	
29	分配股利利润或偿付利息所支付的现金	
30	支付的其他与筹资活动有关的现金	
31	现金流出小计	0
32	筹资活动产生的现金流量净额	3 012 000
33	四、汇率变动对现金的影响	
34	五、现金及现金等价物净增加额	1 288 935.95

流 量 表

有限公司(审计前)

年) 金额单位：万元

行 次	项 目	金 额
35	补 充 资 料	
36		
37	1. 将净利润调节为经营活动现金流量：	
38	净利润	52 215.23
39	加：计提的资产减值准备	
40	固定资产折旧	16 808.14
41	无形资产摊销	0
42	长期待摊费用摊销的减少(减：增加)	
43	待摊费用的减少(减：增加)	
44	预提费用的增加(减：减少)	
45	处置固定资产、无形资产和其他长期资产的损失(减：收益)	
46	固定资产报废损失	
47	财务费用	0
48	投资损失(减：收益)	0
49	递延税款贷项(减：借项)	
50	存货的减少(减：增加)	－395 002.33
51	经营性应收项目的减少(减：增加)	－4 313 899.66
52	经营性应付项目的增加(减：减少)	2 737 565.98
53	其他	391 968.59
54	经营活动产生的现金流量净额	－1 510 344.05
55		
56		
57	2. 不涉及现金收支的投资活动和筹资活动：	
58	债务转为资本	
59	一年内到期的可转换公司债券	
60	融资租入固定资产	
61	不涉及现金收支的投资活动和筹资活动合计	0
62		
63	3. 现金及现金等价物净增加情况：	
64	现金的期末余额	893 665.92
65	减：现金的期初余额	
66	加：现金等价物的期末余额	
67	减：现金等价物的期初余额	
68	现金及现金等价物净增加额	893 665.92

现 金

上海信达进出口

单位名称：信达 2002.9 (2002

行 次	项 目	2002 年 9 月
1	一、经营活动产生的现金流量	
2	销售商品、提供劳务收到的现金	33 966 647.61
3	收到的税费返回	13 631.25
4	收到其他与经营活动有关费用	6 616 880.38
5	现金流入小计	40 597 159.24
6	购买商品、接受劳务支付的现金	32 697 887.62
7	支付给职工以及为职工支付的现金	124 210.90
8	支付的各项税费	22 708.01
9	支付的其他与经营活动有关的现金	6 462 644.24
10	现金流出小计	39 307 450.77
11	经营活动产生的现金流量净额	1 289 708.47
12	二、投资活动产生的现金流量	
13	收回投资所收到的现金	
14	取得投资收益所收到的现金	
15	处置固定资产、无形资产、长期资产收到的现金净额	
16	收到的其他与投资活动有关的现金	
17	现金流入小计	0
18	购建固定资产、无形资产、长期资产支付的现金	244 184.10
19	投资所支付的现金	
20	支付的其他与投资活动有关的现金	
21	现金流出小计	244 184.10
22	投资活动产生的现金流量净额	—244 184.10
23	三、筹资活动产生的现金流量	
24	吸收权益性投资收到的现金	3 012 000
25	借款所收到的现金	0
26	收到其他与筹资活动有关的现金	
27	现金流入小计	3 012 000
28	偿还债务支付的现金	
29	分配股利利润或偿付利息所支付的现金	
30	支付的其他与筹资活动有关的现金	
31	现金流出小计	0
32	筹资活动产生的现金流量净额	3 012 000
33	四、汇率变动对现金的影响	
34	五、现金及现金等价物净增加额	4 057 524.37

流 量 表

有限公司(审计前)

年)

金额单位：万元

行 次	项 目	金 额
35	补 充 资 料	
36		
37	1. 将净利润调节为经营活动现金流量：	
38	净利润	51 006.50
39	加：计提的资产减值准备	
40	固定资产折旧	20 462.95
41	无形资产摊销	0
42	长期待摊费用摊销的减少(减：增加)	
43	待摊费用的减少(减：增加)	
44	预提费用的增加(减：减少)	
45	处置固定资产、无形资产和其他长期资产的损失(减：收益)	
46	固定资产报废损失	
47	财务费用	0
48	投资损失(减：收益)	0
49	递延税款贷项(减：借项)	
50	存货的减少(减：增加)	—395 002.33
51	经营性应收项目的减少(减：增加)	—8 157 089.11
52	经营性应付项目的增加(减：减少)	9 378 361.87
53	其他	391 968.59
54	经营活动产生的现金流量净额	1 289 708.47
55		
56		
57	2. 不涉及现金收支的投资活动和筹资活动：	
58	债务转为资本	
59	一年内到期的可转换公司债券	
60	融资租入固定资产	
61	不涉及现金收支的投资活动和筹资活动合计	0
62		
63	3. 现金及现金等价物净增加情况：	
64	现金的期末余额	893 665.92
65	减：现金的期初余额	
66	加：现金等价物的期末余额	
67	减：现金等价物的期初余额	
68	现金及现金等价物净增加额	893 665.92

现　金

上海信达进出口

单位名称：信达 2002.10

（2002

行　次	项　　　目	2002 年 10 月
1	一、经营活动产生的现金流量	
2	销售商品、提供劳务收到的现金	33 966 647. 61
3	收到的税费返回	14 631. 25
4	收到其他与经营活动有关费用	13 321 835. 31
5	现金流入小计	47 303 114. 17
6	购买商品、接受劳务支付的现金	39 820 651. 90
7	支付给职工以及为职工支付的现金	176 449
8	支付的各项税费	34 241. 53
9	支付的其他与经营活动有关的现金	8 628 190. 08
10	现金流出小计	48 659 532. 51
11	经营活动产生的现金流量净额	−1 356 418. 34
12	二、投资活动产生的现金流量	
13	收回投资所收到的现金	
14	取得投资收益所收到的现金	
15	处置固定资产、无形资产、长期资产收到的现金净额	
16	收到的其他与投资活动有关的现金	
17	现金流入小计	0
18	购建固定资产、无形资产、长期资产支付的现金	244 184. 10
19	投资所支付的现金	
20	支付的其他与投资活动有关的现金	
21	现金流出小计	244 184. 10
22	投资活动产生的现金流量净额	−244 184. 10
23	三、筹资活动产生的现金流量	
24	吸收权益性投资收到的现金	3 012 000
25	借款所收到的现金	0
26	收到其他与筹资活动有关的现金	
27	现金流入小计	3 012 000
28	偿还债务支付的现金	
29	分配股利利润或偿付利息所支付的现金	
30	支付的其他与筹资活动有关的现金	
31	现金流出小计	0
32	筹资活动产生的现金流量净额	3 012 000
33	四、汇率变动对现金的影响	
34	五、现金及现金等价物净增加额	1 411 397. 56

流 量 表

有限公司(审计前)

年)

金额单位：万元

行 次	项 目	金 额
35	补 充 资 料	
36		
37	1. 将净利润调节为经营活动现金流量：	
38	净利润	22 602.52
39	加:计提的资产减值准备	
40	固定资产折旧	24 621.19
41	无形资产摊销	0
42	长期待摊费用摊销的减少(减：增加)	
43	待摊费用的减少(减：增加)	
44	预提费用的增加(减：减少)	
45	处置固定资产、无形资产和其他长期资产的损失(减：收益)	
46	固定资产报废损失	
47	财务费用	
48	投资损失(减：收益)	0
49	递延税款贷项(减：借项)	
50	存货的减少(减：增加)	−395 002.33
51	经营性应收项目的减少(减：增加)	−12 008 814.45
52	经营性应付项目的增加(减：减少)	10 608 206.14
53	其他	391 968.59
54	经营活动产生的现金流量净额	−1 356 418.34
55		
56		
57	2. 不涉及现金收支的投资活动和筹资活动：	
58	债务转为资本	
59	一年内到期的可转换公司债券	
60	融资租入固定资产	
61	不涉及现金收支的投资活动和筹资活动合计	0
62		
63	3. 现金及现金等价物净增加情况：	
64	现金的期末余额	893 665.92
65	减：现金的期初余额	
66	加：现金等价物的期末余额	
67	减：现金等价物的期初余额	
68	现金及现金等价物净增加额	893 665.92

现　金

上海信达进出口

单位名称：信达 2002.11　　　　(2002

行　次	项　　　目	2002 年 11 月
1	一、经营活动产生的现金流量	
2	销售商品、提供劳务收到的现金	33 967 145.61
3	收到的税费返回	14 631.25
4	收到其他与经营活动有关费用	22 306 990.05
5	现金流入小计	56 288 766.91
6	购买商品、接受劳务支付的现金	46 586 396.67
7	支付给职工以及为职工支付的现金	177 363
8	支付的各项税费	77 218.54
9	支付的其他与经营活动有关的现金	10 591 986.13
10	现金流出小计	57 432 964.34
11	经营活动产生的现金流量净额	−1 144 197.43
12	二、投资活动产生的现金流量	
13	收回投资所收到的现金	
14	取得投资收益所收到的现金	
15	处置固定资产、无形资产、长期资产收到的现金净额	
16	收到的其他与投资活动有关的现金	
17	现金流入小计	0
18	购建固定资产、无形资产、长期资产支付的现金	252 454.10
19	投资所支付的现金	
20	支付的其他与投资活动有关的现金	
21	现金流出小计	252 454.10
22	投资活动产生的现金流量净额	−252 454.10
23	三、筹资活动产生的现金流量	
24	吸收权益性投资收到的现金	3 012 000
25	借款所收到的现金	900 000
26	收到其他与筹资活动有关的现金	
27	现金流入小计	3 912 000
28	偿还债务支付的现金	
29	分配股利利润或偿付利息所支付的现金	
30	支付的其他与筹资活动有关的现金	
31	现金流出小计	0
32	筹资活动产生的现金流量净额	3 912 000
33	四、汇率变动对现金的影响	
34	五、现金及现金等价物净增加额	2 515 346.47

流 量 表

有限公司(审计前)

年)　　　　　　　　　　　　　　　　　　　　　　　　　　　　金额单位：万元

行 次	项 目	金 额
35	补 充 资 料	
36		
37	1. 将净利润调节为经营活动现金流量:	
38	净利润	—78 285. 38
39	加:计提的资产减值准备	
40	固定资产折旧	28 779. 43
41	无形资产摊销	0
42	长期待摊费用摊销的减少(减：增加)	
43	待摊费用的减少(减：增加)	
44	预提费用的增加(减：减少)	
45	处置固定资产、无形资产和其他长期资产的损失(减：收益)	
46	固定资产报废损失	
47	财务费用	0
48	投资损失(减：收益)	0
49	递延税款贷项(减：借项)	
50	存货的减少(减：增加)	—395 002. 33
51	经营性应收项目的减少(减：增加)	—15 585 068. 91
52	经营性应付项目的增加(减：减少)	15 393 411. 17
53	其他	—508 031. 41
54	经营活动产生的现金流量净额	—1 144 197. 43
55		
56		
57	2. 不涉及现金收支的投资活动和筹资活动:	
58	债务转为资本	
59	一年内到期的可转换公司债券	
60	融资租入固定资产	
61	不涉及现金收支的投资活动和筹资活动合计	0
62		
63	3. 现金及现金等价物净增加情况:	
64	现金的期末余额	893 665. 92
65	减：现金的期初余额	
66	加：现金等价物的期末余额	
67	减：现金等价物的期初余额	
68	现金及现金等价物净增加额	893 665. 92

（二）2002年年报及附注，12月份总账、部分明细账、日记账，12月份的记账凭证及部分原始凭证

1. 2002年年报及其会计报表附注

资　产

编制单位：上海信达进出口有限公司　　　　2002年

顺序号	资　　　产	行次	年初数	期末数
1	流动资产：			
2	货币资金	1		893 665.92
3	短期投资	2		
4	应收票据	3		
5	应收股利	4		
6	应收利息	5		
7	应收账款	6		16 203 090.06
8	其他应收款	7		3 375 866.77
9	预付账款	8		2 056 964.27
10	应收补贴款	9		
11	存货	10		390 002.33
12	待摊费用	11		
13				
14	一年内到期的长期债权投资	21		
15	其他流动资产	24		
16	流动资产合计	31	0	22 919 589.35
17				
18	长期投资：			
19	长期股权投资	32		1 506 982.41
20	长期债权投资	34		
21	长期投资合计	38	0	1 506 982.41
22	其中：合并价差（贷差以“－”号表示，合并报表填列）	38-1		
23	其中：股权投资差额（贷差以“－”号表示，合并报表填列）	38-2		
24	固定资产：			
25	固定资产原价	39		341 503.10
26	减：累计折旧	40		34 462.79
27	固定资产净值	41	0	307 040.31
28	减：固定资产减值准备	42		
29	固定资产净额	43	0	307 040.31
30	工程物资	44		
31	在建工程	45		
32	固定资产清理	46		
33	固定资产合计	50	0	307 040.31
34	无形资产及其他资产：			
35	无形资产	51		
36	长期待摊费用	52		
37	其他长期资产	53		
38	无形及其他资产合计	60	0	0
39	递延税项：			
40	递延税款借项	61		
41	资　产　总　计	67	0	24 733 612.07

负 债 表

会企地月 01 表

（审计前） 金额单位：元

负债和所有者权益	行次	年初数	期末数
流动负债：			
短期借款	68		900 000.00
应付票据	69		
应付账款	70		6 343 198.65
预收账款	71		14 489 591.31
应付工资	72		
应付福利费	73		12 113.29
应付股利	74		
应交税金	75		−6 382 371.95
其他应交款	80		173.67
其他应付款	81		4 141 796.83
预提费用	82		
预计负债	83		
递延收益	84		
一年内到期的长期负债	86		
其他流动负债	90		
流动负债合计	100	0	19 504 501.80
长期负债：			
长期借款	101		
应付债券	102		
长期应付款	103		
专项应付款	106		
职业风险基金	107		
其他长期负债	108		
长期负债合计	110	0	0
递延税项：			
递延税款贷项	111		
负债合计	114	0	19 504 501.80
少数股东损益(合并报表填列)	114-1		
所有者权益：			
实收资本(或股本)	115		5 000 000.00
减：已归还投资	116		
实收资本(或股本)净额	117		
资本公积	118		
盈余公积	119		
其中：法定公益金	120		
减：未确认的投资损失(合并报表填列)	120-1		
未分配利润	121		229 110.27
外币报表折算差额(合并报表填列)	121-1		
所有者权益(或股东权益)合计	122	0	5 229 110.27
负债和所有者权益(或股东权益)总计	135	0	24 733 612.07

上海市二〇〇二年

主要税金应交明细表

会企地月 01 表附表 1

编制单位：上海信达进出口公司　　2002 年　　金额单位：元

项　　　目	行次	上　年　数	本年累计数
一、增值税			
1. 应交增值税			
(1) 期初未抵扣数(用"一"号填列)	1		0
(2) 销项税额	2		37 281.15
出口退税	3		0
进项税额转出数	4		798 193.90
转出多交增值税	5		0
(3) 进项税额	6		7 254 583.39
已交税金	7		0
	8		
	9		
转出未交增值税	10		0
(4) 期末未抵扣数(用"一"号填列)	11		−6 419 108.34
2. 未交增值税			
(1) 期初未交数(多交数用"一"号填列)	12		0
(2) 本期转入数(转入多交数用"一"号填列)	13		0
(3) 已交数	14		0
(4) 期末未交数(多交数用"一"号填列)	15		0
二、消费税			
1. 期初未交数(多交数用"一"填列)	16		0
2. 应交数	17		0
3. 已交数	18		0
4. 期末未交数(多交数用"一"填列)	19		0
三、营业税			
1. 期初未交数(多交数用"一"填列)	20		0
2. 应交数	21		8 128.90
3. 已交数	22		3 787.10
4. 期末未交数(多交数用"一"填列)	23		4 341.80
四、城乡维护建设税			
1. 期初未交数(多交数用"一"填列)	24		0
2. 应交数	25		569.03
3. 已交数	26		265.10
4. 期末未交数(多交数用"一"填列)	27		303.93
五、企业所得税			
1. 期初未交数(多交数用"一"填列)	28		0
2. 应交数	29		41 390.15
3. 已交数	30		9 214.45
4. 期末未交数(多交数用"一"填列)	31		32 175.70

企业月度会计报表

利润表(审计前)

会企地月 02 表

2002 年　　　　金额单位：元

项　　目	行次	本　月　数	本年累计数
一、主营业务收入	1	0	48 871 526.81
减：主营业务成本	4	0	45 699 882.32
主营业务税金及附加	5	0	0
二、主营业务利润(亏损以“—”号填列)	10	0	3 171 644.49
加：其他业务利润(亏损以“—”号填列)	11	0	147 561.45
减：营业费用	14	0	2 871 246.63
管理费用	15	0	0
财务费用	16	0	207 377.81
三、营业利润(亏损以“—”号填列)	18	0	240 581.50
加：投资收益(亏损以“—”号填列)	19	0	0
补贴收入	22	0	0
营业外收入	23	0	35 028.00
减：营业外支出	25	0	6 068.00
四、利润总额(亏损以“—”号填列)	27	0	269 541.50
减：所得税	28	0	40 431.23
少数股东损益(合并报表填列)	28-1		
加：未确认的投资损失(合并报表填列)	28-2		
五、净利润(亏损以“—”号填列)	30	0	229 110.27

现 金

上海信达进出口

单位名称：信达 2002.12

(2002

行 次	项 目	2002 年 12 月
1	一、经营活动产生的现金流量	
2	销售商品、提供劳务收到的现金	53 772 056.47
3	收到的税费返回	
4	收到其他与经营活动有关费用	8 661 710.74
5	现金流入小计	62 433 767.21
6	购买商品、接受劳务支付的现金	52 564 428.11
7	支付给职工以及为职工支付的现金	896 604.88
8	支付的各项税费	40 163.42
9	支付的其他与经营活动有关的现金	11 696 450.78
10	现金流出小计	65 199 647.19
11	经营活动产生的现金流量净额	−2 765 879.98
12	二、投资活动产生的现金流量	
13	收回投资所收到的现金	
14	取得投资收益所收到的现金	
15	处置固定资产、无形资产、长期资产收到的现金净额	
16	收到的其他与投资活动有关的现金	
17	现金流入小计	0
18	购建固定资产、无形资产、长期资产支付的现金	252 454.10
19	投资所支付的现金	
20	支付的其他与投资活动有关的现金	
21	现金流出小计	252 454.10
22	投资活动产生的现金流量净额	−252 454.10
23	三、筹资活动产生的现金流量	
24	吸收权益性投资收到的现金	3 012 000
25	借款所收到的现金	900 000
26	收到其他与筹资活动有关的现金	
27	现金流入小计	3 912 000
28	偿还债务支付的现金	
29	分配股利利润或偿付利息所支付的现金	
30	支付的其他与筹资活动有关的现金	
31	现金流出小计	0
32	筹资活动产生的现金流量净额	3 912 000
33	四、汇率变动对现金的影响	
34	五、现金及现金等价物净增加额	893 665.92

流　量　表

有限公司(审计前)

年)

金额单位：万元

行 次	项　　　　目	金　　额
35	补 充 资 料	
36		
37	1. 将净利润调节为经营活动现金流量:	
38	净利润	229 110.27
39	加:计提的资产减值准备	
40	固定资产折旧	34 462.79
41	无形资产摊销	0
42	长期待摊费用摊销的减少(减：增加)	
43	待摊费用的减少(减：增加)	
44	预提费用的增加(减：减少)	
45	处置固定资产、无形资产和其他长期资产的损失(减：收益)	
46	固定资产报废损失	
47	财务费用	133 420.45
48	投资损失(减：收益)	0
49	递延税款贷项(减：借项)	
50	存货的减少(减：增加)	−390 002.33
51	经营性应收项目的减少(减：增加)	−21 376 489.22
52	经营性应付项目的增加(减：减少)	18 603 618.06
53	其他	
54	经营活动产生的现金流量净额	−2 765 879.98
55		
56		
57	2. 不涉及现金收支的投资活动和筹资活动：	
58	债务转为资本	
59	一年内到期的可转换公司债券	
60	融资租入固定资产	
61	不涉及现金收支的投资活动和筹资活动合计	0
62		
63	3. 现金及现金等价物净增加情况：	
64	现金的期末余额	893 665.92
65	减：现金的期初余额	
66	加：现金等价物的期末余额	
67	减：现金等价物的期初余额	
68	现金及现金等价物净增加额	893 665.92

2002年度会计报表附注(审计前)

一、重要会计政策和会计估计的说明

(一) 会计制度

企业执行《企业会计制度》。

(二) 坏账准备核算

应收账款、其他应收款的坏账准备核算采用个别认定法。

(三) 存货核算方法

存货采用实际成本法核算,领用、发出采用加权平均法;期末按类别比较其成本与可变现净值,可变现净值低于成本的,计提存货跌价准备。

(四) 长期投资核算方法

企业拥有被投资单位20%以上股权,采用权益法核算;企业拥有被投资单位10%以下股权,采用成本法核算。

期末按单个项目比较其账面金额与可收回金额,可收回金额低于账面金额的,计提长期投资减值准备。

(五) 固定资产核算方法

固定资产标准:使用年限在1年以上,单位价值在2 000元以上的房屋建筑物、机器设备、运输设备及其他与生产经营有关的设备、器具、工具等。

固定资产以取得时的实际成本计价。

固定资产折旧方法采用直线法,残值率为4%,部分预计无残值的不计残值。

折旧年限:车辆10年;办公设备5年;助动车3年。

期末按单项固定资产估算损失并计提减值准备。

(六) 收入确认原则

销售商品收入以满足下列条件时确认:企业已将商品所有权上的主要风险和报酬转移给购货方,企业既没有保留通常与所有权相联系的继续管理权,也没有对已售出的商品实施控制权;与交易有关的经济利益能够流入企业;相关的收入和成本能够可靠地计量。

(七) 税项

增值税税率17%(出口零税率),营业税税率5%,按应缴增值税税额、营业税税额计缴的城建税税率7%,教育附加费率3%,河道管理费率1%,所得税税率15%。

(八) 所得税的会计处理方法

采用应付税款法。

二、会计报表重要项目的说明

(一) 应收款项及其他应收款

1. 计提坏账准备的说明:本年度进行清理后,按个别认定法未确认坏账准备。

2. 应收款项期末账面余额16 203 090.06元。账龄均为1年以内(本公司2002年12月成立)。

3. 其他应收款期末账面余额3 375 866.77元。账龄均为1年以内(本公司2002年12月成立)。

(二) 存货

1. 计提存货跌价准备的说明:经对库存商品清理后分类库存商品可变现净值大于账面值,不计提跌价准备。

2. 存货期末账面余额 395 002.33 元，系内销商品。

（三）投资

长期投资期末账面余额 1 277 472.68 元，系其他长期投资，未计提减值准备。

被投资单位	账面价值	投资比例	核算方法
上海国际制衣厂	1 227 472.68	100%	权益法

（四）固定资产

固定资产期末账面原值 341 503.10 元，累计折旧 32 069 99 元，净值 308 433.11 元。系车辆、办公设备等。

（五）短期借款

期末 900 000.00 元，借款银行：中信实业银行，到期日 2003 年 5 月 5 日。

（六）应付工资

期初	计提	支用	期末
0	689 032.93	689 032.93	0

（七）应付福利费

期初	计提	支用	期末
0	95 127.49	83 014.20	12 113.29

（八）应交税金

增值税（内销）	—68 631.92（未抵扣数）
（外销）	—6 350 476.42（外销进项待退）
营业税	4 341.80
城建税	303.93
所得税	32 175.70
合　计	—6 381 413.03

（九）实收资本

期末 5 000 000.00 元。

由上海国泰有限公司（占 90%）和上海技术工业研究所（占 10%）投资。

（十）未分配利润

期末 5 034.42 元（本年度尚未分配）。

（十一）收入

1. 销售商品的收入 43 871 526.81 元，其中：内销 129 692.12 元，外销 48 741 833.69 元；

2. 提供服务的收入 88 258.13 元；

3. 利息收入 26 234.93 元；

4. 使用费（仓储）收入 74 320.00 元。

三、所得税的会计处理方法

本企业所得税的会计处理采用应付税款法。

本年已调加应纳税所得额 229 509.73 元（权益法调整的投资损失）。

四、其他需要说明的事项

1. 本企业未设置管理费用账户，有关费用一并列入经营费用。其中：工资 689 032.93 元、办公费 219 582.75 元、运输费 152 878.51 元、报关费 505 204.08 元、业务招待费 139 881.77

元、咨询费 163 988.40 元、参展费 320 544.40 元。

2. 营业外支出 6 068.00 元系海关滞报金。

3. 其他应付款中有本公司向上海国泰有限公司的借款 834 573.66 元。

4. 企业本年度利润分配尚未进行。

5. 本公司无未决诉讼、未决仲裁及为其他单位提供债务担保等或有负债情况。

（二）2002 年 12 月份总账、部分明细账、日记账

四威明细账

页号：1-1

科目：应付账款/四威(2121016)　　2002.12～2002.12　　本币名称：人民币

2002年		凭证号数	摘要	借方	贷方	方向	余额
月	日						
			上年结转			借	1 665.29
12	31	转-0077	进仓 02KH2173/2148		175 706.06	贷	174 040.77
12			本月合计		175 706.06	贷	174 040.77
12			本年累计		175 706.06	贷	174 040.77

核算单位：信达进出口贸易有限公司　　制表：包瑞　　打印日期：2004.01.10

上海大利鞋业有限公司明细账

2002.12～2002.12　　页号：1-1

科目：应付账款/上海大利鞋业有限公司(2121015)　　本币名称：人民币

2002年		凭证号数	摘要	借方	贷方	方向	余额
月	日						
			上年结转			贷	14 198.00
12	15	04-0014	支付货款	61 136.02		借	46 938.02
12	31	转-0020	转账	14 198.00		借	61 136.02
12	31	转-0023	转账	25 000.00		借	86 136.02
12	31	转-0032	进仓		86 136.02	平	
12			本月合计	100 334.02	86 136.02	平	
12			本年累计	100 334.02	86 136.02	平	

核算单位：信达进出口贸易有限公司　　制表：包瑞　　打印日期：2004.01.10

上海和弘服饰有限公司明细账

2002.12～2002.12　　页号：1-1

科目：应付账款/上海和弘服饰有限公司(2121017)　　本币名称：人民币

2002年		凭证号数	摘要	借方	贷方	方向	余额
月	日						
			上年结转			贷	20 000.00
12	31	转-0020	转账	20 000.00		平	
12			本月合计	20 000.00		平	
12			本年累计	20 000.00		平	

核算单位：信达进出口贸易有限公司　　制表：包瑞　　打印日期：2004.01.10

丹徒县庄纪制鞋厂分厂明细账

2002.12～2002.12　　页号：1-1

科目：应付账款/丹徒县庄纪制鞋厂分厂(2121018)　　本币名称：人民币

2002年		凭证号数	摘　要	借　方	贷　方	方向	余　额
月	日						
12	15	04-0022	支付货款	345 276.00		借	345 276.00
12	15	04-0042	支付货款	100 000.00		借	445 276.00
12	31	转-0032	进仓		345 276.00	借	100 000.00
12	31	转-0077	进仓 02KH2160/2159/2153		752 010.00	贷	652 010.00
12			本月合计	445 276.00	1 097 286.00	贷	652 010.00
12			本年累计	445 276.00	1 097 286.00	贷	652 010.00

核算单位：信达进出口贸易有限公司　　制表：包瑞　　打印日期：2004.01.10

上海制球公司明细账

2002.12～2002.12　　页号：1-1

科目：应付账款/上海制球公司(2121019)　　本币名称：人民币

2002年		凭证号数	摘　要	借　方	贷　方	方向	余　额
月	日						
12	15	04-0007	支付货款	177 290.00		借	177 290.00
12	31	转-0032	进仓		277 290.00	贷	100 000.00
12			本月合计	177 290.00	277 290.00	贷	100 000.00
12			本年累计	177 290.00	277 290.00	贷	100 000.00

核算单位：信达进出口贸易有限公司　　制表：包瑞　　打印日期：2004.01.10

上海倩凡服饰有限公司明细账

2002.12～2002.12　　页号：1-1

科目：应付账款/上海倩凡服饰有限公司(2121021)　　本币名称：人民币

2002年		凭证号数	摘　要	借　方	贷　方	方向	余　额
月	日						
			上年结转			贷	208 596.26
12	15	04-0014	支付货款	34 720.07		贷	173 876.19
12	31	转-0023	转账	640 000.00		借	466 123.81
12	31	转-0032	进仓		310 131.56	借	155 992.25
12	31	转-0060	进仓 02KH2119-3		34 651.80	借	121 340.45
12	31	转-0060	进仓 02KH2119-2		64 449.01	借	56 891.44
12	31	转-0060	进仓 02KH2119-1		110 430.06	借	53 538.62
12	31	转-0060	进仓 02KH2119-1		110 430.06	贷	163 968.68
12	31	转-0060	进仓 02KH2119		82 915.08	贷	246 883.76
12	31	转-0060	进仓 02KH2082-7		48 273.23	贷	295 156.99
12	31	转-0077	进仓 02KH2155/2156-1/2156		783 591.08	贷	1 078 748.07
12			本月合计	674 720.07	1 544 871.88	贷	1 078 748.07
12			本年累计	674 720.07	1 544 871.88	贷	1 078 748.07

核算单位：信达进出口贸易有限公司　　制表：包瑞　　打印日期：2004.01.10

丹徒县章鸿鞋业有限公司明细账

2002.12～2002.12　　页号：1-1

科目：应付账款/丹徒县章鸿鞋业有限公司(2121025)　　本币名称：人民币

2002年		凭证号数	摘要	借方	贷方	方向	余额
月	日						
12	15	04-0026	支付货款	115 800.00		借	115 800.00
12	31	转-0060	进仓 02KH2152		70 680.00	借	45 120.00
12	31	转-0060	进仓 02KH2152		45 120.00	平	
12			本月合计	115 800.00	115 800.00	平	
12			本年累计	115 800.00	115 800.00	平	

核算单位：信达进出口贸易有限公司　　制表：包瑞　　打印日期：2004.01.10

镇江达荣鞋业有限公司明细账

2002.12～2002.12　　页号：1-1

科目：应付账款/镇江达荣鞋业有限公司(2121028)　　本币名称：人民币

2002年		凭证号数	摘要	借方	贷方	方向	余额
月	日						
			上年结转			借	376 944.00
12	31	转-0032	进仓		457 512.00	贷	80 568.00
12			本月合计		457 512.00	贷	80 568.00
12			本年累计		457 512.00	贷	80 568.00

核算单位：信达进出口贸易有限公司　　制表：包瑞　　打印日期：2004.01.10

泰成明细账

页号：1-1

科目：应付账款/泰成(2121031)　　2002.12～2002.12　　本币名称：人民币

2002年		凭证号数	摘要	借方	贷方	方向	余额
月	日						
			上年结转			贷	130 000.00
12	15	04-0004	支付货款	50 000.00		贷	80 000.00
12	15	04-0011	支付货款	80 000.00		平	
12	15	04-0033	支付货款	80 000.00		借	80 000.00
12	15	04-0044	支付货款	100 000.00		借	180 000.00
12	31	转-0033	进仓		145 378.46	借	34 621.54
12	31	转-0061	进仓 02KH3197		40 920.00	贷	6 298.46
12	31	转-0061	进仓 02KH3180		59 363.60	贷	65 662.06
12	31	转-0061	进仓 02KH3180		90 251.60	贷	155 913.66
12	31	转-0061	进仓 02KH3187		76 980.00	贷	232 893.66
12	31	转-0061	进仓 02KH3187		58 453.48	贷	291 347.14
12	31	转-0061	进仓 02KH3195		14 520.00	贷	305 867.14
12			本月合计	310 000.00	485 867.14	贷	305 867.14
12			本年累计	310 000.00	485 867.14	贷	305 867.14

核算单位：信达进出口贸易有限公司　　制表：包瑞　　打印日期：2004.01.10

上海新雅食品厂明细账

2002.12～2002.12 页号：1-1

科目：应付账款/上海新雅食品厂(2121032) 本币名称：人民币

2002年 月	日	凭证号数	摘要	借方	贷方	方向	余额
			上年结转			借	133 946.35
12	15	04-0034	支付货款	36 083.75		借	170 030.10
12			本月合计	36 083.75		借	170 030.10
12			本年累计	36 083.75		借	170 030.10

核算单位：信达进出口贸易有限公司 制表：包瑞 打印日期：2004.01.10

上海亭君制衣有限公司明细账

2002.12～2002.12 页号：1-1

科目：应付账款/上海亭君制衣有限公司(2121033) 本币名称：人民币

2002年 月	日	凭证号数	摘要	借方	贷方	方向	余额
			上年结转			借	30 210.45
12	15	04-0011	支付货款	53 819.70		借	84 030.15
12	15	04-0013	支付货款	71 400.00		借	155 430.15
12	31	转-0024	转账	164 315.90		借	319 746.05
12	31	转-0033	进仓		125 219.70	借	194 526.35
12	31	转-0061	进仓 02KH3101-1		91 247.50	借	103 278.85
12	31	转-0061	进仓 02KH3117/3117-1		52 133.00	借	51 145.85
12	31	转-0061	进仓 02KH3117/3117-1		97 677.50	贷	46 531.65
12	31	转-0061	进仓 02KH3050-12		69 018.30	贷	115 549.95
12	31	转-0061	进仓 02KH3050-10/11		101 671.00	贷	217 220.95
12	31	转-0061	进仓 02KH3159/3152		67 631.30	贷	284 852.25
12	31	转-0061	进仓 02KH3159/3152		112 497.90	贷	397 350.15
12			本月合计	289 535.60	717 096.20	贷	397 350.15
12			本年累计	289 535.60	717 096.20	贷	397 350.15

核算单位：信达进出口贸易有限公司 制表：包瑞 打印日期：2004.01.10

浦东信诚商业有限公司明细账

2002.12～2002.12 页号：1-1

科目：应付账款/浦东信诚商业有限公司(2121036) 本币名称：人民币

2002年 月	日	凭证号数	摘要	借方	贷方	方向	余额
			上年结转			借	22 713.60
12	15	04-0003	支付货款	84 180.00		借	106 893.60
12	31	转-0033	进仓		84 180.00	借	22 713.60
12			本月合计	84 180.00	84 180.00	借	22 713.60
12			本年累计	84 180.00	84 180.00	借	22 713.60

核算单位：信达进出口贸易有限公司 制表：包瑞 打印日期：2004.01.10

湖州大钢集团公司转移印花厂明细账

2002.12～2002.12

页号：1-1

科目：应付账款/湖州大钢集团公司转移印花厂(2121037)

本币名称：人民币

2002年		凭证号数	摘要	借方	贷方	方向	余额
月	日						
			上年结转			贷	335 168.60
12	31	转-0017	转账	335 168.60		平	
12			本月合计	335 168.60		平	
12			本年累计	335 168.60		平	

核算单位：信达进出口贸易有限公司　　制表：包瑞　　打印日期：2004.01.10

上海熊金皮革制品有限公司明细账

2002.12～2002.12

页号：1-1

科目：应付账款/上海熊金皮革制品有限公司(2121038)

本币名称：人民币

2002年		凭证号数	摘要	借方	贷方	方向	余额
月	日						
			上年结转			借	223 530.55
12	31	转-0024	转账	282 000.00		借	505 530.55
12	31	转-0033	进仓		436 843.13	借	68 687.42
12			本月合计	282 000.00	436 843.13	借	68 687.42
12			本年累计	282 000.00	436 843.13	借	68 687.42

核算单位：信达进出口贸易有限公司　　制表：包瑞　　打印日期：2004.01.10

J Lee International 明细账

页号：1-1

2002.12～2002.12

本币名称：人民币

科目：应付账款/J Lee International(2121039)

外币币名：美元

2002年		凭证号数	摘要	借方	贷方	方向	余额
月	日						
			上年结转			借	52 047.89
12	31	转-0012	02HK3062-A进仓		51 927.33	借	120.56
12			本月合计		51 927.33	借	120.56
12			本年累计		51 927.33	借	120.56

核算单位：信达进出口贸易有限公司　　制表：包瑞　　打印日期：2004.01.10

Concerla Nord Spa 明细账

页号：1-1

2002.12～2002.12　　本币名称：人民币

科目：应付账款/Concerla Nord Spa(2121041)　　外币币名：美元

2002年 月	日	凭证号数	摘要	借方	贷方	方向	余额
			上年结转			借	226 204.15
12	31	转-0013	02HK3081-A进仓		127 291.84	借	98 912.31
12	31	转-0014	02KH3067-A进仓		98 384.80	借	527.51
12			本月合计		225 676.64	借	527.51
12			本年累计		225 676.64	借	527.51

核算单位：信达进出口贸易有限公司　　制表：包瑞　　打印日期：2004.01.10

乐清市登云明细账

页号：1-1

科目：应付账款/乐清市登云(2121043)　　2002.12～2002.12　　本币名称：人民币

2002年 月	日	凭证号数	摘要	借方	贷方	方向	余额
12	15	04-0006	支付货款	7 257.60		借	7 257.60
12	31	转-0031	进仓		7 257.60	平	
12			本月合计	7 257.60	7 257.60	平	
12			本年累计	7 257.60	7 257.60	平	

核算单位：信达进出口贸易有限公司　　制表：包瑞　　打印日期：2004.01.10

开封集团有限公司明细账

2002.12～2002.12　　页号：1-1

科目：应付账款/开封集团有限公司(2121043)　　本币名称：人民币

2002年 月	日	凭证号数	摘要	借方	贷方	方向	余额
12	15	04-0003	支付货款	47 560.00		借	47 560.00
12			本月合计	47 560.00		借	47 560.00
12			本年累计	47 560.00		借	47 560.00

核算单位：信达进出口贸易有限公司　　制表：包瑞　　打印日期：2004.01.10

佳立华明细账

页号：1-1

科目：应付账款/佳立华(2121045)　　2002.12～2002.12　　本币名称：人民币

2002年		凭证号数	摘要	借方	贷方	方向	余额
月	日						
12	15	04-0003	支付货款	55 944.00		借	55 944.00
12			本月合计	55 944.00		借	55 944.00
12			本年累计	55 944.00		借	55 944.00

核算单位：信达进出口贸易有限公司　　制表：包瑞　　打印日期：2004.01.10

Comon Ltd 明细账

页号：1-1

2002.12～2002.12　　本币名称：人民币

科目：应付账款/Comon Ltd(2121046)　　外币币名：美元

2002年		凭证号数	摘要	借方	贷方	方向	余额
月	日						
12	15	04-0004	佣金	122 790.53		借	122 790.53
12			本月合计	122 790.53		借	122 790.53
12			本年累计	122 790.53		借	122 790.53

核算单位：信达进出口贸易有限公司　　制表：包瑞　　打印日期：2004.01.10

力士明细账

页号：1-1

科目：应付账款/力士(2121047)　　2002.12～2002.12　　本币名称：人民币

2002年		凭证号数	摘要	借方	贷方	方向	余额
月	日						
12	15	04-0011	支付货款	16 579.20		借	16 579.20
12	31	转-0032	进仓		255 663.00	贷	239 083.80
12			本月合计	16 579.20	255 663.00	贷	239 083.80
12			本年累计	16 579.20	255 663.00	贷	239 083.80

核算单位：信达进出口贸易有限公司　　制表：包瑞　　打印日期：2004.01.10

荣心培服饰明细账

页号：1-1

科目：应付账款/荣心培服饰(2121049)　　2002.12～2002.12　　本币名称：人民币

2002年		凭证号数	摘　　要	借　方	贷　方	方向	余　额
月	日						
12	15	04-0022	支付货款	100 740.00		借	100 740.00
12	31	转-0033	进仓		100 740.00	平	
12	31	转-0078	进仓 02KH3182		45 000.00	贷	45 000.00
12			本月合计	100 740.00	145 740.00	贷	45 000.00
12			本年累计	100 740.00	145 740.00	贷	45 000.00

核算单位：信达进出口贸易有限公司　　制表：包瑞　　打印日期：2004.01.10

奇升明细账

页号：1-1

科目：应付账款/奇升(2121050)　　2002.12～2002.12　　本币名称：人民币

2002年		凭证号数	摘　　要	借　方	贷　方	方向	余　额
月	日						
12	15	04-0023	支付货款	363 444.01		借	363 444.01
12	15	04-0025	支付货款	330 079.99		借	693 524.00
12	31	转-0032	进仓		363 444.01	借	330 079.99
12	31	转-0060	进仓 02KH2139/2141		107 999.99	借	222 080.00
12	31	转-0060	进仓 02KH2139/2141		111 040.00	借	111 040.00
12	31	转-0060	进仓 02KH2139/41		111 040.00	平	
12			本月合计	693 524.00	693 524.00	平	
12			本年累计	693 524.00	693 524.00	平	

核算单位：信达进出口贸易有限公司　　制表：包瑞　　打印日期：2004.01.10

金旺明细账

页号：1-1

科目：应付账款/金旺(2121051)　　2002.12～2002.12　　本币名称：人民币

2002年		凭证号数	摘　　要	借　方	贷　方	方向	余　额
月	日						
12	15	04-0025	支付货款	93 440.00		借	93 440.00
12	31	转-0060	进仓 02KH2136-2		93 440.00	平	
12			本月合计	93 440.00	93 440.00	平	
12			本年累计	93 440.00	93 440.00	平	

核算单位：信达进出口贸易有限公司　　制表：包瑞　　打印日期：2004.01.10

新宝鞋业明细账

页号：1-1

科目：应付账款/新宝鞋业(2121052)　　2002.12～2002.12　　本币名称：人民币

2002年 月	日	凭证号数	摘要	借方	贷方	方向	余额
12	15	04-0027	支付货款	271 056.00		借	271 056.00
12	31	转-0022	转账	150 000.00		借	421 056.00
12	31	转-0056	进仓 02KG1046		105 264.00	借	315 792.00
12	31	转-0056	进仓 02KG1046		105 264.00	借	210 528.00
12	31	转-0056	进仓 02KG1046		105 264.00	借	105 264.00
12	31	转-0056	进仓 02KG1046		105 264.00	平	
12			本月合计	421 056.00	421 056.00	平	
12			本年累计	421 056.00	421 056.00	平	

核算单位：信达进出口贸易有限公司　　制表：包瑞　　打印日期：2004.01.10

乘驷县华露明细账

页号：1-1

科目：应付账款/乘驷县华露(2121053)　　2002.12～2002.12　　本币名称：人民币

2002年 月	日	凭证号数	摘要	借方	贷方	方向	余额
12	15	04-0027	支付货款	97 675.20		借	97 675.20
12			本月合计	97 675.20		借	97 675.20
12			本年累计	97 675.20		借	97 675.20

核算单位：信达进出口贸易有限公司　　制表：包瑞　　打印日期：2004.01.10

松江梦南针织厂明细账

2002.12～2002.12　　页号：1-1

科目：应付账款/松江梦南针织厂(2121054)　　本币名称：人民币

2002年 月	日	凭证号数	摘要	借方	贷方	方向	余额
12	15	04-0030	支付货款	107 690.40		借	107 690.40
12	31	转-0061	进仓 02KH3161		107 690.40	平	
12	31	转-0078	进仓 02KH3186/3185/3174		215 118.20	贷	215 118.20
12			本月合计	107 690.40	322 808.60	贷	215 118.20
12			本年累计	107 690.00	322 808.60	贷	215 118.20

核算单位：信达进出口贸易有限公司　　制表：包瑞　　打印日期：2004.01.10

服来格皮件明细账

页号：1-1

科目：应付账款/服来格皮件(2121057)　　2002.12～2002.12　　本币名称：人民币

2002年 月	日	凭证号数	摘要	借方	贷方	方向	余额
12	15	04-0038	支付货款	318 180.00		借	318 180.00
12	15	04 0044	支付货款	72 000.00		借	390 180.00
12	31	转-0078	进仓 02KH3172/3178/3184		526 980.00	贷	136 800.00
12			本月合计	390 180.00	526 980.00	贷	136 800.00
12			本年累计	390 180.00	526 980.00	贷	136 800.00

核算单位：信达进出口贸易有限公司　　制表：包瑞　　打印日期：2004.01.10

康怡明细账

页号：1-1

科目：应付账款/康怡(2121059)　　2002.12～2002.12　　本币名称：人民币

2002年 月	日	凭证号数	摘要	借方	贷方	方向	余额
12	15	04-0042	支付货款	22 837.78		借	22 837.78
12			本月合计	22 837.78		借	22 837.78
12			本年累计	22 837.78		借	22 837.78

核算单位：信达进出口贸易有限公司　　制表：包瑞　　打印日期：2004.01.10

同乡市富鑫纺织明细账

2002.12～2002.12　　页号：1-1

科目：应付账款/同乡市富鑫纺织(2121060)　　本币名称：人民币

2002年 月	日	凭证号数	摘要	借方	贷方	方向	余额
12	15	04-0045	支付货款	81 648.00		借	81 648.00
12	31	转-0056	进仓 02KG1165		81 648.00	平	
12			本月合计	81 648.00	81 648.00	平	
12			本年累计	81 648.00	81 648.00	平	

核算单位：信达进出口贸易有限公司　　制表：包瑞　　打印日期：2004.01.10

浙江凯丰明细账

页号：1-1

科目：应付账款/浙江凯丰(2121063)　　2002.12～2002.12　　本币名称：人民币

2002年		凭证号数	摘要	借方	贷方	方向	余额
月	日						
12	31	转-0033	进仓		47 560.00	贷	47 560.00
12			本月合计		47 560.00	贷	47 560.00
12			本年累计		47 560.00	贷	47 560.00

核算单位：信达进出口贸易有限公司　　制表：包瑞　　打印日期：2004.01.10

苏州阳明鞋业有限公司明细账

2002.12～2002.12　　页号：1-1

科目：应付账款/苏州阳明鞋业有限公司(2121064)　　本币名称：人民币

2002年		凭证号数	摘要	借方	贷方	方向	余额
月	日						
12	31	转-0050	转账	220 000.00		借	220 000.00
12	31	转-0061	进仓 02KH3064		117 688.00	借	102 312.00
12	31	转-0061	进仓 02KH3600		102 312.00	平	
12			本月合计	220 000.00	220 000.00	平	
12			本年累计	220 000.00	220 000.00	平	

核算单位：信达进出口贸易有限公司　　制表：包瑞　　打印日期：2004.01.10

昆山正光明细账

页号：1-1

科目：应付账款/昆山正光(2121065)　　2002.12～2002.12　　本币名称：人民币

2002年		凭证号数	摘要	借方	贷方	方向	余额
月	日						
12	31	转-0061	进仓 02KH3196		84 718.80	贷	84 718.80
12	31	转-0061	进仓 02KH3201		115 112.88	贷	199 831.68
2	31	转-0061	进仓 02KH3196		84 718.80	贷	284 550.48
12			本月合计		284 550.48	贷	284 550.48
12			本年累计		284 550.48	贷	284 550.48

核算单位：信达进出口贸易有限公司　　制表：包瑞　　打印日期：2004.01.10

常熟康乐皮件明细账

2002.12～2002.12　　页号：1-1

科目：应付账款/常熟康乐皮件(2121066)　　本币名称：人民币

2002年		凭证号数	摘　　要	借　方	贷　方	方向	余　额
月	日						
12	31	转-0076	进仓 02KG1176/1153/1154		70 685.88	贷	70 685.88
12			本月合计		70 685.88	贷	70 685.88
12			本年累计		70 685.88	贷	70 685.88

核算单位：信达进出口贸易有限公司　　制表：包瑞　　打印日期：2004.01.10

萧山浦阳明细账

页号：1-1

科目：应付账款/萧山浦阳(2121067)　　2002.12～2002.12　　本币名称：人民币

2002年		凭证号数	摘　　要	借　方	贷　方	方向	余　额
月	日						
12	31	转-0076	进仓 02KG1180		115 725.60	贷	115 725.60
12			本月合计		115 725.60	贷	115 725.60
12			本年累计		115 725.60	贷	115 725.60

核算单位：信达进出口贸易有限公司　　制表：包瑞　　打印日期：2004.01.10

西湖晶纬明细账

页号：1-1

科目：应付账款/西湖晶纬(2121068)　　2002.12～2002.12　　本币名称：人民币

2002年		凭证号数	摘　　要	借　方	贷　方	方向	余　额
月	日						
12	31	转-0076	进仓 02KG1171/1168/1167		402 808.80	贷	402 808.80
12			本月合计		402 808.80	贷	402 808.80
12			本年累计		402 808.80	贷	402 808.80

核算单位：信达进出口贸易有限公司　　制表：包瑞　　打印日期：2004.01.10

方林工艺品有限公司明细账

2002.12～2002.12　　页号：1-1

科目：应付账款/方林工艺品有限公司(2121069)　　本币名称：人民币

2002年		凭证号数	摘　　要	借　方	贷　方	方向	余　额
月	日						
12	31	转-0076	进仓 02KG1183		19 968.00	贷	19 968.00
12			本月合计		19 968.00	贷	19 968.00
12			本年累计		19 968.00	贷	19 968.00

核算单位：信达进出口贸易有限公司　　制表：包瑞　　打印日期：2004.01.10

上海康移明细账

页号：1-1

科目：应付账款/上海康移(2121070)　　2002.12～2002.12　　本币名称：人民币

2002年		凭证号数	摘　要	借　方	贷　方	方向	余　额
月	日						
12	31	转-0077	进仓 02KH2113/2113-1/2131		33 620.08	贷	33 620.08
12			本月合计		33 620.08	贷	33 620.08
12			本年累计		33 620.08	贷	33 620.08

核算单位：信达进出口贸易有限公司　　制表：包瑞　　打印日期：2004.01.10

上海易动明细账

页号：1-1

科目：应付账款/上海易动(2121071)　　2002.12～2002.12　　本币名称：人民币

2002年		凭证号数	摘　要	借　方	贷　方	方向	余　额
月	日						
12	31	转-0077	进仓 02KH2162		63 091.39	贷	63 091.39
12			本月合计		63 091.39	贷	63 091.39
12			本年累计		63 091.39	贷	63 091.39

核算单位：信达进出口贸易有限公司　　制表：包瑞　　打印日期：2004.01.10

晋羽服饰有限公司明细账

2002.12～2002.12　　页号：1-1

科目：应付账款/晋羽服饰有限公司(2121072)　　本币名称：人民币

2002年		凭证号数	摘　要	借　方	贷　方	方向	余　额
月	日						
12	31	转-0077	进仓 02KH2127		9 377.50	贷	9 377.50
12			本月合计		9 377.50	贷	9 377.50
12			本年累计		9 377.50	贷	9 377.50

核算单位：信达进出口贸易有限公司　　制表：包瑞　　打印日期：2004.01.10

靖江市帅新明细账

页号：1-1

科目：应付账款/靖江市帅新(2121073)　　2002.12～2002.12　　本币名称：人民币

2002年		凭证号数	摘　要	借　方	贷　方	方向	余　额
月	日						
12	31	转-0077	进仓 02KH2168		8 250.00	贷	8 250.00
12			本月合计		8 250.00	贷	8 250.00
12			本年累计		8 250.00	贷	8 250.00

核算单位：信达进出口贸易有限公司　　制表：包瑞　　打印日期：2004.01.10

佣金明细账

页号：1-1

科目：应付账款/佣金(2121996)　　2002.12～2002.12　　本币名称：人民币

2002年		凭证号数	摘要	借方	贷方	方向	余额
月	日						
			上年结转			贷	249 078.60
12	12	03-0002	佣金返还		13 926.19	贷	263 004.79
12	31	转-0035	暂估佣金		24 279.99	贷	287 284.78
12	31	转-0036	运费冲收入		16 579.20	贷	303 863.98
12	31	转-0037	佣金冲收入		122 790.53	贷	426 654.51
12	31	转-0044	冲7-37凭证		－122 790.53	贷	303 863.98
12	31	转-0052	暂估佣金02KH1082		24 863.05	贷	328 727.03
12	31	转-0069	02KH1085/1129佣金		134 741.52	贷	463 468.55
12	31	转-0072	02KH3105,3124,3126佣金		143 377.43	贷	606 845.98
12	31		本月合计		357 767.38	贷	606 845.98
12			本年累计		357 767.38	贷	606 845.98

核算单位：信达进出口贸易有限公司　　制表：包瑞　　打印日期：2004.01.10

运费明细账

页号：1-1

科目：应付账款/运费(2121997)　　2002.12～2002.12　　本币名称：人民币

2002年		凭证号数	摘要	借方	贷方	方向	余额
月	日						
12	15	04-0002	运费	2 656.00		借	2 656.00
12	15	04-0002	海运费	5 395.00		借	8 051.00
12	15	04-0015	支付运费	16 103.00		借	24 154.00
12	15	04-0015	运费	2 075.00		借	26 229.00
12	15	04-0016	运费	10 366.70		借	36 595.70
12	15	04-0025	支付货款	13 287.00		借	49 882.70
12	15	04-0033	海运费	2 490.00		借	52 372.70
12	31	转-0036	运费冲收入		36 595.70	借	15 777.00
12	31	转-0038	运费冲收入		13 287.00	借	2 490.00
12	31	转-0047	转账		2 490.00	平	
12			本月合计	52 372.70	52 372.70	平	
12			本年累计	52 372.70	52 372.70	平	

核算单位：信达进出口贸易有限公司　　制表：包瑞　　打印日期：2004.01.10

预收账款明细账

页号：1-1

科目：预收账款(213)　　2002.12～2002.12　　本币名称：人民币

2002年 月	日	凭证号数	摘要	借方	贷方	方向	余额
			上年结转			贷	14 214 566.29
12	12	03-0001	预收国外客户货款		28 141.64	贷	14 242 707.93
12	12	03-0001	预收国外客户货款		50 533.63	贷	14 293 241.56
12	12	03-0002	收货款		124 951.38	贷	14 418 192.94
12	15	03-0003	收货款		181 655.91	贷	14 599 848.85
12	15	03-0003	收货款		72 688.92	贷	14 672 537.77
12	15	03-0003	收货款		72 497.07	贷	14 745 034.84
12	15	03-0004	收货款		231 984.67	贷	14 977 019.51
12	15	03-0004	收货款		15 803.29	贷	14 992 822.80
12	15	03-0004	收货款		11 879.82	贷	15 004 702.62
12	15	03-0005	收货款		371 828.85	贷	15 376 531.47
12	15	03-0006	收货款		413 157.35	贷	15 789 688.82
12	15	03-0006	收货款		88 551.13	贷	15 878 239.95
12	15	03-0006	收货款		222 529.15	贷	16 100 769.10
12	15	03-0006	收货款		118 514.36	贷	16 219 283.46
12	15	03-0006	收货款		45 185.56	贷	16 264 469.02
12	15	03-0006	收货款		203 190.11	贷	16 467 659.13
12	15	03-0007	预收货款		109 558.19	贷	16 577 217.32
12	15	03-0008	预收货款		123 848.03	贷	16 701 065.35
12	15	03-0008	预收货款		113 500.09	贷	16 814 565.44
12	15	03-0009	预收款货款		59 839.01	贷	16 874 404.45
12	15	03-0009	预收款货款		459 243.82	贷	17 333 648.27
12	15	03-0009	预收款货款		150 187.95	贷	17 483 836.22
12	15	03-0009	预收款货款		59 839.01	贷	17 543 675.23
12	15	03-0010	预收货款		96 435.34	贷	17 640 110.57
12	15	03-0010	预收货款		82 565.35	贷	17 722 675.92
12	15	03-0010	预收货款		109 629.92	贷	17 832 305.84
12	15	03-0010	预收货款		42 646.88	贷	17 874 952.72
12	15	03-0010	预收货款		82 566.35	贷	17 957 519.07
			过次页		3 742 952.78	贷	17 957 519.07

核算单位：信达进出口贸易有限公司　　制表：包瑞　　打印日期：2004.01.10

预收账款明细账

页号：2-1

科目：预收账款(2131)　　2002.12～2002.12　　本币名称：人民币

2002年		凭证号数	摘要	借方	贷方	方向	余额
月	日						
			承前页		3 742 952.78	贷	17 957 519.07
12	15	03-0012	预收货款		207 228.35	贷	18 164 747.42
12	15	03-0012	预收货款		393 559.27	贷	18 558 306.69
12	15	03-0013	收货款		164 130.67	贷	18 722 437.36
12	15	03-0013	收货款		77 138.84	贷	18 799 576.20
12	15	03-0014	预收货款		45 554.20	贷	18 845 130.40
12	15	03-0015	预收货款		281 304.33	贷	19 126 434.73
12	15	03-0017	预收货款		78 889.17	贷	19 205 323.90
12	15	03-0017	预收货款		40 919.02	贷	19 246 242.92
12	15	03-0017	预收货款		20 587.62	贷	19 266 830.54
12	15	03-0017	预收货款		82 567.35	贷	19 349 397.89
12	15	03-0017	预收货款 JPY		8 528.62	贷	19 357 926.51
12	15	03-0017	预收货款		24 960.60	贷	19 382 887.11
12	15	03-0018	预收货款		97 307.48	贷	19 480 194.59
12	31	转-0015	转账	144 364.99		贷	19 335 829.60
12	31	转-0015	转账	78 098.58		贷	19 257 731.02
12	31	转-0015	转账	117 354.45		贷	19 140 376.57
12	31	转-0015	转账	78 777.91		贷	19 061 598.66
12	31	转-0015	转账	33 247.68		贷	19 028 350.98
12	31	转-0015	转账	479 913.09		贷	18 548 437.89
12	31	转-0015	转账	92 794.61		贷	18 455 643.28
12	31	转-0018	转账	133 410.40		贷	18 322 232.88
12	31	转-0018	转账	134 925.36		贷	18 187 307.52
12	31	转-0018	转账	353 283.84		贷	17 834 023.68
12	31	转-0018	转账	27 049.53		贷	17 806 974.15
12	31	转-0018	转账	117 508.66		贷	17 689 465.49
12	31	转-0018	转账	963 811.91		贷	16 725 653.58
12	31	转-0018	转账	18 346.97		贷	16 707 306.61
12	31	转-0018	转账	229 337.46		贷	16 477 969.15
			过次页	3 002 225.44	5 265 628.30	贷	16 477 969.15

核算单位：信达进出口贸易有限公司　　制表：包瑞　　打印日期：2004.01.10

预收账款明细账

页号：3-1

科目：预收账款(2131)　　2002.12～2002.12　　本币名称：人民币

2002年		凭证号数	摘要	借方	贷方	方向	余额
月	日						
			承前页	3 002 225.44	5 265 628.30	贷	16 477 969.15
12	31	转-0019	转账	639 403.69		贷	15 838 565.46
12	31	转-0019	转账	154 687.35		贷	15 683 878.11
12	31	转-0019	转账	60 253.70		贷	15 623 624.41
12	31	转-0019	转账	82 313.42		贷	15 541 310.99
12	31	转-0019	转账	112 601.83		贷	15 428 709.16
12	31	转-0019	转账	59 504.40		贷	15 369 204.76
12	31	转-0019	转账	86 464.25		贷	15 282 740.51
12	31	转-0019	转账	778 016.04		贷	14 504 724.47
12	31	转-0019	转账	37 089.50		贷	14 467 634.97
12	31	转-0089	年末调整汇率		2 229.16	贷	14 469 864.13
12	31	转-0090	年末汇率调整		12 768.23	贷	14 482 632.36
12	31	转-0090	年末汇率调整		6 958.95	贷	14 489 591.31
12			本月合计	5 012 559.62	5 287 584.64	贷	14 489 591.31
12			本年累计	5 012 559.62	5 287 584.64	贷	14 489 591.31

核算单位：信达进出口贸易有限公司　　制表：包瑞　　打印日期：2004.01.10

Schuh Art Limited 明细账

页号：1-1

2002.12～2002.12　　本币名称：人民币

科目：预收账款/Schuh Art Limited(2131003)　　外币币名：美元

2002年		凭证号数	摘要	借方	贷方	方向	余额
月	日						
			上年结转			贷	85 953.45
12	31	转-0015	转账	78 098.58		贷	7 854.87
12			本月合计	78 098.58		贷	7 854.87
12			本年累计	78 098.58		贷	7 854.87

核算单位：信达进出口贸易有限公司　　制表：包瑞　　打印日期：2004.01.10

Fuji Miya 明细账

页号：1-1
2002.12～2002.12　本币名称：人民币
科目：预收账款/Fuji Miya(2131004)　外币币名：美元

2002年		凭证号数	摘要	借方	贷方	方向	余额
月	日						
			上年结转			贷	245 086.01
12	15	03-0015	预收货款		281 304.33	贷	526 390.34
12			本月合计		281 304.33	贷	526 390.34
12			本年累计		281 304.33	贷	526 390.34

核算单位：信达进出口贸易有限公司　制表：包瑞　打印日期：2004.01.10

Q Marketing Group 明细账

页号：1-1
2002.12～2002.12　本币名称：人民币
科目：预收账款/Q Markreting Group(2131005)　外币币名：美元

2002年		凭证号数	摘要	借方	贷方	方向	余额
月	日						
			上年结转			贷	117 354.45
12	31	转-0015	转账	117 354.45		平	
12			本月合计	117 354.45		平	
12			本年累计	117 354.45		平	

核算单位：信达进出口贸易有限公司　制表：包瑞　打印日期：2004.01.10

Wong Brother Shoe Factory 明细账

页号：1-1
2002.12～2002.12　本币名称：人民币
科目：预收账款/Wong Brother Shoe Factory(2131006)　外币币名：美元

2002年		凭证号数	摘要	借方	贷方	方向	余额
月	日						
			上年结转			贷	78 777.91
12	31	转-0015	转账	78 777.91		平	
12			本月合计	78 777.91		平	
12			本年累计	78 777.91		平	

核算单位：信达进出口贸易有限公司　制表：包瑞　打印日期：2004.01.10

Bata Shoe Singapore 明细账

页号：1-1
2002.12～2002.12　本币名称：人民币
科目：预收账款/Bata Shoe Singapore(2131007)　外币币名：美元

2002年		凭证号数	摘要	借方	贷方	方向	余额
月	日						
			上年结转			贷	33 247.68
12	12	03-0001	预收国外客户货款		28 141.64	贷	61 389.32
12	31	转-0015	转账	33 247.68		贷	28 141.64
12			本月合计	33 247.68	28 141.64	贷	28 141.64
12			本年累计	33 247.68	28 141.64	贷	28 141.64

核算单位：信达进出口贸易有限公司　制表：包瑞　打印日期：2004.01.10

Shine Goundation Ltd 明细账

页号：1-1

2002. 12～2002. 12

本币名称：人民币

科目：预收账款/Shine Goundation Ltd(2131009)

外币币名：美元

2002年 月	2002年 日	凭证号数	摘要	借方	贷方	方向	余额
			上年结转			贷	92 794. 61
12	31	转-0015	转账	92 794. 61		平	
12			本月合计	92 794. 61		平	
12			本年累计	92 794. 61		平	

核算单位：信达进出口贸易有限公司　　制表：包瑞　　打印日期：2004. 01. 10

Suzuki Corporation 明细账

页号：1-1

2002. 12～2002. 12

本币名称：人民币

科目：预收账款/Suzuki Corporation(2131014)

外币币名：美元

2002年 月	2002年 日	凭证号数	摘要	借方	贷方	方向	余额
			上年结转			贷	133 410. 40
12	15	03-0007	预收货款		109 558. 19	贷	242 968. 59
12	15	03-0010	预收货款		42 646. 88	贷	285 615. 47
12	31	转-0018	转账	133 410. 40		贷	152 205. 07
12			本月合计	133 410. 40	152 205. 07	贷	152 205. 07
12			本年累计	133 410. 40	152 205. 07	贷	152 205. 07

核算单位：信达进出口贸易有限公司　　制表：包瑞　　打印日期：2004. 01. 10

Matsusho 明细账

页号：1-1

2002. 12～2002. 12

本币名称：人民币

科目：预收账款/Matsusho(2131018)

外币币名：美元

2002年 月	2002年 日	凭证号数	摘要	借方	贷方	方向	余额
			上年结转			贷	39 360. 84
12	31	转-0018	转账	27 049. 53		贷	12 311. 31
12			本月合计	27 049. 53		贷	12 311. 31
12			本年累计	27 049. 53		贷	12 311. 31

核算单位：信达进出口贸易有限公司　　制表：包瑞　　打印日期：2004. 01. 10

Koyama Hosei 明细账

页号：1-1

2002.12～2002.12 本币名称：人民币

科目：预收账款/Koyama Hosei(2131021) 外币币名：美元

2002年		凭证号数	摘要	借方	贷方	方向	余额
月	日						
			上年结转			贷	1 661 192.10
12	15	03-0006	收货款		88 551.13	贷	1 749 743.23
12	15	03-0006	收货款		45 185.56	贷	1 794 928.79
12			本月合计		133 736.69	贷	1 794 928.79
12			本年累计		133 736.69	贷	1 794 928.79

核算单位：信达进出口贸易有限公司 制表：包瑞 打印日期：2004.01.10

现金日记账

页号：1-1

科目：现金(1001) 2002.12～2002.12 本币名称：人民币

2002年		凭证号数	摘要	对方科目	借方	贷方	方向	余额
月	日							
			月初余额				借	3 914.00
12	07	01-0001	归还借款	1133999	15 000.00		借	18 914.00
12	07		本日合计		15 000.00		借	18 914.00
12	08	02-0001	商检费	5501007,5501006		1 182.00	借	17 732.00
12	08		本日合计			1 182.00	借	17 732.00
12	15	02-0002	商检费	5501013,5501009		2 813.94	借	14 918.06
12	15	02-0003	商检费	5501006,5501007		6 889.00	借	8 029.06
12	15	02-0004	支付	5501016,5501009		2 547.00	借	5 482.06
12	15	02-0005	停车费	5501009		250.00	借	5 232.06
12	15	02-0006	单证费	2151,5501007,550		2 704.84	借	2 527.22
12	15	02-0007	包干费	5501013,5501010		5 395.10	贷	2 867.88
12	15	02-0008	换证费	5501010,5501013		205.00	贷	3 072.88
12	15	02-0009	商检费	5501007,5501009		150.00	贷	3 222.88
12	15	02-0010	购买优盘	5501006,5501016		1 711.10	贷	4 933.98
12	15	04-0036	备用金	1002001	6 000.00		借	1 066.02
12	15	04-0045	备用金	1002001	320 000.00		借	321 066.02
12	15		本日合计		326 000.00	22 665.98	借	321 066.02
12	25	01-0002	调整5月2-6凭证	5501007,1131073	6 319.79		借	327 385.81
12	25		本日合计		6 319.79		借	327 385.81
12	26	02-0011	购买食品	5501007,5501009		1 422.00	借	325 963.81
12	26	02-0012	电话费	5501016,5501007		383.40	借	325 580.41
12	26	02-0013	车费	5501010,5501009		1 457.00	借	324 123.41
12	26	02-0014	购买电脑盘片	5501007		1 600.00	借	322 523.41
12	26		本日合计			4 862.40	借	322 523.41
12	31	02-0015	支付12月工资	2151		320 000.00	借	2 523.41
12	31		本日合计			320 000.00	借	2 523.41
12			本月合计		347 319.79	348 710.38	借	2 523.41
12			本年累计		347 319.79	348 710.38	借	2 523.41

核算单位：信达进出口贸易有限公司 制表：包瑞 打印日期：2004.01.10

银行日记账

2002.12～2002.12　　　　页号：1-1

科目：银行存款/中信实业银行上海分行(1002001)　　　　本币名称：人民币

2002年 月	日	凭证号数	摘　要	结算号	对方科目	借　方	贷　方	方向	余　额
			月初余额					借	1 037 017.65
12	12	03-0001	预收国外客户货款 2002.12.12		2131007,2131041	78 675.27		借	1 115 692.92
12	12	03-0002	划款 2002.12.12		2181010,2121996	238 877.57		借	1 354 570.49
12	12		本日合计			317 552.84		借	1 354 570.49
12	15	03-0003	划款 2002.12.15		2181009,2131042	526 841.90		借	1 881 412.39
12	15	03-0008	预收货款		2131046,2131041	237 348.12		借	2 118 760.51
12	15	03-0009	预收款货款		2121010,2131040	738 109.79		借	2 856 870.30
12	15	03-0013	利息		5503001,1131074	272 008.10		借	3 128 878.40
12	15	03-0015	收保证金		1009,5503001,213	350 804.85		借	3 479 683.25
12	15	03-0018	预收货款		2131065	97 307.48		借	3 576 990.73
12	15	04-0001	包干费		2181010,5503004		267 996.40	借	3 308 994.33
12	15	04-0002	付货款		5501016,2121997		28 431.00	借	3 280 563.33
12	15	04-0003	支付货款		5501016,2121013		279 141.20	借	3 001 422.13
12	15	04-0004	支付货款		2151,2121046,212		281 629.63	借	2 719 792.50
12	15	04-0005	银行手续费		5503004		1 174.20	借	2 718 618.30
12	15	04-0006	支付货款		2121043		7 257.60	借	2 711 360.70
12	15	04-0007	支付货款		5503004,5501016		177 745.50	借	2 533 615.20
12	15	04-0008	应交税金		2171002,2171007		3 910.73	借	2 529 704.47
12	15	04-0009	支付个调税		2171011		348.25	借	2 529 356.22
12	15	04-0010	银行手续费		5503004		77.90	借	2 529 278.32
12	15	04-0011	支付货款		2121033,2121031		587 717.81	借	1 941 560.51
12	15	04-0018	划款		1002002	147 795.80		借	2 089 356.31
12	15	04-0024	咨询费		1133001,5503004		89 937.30	借	1 999 419.01
12	15	04-0025	支付货款		5501007,2121051		487 581.39	借	1 511 837.62
12	15	04-0026	支付货款		5501016,2121025		126 960.00	借	1 384 877.62
12	15	04-0031	修理餐具		5503004,5501013		3 375.28	借	1 381 502.34
12	15	04-0032	支付货款		1151019,2121008		364 819.93	借	1 016 682.41
12	15	04-0036	支付货款		1001,1009,550300		130 616.89	借	886 065.52
12	15	04-0037	包干费		5501016		357.30	借	885 708.22
12	15	04-0039	支付货款		2121058,5503004		93 088.82	借	792 619.40
12	15	04-0040	水费		5501007		1 962.00	借	790 657.40
12	15	04-0045	备用金		5503004,2121060		523 613.23	借	267 044.17
12	15	04-0046	电话费		5501007		181.90	借	266 862.27
12	15	04-0047	上交统筹费		2181002,2181003		166 656.88	借	100 205.39
12	15		本日合计			2 370 216.04	3 624 581.14	借	100 205.39
12			本月合计			2 687 768.88	3 624 581.14	借	100 205.39
12			本年累计			2 687 768.88	3 624 581.14	借	100 205.39

核算单位：信达进出口贸易有限公司　　　制表：包瑞　　　打印日期：2004.01.10

银行日记账

2002.12～2002.12　　页号：1-1

科目：银行存款/中国银行上海分行(1002002)　　本币名称：人民币

2002年		凭证号数	摘要	结算号	对方科目	借方	贷方	方向	余额
月	日								
			月初余额					借	296 028.01
12	15	03-0004	收货款 2002.12.15		2131025,2131055	259 667.78		借	555 695.79
12	15	03-0005	收货款		2131024	371 828.25		借	927 524.64
12	15	03-0006	收货款		2131024,2131021	1 091 127.66		借	2 018 652.30
12	15	03-0007	预收货款		2131014	109 558.19		借	2 128 210.49
12	15	03-0010	预收货款		2131038,2131061	333 914.00		借	2 462 124.49
12	15	03-0011	预收货款		2131024	82 566.35		借	2 544 690.84
12	15	03-0012	预收货款		2181010,2131025	1 100 787.62		借	3 645 478.46
12	15	03-0014	预收货款		2131036	45 554.20		借	3 691 032.66
12	15	03-0017	预收货款		2131032,2131062	256 452.38		借	3 947 485.04
12	15	04-0012	电料费		5503004,5501016		51 903.10	借	3 895 581.94
12	15	04-0013	包干费		2121033,5501016		77 400.00	借	3 818 181.94
12	15	04-0014	支付货款		2121021,2121015		221 424.09	借	3 596 757.85
12	15	04-0015	快件费		2121997,5501016		21 323.00	借	3 575 434.85
12	15	04-0016	运费		5501016,2121997		11 736.70	借	3 563 698.15
12	15	04-0017	银行手续费		5501010,5501016		16 312.61	借	3 547 385.54
12	15	04-0018	划款		1002001		147 795.80	借	3 399 589.74
12	15	04-0022	支付货款		2121018,2121049		526 016.00	借	2 873 573.74
12	15	04-0023	支付货款		5501013,2121050		365 094.01	借	2 508 479.73
12	15	04-0027	出口货物费		2121052,2121053		373 349.20	借	2 135 130.53
12	15	04-0029	银行手续费		5503004		16.32	借	2 135 114.21
12	15	04-0030	支付货款		5501007,5501016		311 762.20	借	1 823 352.01
12	15	04-0033	银行手续费		1151005,5501016		183 764.08	借	1 639 587.93
12	15	04-0034	支付货款		5503004,1151011		236 089.03	借	1 403 498.90
12	15	04-0038	支付货款		5503004,2121014		449 135.20	借	954 363.70
12	15	04-0042	银行手续费		2121018,2121059		200 841.86	借	753 521.84
12	15	04-0043	支付税金及招待费		5501028,5501006		30 446.62	借	723 075.22
12	15	04-0044	支付货款		5501007,5501016		332 500.00	借	390 575.22
12	15		本日合计			3 651 457.03	3 556 909.82	借	390 575.22
12			本月合计			3 651 457.03	3 556 909.82	借	390 575.22
12			本年累计			3 651 457.03	3 556 909.82	借	390 575.22

核算单位：信达进出口贸易有限公司　　制表：包瑞　　打印日期：2004.01.10

银行日记账

2002.12～2002.12 页号：1-1

科目：银行存款/工行黄浦支行延支(1002003) 本币名称：人民币

2002年		凭证号数	摘　要	结算号	对方科目	借　方	贷　方	方向	余　额
月	日								
			月初余额					借	940 688.81
12	15	03-0016	利息收入		5503001	1 250.40		借	941 939.21
12	15	04-0019	划款		1133001		50 000.00	借	891 939.21
12	15	04-0020	划款		2181010		200 000.00	借	691 939.21
12	15	04-0021	划款		1133999		200 000.00	借	491 939.21
12	15	04-0028	划款		2181010		238 478.20	借	253 461.01
12	15	04-0035	划款		2181010		80 000.00	借	173 461.01
12	15	04-0036	工资		1002001	36 292.39		借	209 753.40
12	15	04-0041	银行手续费		1133001,5503004		10 091.50	借	199 661.90
12	15		本日合计			37 542.79	778 569.70	借	199 661.90
12			本月合计			37 542.79	778 569.70	借	199 661.90
12			本年累计			37 542.79	778 569.70	借	199 661.90

核算单位：信达进出口贸易有限公司　　制表：包瑞　　打印日期：2004.01.10

其他货币资金明细账

页号：1-1

科目：其他货币资金(1009)　2002.12～2002.12　本币名称：人民币

2002年		凭证号数	摘　要	借　方	贷　方	方向	余　额
月	日						
			上年结转			借	237 700.00
12	15	03-0015	收保证金		69 000.00	借	168 700.00
12	15	04-0036	保证金	32 000.00		借	200 700.00
12			本月合计	32 000.00	69 000.00	借	200 700.00
12			本年累计	32 000.00	69 000.00	借	200 700.00

核算单位：信达进出口贸易有限公司　　制表：包瑞　　打印日期：2004.01.10

应收账款明细账

页号：1-1

科目：应收账款(1131)　　2002.12～2002.12　　本币名称：人民币

2002年 月	日	凭证号数	摘要	借方	贷方	方向	余额
			上年结转			借	9 387 130.00
12	15	03-0013	收货款		29 000.00	借	9 358 130.00
12	25	01-0002	收货款		6 060.00	借	9 352 070.00
12	31	转-0001	02KG1068 汇率调整		1 776.82	借	9 350 293.18
12	31	转-0001	02KG1066 银扣		1 343.72	借	9 348 949.46
12	31	转-0001	02KG1066 银扣		300.45	借	9 348 649.01
12	31	转-0001	02GH1125 银扣		123.96	借	9 348 525.05
12	31	转-0001	02GH1125 调整汇率		121.26	借	9 348 403.79
12	31	转-0001	02KG1086,1084 银扣		140.49	借	9 348 263.30
12	31	转-0001	02KG1086,1084		51.38	借	9 348 211.92
12	31	转-0001	02KG1113 银扣		264.47	借	9 347 947.45
12	31	转-0001	02KG1113 调整汇率		219.79	借	9 347 727.66
12	31	转-0001	02KG1109 调整汇率		120.02	借	9 347 607.64
12	31	转-0001	02KG1075,76 调整汇率		171.38	借	9 347 436.26
12	31	转-0001	02KG1107 银扣		661.04	借	9 346 775.22
12	31	转-0001	02KG1107 调整汇率		158.35	借	9 346 616.87
12	31	转-0002	02KH2130,2130-1 银扣		1 442.19	借	9 345 174.68
12	31	转-0002	02KH2130,2130-1 汇率调整		204.60	借	9 344 970.08
12	31	转-0002	02KH2136-1,2142,43 调整汇率		774.08	借	9 344 196.00
12	31	转-0002	02KH2154 银扣		2 181.41	借	9 342 014.59
12	31	转-0002	02KH2154 调整汇率		43.51	借	9 341 971.08
12	31	转-0002	02KH2106 银扣		471.05	借	9 341 500.03
12	31	转-0002	02KH2106 调整汇率		185.97	借	9 341 314.06
12	31	转-0002	02KH2123 银扣		359.65	借	9 340 954.41
12	31	转-0002	02KH2123 调整汇率		1 464.07	借	9 339 490.34
12	31	转-0002	02KH2041,2041-1 汇率调整		28.19	借	9 339 462.15
12	31	转-0002	02KH2083,2150 银扣		3 570.39	借	9 335 891.76
12	31	转-0002	02KH2083,2150 调整汇率		346.62	借	9 335 545.14
12	31	转-0003	02KH3071 调整汇率		268.30	借	9 335 276.84
			过次页		51 853.16	借	9 335 276.84

核算单位：信达进出口贸易有限公司　　制表：包瑞　　打印日期：2004.01.10

应收账款明细账

页号：2-1

科目：应收账款(1131)　　2002.12～2002.12　　本币名称：人民币

2002年 月	日	凭证号数	摘要	借方	贷方	方向	余额
			承前页		51 853.16	借	9 335 276.84
12	31	转-0003	02KH3128,19,43-1,37 调整汇率		967.40	借	9 334 309.44
12	31	转-0003	02KH3095,96,3116,3099 调整汇率		−1 122.83	借	9 335 432.27
12	31	转-0003	02KH3050-6,3103 银扣		1 184.84	借	9 334 247.43
12	31	转-0003	02KH3050-6,3103 汇率调整		232.93	借	9 334 014.50
12	31	转-0003	02KH3146,47 银扣		661.18	借	9 333 353.32
12	31	转-0003	02KH3146,47 调整汇率		217.16	借	9 333 136.16
12	31	转-0003	02KH3133,3151 调整汇率		168.94	借	9 332 967.22
12	31	转-0003	02KH3123 调整汇率		90.72	借	9 332 876.50
12	31	转-0003	02KH3048,49 银扣		1 801.68	借	9 331 074.82
12	31	转-0003	02KH3048,49 调整汇率		130.30	借	9 330 944.52
12	31	转-0003	02KH3125,56,45,34,27 银扣		9 100.39	借	9 321 844.13
12	31	转-0003	02KH3125,56,45,34,27 调整汇率		1 186.30	借	9 320 657.83
12	31	转-0003	02KH3169 银扣		303.23	借	9 320 354.60
12	31	转-0003	02KH3169 调整汇率		55.60	借	9 320 299.00
12	31	转-0003	02KH3069 银扣		851.21	借	9 319 447.79
12	31	转-0003	02KH3069 调整汇率		125.71	借	9 319 322.08
12	31	转-0009	样品款	6 060.00		借	9 325 382.08
12	31	转-0015	转账		144 364.99	借	9 181 017.09
12	31	转-0015	转账		78 098.58	借	9 102 918.51
12	31	转-0015	转账		117 354.45	借	8 985 564.06
12	31	转-0015	转账		78 777.91	借	8 906 786.15
12	31	转-0015	转账		33 247.68	借	8 873 538.47
12	31	转-0015	转账		479 913.09	借	8 393 625.38
12	31	转-0015	转账		92 794.61	借	8 300 830.77
12	31	转-0018	转账		133 410.40	借	8 167 420.37
12	31	转-0018	转账		134 925.36	借	8 032 495.01
12	31	转-0018	转账		353 283.84	借	7 679 211.17
12	31	转-0018	转账		27 049.53	借	7 652 161.64
			过次页	6 060.00	1 741 028.36	借	7 652 161.64

核算单位：信达进出口贸易有限公司　　制表：包瑞　　打印日期：2004.01.10

应收账款明细账

页号：3-1

科目：应收账款(1131)　　2002.12～2002.12　　本币名称：人民币

2002年		凭证号数	摘要	借方	贷方	方向	余额
月	日						
			承前页	6 060.00	1 741 028.36	借	7 652 161.64
12	31	转-0018	转账		117 508.66	借	7 534 652.98
12	31	转-0018	转账		963 811.91	借	6 570 841.07
12	31	转-0018	转账		18 346.97	借	6 552 494.10
12	31	转-0018	转账		229 337.46	借	6 323 156.64
12	31	转-0019	转账		639 403.69	借	5 683 752.95
12	31	转-0019	转账		154 687.35	借	5 529 065.60
12	31	转-0019	转账		60 253.70	借	5 468 811.90
12	31	转-0019	转账		82 313.42	借	5 386 498.48
12	31	转-0019	转账		112 601.83	借	5 273 896.65
12	31	转-0019	转账		59 504.40	借	5 214 392.25
12	31	转-0019	转账		86 464.25	借	5 127 928.00
12	31	转-0019	转账		778 016.04	借	4 349 911.96
12	31	转-0019	转账		37 089.50	借	4 312 822.46
12	31	转-0021	转账	79 063.00		借	4 391 885.46
12	31	转-0021	转账		79 063.00	借	4 312 822.46
12	31	转-0025	出货	65 555.42		借	4 378 377.88
12	31	转-0025	出货	650 090.31		借	5 028 468.19
12	31	转-0025	出货	7 866.65		借	5 036 334.84
12	31	转-0025	出货	4 064.11		借	5 040 398.95
12	31	转-0026	出运	128 361.99		借	5 168 760.94
12	31	转-0026	出运	390 705.36		借	5 559 466.30
12	31	转-0026	出运	288 900.19		借	5 848 366.49
12	31	转-0026	出运	71 490.19		借	5 919 856.67
12	31	转-0026	出运	65 239.24		借	5 985 095.91
12	31	转-0026	出运	42 655.72		借	6 027 751.63
12	31	转-0026	出运	275 879.07		借	6 303 630.70
12	31	转-0026	出运	89 810.69		借	6 393 441.39
12	31	转-0026	出运	61 006.27		借	6 454 447.66
			过次页	2 226 748.20	5 159 430.54	借	6 454 447.66

核算单位：信达进出口贸易有限公司　　制表：包瑞　　打印日期：2004.01.10

应收账款明细账

页号：4-1

科目：应收账款(1131)　　2002.12～2002.12　　本币名称：人民币

2002年		凭证号数	摘要	借方	贷方	方向	余额
月	日						
			承前页	2 226 748.20	5 159 430.54	借	6 454 447.66
12	31	转-0027	出运	283 949.17		借	6 738 396.83
12	31	转-0027	出运	89 411.72		借	6 827 808.55
12	31	转-0027	出运	787 642.63		借	7 615 451.18
12	31	转-0027	出运	267 436.50		借	7 882 887.68
12	31	转-0027	出运	12 137.69		借	7 895 025.37
12	31	转-0027	出运	224 105.19		借	8 119 130.56
12	31	转-0027	出运	343 371.36		借	8 462 501.92
12	31	转-0027	出运	2 690.09		借	8 465 192.01
12	31	转-0027	出运	1 496.43		借	8 466 688.44
12	31	转-0027	出运	4 171.71		借	8 470 860.15
12	31	转-0034	销售	1 000.00		借	8 471 860.15
12	31	转-0048	转账 02KH3078,3064	192 431.02		借	8 664 291.17
12	31	转-0048	转账 02KH3078,3064		192 431.02	借	8 471 860.15
12	31	转-0053	外销 02KG1131	28 183.87		借	8 500 044.02
12	31	转-0053	外销 02KG1148	17 831.08		借	8 517 875.10
12	31	转-0053	外销 02KG1046	461 271.80		借	8 979 146.90
12	31	转-0053	外销 02KG1112	14 526.49		借	8 993 673.39
12	31	转-0053	外销 02KG1150	46 915.17		借	9 040 588.56
12	31	转-0053	外销 02KG1143	26 631.89		借	9 067 220.45
12	31	转-0053	外销 02KG1144	6 456.22		借	9 073 676.67
12	31	转-0053	外销 02KG1137	15 602.52		借	9 089 279.19
12	31	转-0053	外销 02KG1132	16 140.54		借	9 105 419.73
12	31	转-0053	外销 02KG1128	44 870.70		借	9 150 290.43
12	31	转-0053	外销 02KG1111	74 192.68		借	9 224 483.11
12	31	转-0053	外销 02KG1165	97 451.12		借	9 321 934.23
12	31	转-0054	外销 02KH2074	133 229.81		借	9 455 164.04
12	31	转-0054	外销 02KH2136-2	92 704.64		借	9 547 868.68
12	31	转-0054	外销 02KH2139	109 921.22		借	9 657 789.90
			过次页	5 622 521.46	5 351 861.56	借	9 657 789.90

核算单位：信达进出口贸易有限公司　　制表：包瑞　　打印日期：2004.01.10

应收账款明细账

页号：5-1

科目：应收账款(1131)　　2002.12～2002.12　　本币名称：人民币

2002年 月	日	凭证号数	摘要	借方	贷方	方向	余额
			承前页	5 622 521.46	5 351 861.56	借	9 657 789.90
12	31	转-0054	外销 02KH2139	207 658.39		借	9 865 448.29
12	31	转-0054	外销 02KH2152	113 615.33		借	9 979 063.62
12	31	转-0054	外销 02KH2119-2	57 361.00		借	10 036 424.62
12	31	转-0054	外销 02KH2119-3	30 542.87		借	10 066 967.49
12	31	转-0054	外销 02KH2119-1	199 422.58		借	10 266 390.07
12	31	转-0054	外销 02KH2119	73 796.20		借	10 340 186.27
12	31	转-0054	外销 02KH2082-7	40 674.16		借	10 380 860.43
12	31	转-0054	外销 02KH2119	18 073.68		借	10 398 934.11
12	31	转-0054	外销 02KH2081/2084	5 208.43		借	10 404 142.54
12	31	转-0055	外销 02KH3103-1	83 354.71		借	10 487 497.25
12	31	转-0055	外销 02KH3117	74 099.15		借	10 561 596.40
12	31	转-0055	外销 02KH3117-1	64 041.52		借	10 625 637.92
12	31	转-0055	外销 02KH3050-12	77 707.02		借	10 703 344.94
12	31	转-0055	外销 02KH3050-10	90 740.87		借	10 794 085.81
12	31	转-0055	外销 02KH3050-11	23 343.36		借	10 817 429.17
12	31	转-0055	外销 02KH3159	66 413.60		借	10 883 842.77
12	31	转-0055	外销 02KH3152	99 269.29		借	10 983 112.06
12	31	转-0055	外销 02KH3149	61 006.27		借	11 044 118.33
12	31	转-0055	外销 02KH3164	61 006.27		借	11 105 124.60
12	31	转-0055	外销 02KH3161	96 580.03		借	11 201 704.63
12	31	转-0055	外销 02KH3176	127 386.11		借	11 329 090.74
12	31	转-0055	外销 02KH3197	38 488.98		借	11 367 579.72
12	31	转-0055	外销 02KH3180	140 687.57		借	11 508 267.29
12	31	转-0055	外销 02KH3187	127 371.21		借	11 635 638.50
12	31	转-0055	外销 02KH3195	13 657.38		借	11 649 295.88
12	31	转-0055	外销 02KH3078	116 807.85		借	11 766 103.73
12	31	转-0055	外销 02KH3064	133 956.55		借	11 900 060.28
12	31	转-0055	外销 02KH3196	145 570.95		借	12 045 631.23
			过次页	8 010 362.79	5 351 861.56	借	12 045 631.23

核算单位：信达进出口贸易有限公司　　制表：包瑞　　打印日期：2004.01.10

应收账款明细账

页号：6-1

科目：应收账款(1131)　　2002.12～2002.12　　本币名称：人民币

2002年 月	日	凭证号数	摘要	借方	贷方	方向	余额
			承前页	8 010 362.79	5 351 861.56	借	12 045 631.23
12	31	转-0055	外销 02KH3201	101 098.30		借	12 146 729.53
12	31	转-0073	出运	367 706.34		借	12 514 435.87
12	31	转-0073	出运	170 446.75		借	12 684 882.62
12	31	转-0073	出运	59 471.68		借	12 744 354.30
12	31	转-0073	出运	37 412.95		借	12 781 767.25
12	31	转-0073	出运	57 386.82		借	12 839 154.07
12	31	转-0073	出运	157 227.48		借	12 996 381.55
12	31	转-0073	出运	288 685.97		借	13 285 067.52
12	31	转-0073	出运	9 601.22		借	13 294 668.74
12	31	转-0073	出运	56 504.31		借	13 351 173.05
12	31	转-0073	出运	737 822.42		借	14 088 995.47
12	31	转-0073	出运	304 550.46		借	14 393 545.93
12	31	转-0073	出运	95 189.45		借	14 488 735.38
12	31	转-0074	确认销售	146 957.55		借	14 635 692.93
12	31	转-0074	确认销售	125 665.77		借	14 761 358.70
12	31	转-0074	确认销售	287 669.12		借	15 049 027.82
12	31	转-0074	确认销售	33 306.63		借	15 082 334.45
12	31	转-0074	确认销售	345 963.78		借	15 428 298.23
12	31	转-0074	确认销售	26 073.18		借	15 454 371.41
12	31	转-0075	确认销售	757 421.75		借	16 211 793.16
12	31	转-0084	年末调整汇率		5 249.76	借	16 206 543.40
12	31	转-0085	年末调整汇率		1 332.26	借	16 205 211.14
12	31	转-0086	年末调整汇率		342.75	借	16 204 868.39
12	31	转-0087	年末调整汇率		1 631.30	借	16 203 237.09
12	31	转-0088	年末调整汇率		147.03	借	16 203 090.06
12			本月合计	12 176 524.72	5 360 564.66	借	16 203 090.06
12			本年累计	12 176 524.72	5 360 564.66	借	16 203 090.06

核算单位：信达进出口贸易有限公司　　制表：包瑞　　打印日期：2004.01.10

Fidelity Creation 明细账

页号：1-1

2002.12～2002.12　　本币名称：人民币

科目：应收账款/Fidelity Creation(1131004)　　外币币名：美元

2002年 月	日	凭证号数	摘要	借方	贷方	方向	余额
			上年结转			贷	603 309.19
12	31	转-0053	外销 02KG1046	461 271.80		贷	142 037.39
12	31	转-0074	确认销售	287 669.12		借	145 631.73
12			本月合计	748 940.92		借	145 631.73
12			本年累计	748 940.92		借	145 631.73

核算单位：信达进出口贸易有限公司　　制表：包瑞　　打印日期：2004.01.10

Wong Brothers Shoe 明细账

页号：1-1

2002.12～2002.12　　本币名称：人民币

科目：应收账款/Wong Brothers Shoe(1131005)　　外币币名：美元

2002年 月	日	凭证号数	摘要	借方	贷方	方向	余额
			上年结转			借	79 023.13
12	31	转-0001	02GK1125 银扣		123.96	借	78 899.17
12	31	转-0001	02GH1125 调整汇率		121.26	借	78 777.91
12	31	转-0015	转账		117 354.45	贷	38 576.54
12	31	转-0015	转账		78 777.91	贷	117 354.45
12			本月合计		196 377.58	贷	117 354.45
12			本年累计		196 377.58	贷	117 354.45

核算单位：信达进出口贸易有限公司　　制表：包瑞　　打印日期：2004.01.10

Bata Shoe 明细账

页号：1-1

2002.12～2002.12　　本币名称：人民币

科目：应收账款/Bata Shoe(1131007)　　外币币名：美元

2002年 月	日	凭证号数	摘要	借方	贷方	方向	余额
			上年结转			借	33 439.55
12	31	转-0001	02KG1086,1084 银扣		140.49	借	33 299.06
12	31	转-0001	02KG1086,1084		51.38	借	33 247.68
12	31	转-0015	转账		33 247.68	平	
12	31	转-0053	外销 02KG1131	28 183.87		借	28 183.87
12			本月合计	28 183.87	33 439.55	借	28 183.87
12			本年累计	28 183.87	33 439.55	借	28 183.87

核算单位：信达进出口贸易有限公司　　制表：包瑞　　打印日期：2004.01.10

Fuji Miya 明细账

页号：1-1

2002.12～2002.12

本币名称：人民币

科目：应收账款/Fuji Miya(1131008)

外币币名：美元

2002年		凭证号数	摘要	借方	贷方	方向	余额
月	日						
			上年结转			贷	408 098.82
12	31	转-0025	出货	650 090.31		借	241 991.49
12	31	转-0074	确认销售	146 957.55		借	388 949.04
12			本月合计	797 047.86		借	388 949.04
12			本年累计	797 047.86		借	388 949.04

核算单位：信达进出口贸易有限公司　　制表：包瑞　　打印日期：2004.01.10

Schuh Art Limited 明细账

页号：1-1

2002.12～2002.12

本币名称：人民币

科目：应收账款/Schuh Art Limited(1131009)

外币币名：美元

2002年		凭证号数	摘要	借方	贷方	方向	余额
月	日						
			上年结转			借	78 218.60
12	31	转-0001	02KG1109 调整汇率		120.02	借	78 098.58
12	31	转-0015	转账		78 098.58	平	
12	31	转-0025	出货	7 866.65		借	7 866.65
12			本月合计	7 866.65	78 218.60	借	7 866.65
12			本年累计	7 866.65	78 218.60	借	7 866.65

核算单位：信达进出口贸易有限公司　　制表：包瑞　　打印日期：2004.01.10

La Golden Marketing 明细账

页号：1-1

2002.12～2002.12

本币名称：人民币

科目：应收账款/La Golden Marketing(1131010)

外币币名：美元

2002年		凭证号数	摘要	借方	贷方	方向	余额
月	日						
			上年结转			借	481 689.91
12	31	转-0001	02KG1068 汇率调整		1 776.82	借	479 913.09
12	31	转-0015	转账		479 913.09	平	
12			本月合计		481 689.91	平	
12			本年累计		481 689.91	平	

核算单位：信达进出口贸易有限公司　　制表：包瑞　　打印日期：2004.01.10

Cinsano Trading 明细账

页号：1-1

2002.12～2002.12　　本币名称：人民币

科目：应收账款/Cinsano Trading(1131011)　　外币币名：美元

2002年		凭证号数	摘　　要	借　方	贷　方	方向	余　额
月	日						
			上年结转			借	1 644.17
12	31	转-0001	02KG1066 银扣		1 343.72	借	300.45
12	31	转-0001	02KG1066 银扣		300.45	平	
12			本月合计		1 644.17	平	
12			本年累计		1 644.17	平	

核算单位：信达进出口贸易有限公司　　制表：包瑞　　打印日期：2004.01.10

Q Marketing Group 明细账

页号：1-1

2002.12～2002.12　　本币名称：人民币

科目：应收账款/Q Marketing Group(1131012)　　外币币名：美元

2002年		凭证号数	摘　　要	借　方	贷　方	方向	余　额
月	日						
			上年结转			借	52 074.35
12	31	转-0001	02KG1075,76 调整汇率		171.38	借	51 902.97
12	31	转-0025	出货	65 555.42		借	117 458.39
12	31	转-0053	外销 02KG1148	17 831.08		借	135 289.47
12	31	转-0074	确认销售	345 963.78		借	481 253.25
12			本月合计	429 350.28	171.38	借	481 253.25
12			本年累计	429 350.28	171.38	借	481 253.25

核算单位：信达进出口贸易有限公司　　制表：包瑞　　打印日期：2004.01.10

Shine Foundation Ltd 明细账

页号：1-1

2002.12～2002.12　　本币名称：人民币

科目：应收账款/Shine Foundation Ltd(1131014)　　外币币名：美元

2002年		凭证号数	摘　　要	借　方	贷　方	方向	余　额
月	日						
			上年结转			借	93 614.00
12	31	转-0001	02KG1107 银扣		661.04	借	92 952.96
12	31	转-0001	02KG1107 调整汇率		158.35	借	92 794.61
12	31	转-0015	转账		92 794.61	平	
12			本月合计		93 614.00	平	
12			本年累计		93 614.00	平	

核算单位：信达进出口贸易有限公司　　制表：包瑞　　打印日期：2004.01.10

P2 Ltd 明细账

页号：1-1

2002.12～2002.12

本币名称：人民币

科目：应收账款/P2 Ltd(1131015)

外币币名：美元

2002年 月	日	凭证号数	摘要	借方	贷方	方向	余额
			上年结转			借	144 849.25
12	31	转-0001	02KG1113 银扣		264.47	借	144 584.78
12	31	转-0001	02KG1113 调整汇率		219.79	借	144 364.99
12	31	转-0015	转账		144 364.99	平	
12	31	转-0074	确认销售	26 073.18		借	26 073.18
12			本月合计	26 073.18	144 849.25	借	26 073.18
12			本年累计	26 073.18	144 849.25	借	26 073.18

核算单位：信达进出口贸易有限公司　　制表：包瑞　　打印日期：2004.01.10

Hanli Manpower 明细账

页号：1-1

2002.12～2002.12

本币名称：人民币

科目：应收账款/Hanli Manpower(1131016)

外币币名：美元

2002年 月	日	凭证号数	摘要	借方	贷方	方向	余额
			上年结转			借	354 057.92
12	31	转-0002	02KH2136-1,2142,43 调整汇率		774.08	借	353 283.84
12	31	转-0018	转账		353 283.84	平	
12	31	转-0027	出运	343 371.36		借	343 371.36
12	31	转-0054	外销 02KH2136-2	92 704.64		借	436 076.00
12	31	转-0054	外销 02KH2139	109 921.22		借	545 997.22
12	31	转-0054	外销 02KH2139	207 658.39		借	753 655.61
12			本月合计	753 655.61	354 057.92	借	753 655.61
12			本年累计	753 655.61	354 057.92	借	753 655.61

核算单位：信达进出口贸易有限公司　　制表：包瑞　　打印日期：2004.01.10

Sankei Lightpack 明细账

页号：1-1

2002.12～2002.12

本币名称：人民币

科目：应收账款/Sankei Lightpack(1131020)

外币币名：美元

2002年 月	日	凭证号数	摘要	借方	贷方	方向	余额
			上年结转			借	136 572.15
12	31	转-0002	02KH2130,2130-1 银扣		1 442.19	借	135 129.96
12	31	转-0002	02KH2130,2130-1 汇率调整		204.60	借	134 925.36
12	31	转-0018	转账		134 925.36	平	
12			本月合计		136 572.15	平	
12			本年累计		136 572.15	平	

核算单位：信达进出口贸易有限公司　　制表：包瑞　　打印日期：2004.01.10

Matsusho 明细账

页号：1-1

2002.12～2002.12 本币名称：人民币

科目：应收账款/Matsusho(1131021) 外币币名：美元

2002年		凭证号数	摘要	借方	贷方	方向	余额
月	日						
			上年结转			借	72 967.61
12	31	转-0002	02KH2154 银扣		2 181.41	借	70 786.20
12	31	转-0002	02KH2154 调整汇率		43.51	借	70 742.69
12	31	转-0018	转账		27 049.53	借	43 693.16
12			本月合计		29 274.45	借	43 693.16
12			本年累计		29 274.45	借	43 693.16

核算单位：信达进出口贸易有限公司　　制表：包瑞　　打印日期：2004.01.10

Fabicity 明细账

页号：1-1

2002.12～2002.12 本币名称：人民币

科目：应收账款/Fabicity(1131022) 外币币名：美元

2002年		凭证号数	摘要	借方	贷方	方向	余额
月	日						
			上年结转			贷	132 859.45
12	31	转-0054	外销 02KH2074	133 229.81		借	370.36
12			本月合计	133 229.81		借	370.36
12			本年累计	133 229.81		借	370.36

核算单位：信达进出口贸易有限公司　　制表：包瑞　　打印日期：2004.01.10

Toku-on Trading 明细账

页号：1-1

2002.12～2002.12 本币名称：人民币

科目：应收账款/Toku-on Trading(1131025) 外币币名：美元

2002年		凭证号数	摘要	借方	贷方	方向	余额
月	日						
			上年结转			借	183 008.34
12	31	转-0027	出运	4 171.71		借	187 180.05
12			本月合计	4 171.71		借	187 180.05
12			本年累计	4 171.71		借	187 180.05

核算单位：信达进出口贸易有限公司　　制表：包瑞　　打印日期：2004.01.10

Tsjital 明细账

页号：1-1

2002.12～2002.12

本币名称：人民币

科目：应收账款/Tsjital(1131027)

外币币名：美元

2002年		凭证号数	摘要	借方	贷方	方向	余额
月	日						
			上年结转			借	18 375.16
12	31	转-0002	02KH2041,2041-1 汇率调整		28.19	借	18 346.97
12	31	转-0018	转账		18 346.97	平	
12			本月合计		18 375.16	平	
12			本年累计		18 375.16	平	

核算单位：信达进出口贸易有限公司　　制表：包瑞　　打印日期：2004.01.10

Woori Apparei 明细账

页号：1-1

2002.12～2002.12

本币名称：人民币

科目：应收账款/Woori Apparei(1131028)

外币币名：美元

2002年		凭证号数	摘要	借方	贷方	方向	余额
月	日						
			上年结转			借	233 254.47
12	31	转-0002	02KH2083,2150 银扣		3 570.39	借	229 684.08
12	31	转-0002	02KH2083,2150 调整汇率		346.62	借	229 337.46
12	31	转-0018	转账		229 337.46	平	
12	31	转-0073	出运	95 189.45		借	95 189.45
12			本月合计	95 189.45	233 254.47	借	95 189.45
12			本年累计	95 189.45	233 254.47	借	95 189.45

核算单位：信达进出口贸易有限公司　　制表：包瑞　　打印日期：2004.01.10

Kaneyo 明细账

页号：1-1

2002.12～2002.12

本币名称：人民币

科目：应收账款/Kaneyo(1131031)

外币币名：美元

2002年		凭证号数	摘要	借方	贷方	方向	余额
月	日						
12	31	转-0073	出运	56 504.31		借	56 504.31
12			本月合计	56 504.31		借	56 504.31
12			本年累计	56 504.31		借	56 504.31

核算单位：信达进出口贸易有限公司　　制表：包瑞　　打印日期：2004.01.10

Lamasb 明细账

页号：1-1

2002.12～2002.12　　本币名称：人民币

科目：应收账款/Lamasb(1131032)　　外币币名：美元

2002年		凭证号数	摘　　要	借　方	贷　方	方向	余　额
月	日						
			上年结转			借	154 957.26
12	31	转-0018	转账		117 508.66	借	37 448.60
12			本月合计		117 508.66	借	37 448.60
12			本年累计		117 508.66	借	37 448.60

核算单位：信达进出口贸易有限公司　　制表：包瑞　　打印日期：2004.01.10

Yagi And 明细账

页号：1-1

2002.12～2002.12　　本币名称：人民币

科目：应收账款/Yagi And(1131036)　　外币币名：美元

2002年		凭证号数	摘　　要	借　方	贷　方	方向	余　额
月	日						
			上年结转			贷	3 428.49
12	31	转-0002	02KH2106 银扣		471.05	贷	3 899.54
12	31	转-0002	02KH2106 调整汇率		185.97	贷	4 085.51
12	31	转-0054	外销 02KH2081/2084	5 208.43		借	1 122.92
12	31	转-0073	出运	288 685.97		借	289 808.89
12			本月合计	293 894.40	657.02	借	289 808.89
12			本年累计	293 894.40	657.02	借	289 808.89

核算单位：信达进出口贸易有限公司　　制表：包瑞　　打印日期：2004.01.10

Romeo Juliette Incoup 明细账

页号：1-1

2002.12～2002.12　　本币名称：人民币

科目：应收账款/Romeo Juliette Incoup(1131040)　　外币币名：美元

2002年		凭证号数	摘　　要	借　方	贷　方	方向	余　额
月	日						
			上年结转			借	2 004 066.65
12	31	转-0027	出运	787 642.63		借	2 791 709.28
12	31	转-0054	外销 02KH2152	113 615.33		借	2 905 324.61
12	31	转-0073	出运	737 822.42		借	3 643 147.03
12			本月合计	1 639 080.38		借	3 643 147.03
12			本年累计	1 639 080.38		借	3 643 147.03

核算单位：信达进出口贸易有限公司　　制表：包瑞　　打印日期：2004.01.10

Koyama Hosei 明细账

页号：1-1

2002.12～2002.12　　本币名称：人民币

科目：应收账款/Koyama Hosei(1131044)　　外币币名：美元

2002年		凭证号数	摘　　要	借　方	贷　方	方向	余　额
月	日						
			上年结转			借	216 240.30
12	31	转-0027	出运	283 949.17		借	500 189.47
12	31	转-0054	外销 02KH2119-2	57 361.00		借	557 550.47
12	31	转-0054	外销 02KH2119-3	30 542.87		借	588 093.34
12	31	转-0054	外销 02KH2119-1	199 422.58		借	787 515.92
12	31	转-0054	外销 02KH2119	73 796.20		借	861 312.12
12	31	转-0054	外销 02KH2082-7	40 674.16		借	901 986.28
12	31	转-0054	外销 02KH2119	18 073.68		借	920 059.96
12	31	转-0073	出运	304 550.46		借	1 224 610.42
12			本月合计	1 008 370.12		借	1 224 610.42
12			本年累计	1 008 370.12		借	1 224 610.42

核算单位：信达进出口贸易有限公司　　制表：包瑞　　打印日期：2004.01.10

Lets Communication 明细账

页号：1-1

2002.12～2002.12　　本币名称：人民币

科目：应收账款/Lets Communication(1131051)　　外币币名：美元

2002年		凭证号数	摘　　要	借　方	贷　方	方向	余　额
月	日						
			上年结转			借	1 925 936.46
12	31	转-0002	02KH2123 银扣		359.65	借	1 925 576.81
12	31	转-0002	02KH2123 调整汇率		1 464.07	借	1 924 112.74
12	31	转-0018	转账		963 811.91	借	960 300.83
12			本月合计		965 635.63	借	960 300.83
12			本年累计		965 635.63	借	960 300.83

核算单位：信达进出口贸易有限公司　　制表：包瑞　　打印日期：2004.01.10

Ankou International 明细账

页号：1-1

2002.12～2002.12　　本币名称：人民币

科目：应收账款/Ankou International(1131054)　　外币币名：美元

2002年		凭证号数	摘要	借方	贷方	方向	余额
月	日						
			上年结转			借	1 039 590.48
12	31	转-0003	02KH3071 调整汇率		268.30	借	1 039 322.18
12	31	转-0003	02KH3128,19,43-1,37 调整汇率		967.40	借	1 038 354.78
12	31	转-0019	转账		639 403.69	借	398 951.09
12	31	转-0026	出运	42 655.72		借	441 606.81
12	31	转-0055	外销 02KH3161	96 580.03		借	538 186.84
12	31	转-0075	确认销售	757 421.75		借	1 295 608.59
12			本月合计	896 657.50	640 639.39	借	1 295 608.59
12			本年累计	896 657.50	640 639.39	借	1 295 608.59

核算单位：信达进出口贸易有限公司　　制表：包瑞　　打印日期：2004.01.10

Fujinaga Kakousho 明细账

页号：1-1

2002.12～2002.12　　本币名称：人民币

科目：应收账款/Fujinaga Kakousho(1131055)　　外币币名：美元

2002年		凭证号数	摘要	借方	贷方	方向	余额
月	日						
			上年结转			借	112 770.77
12	31	转-0003	02KH3133,3151 调整汇率		168.94	借	112 601.83
12	31	转-0019	转账		112 601.83	平	
12	31	转-0026	出运	71 490.18		借	71 490.18
12	31	转-0055	外销 02KH3180	140 687.57		借	212 177.75
12	31	转-0055	外销 02KH3187	127 371.21		借	339 548.96
12	31	转-0055	外销 02KH3195	13 657.38		借	353 206.34
12			本月合计	353 206.34	112 770.77	借	353 206.34
12			本年累计	353 206.34	112 770.77	借	353 206.34

核算单位：信达进出口贸易有限公司　　制表：包瑞　　打印日期：2004.01.10

Lam Leong Hang Pte 明细账

页号：1-1

2002.12～2002.12　　本币名称：人民币

科目：应收账款/Lam Leong Hang Pte(1131057)　　外币币名：美元

2002年		凭证号数	摘要	借方	贷方	方向	余额
月	日						
			上年结转			借	261 360.83
12	31	转-0003	02KH3095,96,3116,3099 调整汇率		—1 122.83	借	262 483.66
12	31	转-0003	02KH3050-6,3103 银扣		1 184.84	借	261 298.82
12	31	转-0003	02KH3050-6,3103 汇率调整		232.93	借	261 065.89
12	31	转-0019	转账		154 687.35	借	106 378.54
12	31	转-0026	出运	128 361.99		借	234 740.53
12	31	转-0055	外销 02KH3103-1	83 354.71		借	318 095.24
12	31	转-0055	外销 02KH3117	74 099.15		借	392 194.39
12	31	转-0055	外销 02KH3117-1	64 041.52		借	456 235.91
12	31	转-0055	外销 02KH3050-12	77 707.02		借	533 942.93
12	31	转-0055	外销 02KH3050-10	90 740.87		借	624 683.80
12	31	转-0055	外销 02KH3050-11	23 343.36		借	648 027.16
12	31	转-0055	外销 02KH3159	66 413.60		借	714 440.76
12	31	转-0055	外销 02KH3152	99 269.29		借	813 710.05
12			本月合计	707 331.51	154 982.29	借	813 710.05
12			本年累计	707 331.51	154 982.29	借	813 710.05

核算单位：信达进出口贸易有限公司　　制表：包瑞　　打印日期：2004.01.10

Merx Team AB 明细账

页号：1-1

2002.12～2002.12　　本币名称：人民币

科目：应收账款/Merx Team AB(1131058)　　外币币名：美元

2002年		凭证号数	摘要	借方	贷方	方向	余额
月	日						
			上年结转			借	143 445.46
12	31	转-0003	02KH3146,47 银扣		661.18	借	142 784.28
12	31	转-0003	02KH3146,47 调整汇率		217.16	借	142 567.12
12	31	转-0019	转账		60 253.70	借	82 313.42
12	31	转-0019	转账		82 313.42	平	
12	31	转-0026	出运	61 006.27		借	61 006.27
12	31	转-0055	外销 02KH3149	61 006.27		借	122 012.54
12	31	转-0055	外销 02KH3164	61 006.27		借	183 018.81
12			本月合计	183 018.81	143 445.46	借	183 018.81
12			本年累计	183 018.81	143 445.46	借	183 018.81

核算单位：信达进出口贸易有限公司　　制表：包瑞　　打印日期：2004.01.10

Manet Textil Handels Gmbh 明细账

页号：1-1

2002.12～2002.12　　本币名称：人民币

科目：应收账款/Manet Textil Handels Gmbh(1131060)　　外币币名：美元

2002年		凭证号数	摘　　要	借　方	贷　方	方向	余　额
月	日						
			上年结转			贷	79 063.60
12	31	转-0021	转账	79 063.00		贷	0.60
12			本月合计	79 063.00		贷	0.60
12			本年累计	79 063.00		贷	0.60

核算单位：信达进出口贸易有限公司　　制表：包瑞　　打印日期：2004.01.10

Tristol Dynamic 明细账

页号：1-1

2002.12～2002.12　　本币名称：人民币

科目：应收账款/Tristol Dynamic(1131061)　　外币币名：美元

2002年		凭证号数	摘　　要	借　方	贷　方	方向	余　额
月	日						
			上年结转			贷	192 341.02
12	31	转-0048	转账 02KH3078,3064	192 431.02		借	90.00
12			本月合计	192 431.02		借	90.00
12			本年累计	192 431.02		借	90.00

核算单位：信达进出口贸易有限公司　　制表：包瑞　　打印日期：2004.01.10

Fitt Well Shoe Corp 明细账

页号：1-1

2002.12～2002.12　　本币名称：人民币

科目：应收账款/Fitt Well Shoe Corp(1131062)　　外币币名：美元

2002年		凭证号数	摘　　要	借　方	贷　方	方向	余　额
月	日						
			上年结转			贷	57 684.12
12	31	转-0048	转账 02KH3078,3064		192 431.02	贷	250 115.14
12	31	转-0055	外销 02KH3078	116 807.85		贷	133 307.29
12	31	转-0055	外销 02KH3064	133 956.55		借	649.26
12			本月合计	250 764.40	192 431.02	借	649.26
12			本年累计	250 764.40	192 431.02	借	649.26

核算单位：信达进出口贸易有限公司　　制表：包瑞　　打印日期：2004.01.10

Fashion Fuji 明细账

页号：1-1

2002.12～2002.12　　本币名称：人民币

科目：应收账款/Fashion Fuji(1131063)　　外币币名：美元

2002年 月	日	凭证号数	摘要	借方	贷方	方向	余额
			上年结转			借	59 595.12
12	31	转-0003	02KH3123 调整汇率		90.72	借	59 504.40
12	31	转-0019	转账		59 504.40	平	
12	31	转-0026	出运	65 239.24		借	65 239.24
12	31	转-0055	外销 02KH3197	38 488.98		借	103 728.22
12			本月合计	103 728.22	59 595.12	借	103 728.22
12			本年累计	103 728.22	59 595.12	借	103 728.22

核算单位：信达进出口贸易有限公司　　制表：包瑞　　打印日期：2004.01.10

Trigold Inc 明细账

页号：1-1

2002.12～2002.12　　本币名称：人民币

科目：应收账款/Trigold Inc(1131064)　　外币币名：美元

2002年 月	日	凭证号数	摘要	借方	贷方	方向	余额
			上年结转			借	37 448.33
12	31	转-0003	02KH3169 银扣		303.23	借	37 145.10
12	31	转-0003	02KH3169 调整汇率		55.60	借	37 089.50
12	31	转-0019	转账		37 089.50	平	
12			本月合计		37 448.33	平	
12			本年累计		37 448.33	平	

核算单位：信达进出口贸易有限公司　　制表：包瑞　　打印日期：2004.01.10

Group Massimo Dutti SA 明细账

页号：1-1

2002.12～2002.12　　本币名称：人民币

科目：应收账款/Group Massimo Dutti SA(1131065)　　外币币名：美元

2002年 月	日	凭证号数	摘要	借方	贷方	方向	余额
			上年结转			借	88 396.23
12	31	转-0003	02KH3048,49 银扣		1 801.68	借	86 594.55
12	31	转-0003	02KH3048,49 调整汇率		130.30	借	86 464.25
12	31	转-0019	转账		86 464.25	平	
12			本月合计		88 396.23	平	
12			本年累计		88 396.23	平	

核算单位：信达进出口贸易有限公司　　制表：包瑞　　打印日期：2004.01.10

Comon 明 细 账

页号：1-1

2002.12～2002.12 本币名称：人民币

科目：应收账款/Comon(1131066) 外币币名：美元

2002年 月	日	凭证号数	摘要	借方	贷方	方向	余额
			上年结转			借	1 155 592.83
12	31	转-0003	02KH3125,56,45,34,27 银扣		9 100.39	借	1 146 492.44
12	31	转-0003	02KH3125,56,45,34,27 调整汇率		1 186.30	借	1 145 306.14
12	31	转-0019	转账		778 016.04	借	367 290.10
12	31	转-0026	出运	275 879.07		借	643 169.17
12	31	转-0055	外销 02KH3176	127 386.11		借	770 555.28
12			本月合计	403 265.18	788 302.73	借	770 555.28
12			本年累计	403 265.18	788 302.73	借	770 555.28

核算单位：信达进出口贸易有限公司 制表：包瑞 打印日期：2004.01.10

Manel Mode Import Export 明细账

页号：1-1

2002.12～2002.12 本币名称：人民币

科目：应收账款/Manel Mode Import Export(1131067) 外币币名：美元

2002年 月	日	凭证号数	摘要	借方	贷方	方向	余额
			上年结转			借	80 040.52
12	31	转-0003	02KH3069 银扣		851.21	借	79 189.31
12	31	转-0003	02KH3069 调整汇率		125.71	借	79 063.60
12	31	转-0021	转账		79 063.00	借	0.60
12			本月合计		80 039.92	借	0.60
12			本年累计		80 039.92	借	0.60

核算单位：信达进出口贸易有限公司 制表：包瑞 打印日期：2004.01.10

Nagoya Mosaic Tile 明细账

页号：1-1

2002.12～2002.12 本币名称：人民币

科目：应收账款/Nagoya Mosaic Tile(1131068) 外币币名：美元

2002年 月	日	凭证号数	摘要	借方	贷方	方向	余额
			上年结转			贷	24 504.24
12	31	转-0026	出运	89 810.69		借	65 306.45
12			本月合计	89 810.69		借	65 306.45
12			本年累计	89 810.69		借	65 306.45

核算单位：信达进出口贸易有限公司 制表：包瑞 打印日期：2004.01.10

Xin Chang Fa Pty 明细账

页号：1-1

2002.12～2002.12　　本币名称：人民币

科目：应收账款/Xin Chang Fa Pty(1131069)　　外币币名：美元

2002年		凭证号数	摘要	借方	贷方	方向	余额
月	日						
			上年结转			贷	2 081.80
12	31	转-0027	出运	12 137.69		借	10 055.89
12			本月合计	12 137.69		借	10 055.89
12			本年累计	12 137.69		借	10 055.89

核算单位：信达进出口贸易有限公司　　制表：包瑞　　打印日期：2004.01.10

中谷株式会社明细账

页号：1-1

科目：应收账款/中谷株式会社(1131073)　　2002.12～2002.12　　本币名称：人民币

2002年		凭证号数	摘要	借方	贷方	方向	余额
月	日						
12	25	01-0002	收货款		6 060.00	贷	6 060.00
12	31	转-0009	样品款	6 060.00		平	
12			本月合计	6 060.00	6 060.00	平	
12			本年累计	6 060.00	6 060.00	平	

核算单位：信达进出口贸易有限公司　　制表：包瑞　　打印日期：2004.01.10

温州永立明细账

页号：1-1

科目：应收账款/温州永立(1131074)　　2002.12～2002.12　　本币名称：人民币

2002年		凭证号数	摘要	借方	贷方	方向	余额
月	日						
12	15	03-0013	收货款		29 000.00	贷	29 000.00
12			本月合计		29 000.00	贷	29 000.00
12			本年累计		29 000.00	贷	29 000.00

核算单位：信达进出口贸易有限公司　　制表：包瑞　　打印日期：2004.01.10

青浦商厦明细账

页号：1-1

科目：应收账款/青浦商厦(1131083)　　2002.12～2002.12　　本币名称：人民币

2002年		凭证号数	摘要	借方	贷方	方向	余额
月	日						
12	31	转-0034	销售	1 000.00		借	1 000.00
12			本月合计	1 000.00		借	1 000.00
12			本年累计	1 000.00		借	1 000.00

核算单位：信达进出口贸易有限公司　　制表：包瑞　　打印日期：2004.01.10

Wuerth Holding 明细账

页号：1-1

2002.12～2002.12 本币名称：人民币

科目：应收账款/Wuerth Holding(1131090) 外币币名：美元

2002年 月	日	凭证号数	摘要	借方	贷方	方向	余额
12	31	转-0073	出运	57 386.82		借	57 386.82
12			本月合计	57 386.82		借	57 386.82
12			本年累计	57 386.82		借	57 386.82

核算单位：信达进出口贸易有限公司 制表：包瑞 打印日期：2004.01.10

汇率调整明细账

页号：1-1

科目：应收账款/汇率调整(1131999) 2002.12～2002.12 本币名称：人民币

2002年 月	日	凭证号数	摘要	借方	贷方	方向	余额
12	31	转-0084	年末调整汇率		5 249.76	贷	5 249.76
12	31	转-0085	年末调整汇率		1 332.26	贷	6 582.02
12	31	转-0086	年末调整汇率		342.75	贷	6 924.77
12	31	转-0087	年末调整汇率		1 631.30	贷	8 556.07
12	31	转-0088	年末调整汇率		147.03	贷	8 703.10
12			本月合计		8 703.10	贷	8 703.10
12			本年累计		8 703.10	贷	8 703.10

核算单位：信达进出口贸易有限公司 制表：包瑞 打印日期：2004.01.10

其他应收款明细账

页号：1-1

科目：其他应收款(1133) 2002.12～2002.12 本币名称：人民币

2002年 月	日	凭证号数	摘要	借方	贷方	方向	余额
			上年结转			借	3 304 030.77
12	07	01-0001	归还借款		10 000.00	借	3 294 030.77
12	07	01-0001	归还借款		5 000.00	借	3 289 030.77
12	15	04-0019	划款	50 000.00		借	3 339 030.77
12	15	04-0021	划款	200 000.00		借	3 539 030.77
12	15	04-0024	支付货款	40 000.00		借	3 579 030.77
12	15	04-0041	划款	10 000.00		借	3 589 030.77
12	31	转-0006	收回代垫款	16 836.00		借	3 605 866.77
12	31	转-0016	转账		300 000.00	借	3 305 866.77
12	31	转-0079	仓储费	70 000.00		借	3 375 866.77
12			本月合计	386 836.00	315 000.00	借	3 375 866.77
12			本月累计	386 836.00	315 000.00	借	3 375 866.77

核算单位：信达进出口贸易有限公司 制表：包瑞 打印日期：2004.01.10

上海市皮制品有限公司明细账

2002.12～2002.12　　页号：1-1

科目：其他应收款/上海市皮制品有限公司(1133001)　　本币名称：人民币

2002年		凭证号数	摘要	借方	贷方	方向	余额
月	日						
			上年结转			借	3 281 251.30
12	15	04-0019	划款	50 000.00		借	3 331 251.30
12	15	04-0024	支付货款	40 000.00		借	3 371 251.30
12	15	04-0041	划款	10 000.00		借	3 381 251.30
12	31	转-0016	转账		300 000.00	借	3 081 251.30
12			本月合计	100 000.00	300 000.00	借	3 081 251.30
12			本年累计	100 000.00	300 000.00	借	3 081 251.30

核算单位：信达进出口贸易有限公司　　制表：包瑞　　打印日期：2004.01.10

其他明细账

页号：1-1

科目：其他应收款/其他(1133998)　　2002.12～2002.12　　本币名称：人民币

2002年		凭证号数	摘要	借方	贷方	方向	余额
月	日						
			上年结转			借	7 512.50
12	31	转-0006	收回代垫款	16 836.00		借	24 348.50
12	31	转-0079	仓储费	70 000.00		借	94 348.50
12			本月合计	86 836.00		借	94 348.50
12			本年累计	86 836.00		借	94 348.50

核算单位：信达进出口贸易有限公司　　制表：包瑞　　打印日期：2004.01.10

员工应收款明细账

页号：1-1

科目：其他应收款/员工应收款(1133999)　　2002.12～2002.12　　本币名称：人民币

2002年		凭证号数	摘要	借方	贷方	方向	余额
月	日						
			上年结转			借	15 266.97
12	07	01-0001	归还借款		10 000.00	借	5 266.97
12	07	01-0001	归还借款		5 000.00	借	266.97
12	15	04-0021	划款	200 000.00		借	200 266.97
12			本月合计	200 000.00	15 000.00	借	200 266.97
12			本年累计	200 000.00	15 000.00	借	200 266.97

核算单位：信达进出口贸易有限公司　　制表：包瑞　　打印日期：2004.01.10

预付账款明细账

页号：1-1

科目：预付账款(1151)　　2002.12～2002.12　　本币名称：人民币

2002年 月	日	凭证号数	摘要	借方	贷方	方向	余额
			上年结转			借	2 893 908.14
12	15	04-0002	付货款	15 000.00		借	2 908 908.14
12	15	04-0011	支付货款	181 655.91		借	3 090 564.05
12	15	04-0022	支付货款	80 000.00		借	3 170 564.05
12	15	04-0025	支付货款	50 000.00		借	3 220 564.05
12	15	04-0026	支付货款	9 000.00		借	3 229 564.05
12	15	04-0030	支付货款	200 000.00		借	3 429 564.05
12	15	04-0032	支付货款	63 308.36		借	3 492 872.41
12	15	04-0033	支付货款	100 000.00		借	3 592 872.41
12	15	04-0034	支付货款	80 000.00		借	3 672 872.41
12	15	04-0034	支付货款	50 000.00		借	3 722 872.41
12	15	04-0034	支付货款	70 000.00		借	3 792 872.41
12	15	04-0042	支付货款	78 000.00		借	3 870 872.41
12	15	04-0044	支付货款	100 000.00		借	3 970 872.41
12	31	转-0017	转账		335 168.60	借	3 635 703.81
12	31	转-0020	转账		14 198.00	借	3 621 505.81
12	31	转-0020	转账		20 000.00	借	3 601 505.81
12	31	转-0022	转账		150 000.00	借	3 451 505.81
12	31	转-0022	转账		53 225.64	借	3 398 280.17
12	31	转-0023	转账		640 000.00	借	2 758 280.17
12	31	转-0023	转账		25 000.00	借	2 733 280.17
12	31	转-0024	转账		282 000.00	借	2 451 280.17
12	31	转-0024	转账		164 315.90	借	2 286 964.27
12	31	转-0049	转账		10 000.00	借	2 276 964.27
12	31	转-0050	转账		220 000.00	借	2 056 964.27
12			本月合计	1 076 964.27	1 913 908.14	借	2 056 964.27
12			本年累计	1 076 964.27	1 913 908.14	借	2 056 964.27

核算单位：信达进出口贸易有限公司　　制表：包瑞　　打印日期：2004.01.10

宝新鞋业镇江有限公司明细账

2002.12～2002.12　　页号：1-1

科目：预付账款/宝新鞋业镇江有限公司(1151002)　　本币名称：人民币

2002年		凭证号数	摘要	借方	贷方	方向	余额
月	日						
			上年结转			借	150 000.00
12	31	转-0022	转账		150 000.00	平	
12			本月合计		150 000.00	平	
12			本年累计		150 000.00	平	

核算单位：信达进出口贸易有限公司　　制表：包瑞　　打印日期：2004.01.10

上海锦羊皮革厂明细账

2002.12～2002.12　　页号：1-1

科目：预付账款/上海锦羊皮革厂(1151003)　　本币名称：人民币

2002年		凭证号数	摘要	借方	贷方	方向	余额
月	日						
			上年结转			借	53 225.64
12	31	转-0022	转账		53 225.64	平	
12			本月合计		53 225.64	平	
12			本年累计		53 225.64	平	

核算单位：信达进出口贸易有限公司　　制表：包瑞　　打印日期：2004.01.10

和弘服饰明细账

页号：1-1

科目：预付账款/和弘服饰(1151004)　　2002.12～2002.12　　本币名称：人民币

2002年		凭证号数	摘要	借方	贷方	方向	余额
月	日						
			上年结转			借	20 000.00
12	15	04-0034	支付货款	50 000.00		借	70 000.00
12	31	转-0020	转账		20 000.00	借	50 000.00
12			本月合计	50 000.00	20 000.00	借	50 000.00
12			本年累计	50 000.00	20 000.00	借	50 000.00

核算单位：信达进出口贸易有限公司　　制表：包瑞　　打印日期：2004.01.10

威四明细账

页号：1-1

科目：预付账款/威四(1151005)　　2002.12～2002.12　　本币名称：人民币

2002年		凭证号数	摘要	借方	贷方	方向	余额
月	日						
12	15	04-0033	支付货款	100 000.00		借	100 000.00
12			本月合计	100 000.00		借	100 000.00
12			本年累计	100 000.00		借	100 000.00

核算单位：信达进出口贸易有限公司　　制表：包瑞　　打印日期：2004.01.10

倩凡服饰有限公司明细账

2002.12～2002.12　　页号：1-1

科目：预付账款/倩凡服饰有限公司(1151007)　　本币名称：人民币

2002年		凭证号数	摘要	借方	贷方	方向	余额
月	日						
			上年结转			借	1 340 000.00
12	15	04-0002	付货款	15 000.00		借	1 355 000.00
12	15	04-0022	支付货款	80 000.00		借	1 435 000.00
12	31	转-0023	转账		640 000.00	借	795 000.00
12			本月合计	95 000.00	640 000.00	借	795 000.00
12			本年累计	95 000.00	640 000.00	借	795 000.00

核算单位：信达进出口贸易有限公司　　制表：包瑞　　打印日期：2004.01.10

上海大利鞋业有限公司明细账

2002.12～2002.12　　页号：1-1

科目：预付账款/上海大利鞋业有限公司(1151010)　　本币名称：人民币

2002年		凭证号数	摘要	借方	贷方	方向	余额
月	日						
			上年结转			借	39 198.00
12	31	转-0020	转账		14 198.00	借	25 000.00
12	31	转-0023	转账		25 000.00	平	
12			本月合计		39 198.00	平	
12			本年累计		39 198.00	平	

核算单位：信达进出口贸易有限公司　　制表：包瑞　　打印日期：2004.01.10

上海市制球厂明细账

页号：1-1

科目：预付账款/上海市制球厂(1151011)　　2002.12～2002.12　　本币名称：人民币

2002年		凭证号数	摘要	借方	贷方	方向	余额
月	日						
			上年结转			借	100 000.00
12	15	04-0034	支付货款	80 000.00		借	180 000.00
12			本月合计	80 000.00		借	180 000.00
12			本年累计	80 000.00		借	180 000.00

核算单位：信达进出口贸易有限公司　　制表：包瑞　　打印日期：2004.01.10

金雄明细账

页号：1-1

科目：预付账款/金雄(1151013)　　2002.12～2002.12　　本币名称：人民币

2002年		凭证号数	摘要	借方	贷方	方向	余额
月	日						
			上年结转			借	282 000.00
12	31	转-0024	转账		282 000.00	平	
12			本月合计		282 000.00	平	
12			本年累计		282 000.00	平	

核算单位：信达进出口贸易有限公司　　制表：包瑞　　打印日期：2004.01.10

苏州阳明鞋业有限公司明细账

2002.12～2002.12　　页号：1-1

科目：预付账款/苏州阳明鞋业有限公司(1151014)　　本币名称：人民币

2002年		凭证号数	摘要	借方	贷方	方向	余额
月	日						
			上年结转			借	230 000.00
12	31	转-0049	转账		10 000.00	借	220 000.00
12	31	转-0050	转账		220 000.00	平	
12			本月合计		230 000.00	平	
12			本年累计		230 000.00	平	

核算单位：信达进出口贸易有限公司　　制表：包瑞　　打印日期：2004.01.10

上海亭君制衣有限公司明细账

2002.12～2002.12　　页号：1-1

科目：预付账款/上海亭君制衣有限公司(1151015)　　本币名称：人民币

2002年		凭证号数	摘要	借方	贷方	方向	余额
月	日						
			上年结转			借	164 315.90
12	15	04-0025	支付货款	50 000.00		借	214 315.90
12	15	04-0034	支付货款	70 000.00		借	284 315.90
12	15	04-0044	支付货款	100 000.00		借	384 315.90
12	31	转-0024	转账		164 315.90	借	220 000.00
12			本月合计	220 000.00	164 315.90	借	220 000.00
12			本年累计	220 000.00	164 315.90	借	220 000.00

核算单位：信达进出口贸易有限公司　　制表：包瑞　　打印日期：2004.01.10

浙江省湖州大钢集团公司转移印花公司明细账

2002.12～2002.12　　页号：1-1

科目：预付账款/浙江省湖州大钢集团公司转移印花公司(1151016)　　本币名称：人民币

2002年		凭证号数	摘要	借方	贷方	方向	余额
月	日						
			上年结转			借	335 168.60
12	31	转-0017	转账		335 168.60	平	
12			本月合计		335 168.60	平	
12			本年累计		335 168.60	平	

核算单位：信达进出口贸易有限公司　　制表：包瑞　　打印日期：2004.01.10

新联皮革厂明细账

页号：1-1

科目：预付账款/新联皮革厂(1151019)　　2002.12～2002.12　　本币名称：人民币

2002年		凭证号数	摘要	借方	贷方	方向	余额
月	日						
12	15	04-0011	支付货款	181 655.91		借	181 655.91
12	15	04-0032	支付货款	63 308.36		借	244 964.27
12			本月合计	244 964.27		借	244 964.27
12			本年累计	244 964.27		借	244 964.27

核算单位：信达进出口贸易有限公司　　制表：包瑞　　打印日期：2004.01.10

上海星亚鞋业明细账

页号：1-1

科目：预付账款/上海星亚鞋业(1151020)　　2002.12～2002.12　　本币名称：人民币

2002年		凭证号数	摘要	借方	贷方	方向	余额
月	日						
12	15	04-0026	支付货款	9 000.00		借	9 000.00
12	15	04-0042	支付货款	78 000.00		借	87 000.00
12			本月合计	87 000.00		借	87 000.00
12			本年累计	87 000.00		借	87 000.00

核算单位：信达进出口贸易有限公司　　制表：包瑞　　打印日期：2004.01.10

泉州华厦鞋服公司明细账

2002.12～2002.12　　页号：1-1

科目：预付账款/泉州华厦鞋服公司(1151021)　　本币名称：人民币

2002年		凭证号数	摘要	借方	贷方	方向	余额
月	日						
12	15	04-0030	支付货款	200 000.00		借	200 000.00
12			本月合计	200 000.00		借	200 000.00
12			本年累计	200 000.00		借	200 000.00

核算单位：信达进出口贸易有限公司　　制表：包瑞　　打印日期：2004.01.10

库存商品明细账

页号：1-1

科目：库存商品(1243)　　　　2002.12～2002.12　　　　本币名称：人民币

2002年 月	日	凭证号数	摘要	借方	贷方	方向	余额
			上年结转			借	25 350.00
12	31	转-0010	进仓	598.29		借	25 948.29
12	31	转-0011	进仓	256.41		借	26 204.70
12	31	转-0012	02KH3062-A进仓	51 927.33		借	78 132.03
12	31	转-0013	02KH3081-A进仓	127 291.84		借	205 423.87
12	31	转-0014	02KH3067-A进仓	98 384.80		借	303 808.67
12	31	转-0028	2%税金结转	1 170.21		借	304 978.88
12	31	转-0029	2%税金结转	30 518.32		借	335 497.20
12	31	转-0030	2%税金结转	17 452.11		借	352 949.31
12	31	转-0031	进仓	633 101.77		借	986 051.08
12	31	转-0032	进仓	1 790 985.11		借	2 777 036.19
12	31	转-0033	进仓	947 372.02		借	3 724 408.21
12	31	转-0051	进仓	4 160.00		借	3 728 568.21
12	31	转-0056	进仓 02KG1131	18 717.94		借	3 747 286.15
12	31	转-0056	进仓 02KG1148	13 669.74		借	3 760 955.89
12	31	转-0056	进仓 02KG1046	89 969.23		借	3 850 925.12
12	31	转-0056	进仓 02KG1046	89 969.23		借	3 940 894.35
12	31	转-0056	进仓 02KG1046	89 969.23		借	4 030 863.58
12	31	转-0056	进仓 02KG1046	89 969.23		借	4 120 832.81
12	31	转-0056	进仓 02KG1112/1150/1143	244 964.27		借	4 365 797.08
12	31	转-0056	进仓 02KG1165	69 784.62		借	4 435 581.70
12	31	转-0057	不退税转账	9 240.96		借	4 444 822.66
12	31	转-0058	不退税转账	11 614.22		借	4 456 436.88
12	31	转-0059	不退税转账	25 057.10		借	4 481 493.98
12	31	转-0060	进仓 02KH2074	47 384.61		借	4 528 878.59
12	31	转-0060	进仓 02KH2074	72 369.23		借	4 601 247.82
12	31	转-0060	进仓 02KH2136-2	79 863.25		借	4 681 111.07
12	31	转-0060	进仓 02KH2152	60 410.26		借	4 741 521.33
12	31	转-0060	进仓 02KH2152	38 564.10		借	4 780 085.43
			过次页	4 754 735.43		借	4 780 085.43

核算单位：信达进出口贸易有限公司　　　　制表：包瑞　　　　打印日期：2004.01.10

库存商品明细账

页号：2-1

科目：库存商品(1243)　　2002.12～2002.12　　本币名称：人民币

2002年		凭证号数	摘　　要	借　方	贷　方	方向	余　额
月	日						
			承前页	4 754 735.43		借	4 780 085.43
12	31	转-0060	进仓 02KH2139/2141	92 307.68		借	4 872 393.11
12	31	转-0060	进仓 02KH2139/2141	94 905.98		借	4 967 299.09
12	31	转-0060	进仓 02KH2139/41	94 905.98		借	5 062 205.07
12	31	转-0060	进仓 02KH2119-3	29 616.92		借	5 091 821.99
12	31	转-0060	进仓 02KH2119-2	55 084.62		借	5 146 906.61
12	31	转-0060	进仓 02KH2119-1	94 384.67		借	5 241 291.28
12	31	转-0060	进仓 02KH2119-1	94 384.67		借	5 335 675.95
12	31	转-0060	进仓 02KH2119	70 867.59		借	5 406 543.54
12	31	转-0060	进仓 02KH2082-7	41 259.17		借	5 447 802.71
12	31	转-0061	进仓 02KH3103-1	77 989.32		借	5 525 792.03
12	31	转-0061	进仓 02KH3117/3117-1	44 558.12		借	5 570 350.15
12	31	转-0061	进仓 02KH3117/3117-1	83 485.04		借	5 653 835.19
12	31	转-0061	进仓 02KH3050-12	69 018.30		借	5 722 853.49
12	31	转-0061	进仓 02KH3050-10/11	101 671.00		借	5 824 524.49
12	31	转-0061	进仓 02KH3159/3152	57 804.53		借	5 882 329.02
12	31	转-0061	进仓 02KH3159/3152	96 152.05		借	5 978 481.07
12	31	转-0061	进仓 02KH3149	47 815.38		借	6 026 296.45
12	31	转-0061	进仓 02KH3164	45 538.46		借	6 071 834.91
12	31	转-0061	进仓 02KH3161	92 043.08		借	6 163 877.99
12	31	转-0061	进仓 02KH3176	76 153.85		借	6 240 031.84
12	31	转-0061	进仓 02KH3197	34 974.36		借	6 275 006.20
12	31	转-0061	进仓 02KH3180	50 738.12		借	6 325 744.32
12	31	转-0061	进仓 02KH3180	77 138.12		借	6 402 882.44
12	31	转-0061	进仓 02KH3187	65 794.87		借	6 468 677.31
12	31	转-0061	进仓 02KH3187	49 960.24		借	6 518 637.55
12	31	转-0061	进仓 02KH3195	12 410.26		借	6 531 047.81
12	31	转-0061	进仓 02KH3064	117 688.00		借	6 648 735.81
12	31	转-0061	进仓 02KH3600	102 312.00		借	6 751 047.81
			过次页	6 725 697.81		借	6 751 047.81

核算单位：信达进出口贸易有限公司　　制表：包瑞　　打印日期：2004.01.10

库存商品明细账

页号：3-1

科目：库存商品(1243)　　2002.12～2002.12　　本币名称：人民币

2002年		凭证号数	摘要	借方	贷方	方向	余额
月	日						
			承前页	6 725 697.81		借	6 751 047.81
12	31	转-0061	进仓 02KH3196	72 409.23		借	6 823 457.04
12	31	转-0061	进仓 02KH3201	98 387.08		借	6 921 844.12
12	31	转-0061	进仓 02KH3196	72 409.23		借	6 994 253.35
12	31	转-0067	2%税金结转	12 527.89		借	7 006 781.24
12	31	转-0068	02KH1065,1141 暂估成本	26 073.18		借	7 032 854.42
12	31	转-0070	2%税金结转	26 634.47		借	7 059 488.89
12	31	转-0071	2%税金结转	13 454.67		借	7 072 943.56
12	31	转-0076	进仓 02KG1176/1153/1154	70 685.88		借	7 143 629.44
12	31	转-0076	进仓 02KG1180	98 910.77		借	7 242 540.21
12	31	转-0076	进仓 02KG1179/1183/1170	166 134.88		借	7 408 675.09
12	31	转-0076	进仓 02KG1171/1168/1167	344 281.03		借	7 752 956.12
12	31	转-0076	进仓 02KG1183	17 066.67		借	7 770 022.79
12	31	转-0077	进仓 02KH2128/2199/2200	392 888.86		借	8 162 911.65
12	31	转-0077	进仓 02KH2128/2127/2129	76 923.08		借	8 239 834.73
12	31	转-0077	进仓 02KH2113/2113-1/2131	33 620.08		借	8 273 454.81
12	31	转-0077	进仓 02KH2162	53 924.27		借	8 327 379.08
12	31	转-0077	进仓 02KH2173/2148	150 176.12		借	8 477 555.20
12	31	转-0077	进仓 02KH2127	8 014.96		借	8 485 570.16
12	31	转-0077	进仓 02KH2155/2156-1/2156	674 816.28		借	9 160 386.44
12	31	转-0077	进仓 02KH2168	7 051.28		借	9 167 437.72
12	31	转-0077	进仓 02KH2160/2159/2153	642 743.58		借	9 810 181.30
12	31	转-0078	进仓 02KH3172/3178/3184	450 410.25		借	10 260 591.55
12	31	转-0078	进仓 02KH3182	38 461.54		借	10 299 053.09
12	31	转-0078	进仓 02KH3186/3185/3174	183 861.72		借	10 482 914.81
12	31	转-0083	结转销售成本		10 462 564.81	借	20 350.00
12			本月合计	10 457 564.81	10 462 564.81	借	20 350.00
12			本年累计	10 457 564.81	10 462 564.81	借	20 350.00

核算单位：信达进出口贸易有限公司　　制表：包瑞　　打印日期：2004.01.10

累计折旧明细账

页号：1-1

科目：累计折旧(1502)　　2002.12～2002.12　　本币名称：人民币

2002年		凭证号数	摘要	借方	贷方	方向	余额
月	日						
			上年结转			贷	28 779.43
12	31	转-0045	计提 0212 折旧		5 683.36	贷	34 462.79
12			本月合计		5 683.36	贷	34 462.79
12			本年累计		5 683.36	贷	34 462.79

核算单位：信达进出口贸易有限公司　　制表：包瑞　　打印日期：2004.01.10

应付账款明细账

页号：1-1

科目：应付账款(2121)　　2002.12～2002.12　　本币名称：人民币

2002年 月	日	凭证号数	摘要	借方	贷方	方向	余额
			上年结转			贷	1 005 166.79
12	12	03-0002	佣金返还		13 926.19	贷	1 019 092.98
12	15	03-0009	预收款货款		9 000.00	贷	1 028 092.98
12	15	04-0001	付货款	115 299.00		贷	912 793.98
12	15	04-0002	运费	2 656.00		贷	910 137.98
12	15	04-0002	海运费	5 395.00		贷	904 742.98
12	15	04-0003	支付货款	89 100.00		贷	815 642.98
12	15	04-0003	支付货款	47 560.00		贷	768 082.98
12	15	04-0003	支付货款	55 944.00		贷	712 138.98
12	15	04-0003	支付货款	84 180.00		贷	627 958.98
12	15	04-0004	佣金	122 790.53		贷	505 168.45
12	15	04-0004	支付货款	50 000.00		贷	455 168.45
12	15	04-0004	支付货款	66 420.00		贷	388 748.45
12	15	04-0006	支付货款	7 257.60		贷	381 490.85
12	15	04-0007	支付货款	177 290.00		贷	204 200.85
12	15	04-0011	支付货款	53 819.70		贷	150 381.15
12	15	04-0011	支付货款	80 000.00		贷	70 381.15
12	15	04-0011	支付货款	16 579.20		贷	53 801.95
12	15	04-0011	支付货款	255 663.00		借	201 861.05
12	15	04-0013	支付货款	71 400.00		借	273 261.05
12	15	04-0014	支付货款	34 720.07		借	307 981.12
12	15	04-0014	支付货款	61 136.02		借	369 117.14
12	15	04-0014	支付货款	80 568.00		借	449 685.14
12	15	04-0014	支付货款	45 000.00		借	494 685.14
12	15	04-0015	支付运费	16 103.00		借	510 788.14
12	15	04-0015	运费	2 075.00		借	512 863.14
12	15	04-0016	运费	10 366.70		借	523 229.84
12	15	04-0022	支付货款	345 276.00		借	868 505.84
12	15	04-0022	支付货款	100 740.00		借	969 245.84
			过次页	1 997 338.82	22 926.19	借	969 245.84

核算单位：信达进出口贸易有限公司　　制表：包瑞　　打印日期：2004.01.10

应付账款明细账

页号：2-1

科目：应付账款(2121)　　2002.12～2002.12　　本币名称：人民币

2002年 月	日	凭证号数	摘要	借方	贷方	方向	余额
			承前页	1 997 338.82	22 926.19	借	969 245.84
12	15	04-0023	支付货款	363 444.01		借	1 332 689.85
12	15	04-0025	支付货款	93 440.00		借	1 426 129.85
12	15	04-0025	支付货款	330 079.99		借	1 756 209.84
12	15	04-0025	支付货款	13 287.00		借	1 769 496.84
12	15	04-0026	支付货款	115 800.00		借	1 885 296.84
12	15	04-0027	支付货款	271 056.00		借	2 156 352.84
12	15	04-0027	支付货款	97 675.20		借	2 254 028.04
12	15	04-0030	支付货款	107 690.40		借	2 361 718.44
12	15	04-0032	支付货款	37 893.59		借	2 399 612.03
12	15	04-0032	支付货款	144 272.00		借	2 543 884.03
12	15	04-0032	支付货款	119 345.98		借	2 663 230.01
12	15	04-0033	海运费	2 490.00		借	2 665 720.01
12	15	04-0033	支付货款	80 000.00		借	2 745 720.01
12	15	04-0034	支付货款	36 083.75		借	2 781 803.76
12	15	04-0036	支付货款	55 944.00		借	2 837 747.76
12	15	04-0038	支付货款	130 954.00		借	2 968 701.76
12	15	04-0038	支付货款	318 180.00		借	3 286 881.76
12	15	04-0039	佣金	30 843.82		借	3 317 725.58
12	15	04-0039	支付货款	62 014.00		借	3 379 739.58
12	15	04-0042	支付货款	100 000.00		借	3 479 739.58
12	15	04-0042	支付货款	22 837.78		借	3 502 577.36
12	15	04-0044	支付货款	100 000.00		借	3 602 577.36
12	15	04-0044	支付货款	72 000.00		借	3 674 577.36
12	15	04-0045	支付货款	81 648.00		借	3 756 225.36
12	15	04-0045	支付货款 EUR	116 748.83		借	3 872 974.19
12	31	转-0010	进仓		700.00	借	3 872 274.19
12	31	转-0011	进仓		300.00	借	3 871 974.19
12	31	转-0012	02KH3062-A 进仓		51 927.33	借	3 820 046.86
			过次页	4 901 067.17	75 853.52	借	3 820 046.86

核算单位：信达进出口贸易有限公司　　制表：包瑞　　打印日期：2004.01.10

应付账款明细账

页号：3-1

科目：应付账款(2121)　　2002.12～2002.12　　本币名称：人民币

2002年		凭证号数	摘　要	借　方	贷　方	方向	余　额
月	日						
			承前页	4 901 067.17	75 853.52	借	3 820 046.86
12	31	转-0013	02KH3081-A进仓		127 291.84	借	3 692 755.02
12	31	转-0014	02KH3067-A进仓		98 384.80	借	3 594 370.22
12	31	转-0017	转账	335 168.60		借	3 929 538.82
12	31	转-0020	转账	14 198.00		借	3 943 736.82
12	31	转-0020	转账	20 000.00		借	3 963 736.82
12	31	转-0022	转账	150 000.00		借	4 113 736.82
12	31	转-0022	转账	53 225.64		借	4 166 962.46
12	31	转-0023	转账	640 000.00		借	4 806 962.46
12	31	转-0023	转账	25 000.00		借	4 831 962.46
12	31	转-0024	转账	282 000.00		借	5 113 962.46
12	31	转-0024	转账	164 315.90		借	5 278 278.36
12	31	转-0031	进仓		61 200.00	借	5 217 078.36
12	31	转-0031	进仓		7 257.60	借	5 209 820.76
12	31	转-0031	进仓		574 591.00	借	4 635 229.76
12	31	转-0032	进仓		310 131.56	借	4 325 098.20
12	31	转-0032	进仓		86 136.02	借	4 238 962.18
12	31	转-0032	进仓		345 276.00	借	3 893 686.18
12	31	转-0032	进仓		457 512.00	借	3 436 174.18
12	31	转-0032	进仓		277 290.00	借	3 158 884.18
12	31	转-0032	进仓		255 663.00	借	2 903 221.18
12	31	转-0032	进仓		363 444.01	借	2 539 777.17
12	31	转-0033	进仓		125 219.70	借	2 414 557.47
12	31	转-0033	进仓		436 843.13	借	1 977 714.34
12	31	转-0033	进仓		145 378.46	借	1 832 335.88
12	31	转-0033	进仓		47 560.00	借	1 784 775.88
12	31	转-0033	进仓		100 740.00	借	1 684 035.88
12	31	转-0033	进仓		89 100.00	借	1 594 935.88
12	31	转-0033	进仓		55 944.00	借	1 538 991.88
			过次页	6 584 975.31	4 040 816.64	借	1 538 991.88

核算单位：信达进出口贸易有限公司　　制表：包瑞　　打印日期：2004.01.10

应付账款明细账

页号：4-1

科目：应付账款(2121)　　2002.12～2002.12　　本币名称：人民币

2002年 月	日	凭证号数	摘要	借方	贷方	方向	余额
			承前页	6 584 975.31	4 040 818.64	借	1 538 991.88
12	31	转-0033	进仓		84 180.00	借	1 454 811.88
12	31	转-0035	暂估佣金		24 279.99	借	1 430 531.89
12	31	转-0036	运费冲收入		16 579.20	借	1 413 952.69
12	31	转-0036	运费冲收入		36 595.70	借	1 377 356.99
12	31	转-0037	佣金冲收入		122 790.53	借	1 254 566.46
12	31	转-0038	运费冲收入		13 287.00	借	1 241 279.46
12	31	转-0044	冲 7-37 凭证		－122 790.53	借	1 364 069.99
12	31	转-0047	转账		2 490.00	借	1 361 579.99
12	31	转-0050	转账	220 000.00		借	1 581 579.99
12	31	转-0051	进仓		4 160.00	借	1 577 419.99
12	31	转-0052	暂估佣金 02KH1082		24 863.05	借	1 552 556.94
12	31	转-0056	进仓 02KG1131		21 899.99	借	1 530 656.95
12	31	转-0056	进仓 02KG1148		15 993.60	借	1 514 663.35
12	31	转-0056	进仓 02KG1046		105 264.00	借	1 409 399.35
12	31	转-0056	进仓 02KG1046		105 264.00	借	1 304 135.35
12	31	转-0056	进仓 02KG1046		105 264.00	借	1 198 871.35
12	31	转-0056	进仓 02KG1046		105 264.00	借	1 093 607.35
12	31	转-0056	进仓 02KG1112/1150/1143		244 964.27	借	848 643.08
12	31	转-0056	进仓 02KG1165		81 648.00	借	766 995.08
12	31	转-0060	进仓 02KH2074		55 440.00	借	711 555.08
12	31	转-0060	进仓 02KH2074		84 672.00	借	626 883.08
12	31	转-0060	进仓 02KH2136-2		93 440.00	借	533 443.08
12	31	转-0060	进仓 02KH2152		70 680.00	借	462 763.08
12	31	转-0060	进仓 02KH2152		45 120.00	借	417 643.08
12	31	转-0060	进仓 02KH2139/2141		107 999.99	借	309 643.09
12	31	转-0060	进仓 02KH2139/2141		111 040.00	借	198 603.09
12	31	转-0060	进仓 02KH2139/41		111 040.00	借	87 563.09
12	31	转-0060	进仓 02KH2119-3		34 651.80	借	52 911.29
			过次页	6 804 975.31	5 746 897.23	借	52 911.29

核算单位：信达进出口贸易有限公司　　制表：包瑞　　打印日期：2004.01.10

应付账款明细账

页号：5-1

科目：应付账款(2121)　　2002.12～2002.12　　本币名称：人民币

2002年		凭证号数	摘　　要	借　　方	贷　　方	方向	余　　额
月	日						
			承前页	6 804 975.31	5 746 897.23	借	52 911.29
12	31	转-0060	进仓 02KH2119-2		64 449.01	贷	11 537.72
12	31	转-0060	进仓 02KH2119-1		110 430.06	贷	121 967.78
12	31	转-0060	进仓 02KH2119-1		110 430.06	贷	232 397.84
12	31	转-0060	进仓 02KH2119		82 915.08	贷	315 312.92
12	31	转-0060	进仓 02KH2082-7		48 273.23	贷	363 586.15
12	31	转-0061	进仓 02KH3103-1		91 247.50	贷	454 833.65
12	31	转-0061	进仓 02KH3117/3117-1		52 133.00	贷	506 966.65
12	31	转-0061	进仓 02KH3117/3117-1		97 677.50	贷	604 644.15
12	31	转-0061	进仓 02KH3050-12		69 018.30	贷	673 662.45
12	31	转-0061	进仓 02KH3050-10/11		101 671.00	贷	775 333.45
12	31	转-0061	进仓 02KH3159/3152		67 631.30	贷	842 964.75
12	31	转-0061	进仓 02KH3159/3152		112 497.90	贷	955 462.65
12	31	转-0061	进仓 02KH3149		55 944.00	贷	1 011 406.65
12	31	转-0061	进仓 02KH3164		53 280.00	贷	1 064 686.65
12	31	转-0061	进仓 02KH3161		107 690.40	贷	1 172 377.05
12	31	转-0061	进仓 02KH3176		89 100.00	贷	1 261 477.05
12	31	转-0061	进仓 02KH3197		40 920.00	贷	1 302 397.05
12	31	转-0061	进仓 02KH3180		59 363.60	贷	1 361 760.65
12	31	转-0061	进仓 02KH3180		90 251.60	贷	1 452 012.25
12	31	转-0061	进仓 02KH3187		76 980.00	贷	1 528 992.25
12	31	转-0061	进仓 02KH3187		58 453.48	贷	1 587 445.73
12	31	转-0061	进仓 02KH3195		14 520.00	贷	1 601 965.73
12	31	转-0061	进仓 02KH3064		117 688.00	贷	1 719 653.73
12	31	转-0061	进仓 02KH3600		102 312.00	贷	1 821 965.73
12	31	转-0061	进仓 02KH3196		84 718.80	贷	1 906 684.53
12	31	转-0061	进仓 02KH3201		115 112.88	贷	2 021 797.41
12	31	转-0061	进仓 02KH3196		84 718.80	贷	2 106 516.21
12	31	转-0065	收回广交会费用	15 300.00		贷	2 091 216.21
			过次页	6 820 275.31	7 906 324.73	贷	2 091 216.21

核算单位：信达进出口贸易有限公司　　制表：包瑞　　打印日期：2004.01.10

应付账款明细账

页号：6-1

科目：应付账款(2121) 2002.12～2002.12 本币名称：人民币

2002年		凭证号数	摘　　要	借　方	贷　方	方向	余　额
月	日						
			承前页	6 820 275.31	7 906 324.73	贷	2 091 216.21
12	31	转-0066	收回广交会费用	18 200.00		贷	2 073 016.21
12	31	转-0068	02KH1065,1141 暂估成本		26 073.18	贷	2 099 089.39
12	31	转-0069	02KH1085/1129 佣金		134 741.52	贷	2 233 830.91
12	31	转-0072	02KH3105,3124,3126 佣金		143 377.43	贷	2 377 208.34
12	31	转-0076	进仓 02KG1176/1153/1154		70 685.88	贷	2 447 894.22
12	31	转-0076	进仓 02KG1180		115 725.60	贷	2 563 619.82
12	31	转-0076	进仓 02KG1179/1183/1170		194 377.80	贷	2 757 997.62
12	31	转-0076	进仓 02KG1171/1168/1167		402 808.80	贷	3 160 806.42
12	31	转-0076	进仓 02KG1183		19 968.00	贷	3 180 774.42
12	31	转-0077	进仓 02KH2128/2199/2200		459 679.92	贷	3 640 454.34
12	31	转-0077	进仓 02KH2128/2127/2129		90 000.00	贷	3 730 454.34
12	31	转-0077	进仓 02KH2113/2113-1/2131		33 620.08	贷	3 764 074.42
12	31	转-0077	进仓 02KH2162		63 091.39	贷	3 827 165.81
12	31	转-0077	进仓 02KH2173/2148		175 706.06	贷	4 002 871.87
12	31	转-0077	进仓 02KH2127		9 377.50	贷	4 012 249.37
12	31	转-0077	进仓 02KH2155/2156-1/2156		783 591.08	贷	4 795 840.45
12	31	转-0077	进仓 02KH2168		8 250.00	贷	4 804 090.45
12	31	转-0077	进仓 02KH2160/2159/2153		752 010.00	贷	5 556 100.45
12	31	转-0078	进仓 02KH3172/3178/3184		526 980.00	贷	6 083 080.45
12	31	转-0078	进仓 02KH3182		45 000.00	贷	6 128 080.45
12	31	转-0078	进仓 02KH3186/3185/3174		215 118.20	贷	6 343 198.65
12			本月合计	6 838 475.31	12 176 507.17	贷	6 343 198.65
12			本年累计	6 838 475.31	12 176 507.17	贷	6 343 198.65

核算单位：信达进出口贸易有限公司 制表：包瑞 打印日期：2004.01.10

青浦力威橡胶明细账

页号：1-1

科目：应付账款/青浦力威橡胶(2121001)　　2002.12～2002.12　　本币名称：人民币

2002年		凭证号数	摘　　要	借　方	贷　方	方向	余　额
月	日						
12	15	04-0014	支付货款	80 568.00		借	80 568.00
12			本月合计	80 568.00		借	80 568.00
12			本年累计	80 568.00		借	80 568.00

核算单位：信达进出口贸易有限公司　　制表：包瑞　　打印日期：2004.01.10

羊锦皮革服装明细账

页号：1-1

科目：应付账款/羊锦皮革服装(2121002)　　2002.12～2002.12　　本币名称：人民币

2002年		凭证号数	摘　　要	借　方	贷　方	方向	余　额
月	日						
			上年结转			贷	50 000.00
12	31	转-0022	转账	53 225.64		借	3 225.64
12			本月合计	53 225.64		借	3 225.64
12			本年累计	53 225.64		借	3 225.64

核算单位：信达进出口贸易有限公司　　制表：包瑞　　打印日期：2004.01.10

奉贤裕兴橡胶厂明细账

页号：1-1

科目：应付账款/奉贤裕兴橡胶厂(2121003)　2002.12～2002.12　　本币名称：人民币

2002年		凭证号数	摘　　要	借　方	贷　方	方向	余　额
月	日						
			上年结转			借	700.00
12	31	转-0010	进仓		700.00	平	
12			本月合计		700.00	平	
12			本年累计		700.00	平	

核算单位：信达进出口贸易有限公司　　制表：包瑞　　打印日期：2004.01.10

回力橡胶制品公司明细账

2002.12～2002.12　　　　页号：1-1

科目：应付账款/回力橡胶制品公司(2121004)　　　　本币名称：人民币

2002年 月	日	凭证号数	摘要	借方	贷方	方向	余额
			上年结转			借	300.00
12	31	转-0011	进仓		300.00	平	
12			本月合计		300.00	平	
12			本年累计		300.00	平	

核算单位：信达进出口贸易有限公司　　　制表：包瑞　　　打印日期：2004.01.10

上海市第二皮鞋厂明细账

2002.12～2002.12　　　　页号：1-1

科目：应付账款/上海市第二皮鞋厂(2121005)　　　　本币名称：人民币

2002年 月	日	凭证号数	摘要	借方	贷方	方向	余额
12	15	04-0011	支付货款	255 663.00		借	255 663.00
12			本月合计	255 663.00		借	255 663.00
12			本年累计	255 663.00		借	255 663.00

核算单位：信达进出口贸易有限公司　　　制表：包瑞　　　打印日期：2004.01.10

上海永练皮具有限公司明细账

2002.12～2002.12　　　　页号：1-1

科目：应付账款/上海永练皮具有限公司(2121007)　　　　本币名称：人民币

2002年 月	日	凭证号数	摘要	借方	贷方	方向	余额
			上年结转			借	392 872.00
12	15	04-0001	付货款	115 299.00		借	508 171.00
12	15	04-0004	支付货款	66 420.00		借	574 591.00
12	31	转-0031	进仓		574 591.00	平	
12	31	转-0056	进仓 02KG1112/1150/1143		244 964.27	贷	244 964.27
12			本月合计	181 719.00	819 555.27	贷	244 964.27
12			本年累计	181 719.00	819 555.27	贷	244 964.27

核算单位：信达进出口贸易有限公司　　　制表：包瑞　　　打印日期：2004.01.10

昆山艺新鞋厂明细账

页号：1-1

科目：应付账款/昆山艺新鞋厂(2121008)　　2002.12～2002.12　　本币名称：人民币

2002年		凭证号数	摘　　要	借　方	贷　方	方向	余　额
月	日						
			上年结转			借	61 200.00
12	15	04-0032	支付货款	37 893.59		借	99 093.59
12	31	转-0031	进仓		61 200.00	借	37 893.59
12	31	转-0056	进仓 02KG1131		21 899.99	借	15 993.60
12	31	转-0056	进仓 02KG1148		15 993.60	平	
12	31	转-0076	进仓 02KG1179/1183/1170		194 377.80	贷	194 377.80
12			本月合计	37 893.59	293 471.39	贷	194 377.80
12			本年累计	37 893.59	293 471.39	贷	194 377.80

核算单位：信达进出口贸易有限公司　　制表：包瑞　　打印日期：2004.01.10

上海亚新鞋业有限公司明细账

2002.12～2002.12　　页号：1-1

科目：应付账款/上海亚新鞋业有限公司(2121010)　　本币名称：人民币

2002年		凭证号数	摘　　要	借　方	贷　方	方向	余　额
月	日						
			上年结转			借	9 000.00
12	15	03-0009	预收款货款		9 000.00	平	
12	31	转-0068	02KH1065,1141 暂估成本		26 073.18	贷	26 073.18
12			本月合计		35 073.18	贷	26 073.18
12			本年累计		35 073.18	贷	26 073.18

核算单位：信达进出口贸易有限公司　　制表：包瑞　　打印日期：2004.01.10

嘉 华 明 细 账

页号：1-1

科目：应付账款/嘉华(2121013)　　2002.12～2002.12　　本币名称：人民币

2002年		凭证号数	摘　　要	借　方	贷　方	方向	余　额
月	日						
			上年结转			贷	75 871.96
12	15	04-0003	支付货款	89 100.00		借	13 228.04
12	15	04-0014	支付货款	45 000.00		借	58 228.04
12	15	04-0036	支付货款	55 944.00		借	114 172.04
12	31	转-0033	进仓		89 100.00	借	25 072.04
12	31	转-0033	进仓		55 944.00	贷	30 871.96
12	31	转-0061	进仓 02KH3149		55 944.00	贷	86 815.96
12	31	转-0061	进仓 02KH3164		53 280.00	贷	140 095.96
12	31	转-0061	进仓 02KH3176		89 100.00	贷	229 195.96
12	31	转-0077	进仓 02KH2128/2127/2129		90 000.00	贷	319 195.96
12			本月合计	190 044.00	433 368.00	贷	319 195.96
12			本年累计	190 044.00	433 368.00	贷	319 195.96

核算单位：信达进出口贸易有限公司　　制表：包瑞　　打印日期：2004.01.10

上海市箱包厂明细账

页号：1-1

科目：应付账款/上海市箱包厂(2121014)　　2002.12～2002.12　　本币名称：人民币

2002年		凭证号数	摘　　要	借　方	贷　方	方向	余　额
月	日						
			上年结转			贷	979 128.02
12	15	04-0032	支付货款	144 272.00		贷	834 856.02
12	15	04-0038	支付货款	130 954.00		贷	703 902.02
12	15	04-0039	支付货款	62 014.00		贷	641 888.02
12	31	转-0051	进仓		4 160.00	贷	646 048.02
12	31	转-0060	进仓 02KH2074		55 440.00	贷	701 488.02
12	31	转-0060	进仓 02KH2074		84 672.00	贷	786 160.02
12	31	转-0065	收回广交会费用	15 300.00		贷	770 860.02
12	31	转-0066	收回广交会费用	18 200.00		贷	752 660.02
12	31	转-0077	进仓 02KH2128/2199/2200		459 679.92	贷	1 212 339.94
12			本月合计	370 740.00	603 951.92	贷	1 212 339.94
12			本年累计	370 740.00	603 951.92	贷	1 212 339.94

核算单位：信达进出口贸易有限公司　　制表：包瑞　　打印日期：2004.01.10

Lamasb 明 细 账

页号：1-1

2002.12～2002.12　　本币名称：人民币

科目：预收账款/Lamasb(2131022)　　外币币名：美元

2002年		凭证号数	摘　　要	借　方	贷　方	方向	余　额
月	日						
			上年结转			贷	117 508.66
12	31	转-0018	转账	117 508.66		平	
12			本月合计	117 508.66		平	
12			本年累计	117 508.66		平	

核算单位：信达进出口贸易有限公司　　制表：包瑞　　打印日期：2004.01.10

Lets Communications 明细账

页号：1-1

2002.12～2002.12　　本币名称：人民币

科目：预收账款/Lets Communications(2131023)　　外币币名：美元

2002年		凭证号数	摘　　要	借　方	贷　方	方向	余　额
月	日						
			上年结转			贷	1 645 624.78
12	31	转-0018	转账	963 811.91		贷	681 812.87
12			本月合计	963 811.91		贷	681 812.87
12			本年累计	963 811.91		贷	681 812.87

核算单位：信达进出口贸易有限公司　　制表：包瑞　　打印日期：2004.01.10

Romeo Juliette 明 细 账

页号：1-1

2002.12～2002.12　　本币名称：人民币

科目：预收账款/Romeo Juliette(2131024)　　外币币名：美元

2002年		凭证号数	摘要	借方	贷方	方向	余额
月	日						
			上年结转			贷	2 100 609.75
12	15	03-0005	收货款		371 828.85	贷	2 472 438.60
12	15	03-0006	收货款		413 157.35	贷	2 885 595.95
12	15	03-0011	预收货款		82 566.35	贷	2 968 162.30
12			本月合计		867 552.55	贷	2 968 162.30
12			本年累计		867 552.55	贷	2 968 162.30

核算单位：信达进出口贸易有限公司　　制表：包瑞　　打印日期：2004.01.10

Hanil Manpower 明 细 账

页号：1-1

2002.12～2002.12　　本币名称：人民币

科目：预收账款/Hanil Manpower(2131025)　　外币币名：美元

2002年		凭证号数	摘要	借方	贷方	方向	余额
月	日						
			上年结转			贷	353 283.84
12	15	03-0004	收货款		231 984.67	贷	585 268.51
12	15	03-0006	收货款		203 190.11	贷	788 458.62
12	15	03-0010	预收货款		109 629.92	贷	898 088.54
12	15	03-0012	预收货款		207 228.35	贷	1 105 316.89
12	31	转-0018	转账	353 283.84		贷	752 033.05
12			本月合计	353 283.84	752 033.05	贷	752 033.05
12			本年累计	353 283.84	752 033.05	贷	752 033.05

核算单位：信达进出口贸易有限公司　　制表：包瑞　　打印日期：2004.01.10

Tsujitai 明 细 账

页号：1-1

2002.12～2002.12　　本币名称：人民币

科目：预收账款/Tsujitai(2131028)　　外币币名：美元

2002年		凭证号数	摘要	借方	贷方	方向	余额
月	日						
			上年结转			贷	18 346.97
12	15	03-0017	预收货款		24 960.60	贷	43 307.57
12	31	转-0018	转账	18 346.97		贷	24 960.60
12			本月合计	18 346.97	24 960.60	贷	24 960.60
12			本年累计	18 346.97	24 960.60	贷	24 960.60

核算单位：信达进出口贸易有限公司　　制表：包瑞　　打印日期：2004.01.10

Sankei Lightpack 明 细 账

页号：1-1

2002.12～2002.12　　本币名称：人民币

科目：预收账款/Sankei Lightpack(2131029)　　外币币名：美元

2002年		凭证号数	摘　　要	借　方	贷　方	方向	余　额
月	日						
			上年结转			贷	134 925.36
12	31	转-0018	转账	134 925.36		平	
12			本月合计	134 925.36		平	
12			本年累计	134 925.36		平	

核算单位：信达进出口贸易有限公司　　制表：包瑞　　打印日期：2004.01.10

Woori Apparel 明 细 账

页号：1-1

2002.12～2002.12　　本币名称：人民币

科目：预收账款/Woori Apparel(2131032)　　外币币名：美元

2002年		凭证号数	摘　　要	借　方	贷　方	方向	余　额
月	日						
			上年结转			贷	229 337.46
12	15	03-0017	预收货款		78 889.17	贷	308 226.63
12	31	转-0018	转账	229 337.46		贷	78 889.17
12			本月合计	229 337.46	78 889.17	贷	78 889.17
12			本年累计	229 337.46	78 889.17	贷	78 889.17

核算单位：信达进出口贸易有限公司　　制表：包瑞　　打印日期：2004.01.10

Wuerth Holding Gmbh 明细账

页号：1-1

2002.12～2002.12　　本币名称：人民币

科目：预收账款/Wuerth Holding Gmbh(2131036)　　外币币名：美元

2002年		凭证号数	摘　　要	借　方	贷　方	方向	余　额
月	日						
			上年结转			贷	11 460.14
12	15	03-0014	预收货款		45 554.20	贷	57 014.34
12			本月合计		45 554.20	贷	57 014.34
12			本年累计		45 554.20	贷	57 014.34

核算单位：信达进出口贸易有限公司　　制表：包瑞　　打印日期：2004.01.10

安控贸易明细账

页号：1-1

2002.12～2002.12

本币名称：人民币

外币币名：美元

科目：预收账款/安控贸易(2131038)

2002年		凭证号数	摘要	借方	贷方	方向	余额
月	日						
12	15	03-0010	预收货款		96 435.34	贷	96 435.34
12	15	03-0012	预收货款		393 559.27	贷	489 994.61
12			本月合计		489 994.61	贷	489 994.61
12			本年累计		489 994.61	贷	489 994.61

核算单位：信达进出口贸易有限公司　　制表：包瑞　　打印日期：2004.01.10

Merx Team AB 明细账

页号：1-1

2002.12～2002.12

本币名称：人民币

外币币名：美元

科目：预收账款/Merx Team AB(2131040)

2002年		凭证号数	摘要	借方	贷方	方向	余额
月	日						
			上年结转			贷	202 820.09
12	15	03-0009	预收款货款		59 839.01	贷	262 659.10
12	15	03-0009	预收款货款		59 839.01	贷	322 498.11
12	31	转-0019	转账	60 253.70		贷	262 244.41
12	31	转-0019	转账	82 313.42		贷	179 930.99
12			本月合计	142 567.12	119 678.02	贷	179 930.99
12			本年累计	142 567.12	119 678.02	贷	179 930.99

核算单位：信达进出口贸易有限公司　　制表：包瑞　　打印日期：2004.01.10

Lam Leang Hang Pte Ltd 明细账

页号：1-1

2002.12～2002.12

本币名称：人民币

外币币名：美元

科目：预收账款/Lam Leang Hang Pte Ltd(2131041)

2002年		凭证号数	摘要	借方	贷方	方向	余额
月	日						
			上年结转			贷	563 297.63
12	12	03-0001	预收国外客户货款		50 533.63	贷	613 831.26
12	15	03-0008	预收货款		113 500.09	贷	727 331.35
12	31	转-0019	转账	154 687.35		贷	572 644.00
12			本月合计	154 687.35	164 033.72	贷	572 644.00
12			本年累计	154 687.35	164 033.72	贷	572 644.00

核算单位：信达进出口贸易有限公司　　制表：包瑞　　打印日期：2004.01.10

Sas Avance Diffusion 明细账

页号：1-1

2002.12～2002.12

本币名称：人民币

科目：预收账款/Sas Avance Diffusion(2131042)

外币币名：美元

2002年 月	2002年 日	凭证号数	摘要	借方	贷方	方向	余额
			上年结转			贷	286 075.82
12	15	03-0003	收货款		181 655.91	贷	467 731.73
12			本月合计		181 655.91	贷	467 731.73
12			本年累计		181 655.91	贷	467 731.73

核算单位：信达进出口贸易有限公司　　制表：包瑞　　打印日期：2004.01.10

Comon Ltd 明细账

页号：1-1

2002.12～2002.12

本币名称：人民币

科目：预收账款/Comon Ltd(2131045)

外币币名：美元

2002年 月	2002年 日	凭证号数	摘要	借方	贷方	方向	余额
			上年结转			贷	1 035 397.85
12	15	03-0003	收货款		72 688.92	贷	1 108 086.77
12	15	03-0003	收货款		72 497.07	贷	1 180 583.84
12	31	转-0019	转账	778 016.04		贷	402 567.80
12			本月合计	778 016.04	145 185.99	贷	402 567.80
12			本年累计	778 016.04	145 185.99	贷	402 567.80

核算单位：信达进出口贸易有限公司　　制表：包瑞　　打印日期：2004.01.10

Xin Chang 明细账

页号：1-1

2002.12～2002.12

本币名称：人民币

科目：预收账款/Xin Chang(2131046)

外币币名：美元

2002年 月	2002年 日	凭证号数	摘要	借方	贷方	方向	余额
			上年结转			贷	214 669.92
12	15	03-0008	预收货款		123 848.03	贷	338 517.95
12			本月合计		123 848.03	贷	338 517.95
12			本年累计		123 848.03	贷	338 517.95

核算单位：信达进出口贸易有限公司　　制表：包瑞　　打印日期：2004.01.10

Fujinaga Kakousho 明 细 账

页号：1-1

2002.12～2002.12　　本币名称：人民币

科目：预收账款/Fujinaga Kakousho(2131047)　　外币币名：美元

2002年 月	日	凭证号数	摘要	借方	贷方	方向	余额
			上年结转			贷	183 983.18
12	12	03-0002	收货款		124 951.38	贷	308 934.56
12	31	转-0019	转账	112 601.83		贷	196 332.73
12			本月合计	112 601.83	124 951.38	贷	196 332.73
12			本年累计	112 601.83	124 951.38	贷	196 332.73

核算单位：信达进出口贸易有限公司　　制表：包瑞　　打印日期：2004.01.10

Fashion Fuji 明 细 账

页号：1-1

2002.12～2002.12　　本币名称：人民币

科目：预收账款/Fashion Fuji(2131048)　　外币币名：美元

2002年 月	日	凭证号数	摘要	借方	贷方	方向	余额
			上年结转			贷	138 513.28
12	31	转-0019	转账	59 504.40		贷	79 008.88
12			本月合计	59 504.40		贷	79 008.88
12			本年累计	59 504.40		贷	79 008.88

核算单位：信达进出口贸易有限公司　　制表：包瑞　　打印日期：2004.01.10

Trigold Inc 明 细 账

页号：1-1

2002.12～2002.12　　本币名称：人民币

科目：预收账款/Trigold Inc(2131050)　　外币币名：美元

2002年 月	日	凭证号数	摘要	借方	贷方	方向	余额
			上年结转			贷	37 089.50
12	31	转-0019	转账	37 089.50		平	
12			本月合计	37 089.50		平	
12			本年累计	37 089.50		平	

核算单位：信达进出口贸易有限公司　　制表：包瑞　　打印日期：2004.01.10

Group Massimo Dutti 明细账

页号：1-1

2002.12～2002.12 本币名称：人民币

科目：预收账款/Group Massimo Dutti(2131053) 外币币名：美元

2002年		凭证号数	摘要	借方	贷方	方向	余额
月	日						
			上年结转			贷	86 464.25
12	31	转-0019	转账	86 464.25		平	
12			本月合计	86 464.25		平	
12			本年累计	86 464.25		平	

核算单位：信达进出口贸易有限公司 制表：包瑞 打印日期：2004.01.10

汇率调整明细账

页号：1-1

科目：预收账款/汇率调整(2131999) 2002.12～2002.12 本币名称：人民币

2002年		凭证号数	摘要	借方	贷方	方向	余额
月	日						
12	31	转-0089	年末调整汇率		2 229.16	贷	2 229.16
12	31	转-0090	年末汇率调整		12 768.23	贷	14 997.39
12	31	转-0091	年末汇率调整		6 958.95	贷	21 956.34
12			本月合计		21 956.34	贷	21 956.34
12			本年累计		21 956.34	贷	21 956.34

核算单位：信达进出口贸易有限公司 制表：包瑞 打印日期：2004.01.10

应付工资明细账

页号：1-1

科目：应付工资(2151) 2002.12～2002.12 本币名称：人民币

2002年		凭证号数	摘要	借方	贷方	方向	余额
月	日						
12	15	02-0006	支付工资	1 056.00		借	1 056.00
12	15	04-0004	支付工资	42 419.10		借	43 475.10
12	31	02-0015	支付12月工资	320 000.00		借	363 475.10
12	31	转-0039	提2002.12个调税	873.89		借	364 348.99
12	31	转-0040	计提工资		56 017.89	借	308 331.10
12	31	转-0043	个人扣款转账	11 668.90		借	320 000.00
12	31	转-0064	工资转账		320 000.00	平	
12			本月合计	376 017.89	376 017.89	平	
12			本年累计	376 017.89	376 017.89	平	

核算单位：信达进出口贸易有限公司 制表：包瑞 打印日期：2004.01.10

应付福利费明细账

页号：1-1

科目：应付福利费(2153)　　2002.12～2002.12　　本币名称：人民币

2002年 月	日	凭证号数	摘要	借方	贷方	方向	余额
			上年结转			贷	4 887.67
12	31	转-0040	计提工资	32.50		贷	4 855.17
12	31	转-0041	工资附加费转账		7 180.32	贷	12 035.49
12	31	转-0042	单位承担统筹费	6 322.20		贷	5 713.29
12	31	转-0062	工资附加费		44 800.00	贷	50 513.29
12	31	转-0063	统筹费转账	38 400.00		贷	12 113.29
12			本月合计	44 754.70	51 980.32	贷	12 113.29
12			本年累计	44 754.70	51 980.32	贷	12 113.29

核算单位：信达进出口贸易有限公司　　制表：包瑞　　打印日期：2004.01.10

计提金额明细账

页号：1-1

科目：应付福利费/计提金额(2153002)　　2002.12～2002.12　　本币名称：人民币

2002年 月	日	凭证号数	摘要	借方	贷方	方向	余额
			上年结转			贷	43 147.17
12	31	转-0041	工资附加费转账		7 180.32	贷	50 327.49
12	31	转-0062	工资附加费		44 800.00	贷	95 127.49
12			本月合计		51 980.32	贷	95 127.49
12			本年累计		51 980.32	贷	95 127.49

核算单位：信达进出口贸易有限公司　　制表：包瑞　　打印日期：2004.01.10

医疗保险明细账

页号：1-1

科目：应付福利费/医疗保险(2153003)　　2002.12～2002.12　　本币名称：人民币

2002年 月	日	凭证号数	摘要	借方	贷方	方向	余额
			上年结转			借	38 018.30
12	31	转-0042	单位承担统筹费	6 322.20		借	44 340.50
12	31	转-0063	统筹费转账	38 400.00		借	82 740.50
12			本月合计	44 722.20		借	82 740.50
12			本年累计	44 722.20		借	82 740.50

核算单位：信达进出口贸易有限公司　　制表：包瑞　　打印日期：2004.01.10

应交税金明细账

页号：1-1

科目：应交税金(2171)　　2002.12～2002.12　　本币名称：人民币

2002年		凭证号数	摘要	借方	贷方	方向	余额
月	日						
			上年结转			借	5 116 195.46
12	15	04-0008	应交税金	3 063.54		借	5 119 259.00
12	15	04-0008	应交税金	214.45		借	5 119 473.45
12	15	04-0008	应交税金	510.19		借	5 119 983.64
12	15	04-0009	支付个调税	348.25		借	5 120 331.89
12	31	转-0009	样品款		880.52	借	5 119 451.37
12	31	转-0010	进仓	101.71		借	5 119 553.08
12	31	转-0011	进仓	43.59		借	5 119 596.67
12	31	转-0028	2%税金结转		1 170.21	借	5 118 426.46
12	31	转-0029	2%税金结转		30 518.32	借	5 087 908.14
12	31	转-0030	2%税金结转		17 452.11	借	5 070 456.03
12	31	转-0031	进仓	9 946.83		借	5 080 402.86
12	31	转-0032	进仓	304 467.48		借	5 384 870.34
12	31	转-0033	进仓	137 593.27		借	5 522 463.61
12	31	转-0034	销售		145.30	借	5 522 318.31
12	31	转-0039	提2002.12个调税		873.89	借	5 521 444.42
12	31	转-0056	进仓02KG1131	3 182.05		借	5 524 626.47
12	31	转-0056	进仓02KG1148	2 323.86		借	5 526 950.33
12	31	转-0056	进仓02KG1046	15 294.77		借	5 542 245.10
12	31	转-0056	进仓02KG1046	15 294.77		借	5 557 539.87
12	31	转-0056	进仓02KG1046	15 294.77		借	5 572 834.64
12	31	转-0056	进仓02KG1046	15 294.77		借	5 588 129.41
12	31	转-0056	进仓02KG1165	11 863.38		借	5 599 992.79
12	31	转-0057	不退税转账		9 240.96	借	5 590 751.83
12	31	转-0058	不退税转账		11 614.22	借	5 579 137.61
12	31	转-0059	不退税转账		25 057.10	借	5 554 080.51
12	31	转-0060	进仓02KH2074	8 055.39		借	5 562 135.90
12	31	转-0060	进仓02KH2074	12 302.77		借	5 574 438.67
12	31	转-0060	进仓02KH2136-2	13 576.75		借	5 588 015.42
			过次页	568 772.59	96 952.63	借	5 588 015.42

核算单位：信达进出口贸易有限公司　　制表：包瑞　　打印日期：2004.01.10

应交税金明细账

页号：2-1

科目：应交税金(2171)　　2002.12～2002.12　　本币名称：人民币

2002年		凭证号数	摘　要	借　方	贷　方	方向	余　额
月	日						
			承前页	568 772.59	96 952.63	借	5 588 015.42
12	31	转-0060	进仓 02KH2152	10 269.74		借	5 598 285.16
12	31	转-0060	进仓 02KH2152	6 555.90		借	5 604 841.06
12	31	转-0060	进仓 02KH2139/2141	15 692.31		借	5 620 533.37
12	31	转-0060	进仓 02KH2139/2141	16 134.02		借	5 636 667.39
12	31	转-0060	进仓 02KH2139/41	16 134.02		借	5 652 801.41
12	31	转-0060	进仓 02KH2119-3	5 034.88		借	5 657 836.29
12	31	转-0060	进仓 02KH2119-2	9 364.39		借	5 667 200.68
12	31	转-0060	进仓 02KH2119-1	16 045.39		借	5 683 246.07
12	31	转-0060	进仓 02KH2119-1	16 045.39		借	5 699 291.46
12	31	转-0060	进仓 02KH2119	12 047.49		借	5 711 338.95
12	31	转-0060	进仓 02KH2082-7	7 014.06		借	5 718 353.01
12	31	转-0061	进仓 02KH3103-1	13 258.18		借	5 731 611.19
12	31	转-0061	进仓 02KH3117/3117-1	7 574.88		借	5 739 186.07
12	31	转-0061	进仓 02KH3117/3117-1	14 192.46		借	5 753 378.53
12	31	转-0061	进仓 02KH3159/3152	9 826.77		借	5 763 205.30
12	31	转-0061	进仓 02KH3159/3152	16 345.85		借	5 779 551.15
12	31	转-0061	进仓 02KH3149	8 128.62		借	5 787 679.77
12	31	转-0061	进仓 02KH3164	7 741.54		借	5 795 421.31
12	31	转-0061	进仓 02KH3161	15 647.32		借	5 811 068.63
12	31	转-0061	进仓 02KH3176	12 946.15		借	5 824 014.78
12	31	转-0061	进仓 02KH3197	5 945.64		借	5 829 960.42
12	31	转-0061	进仓 02KH3180	8 625.48		借	5 838 585.90
12	31	转-0061	进仓 02KH3180	13 113.48		借	5 851 699.38
12	31	转-0061	进仓 02KH3187	11 185.13		借	5 862 884.51
12	31	转-0061	进仓 02KH3187	8 493.24		借	5 871 377.75
12	31	转-0061	进仓 02KH3195	2 109.74		借	5 873 487.49
12	31	转-0061	进仓 02KH3196	12 309.57		借	5 885 797.06
12	31	转-0061	进仓 02KH3201	16 725.80		借	5 902 522.86
			过次页	883 280.03	96 952.63	借	5 902 522.86

核算单位：信达进出口贸易有限公司　　制表：包瑞　　打印日期：2004.01.10

应交税金明细账

页号：3-1

科目：应交税金(2171)　　2002.12～2002.12　　本币名称：人民币

2002年 月	日	凭证号数	摘要	借方	贷方	方向	余额
			承前页	883 280.03	96 952.63	借	5 902 522.86
12	31	转-0061	进仓 02KH3196	12 309.57		借	5 914 832.43
12	31	转-0067	2%税金结转		12 527.89	借	5 902 304.54
12	31	转-0070	2%税金结转		26 634.47	借	5 875 670.07
12	31	转-0071	2%税金结转		13 454.67	借	5 862 215.40
12	31	转-0076	进仓 02KG1180	16 814.83		借	5 879 030.23
12	31	转-0076	进仓 02KG1179/1183/1170	28 242.92		借	5 907 273.15
12	31	转-0076	进仓 02KG1171/1168/1167	58 527.77		借	5 965 800.92
12	31	转-0076	进仓 02KG1183	2 901.33		借	5 968 702.25
12	31	转-0077	进仓 02KH2128/2199/2200	66 791.06		借	6 035 493.31
12	31	转-0077	进仓 02KH2128/2127/2129	13 076.92		借	6 048 570.23
12	31	转-0077	进仓 02KH2162	9 167.12		借	6 057 737.35
12	31	转-0077	进仓 02KH2173/2148	25 529.94		借	6 083 267.29
12	31	转-0077	进仓 02KH2127	1 362.54		借	6 084 629.83
12	31	转-0077	进仓 02KH2155/2156-1/2156	108 774.80		借	6 193 404.63
12	31	转-0077	进仓 02KH2168	1 198.72		借	6 194 603.35
12	31	转-0077	进仓 02KH2160/2159/2153	109 266.42		借	6 303 869.77
12	31	转-0078	进仓 02KH3172/3178/3184	76 569.75		借	6 380 439.52
12	31	转-0078	进仓 02KH3182	6 538.46		借	6 386 977.98
12	31	转-0078	进仓 02KH3186/3185/3174	31 256.48		借	6 418 234.46
12	31	转-0080	提税金		4 341.80	借	6 413 892.68
12	31	转-0080	提税金		303.93	借	6 413 588.73
12	31	转-0092	提取所得税		31 216.78	借	6 382 371.95
12			本月合计	1 451 608.66	185 432.17	借	6 382 371.95
12			本年累计	1 451 608.66	185 432.17	借	6 382 371.95

核算单位：信达进出口贸易有限公司　　制表：包瑞　　打印日期：2004.01.10

其他明细账

页号：1-1

科目：应付福利费/其他(2153004)　　2002.12～2002.12　　本币名称：人民币

2002年 月	日	凭证号数	摘要	借方	贷方	方向	余额
			上年结转			借	76.20
12	31	转-0040	计提工资	32.50		借	108.70
12			本月合计	32.50		借	108.70
12			本年累计	32.50		借	108.70

核算单位：信达进出口贸易有限公司　　制表：包瑞　　打印日期：2004.01.10

应交增值税明细账

页号：1-1

科目：应交税金/应交增值税(2171001)　　2002.12～2002.12　　本币名称：人民币

2002年		凭证号数	摘要	借方	贷方	方向	余额
月	日						
			上年结转			借	5 120 331.88
12	31	转-0009	样品款		880.52	借	5 119 451.36
12	31	转-0010	进仓	101.71		借	5 119 553.07
12	31	转-0011	进仓	43.59		借	5 119 596.66
12	31	转-0028	2%税金结转		1 170.21	借	5 118 426.45
12	31	转-0029	2%税金结转		30 518.32	借	5 087 908.13
12	31	转-0030	2%税金结转		17 452.11	借	5 070 456.02
12	31	转-0031	进仓	9 946.83		借	5 080 402.85
12	31	转-0032	进仓	304 467.48		借	5 384 870.33
12	31	转-0033	进仓	137 593.27		借	5 522 463.60
12	31	转-0034	销售		145.30	借	5 522 318.30
12	31	转-0056	进仓 02KG1131	3 182.05		借	5 525 500.35
12	31	转-0056	进仓 02KG1148	2 323.86		借	5 527 824.21
12	31	转-0056	进仓 02KG1046	15 294.77		借	5 543 118.98
12	31	转-0056	进仓 02KG1046	15 294.77		借	5 558 413.75
12	31	转-0056	进仓 02KG1046	15 294.77		借	5 573 708.52
12	31	转-0056	进仓 02KG1046	15 294.77		借	5 589 003.29
12	31	转-0056	进仓 02KG1165	11 863.38		借	5 600 866.67
12	31	转-0057	不退税转账		9 240.96	借	5 591 625.71
12	31	转-0058	不退税转账		11 614.22	借	5 580 011.49
12	31	转-0059	不退税转账		25 057.10	借	5 554 954.39
12	31	转-0060	进仓 02KH2074	8 055.39		借	5 563 009.78
12	31	转-0060	进仓 02KH2074	12 302.77		借	5 575 312.55
12	31	转-0060	进仓 02KH2136-2	13 576.75		借	5 588 889.30
12	31	转-0060	进仓 02KH2152	10 269.74		借	5 599 159.04
12	31	转-0060	进仓 02KH2152	6 555.90		借	5 605 714.94
12	31	转-0060	进仓 02KH2139/2141	15 692.31		借	5 621 407.25
12	31	转-0060	进仓 02KH2139/2141	16 134.02		借	5 637 541.27
12	31	转-0060	进仓 02KH2139/41	16 134.02		借	5 653 675.29
			过次页	629 422.15	96 078.74	借	5 653 675.29

核算单位：信达进出口贸易有限公司　　制表：包瑞　　打印日期：2004.01.10

应交增值税明细账

页号：2-1

科目：应交税金/应交增值税(2171001)　　2002.12～2002.12　　本币名称：人民币

2002年		凭证号数	摘　要	借　方	贷　方	方向	余　额
月	日						
			承前页	629 422.15	96 078.74	借	5 653 675.29
12	31	转-0060	进仓 02KH2119-3	5 034.88		借	5 658 710.17
12	31	转-0060	进仓 02KH2119-2	9 364.39		借	5 668 074.56
12	31	转-0060	进仓 02XH2119-1	16 045.39		借	5 684 119.95
12	31	转-0060	进仓 02KH2119-1	16 045.39		借	5 700 165.34
12	31	转-0060	进仓 02KH2119	12 047.49		借	5 712 212.83
12	31	转-0060	进仓 02KH2082-7	7 014.06		借	5 719 226.89
12	31	转-0061	进仓 02KH3103-1	13 258.18		借	5 732 485.07
12	31	转-0061	进仓 02KH3117/3117-1	7 574.88		借	5 740 059.95
12	31	转-0061	进仓 02KH3117/3117-1	14 192.46		借	5 754 252.41
12	31	转-0061	进仓 02KH3159/3152	9 826.77		借	5 764 079.18
12	31	转-0061	进仓 02KH3159/3152	16 345.85		借	5 780 425.03
12	31	转-0061	进仓 02KH3149	8 128.62		借	5 788 553.65
12	31	转-0061	进仓 02KH3164	7 741.54		借	5 796 295.19
12	31	转-0061	进仓 02KH3161	15 647.32		借	5 811 942.51
12	31	转-0061	进仓 02KH3176	12 946.15		借	5 824 888.66
12	31	转-0061	进仓 02KH3197	5 945.64		借	5 830 834.30
12	31	转-0061	进仓 02KH3180	8 625.48		借	5 839 459.78
12	31	转-0061	进仓 02KH3180	13 113.48		借	5 852 573.26
12	31	转-0061	进仓 02KH3187	11 185.13		借	5 863 758.39
12	31	转-0061	进仓 02KH3187	8 493.24		借	5 872 251.63
12	31	转-0061	进仓 02KH3195	2 109.74		借	5 874 361.37
12	31	转-0061	进仓 02KH3196	12 309.57		借	5 886 670.94
12	31	转-0061	进仓 02KH3201	16 725.80		借	5 903 396.74
12	31	转-0061	进仓 02KH3196	12 309.57		借	5 915 706.31
12	31	转-0067	2%税金结转		12 527.89	借	5 903 178.42
12	31	转-0070	2%税金结转		26 634.47	借	5 876 543.95
12	31	转-0071	2%税金结转		13 454.67	借	5 863 089.28
12	31	转-0076	进仓 02KG1180	16 814.83		借	5 879 904.11
			过次页	908 268.00	148 695.77	借	5 879 904.11

核算单位：信达进出口贸易有限公司　　制表：包瑞　　打印日期：2004.01.10

应交增值税明细账

页号：3-1

科目：应交税金/应交增值税(2171001)　　2002.12～2002.12　　本币名称：人民币

2002年		凭证号数	摘要	借方	贷方	方向	余额
月	日						
			承前页	908 268.00	148 695.77	借	5 879 904.11
12	31	转-0076	进仓 02KG1179/1183/1170	28 242.92		借	5 908 147.03
12	31	转-0076	进仓 02KG1171/1168/1167	58 527.77		借	5 966 674.80
12	31	转-0076	进仓 02KG1183	2 901.33		借	5 969 576.13
12	31	转-0077	进仓 02KH2128/2199/2200	66 791.06		借	6 036 367.19
12	31	转-0077	进仓 02KH2128/2127/2129	13 076.92		借	6 049 444.11
12	31	转-0077	进仓 02KH2162	9 167.12		借	6 058 611.23
12	31	转-0077	进仓 02KH2173/2148	25 529.94		借	6 084 141.17
12	31	转-0077	进仓 02KH2127	1 362.54		借	6 085 503.71
12	31	转-0077	进仓 02KH2155/2156-1/2156	108 774.80		借	6 194 278.51
12	31	转-0077	进仓 02KH2168	1 198.72		借	6 195 477.23
12	31	转-0077	进仓 02KH2160/2159/2153	109 266.42		借	6 304 743.65
12	31	转-0078	进仓 02KH3172/3178/3184	76 569.75		借	6 381 313.40
12	31	转-0078	进仓 02KH3182	6 538.46		借	6 387 851.86
12	31	转-0078	进仓 02KH3186/3185/3174	31 256.48		借	6 419 108.34
12			本月合计	1 447 472.23	148 695.77	借	6 419 108.34
12			本年累计	1 447 472.23	148 695.77	借	6 419 108.34

核算单位：信达进出口贸易有限公司　　制表：包瑞　　打印日期：2004.01.10

进项税额明细账

2002.12～2002.12　　页号：1-1

科目：应交税金/应交增值税/进项税额(2171001001)　　本币名称：人民币

2002年		凭证号数	摘要	借方	贷方	方向	余额
月	日						
			上年结转			借	5 807 111.16
12	31	转-0010	进仓	101.71		借	5 807 212.87
12	31	转-0011	进仓	43.59		借	5 807 256.46
12	31	转-0031	进仓	9 946.83		借	5 817 203.29
12	31	转-0032	进仓	304 467.48		借	6 121 670.77
12	31	转-0033	进仓	137 593.27		借	6 259 264.04
12	31	转-0056	进仓 02KG1131	3 182.05		借	6 262 446.09
12	31	转-0056	进仓 02KG1148	2 323.86		借	6 264 769.95
12	31	转-0056	进仓 02KG1046	15 294.77		借	6 280 064.72
12	31	转-0056	进仓 02KG1046	15 294.77		借	6 295 359.49
12	31	转-0056	进仓 02KG1046	15 294.77		借	6 310 654.26
12	31	转-0056	进仓 02KG1046	15 294.77		借	6 325 949.03
12	31	转-0056	进仓 02KG1165	11 863.38		借	6 337 812.41
12	31	转-0060	进仓 02KH2074	8 055.39		借	6 345 867.80
12	31	转-0060	进仓 02KH2074	12 302.77		借	6 358 170.57
12	31	转-0060	进仓 02KH2136-2	13 576.75		借	6 371 747.32
12	31	转-0060	进仓 02KH2152	10 269.74		借	6 382 017.06
12	31	转-0060	进仓 02KH2152	6 555.90		借	6 388 572.96
12	31	转-0060	进仓 02KH2139/2141	15 692.31		借	6 404 265.27
12	31	转-0060	进仓 02KH2139/2141	16 134.02		借	6 420 399.29
12	31	转-0060	进仓 02KH2139/41	16 134.02		借	6 436 533.31
12	31	转-0060	进仓 02KH2119-3	5 034.88		借	6 441 568.19
12	31	转-0060	进仓 02KH2119-2	9 364.39		借	6 450 932.58
12	31	转-0060	进仓 02KH2119-1	16 045.39		借	6 466 977.97
12	31	转-0060	进仓 02KH2119-1	16 045.39		借	6 483 023.36
12	31	转-0060	进仓 02KH2119	12 047.49		借	6 495 070.85
12	31	转-0060	进仓 02KH2082-7	7 014.06		借	6 502 084.91
12	31	转-0061	进仓 02KH3103-1	13 258.18		借	6 515 343.09
12	31	转-0061	进仓 02KH3117/3117-1	7 574.88		借	6 522 917.97
			过次页	715 806.81		借	6 522 917.97

核算单位：信达进出口贸易有限公司　　制表：包瑞　　打印日期：2004.01.10

进项税额明细账

2002.12～2002.12 页号：2-1

科目：应交税金/应交增值税/进项税额(2171001001) 本币名称：人民币

2002年		凭证号数	摘　　要	借　方	贷　方	方向	余　额
月	日						
			承前页	715 806.81		借	6 522 917.97
12	31	转-0061	进仓 02KH3117/3117-1	14 192.46		借	6 537 110.43
12	31	转-0061	进仓 02KH3159/3152	9 826.77		借	6 546 937.20
12	31	转-0061	进仓 02KH3159/3152	16 345.85		借	6 563 283.05
12	31	转-0061	进仓 02KH3149	8 128.62		借	6 571 411.67
12	31	转-0061	进仓 02KH3164	7 741.54		借	6 579 153.21
12	31	转-0061	进仓 02KH3161	15 647.32		借	6 594 800.53
12	31	转-0061	进仓 02KH3176	12 946.15		借	6 607 746.68
12	31	转-0061	进仓 02KH3197	5 945.64		借	6 613 692.32
12	31	转-0061	进仓 02KH3180	8 625.48		借	6 622 317.80
12	31	转-0061	进仓 02KH3180	13 113.48		借	6 635 431.28
12	31	转-0061	进仓 02KH3187	11 185.13		借	6 646 616.41
12	31	转-0061	进仓 02KH3187	8 493.24		借	6 655 109.65
12	31	转-0061	进仓 02KH3195	2 109.74		借	6 657 219.39
12	31	转-0061	进仓 02KH3196	12 309.57		借	6 669 528.96
12	31	转-0061	进仓 02KH3201	16 725.80		借	6 686 254.76
12	31	转-0061	进仓 02KH3196	12 309.57		借	6 698 564.33
12	31	转-0076	进仓 02KG1180	16 814.83		借	6 715 379.16
12	31	转-0076	进仓 02KG1179/1183/1170	28 242.92		借	6 743 622.08
12	31	转-0076	进仓 02KG1171/1168/1167	58 527.77		借	6 802 149.85
12	31	转-0076	进仓 02KG1183	2 901.33		借	6 805 051.18
12	31	转-0077	进仓 02KH2128/2199/2200	66 791.06		借	6 871 842.24
12	31	转-0077	进仓 02KH2128/2127/2129	13 076.92		借	6 884 919.16
12	31	转-0077	进仓 02KH2162	9 167.12		借	6 894 086.28
12	31	转-0077	进仓 02KH2173/2148	25 529.94		借	6 919 616.22
12	31	转-0077	进仓 02KH2127	1 362.54		借	6 920 978.76
12	31	转-0077	进仓 02KH2155/2156-1/2156	108 774.80		借	7 029 753.56
12	31	转-0077	进仓 02KH2168	1 198.72		借	7 030 952.28
12	31	转-0077	进仓 02KH2160/2159/2153	109 266.42		借	7 140 218.70
			过次页	1 333 107.54		借	7 140 218.70

核算单位：信达进出口贸易有限公司　　制表：包瑞　　打印日期：2004.01.10

进项税额明细账

2002.12～2002.12 页号：3-1

科目：应交税金/应交增值税/进项税额(2171001001) 本币名称：人民币

2002年		凭证号数	摘要	借方	贷方	方向	余额
月	日						
			承前页	1 333 107.54		借	7 140 218.70
12	31	转-0078	进仓 02KH3172/3178/3184	76 569.75		借	7 216 788.45
12	31	转-0078	进仓 02KH3182	6 538.46		借	7 223 326.91
12	31	转-0078	进仓 02KH3186/3185/3174	31 256.48		借	7 254 583.39
12			本月合计	1 447 472.23		借	7 254 583.39
12			本年累计	1 447 472.23		借	7 254 583.39

核算单位：信达进出口贸易有限公司 制表：包瑞 打印日期：2004.01.10

内销明细账

2002.12～2002.12 页号：1-1

科目：应交税金/应交增值税/进项税额/内销(2171001001001) 本币名称：人民币

2002年		凭证号数	摘要	借方	贷方	方向	余额
月	日						
			上年结转			借	90 534.45
12	31	转-0010	进仓	101.71		借	90 636.16
12	31	转-0011	进仓	43.59		借	90 679.75
12			本月合计	145.30		借	90 679.75
12			本年累计	145.30		借	90 679.75

核算单位：信达进出口贸易有限公司 制表：包瑞 打印日期：2004.01.10

外销明细账

2002.12～2002.12 页号：1-1

科目：应交税金/应交增值税/进项税额/外销(2171001001002) 本币名称：人民币

2002年		凭证号数	摘　要	借　方	贷　方	方向	余　额
月	日						
			上年结转			借	5 716 576.71
12	31	转-0031	进仓	9 946.83		借	5 726 523.54
12	31	转-0032	进仓	304 467.48		借	6 030 991.02
12	31	转-0033	进仓	137 593.27		借	6 168 584.29
12	31	转-0056	进仓 02KG1131	3 182.05		借	6 171 766.34
12	31	转-0056	进仓 02KG1148	2 323.86		借	6 174 090.20
12	31	转-0056	进仓 02KG1046	15 294.77		借	6 189 384.97
12	31	转-0056	进仓 02KG1046	15 294.77		借	6 204 679.74
12	31	转-0056	进仓 02KG1046	15 294.77		借	6 219 974.51
12	31	转-0056	进仓 02KG1046	15 294.77		借	6 235 269.28
12	31	转-0056	进仓 02KG1165	11 863.38		借	6 247 132.66
12	31	转-0060	进仓 02KH2074	8 055.39		借	6 255 188.05
12	31	转-0060	进仓 02KH2074	12 302.77		借	6 267 490.82
12	31	转-0060	进仓 02KH2136-2	13 576.75		借	6 281 067.57
12	31	转-0060	进仓 02KH2152	10 269.74		借	6 291 337.31
12	31	转-0060	进仓 02KH2152	6 555.90		借	6 297 893.21
12	31	转-0060	进仓 02KH2139/2141	15 692.31		借	6 313 585.52
12	31	转-0060	进仓 02KH2139/2141	16 134.02		借	6 329 719.54
12	31	转-0060	进仓 02KH2139/41	16 134.02		借	6 345 853.56
12	31	转-0060	进仓 02KH2119-3	5 034.88		借	6 350 888.44
12	31	转-0060	进仓 02KH2119-2	9 364.39		借	6 360 252.83
12	31	转-0060	进仓 02KH2119-1	16 045.39		借	6 376 298.22
12	31	转-0060	进仓 02KH2119-1	16 045.39		借	6 392 343.61
12	31	转-0060	进仓 02KH2119	12.047.49		借	6 404 391.10
12	31	转-0060	进仓 02KH2082-7	7 014.06		借	6 411 405.16
12	31	转-0061	进仓 02KH3103-1	13 258.18		借	6 424 663.34
12	31	转-0061	进仓 02KH3117/3117-1	7 574.88		借	6 432 238.22
12	31	转-0061	进仓 02KH3117/3117-1	14 192.46		借	6 446 430.68
12	31	转-0061	进仓 02KH3159/3152	9 826.77		借	6 456 257.45
			过次页	739 680.74		借	6 456 257.45

核算单位：信达进出口贸易有限公司 制表：包瑞 打印日期：2004.01.10

外销明细账

2002.12～2002.12 页号：2-1

科目：应交税金/应交增值税/进项税额/外销(2171001001002) 本币名称：人民币

2002年 月	日	凭证号数	摘要	借方	贷方	方向	余额
			承前页	739 680.74		借	6 456 257.45
12	31	转-0061	进仓 02KH3159/3152	16 345.85		借	6 472 603.30
12	31	转-0061	进仓 02KH3149	8 128.62		借	6 480 731.92
12	31	转-0061	进仓 02KH3164	7 741.54		借	6 488 473.46
12	31	转-0061	进仓 02KH3161	15 647.32		借	6 504 120.78
12	31	转-0061	进仓 02KH3176	12 946.15		借	6 517 066.93
12	31	转-0061	进仓 02KH3197	5 945.64		借	6 523 012.57
12	31	转-0061	进仓 02KH3180	8 625.48		借	6 531 638.05
12	31	转-0061	进仓 02KH3180	13 113.48		借	6 544 751.53
12	31	转-0061	进仓 02KH3187	11 185.13		借	6 555 936.66
12	31	转-0061	进仓 02KH3187	8 493.24		借	6 564 429.90
12	31	转-0061	进仓 02KH3195	2 109.74		借	6 566 539.64
12	31	转-0061	进仓 02KH3196	12 309.57		借	6 578 849.21
12	31	转-0061	进仓 02KH3201	16 725.80		借	6 595 575.01
12	31	转-0061	进仓 02KH3196	12 309.57		借	6 607 884.58
12	31	转-0076	进仓 02KG1180	16 814.83		借	6 624 699.41
12	31	转-0076	进仓 02KG1179/1183/1170	28 242.92		借	6 652 942.33
12	31	转-0076	进仓 02KG1171/1168/1167	58 527.77		借	6 711 470.10
12	31	转-0076	进仓 02KG1183	2 901.33		借	6 714 371.43
12	31	转-0077	进仓 02KH2128/2199/2200	66 791.06		借	6 781 162.49
12	31	转-0077	进仓 02KH2128/2127/2129	13 076.92		借	6 794 239.41
12	31	转-0077	进仓 02KH2162	9 167.12		借	6 803 406.53
12	31	转-0077	进仓 02KH2173/2148	25 529.94		借	6 828 936.47
12	31	转-0077	进仓 02KH2127	1 362.54		借	6 830 299.01
12	31	转-0077	进仓 02KH2155/2156-1/2156	108 774.80		借	6 939 073.81
12	31	转-0077	进仓 02KH2168	1 198.72		借	6 940 272.53
12	31	转-0077	进仓 02KH2160/2159/2153	109 266.42		借	7 049 538.95
12	31	转-0078	进仓 02KH3172/3178/3184	76 569.75		借	7 126 108.70
12	31	转-0078	进仓 02KH3182	6 538.46		借	7 132 647.16
			过次页	1 416 070.45		借	7 132 647.16

核算单位：信达进出口贸易有限公司 制表：包瑞 打印日期：2004.01.10

外销明细账

2002.12～2002.12 页号：3-1

科目：应交税金/应交增值税/进项税额/外销(2171001001002) 本币名称：人民币

2002年 月	日	凭证号数	摘要	借方	贷方	方向	余额
			承前页	1 416 070.45		借	7 132 647.16
12	31	转-0078	进仓 02KH3186/3185/3174	31 256.48		借	7 163 903.64
12			本月合计	1 447 326.93		借	7 163 903.64
12			本年累计	1 447 326.93		借	7 163 903.64

核算单位：信达进出口贸易有限公司 制表：包瑞 打印日期：2004.01.10

进项税额转出明细账

2002.12～2002.12 页号：1-1

科目：应交税金/应交增值税/进项税额转出(2171001003) 本币名称：人民币

2002年 月	日	凭证号数	摘要	借方	贷方	方向	余额
			上年结转			贷	650 523.95
12	31	转-0028	2%税金结转		1 170.21	贷	651 694.16
12	31	转-0029	2%税金结转		30 518.32	贷	682 212.48
12	31	转-0030	2%税金结转		17 452.11	贷	699 664.59
12	31	转-0057	不退税转账		9 240.96	贷	708 905.55
12	31	转-0058	不退税转账		11 614.22	贷	720 519.77
12	31	转-0059	不退税转账		25 057.10	贷	745 576.87
12	31	转-0067	2%税金结转		12 527.89	贷	758 104.76
12	31	转-0070	2%税金结转		26 634.47	贷	784 739.23
12	31	转-0071	2%税金结转		13 454.67	贷	798 193.90
12			本月合计		147 669.95	贷	798 193.90
12			本年累计		147 669.95	贷	798 193.90

核算单位：信达进出口贸易有限公司 制表：包瑞 打印日期：2004.01.10

销项税额明细账

2002.12～2002.12

页号：1-1

科目：应交税金/应交增值税/销项税额(2171001005)

本币名称：人民币

2002年 月	日	凭证号数	摘要	借方	贷方	方向	余额
			上年结转			贷	36 255.33
12	31	转-0009	样品款		880.52	贷	37 135.85
12	31	转-0034	销售		145.30	贷	37 281.15
12			本月合计		1 025.82	贷	37 281.15
12			本年累计		1 025.82	贷	37 281.15

核算单位：信达进出口贸易有限公司　　制表：包瑞　　打印日期：2004.01.10

内 销 明 细 账

2002.12～2002.12

页号：1-1

科目：应交税金/应交增值税/销项税额/内销(2171001005001)

本币名称：人民币

2002年 月	日	凭证号数	摘要	借方	贷方	方向	余额
			上年结转			贷	21 022.01
12	31	转-0009	样品款		880.52	贷	21 902.53
12	31	转-0034	销售		145.30	贷	22 047.83
12			本月合计		1 025.82	贷	22 047.83
12			本年累计		1 025.82	贷	22 047.83

核算单位：信达进出口贸易有限公司　　制表：包瑞　　打印日期：2004.01.10

应交营业税明细账

页号：1-1

科目：应交税金/应交营业税(2171002)　　2002.12～2002.12

本币名称：人民币

2002年 月	日	凭证号数	摘要	借方	贷方	方向	余额
			上年结转			贷	3 063.54
12	15	04-0008	应交税金	3 063.54		平	
12	31	转-0080	提税金		4 341.80	贷	4 341.80
12			本月合计	3 063.54	4 341.80	贷	4 341.80
12			本年累计	3 063.54	4 341.80	贷	4 341.80

核算单位：信达进出口贸易有限公司　　制表：包瑞　　打印日期：2004.01.10

应交所得税明细账

页号：1-1

科目：应交税金/应交所得税(2171005)　　2002.12～2002.12　　本币名称：人民币

2002年		凭证号数	摘　　要	借　方	贷　方	方向	余　额
月	日						
12	31	转-0092	提取所得税		31 216.78	贷	31 216.78
12			本月合计		31 216.78	贷	31 216.78
12			本年累计		31 216.78	贷	31 216.78

核算单位：信达进出口贸易有限公司　　制表：包瑞　　打印日期：2004.01.10

应交城建税明细账

页号：1-1

科目：应交税金/应交城建税(2171007)　　2002.12～2002.12　　本币名称：人民币

2002年		凭证号数	摘　　要	借　方	贷　方	方向	余　额
月	日						
			上年结转			贷	214.45
12	15	04-0008	应交税金	214.45		平	
12	31	转-0080	提税金		303.93	贷	303.93
12			本月合计	214.45	303.93	贷	303.93
12			本年累计	214.45	303.93	贷	303.93

核算单位：信达进出口贸易有限公司　　制表：包瑞　　打印日期：2004.01.10

应交个人所得税明细账

页号：1-1

科目：应交税金/应交个人所得税(2171011)　　2002.12～2002.12　　本币名称：人民币

2002年		凭证号数	摘　　要	借　方	贷　方	方向	余　额
月	日						
			上年结转			贷	858.43
12	15	04-0008	应交税金	510.19		贷	348.24
12	15	04-0009	支付个调税	348.25		借	0.01
12	31	转-0039	提2002.12个调税		873.89	贷	873.88
12			本月合计	858.44	873.89	贷	873.88
12			本年累计	858.44	873.89	贷	873.88

核算单位：信达进出口贸易有限公司　　制表：包瑞　　打印日期：2004.01.10

其他应交款明细账

页号：1-1

科目：其他应交款(2176)　　2002.12～2002.12　　本币名称：人民币

2002年		凭证号数	摘要	借方	贷方	方向	余额
月	日						
			上年结转			贷	122.55
12	15	04-0008	应交税金	91.91		贷	30.64
12	15	04-0008	应交税金	30.64		平	
12	31	转-0082	提附加税		130.25	贷	130.25
12	31	转-0082	提附加税		43.42	贷	173.67
12			本月合计	122.55	173.67	贷	173.67
12			本年累计	122.55	173.67	贷	173.67

核算单位：信达进出口贸易有限公司　　制表：包瑞　　打印日期：2004.01.10

教育费附加明细账

页号：1-1

科目：其他应交款/教育费附加(2176001)　　2002.12～2002.12　　本币名称：人民币

2002年		凭证号数	摘要	借方	贷方	方向	余额
月	日						
			上年结转			贷	91.91
12	15	04-0008	应交税金	91.91		平	
12	31	转-0082	提附加税		130.25	贷	130.25
12			本月合计	91.91	130.25	贷	130.25
12			本年累计	91.91	130.25	贷	130.25

核算单位：信达进出口贸易有限公司　　制表：包瑞　　打印日期：2004.01.10

河道管理费明细账

页号：1-1

科目：其他应交款/河道管理费(2176004)　　2002.12～2002.12　　本币名称：人民币

2002年		凭证号数	摘要	借方	贷方	方向	余额
月	日						
			上年结转			贷	30.64
12	15	04-0008	应交税金	30,64		平	
12	31	转-0082	提附加税		43.42	贷	43.42
12			本月合计	30.64	43.42	贷	43.42
12			本年累计	30.64	43.42	贷	43.42

核算单位：信达进出口贸易有限公司　　制表：包瑞　　打印日期：2004.01.10

其他应付款明细账

页号：1-1

科目：其他应付款(2181)　　2002.12～2002.12　　本币名称：人民币

2002年 月	日	凭证号数	摘要	借方	贷方	方向	余额
			上年结转			贷	4 384 863.33
12	12	03-0002	划款		100 000.00	贷	4 484 863.33
12	15	03-0003	划款		200 000.00	贷	4 684 863.33
12	15	03-0012	预收货款		500 000.00	贷	5 184 863.33
12	15	04-0001	划款	147 795.80		贷	5 037 067.53
12	15	04-0020	划款	200 000.00		贷	4 837 067.53
12	15	04-0028	划款	38 478.20		贷	4 798 589.33
12	15	04-0028	划款	200 000.00		贷	4 598 589.33
12	15	04-0035	划款	80 000.00		贷	4 518 589.33
12	15	04-0047	上交统筹费	7 425.76		贷	4 511 163.57
12	15	04-0047	上交统筹费	5 569.32		贷	4 505 594.25
12	15	04-0047	上交统筹费	83 854.10		贷	4 421 740.15
12	15	04-0047	上交统筹费	7 453.70		贷	4 414 286.45
12	15	04-0047	上交统筹费	5 962.90		贷	4 408 323.55
12	15	04-0047	上交统筹费	44 722.20		贷	4 363 601.35
12	15	04-0047	上交统筹费	3 347.60		贷	4 360 253.75
12	15	04-0047	上交统筹费	478.90		贷	4 359 774.85
12	15	04-0047	上交统筹费	956.00		贷	4 358 818.85
12	15	04-0047	上交统筹费	6 666.00		贷	4 352 152.85
12	15	04-0047	上交统筹费	220.40		贷	4 351 932.45
12	31	转-0004	调整汇率	70.69		贷	4 351 861.76
12	31	转-0005	02KH3007 佣金	28 929.31		贷	4 322 932.45
12	31	转-0007	罚金收入	35 028.00		贷	4 287 904.45
12	31	转-0016	转账	300 000.00		贷	3 987 904.45
12	31	转-0041	工资附加费转账		1 025.76	贷	3 988 930.21
12	31	转-0041	工资附加费转账		769.32	贷	3 989 699.53
12	31	转-0042	单位承担统筹费		11 854.10	贷	4 001 553.63
12	31	转-0042	单位承担统筹费		1 053.70	贷	4 002 607.33
12	31	转-0042	单位承担统筹费		842.90	贷	4 003 450.23
			过次页	1 196 958.88	815 545.78	贷	4 003 450.23

核算单位：信达进出口贸易有限公司　　制表：包瑞　　打印日期：2004.01.10

其他应付款明细账

页号：2-1

科目：其他应付款(2181)　　2002.12～2002.12　　本币名称：人民币

2002年		凭证号数	摘要	借方	贷方	方向	余额
月	日						
			承前页	1 196 958.88	815 545.78	贷	4 003 450.23
12	31	转-0042	单位承担统筹费		6 322.20	贷	4 009 772.43
12	31	转-0043	个人扣款转账		3 347.60	贷	4 013 120.03
12	31	转-0043	个人扣款转账		478.90	贷	4 013 598.93
12	31	转-0043	个人扣款转账		6 666.00	贷	4 020 264.93
12	31	转-0043	个人扣款转账		956.00	贷	4 021 220.93
12	31	转-0043	个人扣款转账		220.40	贷	4 021 441.33
12	31	转-0046	调整5月份7-17凭证		−23 622.50	贷	3 997 818.83
12	31	转-0049	转账	10 000.00		贷	3 987 818.83
12	31	转-0062	工资附加费		6 400.00	贷	3 994 218.83
12	31	转-0062	工资附加费		4 800.00	贷	3 999 018.83
12	31	转-0063	统筹费转账		72 000.00	贷	4 071 018.83
12	31	转-0063	统筹费转账		6 400.00	贷	4 077 418.83
12	31	转-0063	统筹费转账		5 120.00	贷	4 082 538.83
12	31	转-0063	统筹费转账		38 400.00	贷	4 120 938.83
12	31	转-0081	业务招待费		20 858.00	贷	4 141 796.83
12			本月合计	1 206 958.88	963 892.38	贷	4 141 796.83
12			本年累计	1 206 958.88	963 892.38	贷	4 141 796.83

核算单位：信达进出口贸易有限公司　　制表：包瑞　　打印日期：2004.01.10

工会经费明细账

页号：1-1

科目：其他应付款/工会经费(2181002)　　2002.12～2002.12　　本币名称：人民币

2002年		凭证号数	摘要	借方	贷方	方向	余额
月	日						
			上年结转			贷	7 385.01
12	15	04-0047	上交统筹费	7 425.76		借	40.75
12	15	04-0047	上交统筹费	220.40		借	261.15
12	31	转-0041	工资附加费转账		1 025.76	贷	764.61
12	31	转-0043	个人扣款转账		220.40	贷	985.01
12	31	转-0062	工资附加费		6 400.00	贷	7 385.01
12			本月合计	7 646.16	7 646.16	贷	7 385.01
12			本年累计	7 646.16	7 646.16	贷	7 385.01

核算单位：信达进出口贸易有限公司　　制表：包瑞　　打印日期：2004.01.10

教育经费明细账

页号：1-1

科目：其他应付款/教育经费(2181003)　　2002.12～2002.12　　本币名称：人民币

2002年		凭证号数	摘　要	借　方	贷　方	方向	余　额
月	日						
			上年结转			贷	1 822.88
12	15	04-0047	上交统筹费	5 569.32		借	3 746.44
12	31	转-0041	工资附加费转账		769.32	借	2 977.12
12	31	转-0062	工资附加费		4 800.00	贷	1 822.88
12			本月合计	5 569.32	5 569.32	贷	1 822.88
12			本年累计	5 569.32	5 569.32	贷	1 822.88

核算单位：信达进出口贸易有限公司　　制表：包瑞　　打印日期：2004.01.10

养老金明细账

页号：1-1

科目：其他应付款/养老金(2181004)　　2002.12～2002.12　　本币名称：人民币

2002年		凭证号数	摘　要	借　方	贷　方	方向	余　额
月	日						
			上年结转			贷	90 107.10
12	15	04-0047	上交统筹费	83 854.10		贷	6 253.00
12	15	04-0047	上交统筹费	3 347.60		贷	2 905.40
12	31	转-0042	单位承担统筹费		11 854.10	贷	14 759.50
12	31	转-0043	个人扣款转账		3 347.60	贷	18 107.10
12	31	转-0063	统筹费转账		72 000.00	贷	90 107.10
12			本月合计	87 201.70	87 201.70	贷	90 107.10
12			本年累计	87 201.70	87 201.70	贷	90 107.10

核算单位：信达进出口贸易有限公司　　制表：包瑞　　打印日期：2004.01.10

失业保险明细账

页号：1-1

科目：其他应付款/失业保险(2181005)　　2002.12～2002.12　　本币名称：人民币

2002年		凭证号数	摘　要	借　方	贷　方	方向	余　额
月	日						
			上年结转			贷	9 095.00
12	15	04-0047	上交统筹费	7 453.70		贷	1 641.30
12	15	04-0047	上交统筹费	478.90		贷	1 162.40
12	31	转-0042	单位承担统筹费		1 053.70	贷	2 216.10
12	31	转-0043	个人扣款转账		478.90	贷	2 695.00
12	31	转-0063	统筹费转账		6 400.00	贷	9 095.00
12			本月合计	7 932.60	7 932.60	贷	9 095.00
12			本年累计	7 932.60	7 932.60	贷	9 095.00

核算单位：信达进出口贸易有限公司　　制表：包瑞　　打印日期：2004.01.10

伤残保险明细账

页号：1-1

科目：其他应付款/伤残保险(2181006)　　2002.12～2002.12　　本币名称：人民币

2002年 月	日	凭证号数	摘要	借方	贷方	方向	余额
			上年结转			贷	8 377.10
12	15	04-0047	上交统筹费	5 962.90		贷	2 414.20
12	31	转-0042	单位承担统筹费		842.90	贷	3 257.10
12	31	转-0063	统筹费转账		5 120.00	贷	8 377.10
12			本月合计	5 962.90	5 962.90	贷	8 377.10
12			本年累计	5 962.90	5 962.90	贷	8 377.10

核算单位：信达进出口贸易有限公司　　制表：包瑞　　打印日期：2004.01.10

医疗保险明细账

页号：1-1

科目：其他应付款/医疗保险(2181007)　　2002.12～2002.12　　本币名称：人民币

2002年 月	日	凭证号数	摘要	借方	贷方	方向	余额
			上年结转			贷	40 216.60
12	15	04-0047	上交统筹费	44 722.20		借	4 505.60
12	15	04-0047	上交统筹费	956.00		借	5 461.60
12	31	转-0042	单位承担统筹费		6 322.20	贷	860.60
12	31	转-0043	个人扣款转账		956.00	贷	1 816.60
12	31	转-0063	统筹费转账		38 400.00	贷	40 216.60
12			本月合计	45 678.20	45 678.20	贷	40 216.60
12			本年累计	45 678.20	45 678.20	贷	40 216.60

核算单位：信达进出口贸易有限公司　　制表：包瑞　　打印日期：2004.01.10

住房公积金明细账

页号：1-1

科目：其他应付款/住房公积金(2181008)　　2002.12～2002.12　　本币名称：人民币

2002年 月	日	凭证号数	摘要	借方	贷方	方向	余额
			上年结转			贷	38 478.20
12	15	04-0047	上交统筹费	6 666.00		贷	31 812.20
12	31	转-0043	个人扣款转账		6 666.00	贷	38 478.20
12			本月合计	6 666.00	6 666.00	贷	38 478.20
12			本年累计	6 666.00	6 666.00	贷	38 478.20

核算单位：信达进出口贸易有限公司　　制表：包瑞　　打印日期：2004.01.10

其他明细账

页号：1-1

科目：其他应付款/其他(2181009)　　2002.12～2002.12　　本币名称：人民币

2002年		凭证号数	摘要	借方	贷方	方向	余额
月	日						
12	15	03-0003	划款		200 000.00	贷	200 000.00
12	31	转-0016	转账	300 000.00		借	100 000.00
12	31	转-0081	业务招待费		20 858.00	借	79 142.00
12			本月合计	300 000.00	220 858.00	借	79 142.00
12			本年累计	300 000.00	220 858.00	借	79 142.00

核算单位：信达进出口贸易有限公司　　制表：包瑞　　打印日期：2004.01.10

上海皮制品有限公司明细账

2002.12～2002.12　　页号：1-1

科目：其他应付款/上海皮制品有限公司(2181010)　　本币名称：人民币

2002年		凭证号数	摘要	借方	贷方	方向	余额
月	日						
			上年结转			贷	4 384 381.44
12	12	03-0002	划款		100 000.00	贷	4 484 381.44
12	15	03-0012	预收货款		500 000.00	贷	4 984 381.44
12	15	04-0001	划款	147 795.80		贷	4 836 585.64
12	15	04-0020	划款	200 000.00		贷	4 636 585.64
12	15	04-0028	划款	38 478.20		贷	4 598 107.44
12	15	04-0028	划款	200 000.00		贷	4 398 107.44
12	15	04-0035	划款	80 000.00		贷	4 318 107.44
12	31	转-0046	调整5月份7-17凭证		−23 622.50	贷	4 294 484.94
12			本月合计	666 274.00	576 377.50	贷	4 294 484.94
12			本年累计	666 274.00	576 377.50	贷	4 294 484.94

核算单位：信达进出口贸易有限公司　　制表：包瑞　　打印日期：2004.01.10

韩国世元明细账

页号：1-1

科目：其他应付款/韩国世元(2181011)　　2002.12～2002.12　　本币名称：人民币

2002年		凭证号数	摘要	借方	贷方	方向	余额
月	日						
			上年结转			借	195 000.00
12	31	转-0007	罚金收入	35 028.00		借	230 028.00
12			本月合计	35 028.00		借	230 028.00
12			本年累计	35 028.00		借	230 028.00

核算单位：信达进出口贸易有限公司　　制表：包瑞　　打印日期：2004.01.10

阳明鞋业明细账

页号：1-1

科目：其他应付款/阳明鞋业(2181012)　　2002.12～2002.12　　本币名称：人民币

2002年		凭证号数	摘要	借方	贷方	方向	余额
月	日						
12	31	转-0049	转账	10 000.00		借	10 000.00
12			本月合计	10 000.00		借	10 000.00
12			本年累计	10 000.00		借	10 000.00

核算单位：信达进出口贸易有限公司　　制表：包瑞　　打印日期：2004.01.10

金雄明细账

页号：1-1

科目：其他应付款/金雄(2181013)　　2002.12～2002.12　　本币名称：人民币

2002年		凭证号数	摘要	借方	贷方	方向	余额
月	日						
12	31	转-0004	调整汇率	70.69		借	70.69
12	31	转-0005	02KH3007 佣金	28 929.31		借	29 000.00
12			本月合计	29 000.00		借	29 000.00
12			本年累计	29 000.00		借	29 000.00

核算单位：信达进出口贸易有限公司　　制表：包瑞　　打印日期：2004.01.10

本年利润明细账

页号：1-1

科目：本年利润(3131)　　2002.12～2002.12　　本币名称：人民币

2002 年		凭证号数	摘　　要	借　方	贷　方	方向	余　额
月	日						
			上年结转			借	78 285.38
12	31	转-0093	结转销售收入		11 536 720.30	贷	11 458 434.92
12	31	转-0094	结转销售成本	10 462 564.81		贷	995 870.11
12	31	转-0095	结转其他业务收入		86 836.00	贷	1 082 706.11
12	31	转-0096	结转其他业务支出	4 775.98		贷	1 077 930.13
12	31	转-0097	结转营业外收入		35 028.00	贷	1 112 958.13
12	31	转-0098	结转营业外支出	－36 540.00		贷	1 149 498.13
12	31	转-0099	结转所得税	31 216.78		贷	1 118 281.35
12	31	转-0100	结转销售费用	823 339.41		贷	294 941.94
12	31	转-0101	结转财务费用	65 831.67		贷	229 110.27
12	31	转-0102	本年利润结转利润分配	229 110.27		平	
12			本月合计	11 580 298.92	11 658 584.30	平	
12			本年累计	11 580 298.92	11 658 584.30	平	

核算单位：信达进出口贸易有限公司　　制表：包瑞　　打印日期：2004.01.10

利润分配明细账

页号：1-1

科目：利润分配(3141)　　2002.12～2002.12　　本币名称：人民币

2002 年		凭证号数	摘　　要	借　方	贷　方	方向	余　额
月	日						
12	31	转-0102	本年利润结转利润分配		229 110.27	贷	229 110.27
12			本月合计		229 110.27	贷	229 110.27
12			本年累计		229 110.27	贷	229 110.27

核算单位：信达进出口贸易有限公司　　制表：包瑞　　打印日期：2004.01.10

未分配利润明细账

页号：1-1

科目：利润分配/未分配利润(3141015)　　2002.12～2002.12　　本币名称：人民币

2002 年		凭证号数	摘　　要	借　方	贷　方	方向	余　额
月	日						
12	31	转-0102	本年利润结转利润分配		229 110.27	贷	229 110.27
12			本月合计		229 110.27	贷	229 110.27
12			本年累计		229 110.27	贷	229 110.27

核算单位：信达进出口贸易有限公司　　制表：包瑞　　打印日期：2004.01.10

主营业务收入明细账

页号：1-1

科目：主营业务收入(5101)　　2002.12～2002.12　　本币名称：人民币

2002年		凭证号数	摘　要	借　方	贷　方	方向	余　额
月	日						
12	31	转-0005	02KH3007 佣金		28 929.31	贷	28 929.31
12	31	转-0009	样品款		5 179.48	贷	34 108.79
12	31	转-0025	出货		727 576.49	贷	761 685.28
12	31	转-0026	出运		1 414 048.71	贷	2 175 733.99
12	31	转-0027	出运		2 016 412.49	贷	4 192 146.48
12	31	转-0034	销售		854.70	贷	4 193 001.18
12	31	转-0035	暂估佣金	24 279.99		贷	4 168 721.19
12	31	转-0036	运费冲收入	53 174.90		贷	4 115 546.29
12	31	转-0037	佣金冲收入	122 790.53		贷	3 992 755.76
12	31	转-0038	运费冲收入	13 287.00		贷	3 979 468.76
12	31	转-0044	冲 7-37 凭证	−122 790.53		贷	4 102 259.29
12	31	转-0047	转账	2 490.00		贷	4 099 769.29
12	31	转-0052	暂估佣金 02KH1082	24 863.05		贷	4 074 906.24
12	31	转-0053	外销 02KG1165		850 074.08	贷	4 924 980.32
12	31	转-0054	外销 02KH2081/2084		1 082 208.31	贷	6 007 188.63
12	31	转-0055	外销 02KH3201		1 742 586.99	贷	7 749 775.62
12	31	转-0069	02KH1085/1129 佣金	134 741.52		贷	7 615 034.10
12	31	转-0072	02KH3105,3124,3126 佣金	143 377.43		贷	7 471 656.67
12	31	转-0073	出运		2 342 005.85	贷	9 813 662.52
12	31	转-0074	确认销售		965 636.03	贷	10 779 298.55
12	31	转-0075	确认销售		757 421.75	贷	11 536 720.30
12	31	转-0093	结转销售收入	11 536 720.30		平	
12			本月合计	11 932 934.19	11 932 934.19	平	
12			本年累计	11 932 934.19	11 932 934.19	平	

核算单位：信达进出口贸易有限公司　　制表：包瑞　　打印日期：2004.01.10

内销明细账

页号：1-1

科目：主营业务收入/内销(5101001)　　2002.12～2002.12　　本币名称：人民币

2002年		凭证号数	摘要	借方	贷方	方向	余额
月	日						
12	31	转-0009	样品款		5 179.48	贷	5 179.48
12	31	转-0034	销售		854.70	贷	6 034.18
12			本月合计		6 034.18	贷	6 034.18
12			本年累计		6 034.18	贷	6 034.18

核算单位：信达进出口贸易有限公司　　制表：包瑞　　打印日期：2004.01.10

外销明细账

页号：1-1

科目：主营业务收入/外销(5101002)　　2002.12～2002.12　　本币名称：人民币

2002年		凭证号数	摘要	借方	贷方	方向	余额
月	日						
12	31	转-0005	02KH3007佣金		28 929.31	贷	28 929.31
12	31	转-0025	出货		727 576.49	贷	756 505.80
12	31	转-0026	出运		1 414 048.71	贷	2 170 554.51
12	31	转-0027	出运		2 016 412.49	贷	4 186 967.00
12	31	转-0035	暂估佣金	24 279.99		贷	4 162 687.01
12	31	转-0036	运费冲收入	53 174.90		贷	4 109 512.11
12	31	转-0037	佣金冲收入	122 790.53		贷	3 986 721.58
12	31	转-0038	运费冲收入	13 287.00		贷	3 973 434.58
12	31	转-0044	冲7-37凭证	－122 790.53		贷	4 096 225.11
12	31	转-0047	转账	2 490.00		贷	4 093 735.11
12	31	转-0052	暂估佣金02KH1082	24 863.05		贷	4 068 872.06
12	31	转-0053	外销02KG1165		850 074.08	贷	4 918 946.14
12	31	转-0054	外销02KH2081/2084		1 082 208.31	贷	6 001 154.45
12	31	转-0055	外销02KH3201		1 742 586.99	贷	7 743 741.44
12	31	转-0069	02KH1085/1129佣金	134 741.52		贷	7 608 999.92
12	31	转-0072	02KH3105,3124,3126佣金	143 377.43		贷	7 465 622.49
12	31	转-0073	出运		2 342 005.85	贷	9 807 628.34
12	31	转-0074	确认销售		965 636.03	贷	10 773 264.37
12	31	转-0075	确认销售		757 421.75	贷	11 530 686.12
12	31	转-0093	结转销售收入	11 536 720.30		借	6 034.18
12			本月合计	11 932 934.19	11 926 900.01	借	6 034.18
12			本年累计	11 932 934.19	11 926 900.01	借	6 034.18

核算单位：信达进出口贸易有限公司　　制表：包瑞　　打印日期：2004.01.10

其他业务收入明细账

页号：1-1

科目：其他业务收入(5102)　　2002.12～2002.12　　本币名称：人民币

2002年		凭证号数	摘　　要	借　方	贷　方	方向	余　额
月	日						
12	31	转-0006	收回代垫款		16 836.00	贷	16 836.00
12	31	转-0079	仓储费		70 000.00	贷	86 836.00
12	31	转-0095	结转其他业务收入	86 836.00		平	
12			本月合计	86 836.00	86 836.00	平	
12			本年累计	86 836.00	86 836.00	平	

核算单位：信达进出口贸易有限公司　　制表：包瑞　　打印日期：2004.01.10

出口代理收入明细账

2002.12～2002.12　　页号：1-1

科目：其他业务收入/出口代理收入(5102001)　　本币名称：人民币

2002年		凭证号数	摘　　要	借　方	贷　方	方向	余　额
月	日						
12	31	转-0006	收回代垫款		16 836.00	贷	16 836.00
12	31	转-0079	仓储费		70 000.00	贷	86 836.00
12	31	转-0095	结转其他业务收入	86 836.00		平	
12			本月合计	86 836.00	86 836.00	平	
12			本年累计	86 836.00	86 836.00	平	

核算单位：信达进出口贸易有限公司　　制表：包瑞　　打印日期：2004.01.10

营业外收入明细账

页号：1-1

科目：营业外收入(5301)　　2002.12～2002.12　　本币名称：人民币

2002年		凭证号数	摘　　要	借　方	贷　方	方向	余　额
月	日						
12	31	转-0007	罚金收入		35 028.00	贷	35 028.00
12	31	转-0097	结转营业外收入	35 028.00		平	
12			本月合计	35 028.00	35 028.00	平	
12			本年累计	35 028.00	35 028.00	平	

核算单位：信达进出口贸易有限公司　　制表：包瑞　　打印日期：2004.01.10

主营业务成本明细账

页号：1-1

科目：主营业务成本(5401)　　2002.12～2002.12　　本币名称：人民币

2002年		凭证号数	摘要	借方	贷方	方向	余额
月	日						
12	31	转-0083	结转销售成本	10 462 564.81		借	10 462 564.81
12	31	转-0094	结转销售成本		10 462 564.81	平	
12			本月合计	10 462 564.81	10 462 564.81	平	
12			本年累计	10 462 564.81	10 462 564.81	平	

核算单位：信达进出口贸易有限公司　　制表：包瑞　　打印日期：2004.01.10

外销明细账

页号：1-1

科目：主营业务成本/外销(5401002)　　2002.12～2002.12　　本币名称：人民币

2002年		凭证号数	摘要	借方	贷方	方向	余额
月	日						
12	31	转-0083	结转销售成本	10 462 564.81		借	10 462 564.81
12	31	转-0094	结转销售成本		10 462 564.81	平	
12			本月合计	10 462 564.81	10 462 564.81	平	
12			本年累计	10 462 564.81	10 462 564.81	平	

核算单位：信达进出口贸易有限公司　　制表：包瑞　　打印日期：2004.01.10

其他业务支出明细账

页号：1-1

科目：其他业务支出(5405)　　2002.12～2002.12　　本币名称：人民币

2002年		凭证号数	摘要	借方	贷方	方向	余额
月	日						
12	31	转-0080	提税金	4 645.73		借	4 645.73
12	31	转-0082	提附加税	130.25		借	4 775.98
12	31	转-0096	结转其他业务支出		4 775.98	平	
12			本月合计	4 775.98	4 775.98	平	
12			本年累计	4 775.98	4 775.98	平	

核算单位：信达进出口贸易有限公司　　制表：包瑞　　打印日期：2004.01.10

营业费用明细账

页号：1-1

科目：营业费用(5501)　　2002.12～2002.12　　本币名称：人民币

2002年		凭证号数	摘要	借方	贷方	方向	余额
月	日						
12	08	02-0001	快件费	245.00		借	245.00
12	08	02-0001	餐费	386.00		借	631.00
12	08	02-0001	验车费	65.00		借	696.00
12	08	02-0001	商检费	486.00		借	1 182.00
12	15	02-0002	修理空调	413.00		借	1 595.00
12	15	02-0002	车费	65.00		借	1 660.00
12	15	02-0002	汽油费	284.50		借	1 944.50
12	15	02-0002	快件费	814.44		借	2 758.94
12	15	02-0002	车费	591.00		借	3 349.94
12	15	02-0002	商检费	646.00		借	3 995.94
12	15	02-0003	餐费	4 659.00		借	8 654.94
12	15	02-0003	电费	773.00		借	9 427.94
12	15	02-0003	汽油费	150.00		借	9 577.94
12	15	02-0003	车费	318.00		借	9 895.94
12	15	02-0003	商检费	989.00		借	10 884.94
12	15	02-0004	商检费	50.00		借	10 934.94
12	15	02-0004	车费	93.00		借	11 027.94
12	15	02-0004	餐费	100.00		借	11 127.94
12	15	02-0004	退聘工资	2 304.00		借	13 431.94
12	15	02-0005	停车费	250.00		借	13 681.94
12	15	02-0006	电话费	170.84		借	13 852.78
12	15	02-0006	车费	38.00		借	13 890.78
12	15	02-0006	单证费	1 440.00		借	15 330.78
12	15	02-0007	汽车保养费	3 413.10		借	18 743.88
12	15	02-0007	汽油费	150.00		借	18 893.88
12	15	02-0007	停车费	40.00		借	18 933.88
12	15	02-0007	快件费	12.00		借	18 945.88
12	15	02-0007	餐费	30.00		借	18 975.88
12	15	02-0007	包干费	1 750.00		借	20 725.88
			过次页	20 725.88		借	20 725.88

核算单位：信达进出口贸易有限公司　　制表：包瑞　　打印日期：2004.01.10

营业费用明细账

页号：2-1

科目：营业费用(5501)　　2002.12～2002.12　　本币名称：人民币

2002年 月	日	凭证号数	摘　要	借　方	贷　方	方向	余　额
			承前页	20 725.88		借	20 725.88
12	15	02-0008	汽油费	200.00		借	20 925.88
12	15	02-0008	换证费	5.00		借	20 930.88
12	15	02-0009	电话费	29.00		借	20 959.88
12	15	02-0009	车费	51.00		借	21 010.88
12	15	02-0009	商检费	70.00		借	21 080.88
12	15	02-0010	拜访客户	155.00		借	21 235.88
12	15	02-0010	商检费	180.00		借	21 415.88
12	15	02-0010	配锁	16.00		借	21 431.88
12	15	02-0010	购买优盘	1 360.10		借	22 791.98
12	15	04-0001	煤气表	930.00		借	23 721.98
12	15	04-0001	包干费	3 819.10		借	27 541.08
12	15	04-0002	包干费	1 570.00		借	29 111.08
12	15	04-0002	包干费	1 270.00		借	30 381.08
12	15	04-0002	包干费	2 540.00		借	32 921.08
12	15	04-0003	包干费	2 357.20		借	35 278.28
12	15	04-0007	货物运费	450.00		借	35 728.28
12	15	04-0012	包干费	522.90		借	36 251.18
12	15	04-0012	交通费	5 000.00		借	41 251.18
12	15	04-0012	咨询费	30 000.00		借	71 251.18
12	15	04-0012	电料费	16 379.00		借	87 630.18
12	15	04-0013	包干费	6 000.00		借	93 630.18
12	15	04-0015	包干费	1 720.00		借	95 350.18
12	15	04-0015	包干费	1 200.00		借	96 550.18
12	15	04-0015	快件费	225.00		借	96 775.18
12	15	04-0016	包干费	1 370.00		借	98 145.18
12	15	04-0017	养路费	15 565.68		借	113 710.86
12	15	04-0017	包干费	742.85		借	114 453.71
12	15	04-0023	装修材料	1 650.00		借	116 103.71
			过次页	116 103.71		借	116 103.71

核算单位：信达进出口贸易有限公司　　制表：包瑞　　打印日期：2004.01.10

营业费用明细账

页号：3-1

科目：营业费用(5501)　　2002.12～2002.12　　本币名称：人民币

2002年		凭证号数	摘　要	借　方	贷　方	方向	余　额
月	日						
			承前页	116 103.71		借	116 103.71
12	15	04-0024	咨询费	49 637.30		借	165 741.01
12	15	04-0025	电话费	174.40		借	165 915.41
12	15	04-0026	包干费	2 160.00		借	168 075.41
12	15	04-0027	包干费	3 400.00		借	171 475.41
12	15	04-0027	出口货物费	1 218.00		借	172 693.41
12	15	04-0030	快件费	961.20		借	173 654.61
12	15	04-0030	包干费	3 110.60		借	176 765.21
12	15	04-0031	修理餐具	3 020.00		借	179 785.21
12	15	04-0033	包干费	1 270.00		借	181 055.21
12	15	04-0037	包干费	357.30		借	181 412.51
12	15	04-0040	水费	1 962.00		借	183 374.51
12	15	04-0043	支付税金及招待费	3 122.27		借	186 496.78
12	15	04-0043	支付税金及招待费	3 324.35		借	189 821.13
12	15	04-0043	支付税金及招待费	24 000.00		借	213 821.13
12	15	04-0044	快递费	40 700.00		借	254 521.13
12	15	04-0044	包干费	19 800.00		借	274 321.13
12	15	04-0046	电话费	181.90		借	274 503.03
12	25	01-0002	调整5月份2-6凭证		259.79	借	274 243.24
12	26	02-0011	电话费	130.40		借	274 373.64
12	26	02-0011	车费	62.00		借	274 435.64
12	26	02-0011	统计表	220.00		借	274 655.64
12	26	02-0011	车费	30.00		借	274 685.64
12	26	02-0011	购买灯管	479.60		借	275 165.24
12	26	02-0011	购买食品	500.00		借	275 665.24
12	26	02-0012	办证费	120.00		借	275 785.24
12	26	02-0012	电话费	263.40		借	276 048.64
12	26	02-0013	汽油费	150.00		借	276 198.64
12	26	02-0013	停车费	110.00		借	276 308.64
			过次页	276 568.43	259.79	借	276 308 64

核算单位：信达进出口贸易有限公司　　制表：包瑞　　打印日期：2004.01.10

营业费用明细账

页号：1-1

科目：营业费用(5501)　　2002.12～2002.12　　本币名称：人民币

2002年		凭证号数	摘　　要	借　方	贷　方	方向	余　额
月	日						
			承前页	276 568.43	259.79	借	276 308.64
12	26	02-0013	通行证	420.00		借	276 728.64
12	26	02-0013	商检费	741.00		借	277 469.64
12	26	02-0013	车费	36.00		借	277 505.64
12	26	02-0014	购买电脑盘片	1 600.00		借	279 105.64
12	31	转-0008	仓储费	36 540.00		借	315 645.64
12	31	转-0040	计提工资	55 985.39		借	371 631.03
12	31	转-0041	工资附加费转账	1 025.76		借	372 656.79
12	31	转-0041	工资附加费转账	769.32		借	373 426.11
12	31	转-0041	工资附加费转账	7 180.32		借	380 606.43
12	31	转-0042	单位承担统筹费	11 854.10		借	392 460.53
12	31	转-0042	单位承担统筹费	1 053.70		借	393 514.23
12	31	转-0042	单位承担统筹费	842.90		借	394 357.13
12	31	转-0045	计提 0212 折旧	5 683.36		借	400 040.49
12	31	转-0046	调整 5 月份 7-17 凭证	—23 622.50		借	376 417.99
12	31	转-0062	工资附加费	6 400.00		借	382 817.99
12	31	转-0062	工资附加费	4 800.00		借	387 617.99
12	31	转-0062	工资附加费	44 800.00		借	432 417.99
12	31	转-0063	统筹费转账	72 000.00		借	504 417.99
12	31	转-0063	统筹费转账	6 400.00		借	510 817.99
12	31	转-0063	统筹费转账	5 120.00		借	515 937.99
12	31	转-0064	工资转账	320 000.00		借	835 937.99
12	31	转-0065	收回广交会费用		15 300.00	借	820 637.99
12	31	转-0066	收回广交会费用		18 200.00	借	802 437.99
12	31	转-0081	业务招待费	20 858.00		借	823 295.99
12	31	转-0082	提附加税	43.42		借	823 339.41
12	31	转-0100	结转销售费用		823 339.41	平	
12			本月合计	857 099.20	857 099.20	平	
12			本年累计	857 099.20	857 099.20	平	

核算单位：信达进出口贸易有限公司　　制表：包瑞　　打印日期：2004.01.10

工资明细账

页号：1-1

科目：营业费用/工资(5501001)　　2002.12～2002.12　　本币名称：人民币

2002年		凭证号数	摘要	借方	贷方	方向	余额
月	日						
12	15	02-0004	退聘工资	2 304.00		借	2 304.00
12	31	转-0040	计提工资	55 985.39		借	58 289.39
12	31	转-0064	工资转账	320 000.00		借	378 289.39
12			本月合计	378 289.39		借	378 289.39
12			本年累计	378 289.39		借	378 289.39

核算单位：信达进出口贸易有限公司　　制表：包瑞　　打印日期：2004.01.10

福利费明细账

页号：1-1

科目：营业费用/福利费(5501002)　　2002.12～2002.12　　本币名称：人民币

2002年		凭证号数	摘要	借方	贷方	方向	余额
月	日						
12	31	转-0041	工资附加费转账	7 180.32		借	7 180.32
12	31	转-0062	工资附加费	44 800.00		借	51 980.32
12			本月合计	51 980.32		借	51 980.32
12			本年累计	51 980.32		借	51 980.32

核算单位：信达进出口贸易有限公司　　制表：包瑞　　打印日期：2004.01.10

工会经费明细账

页号：1-1

科目：营业费用/工会经费(5501003)　　2002.12～2002.12　　本币名称：人民币

2002年		凭证号数	摘要	借方	贷方	方向	余额
月	日						
12	31	转-0041	工资附加费转账	1 025.76		借	1 025.76
12	31	转-0062	工资附加费	6 400.00		借	7 425.76
12			本月合计	7 425.76		借	7 425.76
12			本年累计	7 425.76		借	7 425.76

核算单位：信达进出口贸易有限公司　　制表：包瑞　　打印日期：2004.01.10

职工教育经费明细账

页号：1-1

科目：营业费用/职工教育经费(5501004)　　2002.12～2002.12　　本币名称：人民币

2002年		凭证号数	摘要	借方	贷方	方向	余额
月	日						
12	31	转-0041	工资附加费转账	769.32		借	769.32
12	31	转-0062	工资附加费	4 800.00		借	5 569.32
12			本月合计	5 569.32		借	5 569.32
12			本年累计	5 569.32		借	5 569.32

核算单位：信达进出口贸易有限公司　　制表：包瑞　　打印日期：2004.01.10

河道管理费明细账

页号：1-1

科目：营业费用/河道管理费(5501005)　　2002.12～2002.12　　本币名称：人民币

2002年		凭证号数	摘要	借方	贷方	方向	余额
月	日						
12	31	转-0082	提附加税	43.42		借	43.42
12			本月合计	43.42		借	43.42
12			本年累计	43.42		借	43.42

核算单位：信达进出口贸易有限公司　　制表：包瑞　　打印日期：2004.01.10

业务招待费明细账

页号：1-1

科目：营业费用/业务招待费(5501006)　　2002.12～2002.12　　本币名称：人民币

2002年		凭证号数	摘要	借方	贷方	方向	余额
月	日						
12	08	02-0001	餐费	386.00		借	386.00
12	15	02-0003	餐费	4 659.00		借	5 045.00
12	15	02-0004	餐费	100.00		借	5 145.00
12	15	02-0007	餐费	30.00		借	5 175.00
12	15	02-0010	拜访客户	155.00		借	5 330.00
12	15	04-0043	支付税金及招待费	24 000.00		借	29 330.00
12	26	02-0011	购买食品	500.00		借	29 830.00
12	31	转-0081	业务招待费	20 858.00		借	50 688.00
12			本月合计	50 688.00		借	50 688.00
12			本年累计	50 688.00		借	50 688.00

核算单位：信达进出口贸易有限公司　　制表：包瑞　　打印日期：2004.01.10

办公费明细账

页号：1-1

科目：营业费用/办公费(5501007)　　2002.12～2002.12　　本币名称：人民币

2002年		凭证号数	摘要	借方	贷方	方向	余额
月	日						
12	08	02-0001	快件费	245.00		借	245.00
12	15	02-0002	快件费	814.44		借	1 059.44
12	15	02-0003	电费	773.00		借	1 832.44
12	15	02-0006	电话费	170.84		借	2 003.28
12	15	02-0007	快件费	12.00		借	2 015.28
12	15	02-0007	包干费	1 750.00		借	3 765.28
12	15	02-0009	电话费	29.00		借	3 794.28
12	15	02-0010	购买优盘	1 360.10		借	5 154.38
12	15	04-0015	快件费	225.00		借	5 379.38
12	15	04-0025	电话费	174.40		借	5 553.78
12	15	04-0027	出口货物费	1 218.00		借	6 771.78
12	15	04-0030	快件费	961.20		借	7 732.98
12	15	04-0040	水费	1 962.00		借	9 694.98
12	15	04-0044	快递费	40 700.00		借	50 394.98
12	15	04-0046	电话费	181.90		借	50 576.88
12	25	01-0002	调整5月份2-6凭证		259.79	借	50 317.09
12	26	02-0011	电话费	130.40		借	50 447.49
12	26	02-0011	统计表	220.00		借	50 667.49
12	26	02-0012	电话费	263.40		借	50 930.89
12	26	02-0013	通行证	420.00		借	51 350.89
12	26	02-0014	购买电脑盘片	1 600.00		借	52 950.89
12			本月合计	53 210.68	259.79	借	52 950.89
12			本年累计	53 210.68	259.79	借	52 950.89

核算单位：信达进出口贸易有限公司　　制表：包瑞　　打印日期：2004.01.10

差旅费明细账

页号：1-1

科目：营业费用/差旅费(5501009)　　2002.12～2002.12　　本币名称：人民币

2002年		凭证号数	摘要	借方	贷方	方向	余额
月	日						
12	15	02-0002	车费	65.00		借	65.00
12	15	02-0002	车费	591.00		借	656.00
12	15	02-0003	车费	318.00		借	974.00
12	15	02-0004	车费	93.00		借	1 067.00
12	15	02-0005	停车费	250.00		借	1 317.00
12	15	02-0006	车费	38.00		借	1 355.00
12	15	02-0007	停车费	40.00		借	1 395.00
12	15	02-0009	车费	51.00		借	1 446.00
12	15	04-0012	交通费	5 000.00		借	6 446.00
12	26	02-0011	车费	62.00		借	6 508.00
12	26	02-0011	车费	30.00		借	6 538.00
12	26	02-0013	停车费	110.00		借	6 648.00
12	26	02-0013	车费	36.00		借	6 684.00
12			本月合计	6 684.00		借	6 684.00
12			本年累计	6 684.00		借	6 684.00

核算单位：信达进出口贸易有限公司　　制表：包瑞　　打印日期：2004.01.10

运输费明细账

页号：1-1

科目：营业费用/运输费(5501010)　　2002.12～2002.12　　本币名称：人民币

2002年		凭证号数	摘要	借方	贷方	方向	余额
月	日						
12	15	02-0002	汽油费	284.50		借	284.50
12	15	02-0003	汽油费	150.00		借	434.50
12	15	02-0007	汽油费	150.00		借	584.50
12	15	02-0008	汽油费	200.00		借	784.50
12	15	04-0017	养路费	15 565.68		借	16 350.18
12	26	02-0013	汽油费	150.00		借	16 500.18
12			本月合计	16 500.18		借	16 500.18
12			本年累计	16 500.18		借	16 500.18

核算单位：信达进出口贸易有限公司　　制表：包瑞　　打印日期：2004.01.10

折旧费明细账

页号：1-1

科目：营业费用/折旧费(5501011)　　2002.12～2002.12　　本币名称：人民币

2002年 月	日	凭证号数	摘要	借方	贷方	方向	余额
12	31	转-0045	计提0212折旧	5 683.36		借	5 683.36
12			本月合计	5 683.36		借	5 683.36
12			本年累计	5 683.36		借	5 683.36

核算单位：信达进出口贸易有限公司　　制表：包瑞　　打印日期：2004.01.10

修理费明细账

页号：1-1

科目：营业费用/修理费(5501013)　　2002.12～2002.12　　本币名称：人民币

2002年 月	日	凭证号数	摘要	借方	贷方	方向	余额
12	08	02-0001	验车费	65.00		借	65.00
12	15	02-0002	修理空调	413.00		借	478.00
12	15	02-0007	汽车保养费	3 413.10		借	3 891.10
12	15	02-0008	换证费	5.00		借	3 896.10
12	15	02-0010	配锁	16.00		借	3 912.10
12	15	04-0001	煤气表	930.00		借	4 842.10
12	15	04-0012	电料费	16 379.00		借	21 221.10
12	15	04-0023	装修材料	1 650.00		借	22 871.10
12	15	04-0031	修理餐具	3 020.00		借	25 891.10
12	26	02-0011	购买灯管	479.60		借	26 370.70
12			本月合计	26 370.70		借	26 370.70
12			本年累计	26 370.70		借	26 370.70

核算单位：信达进出口贸易有限公司　　制表：包瑞　　打印日期：2004.01.10

报关费明细账

页号：1-1

科目：营业费用/报关费(5501016)　　2002.12～2002.12　　本币名称：人民币

2002年		凭证号数	摘　　要	借　方	贷　方	方向	余　额
月	日						
12	08	02-0001	商检费	486.00		借	486.00
12	15	02-0002	商检费	646.00		借	1 132.00
12	15	02-0003	商检费	989.00		借	2 121.00
12	15	02-0004	商检费	50.00		借	2 171.00
12	15	02-0006	单证费	1 440.00		借	3 611.00
12	15	02-0009	商检费	70.00		借	3 681.00
12	15	02-0010	商检费	180.00		借	3 861.00
12	15	04-0001	包干费	3 819.10		借	7 680 10
12	15	04-0002	包干费	1 570.00		借	9 250.10
12	15	04-0002	包干费	1 270.00		借	10 520.10
12	15	04-0002	包干费	2 540.00		借	13 060.10
12	15	04-0003	包干费	2 357.20		借	15 417.30
12	15	04-0007	货物运费	450.00		借	15 867.30
12	15	04-0012	包干费	522.90		借	16 390.20
12	15	04-0013	包干费	6 000.00		借	22 390.20
12	15	04-0015	包干费	1 720.00		借	24 110.20
12	15	04-0015	包干费	1 200.00		借	25 310.20
12	15	04-0016	包干费	1 370.00		借	26 680.20
12	15	04-0017	包干费	742.85		借	27 423.05
12	15	04-0026	包干费	2 160.00		借	29 583.05
12	15	04-0027	包干费	3 400.00		借	32 983.05
12	15	04-0030	包干费	3 110.60		借	36 093.65
12	15	04-0033	包干费	1 270.00		借	37 363.65
12	15	04-0037	包干费	357.30		借	37 720.95
12	15	04-0044	包干费	19 800.00		借	57 520.95
12	26	02-0012	办证费	120.00		借	57 640.95
12	26	02-0013	商检费	741.00		借	58 381.95
12	31	转-0008	仓储费	36 540.00		借	94 921.95
12			本月合计	94 921.95		借	94 921.95
12			本年累计	94 921.95		借	94 921.95

核算单位：信达进出口贸易有限公司　　制表：包瑞　　打印日期：2004.01.10

参展费明细账

页号：1-1

科目：营业费用/参展费(5501017)　　2002.12～2002.12　　本币名称：人民币

2002年		凭证号数	摘　　要	借　　方	贷　　方	方向	余　　额
月	日						
12	31	转-0065	收回广交会费用		15 300.00	贷	15 300.00
12	31	转-0066	收回广交会费用		18 200.00	贷	33 500.00
12			本月合计		33 500.00	贷	33 500.00
12			本年累计		33 500.00	贷	33 500.00

核算单位：信达进出口贸易有限公司　　制表：包瑞　　打印日期：2004.01.10

创汇奖明细账

页号：1-1

科目：营业费用/创汇奖(5501021)　　2002.12～2002.12　　本币名称：人民币

2002年		凭证号数	摘　　要	借　　方	贷　　方	方向	余　　额
月	日						
12	31	转-0046	调整5月份7-17凭证	−23 622.50		贷	23 622.50
12			本月合计	−23 622.50		贷	23 622.50
12			本年累计	−23 622.50		贷	23 622.50

核算单位：信达进出口贸易有限公司　　制表：包瑞　　打印日期：2004.01.10

咨询费明细账

页号：1-1

科目：营业费用/咨询费(5501022)　　2002.12～2002.12　　本币名称：人民币

2002年		凭证号数	摘　　要	借　　方	贷　　方	方向	余　　额
月	日						
12	15	04-0012	咨询费	30 000.00		借	30 000.00
12	15	04-0024	咨询费	49 637.30		借	79 637.30
12			本月合计	79 637.30		借	79 637.30
12			本年累计	79 637.30		借	79 637.30

核算单位：信达进出口贸易有限公司　　制表：包瑞　　打印日期：2004.01.10

养老保险明细账

页号：1-1

科目：营业费用/养老保险(5501025)　　2002.12～2002.12　　本币名称：人民币

2002年		凭证号数	摘　　要	借　　方	贷　　方	方向	余　　额
月	日						
12	31	转-0042	单位承担统筹费	11 854.10		借	11 854.10
12	31	转-0063	统筹费转账	72 000.00		借	83 854.10
12			本月合计	83 854.10		借	83 854.10
12			本年累计	83 854.10		借	83 854.10

核算单位：信达进出口贸易有限公司　　制表：包瑞　　打印日期：2004.01.10

失业保险明细账

页号：1-1

科目：营业费用/失业保险(5501026)　　2002.12～2002.12　　本币名称：人民币

2002年		凭证号数	摘要	借方	贷方	方向	余额
月	日						
12	31	转-0042	单位承担统筹费	1 053.70		借	1 053.70
12	31	转-0063	统筹费转账	6 400.00		借	7 453.70
12			本月合计	7 453.70		借	7 453.70
12			本年累计	7 453.70		借	7 453.70

核算单位：信达进出口贸易有限公司　　制表：包瑞　　打印日期：2004.01.10

残疾保险明细账

页号：1-1

科目：营业费用/残疾保险(5501027)　　2002.12～2002.12　　本币名称：人民币

2002年		凭证号数	摘要	借方	贷方	方向	余额
月	日						
12	31	转-0042	单位承担统筹费	842.90		借	842.90
12	31	转-0063	统筹费转账	5 120.00		借	5 962.90
12			本月合计	5 962.90		借	5 962.90
12			本年累计	5 962.90		借	5 962.90

核算单位：信达进出口贸易有限公司　　制表：包瑞　　打印日期：2004.01.10

税 金 明 细 账

页号：1-1

科目：营业费用/税金(5501028)　　2002.12～2002.12　　本币名称：人民币

2002年		凭证号数	摘要	借方	贷方	方向	余额
月	日						
12	15	04-0043	支付税金及招待费	3 122.27		借	3 122.27
12	15	04-0043	支付税金及招待费	3 324.35		借	6 446.62
12			本月合计	6 446.62		借	6 446.62
12			本年累计	6 446.62		借	6 446.62

核算单位：信达进出口贸易有限公司　　制表：包瑞　　打印日期：2004.01.10

结转本年利润明细账

页号：1-1

科目：营业费用/结转本年利润(5501099)　　2002.12～2002.12　　本币名称：人民币

2002年		凭证号数	摘要	借方	贷方	方向	余额
月	日						
12	31	转-0100	结转销售费用		823 339.41	贷	823 339.41
12			本月合计		823 339.41	贷	823 339.41
12			本年累计		823 339.41	贷	823 339.41

核算单位：信达进出口贸易有限公司　　制表：包瑞　　打印日期：2004.01.10

财务费用明细账

页号：1-1

科目：财务费用(5503)　　2002.12～2002.12　　本币名称：人民币

2002年		凭证号数	摘要	借方	贷方	方向	余额
月	日						
12	15	03-0010	银行手续费		2 636.51	贷	2 636.51
12	15	03-0013	利息		1 738.59	贷	4 375.10
12	15	03-0015	利息		453.67	贷	4 828.77
12	15	03-0015	退手续费		46.85	贷	4 875.62
12	15	03-0016	利息收入		1 250.40	贷	6 126.02
12	15	04-0001	银行手续费	152.50		贷	5 973.52
12	15	04-0005	银行手续费	1 174.20		贷	4 799.32
12	15	04-0007	银行手续费	5.50		贷	4 793.82
12	15	04-0010	银行手续费	77.90		贷	4 715.92
12	15	04-0012	银行手续费	1.20		贷	4 714.72
12	15	04-0017	银行手续费	4.08		贷	4 710.64
12	15	04-0024	银行手续费	300.00		贷	4 410.64
12	15	04-0025	银行手续费	600.00		贷	3 810.64
12	15	04-0029	银行手续费	16.32		贷	3 794.32
12	15	04-0031	银行手续费	355.28		贷	3 439.04
12	15	04-0033	银行手续费	4.08		贷	3 434.96
12	15	04-0034	银行手续费	5.28		贷	3 429.68
12	15	04-0036	银行手续费	10.50		贷	3 419.18
12	15	04-0036	银行手续费	370.00		贷	3 049 18
12	15	04-0038	银行手续费	1.20		贷	3 047.98
12	15	04-0039	银行手续费	231.00		贷	2 816.98
12	15	04-0041	银行手续费	91.50		贷	2 725.48
12	15	04-0042	银行手续费	4.08		贷	2 721.40
12	15	04-0045	银行手续费	5 216.40		借	2 495.00
12	31	转-0001	02KG1068 银扣	735.54		借	3 230.54
12	31	转-0001	02KG1068 汇率调整	1 041.28		借	4 271.82
12	31	转-0001	02KG1066 银扣	1 343.72		借	5 615.54
12	31	转-0001	02KG1066 银扣	300.45		借	5 915.99
12	31	转-0001	02GH1125 银扣	123.96		借	6 039.95
			过次页	12 165.97	6 126.02	借	6 039.95

核算单位：信达进出口贸易有限公司　　制表：包瑞　　打印日期：2004.01.10

财务费用明细账

页号：2-1

科目：财务费用(5503)　　2002.12～2002.12　　本币名称：人民币

2002年		凭证号数	摘要	借方	贷方	方向	余额
月	日						
			承前页	12 165.97	6 126.02	借	6 039.95
12	31	转-0001	02GH1125 调整汇率	121.26		借	6 161.21
12	31	转-0001	02KG1086,1084 银扣	140.49		借	6 301.70
12	31	转-0001	02KG1086,1084	51.38		借	6 353.08
12	31	转-0001	02KG1113 银扣	264.47		借	6 617.55
12	31	转-0001	02KG1113 调整汇率	219.79		借	6 837.34
12	31	转-0001	02KG1109 调整汇率	120.02		借	6 957.36
12	31	转-0001	02KG1075,76 调整汇率	171.38		借	7 128.74
12	31	转-0001	02KG1107 银扣	661.04		借	7 789.78
12	31	转-0001	02KG1107 调整汇率	158.35		借	7 948.13
12	31	转-0002	02KH2130,2130-1 银扣	1 442.19		借	9 390.32
12	31	转-0002	02KH2130,2130-1 汇率调整	204.60		借	9 594.92
12	31	转-0002	02KH2136-1,2142,43 银扣	247.94		借	9 842.86
12	31	转-0002	02KH2136-1,2142,43 调整汇率	526.14		借	10 369.00
12	31	转-0002	02KH2154 银扣	2 181.41		借	12 550.41
12	31	转-0002	02KH2154 调整汇率	43.51		借	12 593.92
12	31	转-0002	02KH2106 银扣	471.05		借	13 064.97
12	31	转-0002	02KH2106 调整汇率	185.97		借	13 250.94
12	31	转-0002	02KH2123 银扣	359.65		借	13 610.59
12	31	转-0002	02KH2123 调整汇率	1 464.07		借	15 074.66
12	31	转-0002	02KH2041,2041-1 汇率调整	28.19		借	15 102.85
12	31	转-0002	02KH2083,2150 银扣	3 570.39		借	18 673.24
12	31	转-0002	02KH2083,2150 调整汇率	346.62		借	19 019.86
12	31	转-0003	02KH3071 调整汇率	268.30		借	19 288.16
12	31	转-0003	02KH3128,19,43-1,37 调整汇率	967.40		借	20 255.56
12	31	转-0003	02KH3095,96,3116,3099 调整汇率	－1 122.83		借	19 132.73
12	31	转-0003	02KH3050-6,3103 银扣	1 184.84		借	20 317.57
12	31	转-0003	02KH3050-6,3103 汇率调整	232.93		借	20 550.50
12	31	转-0003	02KH3146,47 银扣	661.18		借	21 211.68
			过次页	27 337.70	6 126.02	借	21 211.68

核算单位：信达进出口贸易有限公司　　制表：包瑞　　打印日期：2004.01.10

财务费用明细账

页号：3-1

科目：财务费用(5503)　　2002.12～2002.12　　本币名称：人民币

2002年 月	日	凭证号数	摘要	借方	贷方	方向	余额
			承前页	27 337.70	6 126.02	借	21 211.68
12	31	转-0003	02KH3146,47 调整汇率	217.16		借	21 428.84
12	31	转-0003	02KH3133,3151 调整汇率	168.94		借	21 597.78
12	31	转-0003	02KH3123 调整汇率	90.72		借	21 688.50
12	31	转-0003	02KH3048,49 银扣	1 801.68		借	23 490.18
12	31	转-0003	02KH3048,49 调整汇率	130.30		借	23 620.48
12	31	转-0003	02KH3125,56,45,34,27 银扣	9 100.39		借	32 720.87
12	31	转-0003	02KH3125,56,45,34,27 调整汇率	1 186.30		借	33 907.17
12	31	转-0003	02KH3169 银扣	303.23		借	34 210.40
12	31	转-0003	02KH3169 调整汇率	55.60		借	34 266.00
12	31	转-0003	02KH3069 银扣	851.21		借	35 117.21
12	31	转-0003	02KH3069 调整汇率	125.71		借	35 242.92
12	31	转-0004	调整汇率		70.69	借	35.172.23
12	31	转-0084	年末调整汇率	5 249.76		借	40 421.99
12	31	转-0085	年末调整汇率	1 332.26		借	41 754.25
12	31	转-0086	年末调整汇率	342.75		借	42 097.00
12	31	转-0087	年末调整汇率	1 631.30		借	43 728.30
12	31	转-0088	年末调整汇率	147.03		借	43 875.33
12	31	转-0089	年末调整汇率	2 229.16		借	46 104.49
12	31	转-0090	年末汇率调整	12 768.23		借	58 872.72
12	31	转-0091	年末汇率调整	6 958.95		借	65 831.67
12	31	转-0101	结转财务费用		65 831.67	平	
12			本月合计	72 028.38	72 028.38	平	
12			本年累计	72 028.38	72 028.38	平	

核算单位：信达进出口贸易有限公司　　制表：包瑞　　打印日期：2004.01.10

汇兑损益明细账

页号：1-1

科目：财务费用/汇兑损益(5503002)　　2002.12～2002.12　　本币名称：人民币

2002年		凭证号数	摘要	借方	贷方	方向	余额
月	日						
12	31	转-0001	02KG1068 汇率调整	1 041.28		借	1 041.28
12	31	转-0001	02KG1066 银扣	300.45		借	1 341.73
12	31	转-0001	02GH1125 调整汇率	121.26		借	1 462.99
12	31	转-0001	02KG1086,1084	51.38		借	1 514.37
12	31	转-0001	02KG1113 调整汇率	219.79		借	1 734.16
12	31	转-0001	02KG1075,76 调整汇率	171.38		借	1 905.54
12	31	转-0001	02KG1107 调整汇率	158.35		借	2 063.89
12	31	转-0002	02KH2130,2130-1 汇率调整	204.60		借	2 268.49
12	31	转-0002	02KH2136-1,2142,43 调整汇率	526.14		借	2 794.63
12	31	转-0002	02KH2154 调整汇率	43.51		借	2 838.14
12	31	转-0002	02KH2106 调整汇率	185.97		借	3 024.11
12	31	转-0002	02KH2123 调整汇率	1 464.07		借	4 488.18
12	31	转-0002	02KH2041,2041-1 汇率调整	28.19		借	4 516.37
12	31	转-0002	02KH2083,2150 调整汇率	346.62		借	4 862.99
12	31	转-0003	02KH3071 调整汇率	268.30		借	5 131.29
12	31	转-0003	02KH3128,19,43-1,37 调整汇率	967.40		借	6 098.69
12	31	转-0003	02KH3095,96,3116,3099 调整汇率	—1 122.83		借	4 975.86
12	31	转-0003	02KH3050-6,3103 汇率调整	232.93		借	5 208.79
12	31	转-0003	02KH3146,47 调整汇率	217.16		借	5 425.95
12	31	转-0003	02KH3133,3151 调整汇率	168.94		借	5 594.89
12	31	转-0003	02KH3123 调整汇率	90.72		借	5 685.61
12	31	转-0003	02KH3048,49 调整汇率	130.30		借	5 815.91
12	31	转-0003	02KH3125,56,45,34,27 调整汇率	1 186.30		借	7 002.21
12	31	转-0003	02KH3169 调整汇率	55.60		借	7 057.81
12	31	转-0003	02KH3069 调整汇率	125.71		借	7 183.52
12	31	转-0004	调整汇率		70.69	借	7 112.83
12	31	转-0084	年末调整汇率	5 249.76		借	12 362.59
12	31	转-0085	年末调整汇率	1 332.26		借	13 694.85
12	31	转-0086	年末调整汇率	342.75		借	14 037.60
12	31	转-0087	年末调整汇率	1 631.30		借	15 668.90
12	31	转-0088	年末调整汇率	147.03		借	15 815.93
12	31	转-0089	年末调整汇率	2 229.16		借	18 045.09
12	31	转-0090	年末汇率调整	12 768.23		借	30 813.32
12	31	转-0091	年末汇率调整	6 958.95		借	37 772.27
12			本月合计	37 842.96	70.69	借	37 772.27
12			本年累计	37 842.96	70.69	借	37 772.27

核算单位：信达进出口贸易有限公司　　制表：包瑞　　打印日期：2004.01.10

手续费明细账

页号：1-1

科目：财务费用/手续费(5503004)　　2002.12～2002.12　　本币名称：人民币

2002年		凭证号数	摘　　要	借　方	贷　方	方向	余　额
月	日						
12	15	03-0010	银行手续费		2 636.51	贷	2 636.51
12	15	03-0015	退手续费		46.85	贷	2 683 36
12	15	04-0001	银行手续费	152.50		贷	2 530.86
12	15	04-0005	银行手续费	1 174.20		贷	1 356.66
12	15	04-0007	银行手续费	5.50		贷	1 351.16
12	15	04-0010	银行手续费	77.90		贷	1 273.26
12	15	04-0012	银行手续费	1.20		贷	1 272.06
12	15	04-0017	银行手续费	4.08		贷	1 267.98
12	15	04-0024	银行手续费	300.00		贷	967.98
12	15	04-0025	银行手续费	600.00		贷	367.98
12	15	04-0029	银行手续费	16.32		贷	351.66
12	15	04-0031	银行手续费	355.28		借	3.62
12	15	04-0033	银行手续费	4.08		借	7.70
12	15	04-0034	银行手续费	5.28		借	12.98
12	15	04-0036	银行手续费	10.50		借	23.48
12	15	04-0036	银行手续费	370.00		借	393.48
12	15	04-0038	银行手续费	1.20		借	394.68
12	15	04-0039	银行手续费	231.00		借	625.68
12	15	04-0041	银行手续费	91.50		借	717.18
12	15	04-0042	银行手续费	4.08		借	721.26
12	15	04-0045	银行手续费	5 216.40		借	5 937.66
12	31	转-0001	02KG1068 银扣	735.54		借	6 673.20
12	31	转-0001	02KG1066 银扣	1 343.72		借	8 016.92
12	31	转-0001	02GH1125 银扣	123.96		借	8 140.88
12	31	转-0001	02KG1086,1084 银扣	140.49		借	8 281.37
12	31	转-0001	02KG1113 银扣	264.47		借	8 545 84
12	31	转-0001	02KG1109 调整汇率	120.02		借	8 665.86
12	31	转-0001	02KG1107 银扣	661.04		借	9 326.90
12	31	转-0002	02KH2130,2130-1 银扣	1 442.19		借	10 769.09
			过次页	13 452.45	2 683.36	借	10 769.09

核算单位：信达进出口贸易有限公司　　制表：包瑞　　打印日期：2004.01.10

手续费明细账

页号：2-1

科目：财务费用/手续费(5503004)　　2002.12～2002.12　　本币名称：人民币

2002年		凭证号数	摘要	借方	贷方	方向	余额
月	日						
			承前页	13 452.45	2 683.36	借	10 769.09
12	31	转-0002	02KH2136-1,2142,43银扣	247.94		借	11 017.03
12	31	转-0002	02KH2154银扣	2 181.41		借	13 198.44
12	31	转-0002	02KH2106银扣	471.05		借	13 669.49
12	31	转-0002	02KH2123银扣	359.65		借	14 029.14
12	31	转-0002	02KH2083,2150银扣	3 570.39		借	17 599.53
12	31	转-0003	02KH3050-6,3103银扣	1 184.84		借	18 784.37
12	31	转-0003	02KH3146,47银扣	661.18		借	19 445.55
12	31	转-0003	02KH3048,49银扣	1 801.68		借	21 247.23
12	31	转-0003	02KH3125,56,45,34,27银扣	9 100.39		借	30 347.62
12	31	转-0003	02KH3169银扣	303.23		借	30 650.85
12	31	转-0003	02KH3069银扣	851.21		借	31 502.06
12			本月合计	34 185.42	2 683.36	借	31 502.06
12			本年累计	34 185.42	2 683.36	借	31 502.06

核算单位：信达进出口贸易有限公司　　制表：包瑞　　打印日期：2004.01.10

结转本年利润明细账

页号：1-1

科目：财务费用/结转本年利润(5503099)　　2002.12～2002.12　　本币名称：人民币

2002年		凭证号数	摘要	借方	贷方	方向	余额
月	日						
12	31	转-0101	结转财务费用		65 831.67	贷	65 831.67
12			本月合计		65 831.67	贷	65 831.67
12			本年累计		65 831.67	贷	65 831.67

核算单位：信达进出口贸易有限公司　　制表：包瑞　　打印日期：2004.01.10

营业外支出明细账

页号：1-1

科目：营业外支出(5601)　　2002.12～2002.12　　本币名称：人民币

2002年		凭证号数	摘要	借方	贷方	方向	余额
月	日						
12	31	转-0008	仓储费		36 540.00	贷	36 540.00
12	31	转-0098	结转营业外支出		−36 540.00	平	
12			本月合计			平	
12			本年累计			平	

核算单位：信达进出口贸易有限公司　　制表：包瑞　　打印日期：2004.01.10

所得税明细账

页号：1-1

科目：所得税(5701)　　2002.12～2002.12　　本币名称：人民币

2002年		凭证号数	摘要	借方	贷方	方向	余额
月	日						
12	31	转-0092	提取所得税	31 216.78		借	31 216.78
12	31	转-0099	结转所得税		31 216.78	平	
12			本月合计	31 216.78	31 216.78	平	
12			本年累计	31 216.78	31 216.78	平	

核算单位：信达进出口贸易有限公司　　制表：包瑞　　打印日期：2004.01.10

现 金 总 账

页号：1-1

科目：现金(1001)　　2002.12～2002.12　　本币名称：人民币

2002年		凭证号数	摘要	借方	贷方	方向	余额
月	日						
			上年结转			借	3 914.00
12			本月合计	347 319.79	348 710.38	借	2 523.41
12			本年累计	347 319.79	348 710.38		

核算单位：信达进出口贸易有限公司　　制表：包瑞　　打印日期：2004.02.08

银行存款总账

页号：1-1

科目：银行存款(1002)　　2002.12～2002.12　　本币名称：人民币

2002年		凭证号数	摘　　要	借　方	贷　方	方向	余　额
月	日						
			上年结转			借	2 273 734.47
12			本月合计	6 376 768.70	7 960 060.66	借	690 442.51
12			本年累计	6 376 768.70	7 960 060.66		

核算单位：信达进出口贸易有限公司　　制表：包瑞　　打印日期：2004.01.10

其他货币资金总账

页号：1-1

科目：其他货币资金(1009)　　2002.12～2002.12　　本币名称：人民币

2002年		凭证号数	摘　　要	借　方	贷　方	方向	余　额
月	日						
			上年结转			借	237 700.00
12			本月合计	32 000.00	69 000.00	借	200 700.00
12			本年累计	32 000.00	69 000.00		

核算单位：信达进出口贸易有限公司　　制表：包瑞　　打印日期：2004.01.10

应收账款总账

页号：1-1

科目：应收账款(1131)　　2002.12～2002.12　　本币名称：人民币

2002年		凭证号数	摘　　要	借　方	贷　方	方向	余　额
月	日						
			上年结转			借	9 387 130.00
12			本月合计	12 176 524.72	5 360 564.66	借	16 203 090.06
12			本年累计	12 176 524.72	5 360 564.66		

核算单位：信达进出口贸易有限公司　　制表：包瑞　　打印日期：2004.01.10

其他应收款总账

页号：1-1

科目：其他应收款(1133)　　2002.12～2002.12　　本币名称：人民币

2002年		凭证号数	摘　　要	借　方	贷　方	方向	余　额
月	日						
			上年结转			借	3 304 030.77
12			本月合计	386 836.00	315 000.00	借	3 375 866.77
12			本年累计	386 836.00	315 000.00		

核算单位：信达进出口贸易有限公司　　制表：包瑞　　打印日期：2004.01.10

预付账款总账

页号：1-1

科目：预付账款(1151)　　2002.12～2002.12　　本币名称：人民币

2002年		凭证号数	摘　　要	借　方	贷　方	方向	余　额
月	日						
			上年结转			借	2 893 908.14
12			本月合计	1 076 964.27	1 913 908.14	借	2 056 964.27
12			本年累计	1 076 964.27	1 913 908.14		

核算单位：信达进出口贸易有限公司　　制表：包瑞　　打印日期：2004.01.10

库存商品总账

页号：1-1

科目：库存商品(1243)　　2002.12～2002.12　　本币名称：人民币

2002年		凭证号数	摘　　要	借　方	贷　方	方向	余　额
月	日						
			上年结转			借	25 350.00
12			本月合计	10 457 564.81	10 462 564.81	借	20 350.00
12			本年累计	10 457 564.81	10 462 564.81		

核算单位：信达进出口贸易有限公司　　制表：包瑞　　打印日期：2004.01.10

累计折旧总账

页号：1-1

科目：累计折旧(1502)　　2002.12～2002.12　　本币名称：人民币

2002年		凭证号数	摘要	借方	贷方	方向	余额
月	日						
			上年结转			贷	28 779.43
12			本月合计		5 683.36	贷	34 462.79
12			本年累计		5 683.36		

核算单位：信达进出口贸易有限公司　　制表：包瑞　　打印日期：2004.01.10

应付账款总账

页号：1-1

科目：应付账款(2121)　　2002.12～2002.12　　本币名称：人民币

2002年		凭证号数	摘要	借方	贷方	方向	余额
月	日						
			上年结转			贷	1 005 166.79
12			本月合计	6 838 475.31	12 176 507.17	贷	6 343 198.65
12			本年累计	6 838 475.31	12 176 507.17		

核算单位：信达进出口贸易有限公司　　制表：包瑞　　打印日期：2004.01.10

预收账款总账

页号：1-1

科目：预收账款(2131)　　2002.12～2002.12　　本币名称：人民币

2002年		凭证号数	摘要	借方	贷方	方向	余额
月	日						
			上年结转			贷	14 214 566.29
12			本月合计	5 012 559.62	5 287 584.64	贷	14 489 591.31
12			本年累计	5 012 559.62	5 287 584.64		

核算单位：信达进出口贸易有限公司　　制表：包瑞　　打印日期：2004.01.10

应付工资总账

页号：1-1

科目：应付工资(2151)　　2002.12～2002.12　　本币名称：人民币

2002年		凭证号数	摘要	借方	贷方	方向	余额
月	日						
			上年结转			平	
12			本月合计	376 017.89	376 017.89	平	
12			本年累计	376 017.89	376 017.89		

核算单位：信达进出口贸易有限公司　　制表：包瑞　　打印日期：2004.01.10

应付福利费总账

页号：1-1

科目：应付福利费(2153)　　2002.12～2002.12　　本币名称：人民币

2002年		凭证号数	摘要	借方	贷方	方向	余额
月	日						
			上年结转			贷	4 887.67
12			本月合计	44 754.70	51 980.32	贷	12 113.29
12			本年累计	44 754.70	51 980.32		

核算单位：信达进出口贸易有限公司　　制表：包瑞　　打印日期：2004.01.10

应交税金总账

页号：1-1

科目：应交税金(2171)　　2002.12～2002.12　　本币名称：人民币

2002年		凭证号数	摘要	借方	贷方	方向	余额
月	日						
			上年结转			借	5 116 195.46
12			本月合计	1 451 608.66	185 432.17	借	6 382 371.95
12			本年累计	1 451 608.66	185 432.17		

核算单位：信达进出口贸易有限公司　　制表：包瑞　　打印日期：2004.01.10

其他应交款总账

页号：1-1

科目：其他应交款(2176)　　2002.12～2002.12　　本币名称：人民币

2002年 月	日	凭证号数	摘　　要	借　方	贷　方	方向	余　额
			上年结转			贷	122.55
12			本月合计	122.55	173.67	贷	173.67
12			本年累计	122.55	173.67		

核算单位：信达进出口贸易有限公司　　制表：包瑞　　打印日期：2004.01.10

其他应付款总账

页号：1-1

科目：其他应付款(2181)　　2002.12～2002.12　　本币名称：人民币

2002年 月	日	凭证号数	摘　　要	借　方	贷　方	方向	余　额
			上年结转			贷	4 384 863.33
12			本月合计	1 206 958.88	963 892.38	贷	4 141 796.83
12			本年累计	1 206 958.88	963 892.38		

核算单位：信达进出口贸易有限公司　　制表：包瑞　　打印日期：2004.01.10

本年利润总账

页号：1-1

科目：本年利润(3131)　　2002.12～2002.12　　本币名称：人民币

2002年 月	日	凭证号数	摘　　要	借　方	贷　方	方向	余　额
			上年结转			借	78 285.38
12			本月合计	11 580 298.92	11 658 584.30	平	
12			本年累计	11 580 298.92	11 658 584.30		

核算单位：信达进出口贸易有限公司　　制表：包瑞　　打印日期：2004.01.10

利润分配总账

页号：1-1

科目：利润分配(3141)　　2002.12～2002.12　　本币名称：人民币

2002年		凭证号数	摘要	借方	贷方	方向	余额
月	日						
			上年结转			平	
12			本月合计		229 110.27	贷	229 110.27
12			本年累计		229 110.27		

核算单位：信达进出口贸易有限公司　　制表：包瑞　　打印日期：2004.01.10

主营业务收入总账

页号：1-1

科目：主营业务收入(5101)　　2002.12～2002.12　　本币名称：人民币

2002年		凭证号数	摘要	借方	贷方	方向	余额
月	日						
			上年结转			平	
12			本月合计	11 932 934.19	11 932 934.19	平	
12			本年累计	11 932 934.19	11 932 934.19		

核算单位：信达进出口贸易有限公司　　制表：包瑞　　打印日期：2004.01.10

营业外收入总账

页号：1-1

科目：营业外收入(5301)　　2002.12～2002.12　　本币名称：人民币

2002年		凭证号数	摘要	借方	贷方	方向	余额
月	日						
			上年结转			平	
12			本月合计	35 028.00	35 028.00	平	
12			本年累计	35 028.00	35 028.00		

核算单位：信达进出口贸易有限公司　　制表：包瑞　　打印日期：2004.01.10

其他业务收入总账

页号：1-1

科目：其他业务收入(5102)　　2002.12～2002.12　　本币名称：人民币

2002年		凭证号数	摘要	借方	贷方	方向	余额
月	日						
			上年结转			平	
12			本月合计	86 836.00	86 836.00	平	
12			本年累计	86 836.00	86 836.00		

核算单位：信达进出口贸易有限公司　　制表：包瑞　　打印日期：2004.01.10

主营业务成本总账

页号：1-1

科目：主营业务成本(5401)　　2002.12～2002.12　　本币名称：人民币

2002年		凭证号数	摘要	借方	贷方	方向	余额
月	日						
			上年结转			平	
12			本月合计	10 462 564.81	10 462 564.81	平	
12			本年累计	10 462 564.81	10 462 564.81		

核算单位：信达进出口贸易有限公司　　制表：包瑞　　打印日期：2004.01.10

其他业务支出总账

页号：1-1

科目：其他业务支出(5405)　　2002.12～2002.12　　本币名称：人民币

2002年		凭证号数	摘要	借方	贷方	方向	余额
月	日						
			上年结转			平	
12			本月合计	4 775.98	4 775.98	平	
12			本年累计	4 775.98	4 775.98		

核算单位：信达进出口贸易有限公司　　制表：包瑞　　打印日期：2004.01.10

营业费用总账

页号：1-1

科目：营业费用(5501)　　2002.12～2002.12　　本币名称：人民币

2002年		凭证号数	摘　　要	借　方	贷　方	方向	余　额
月	日						
			上年结转			平	
12			本月合计	857 099.20	857 099.20	平	
12			本年累计	857 099.20	857 099.20		

核算单位：信达进出口贸易有限公司　　制表：包瑞　　打印日期：2004.01.10

财务费用总账

页号：1-1

科目：财务费用(5503)　　2002.12～2002.12　　本币名称：人民币

2002年		凭证号数	摘　　要	借　方	贷　方	方向	余　额
月	日						
			上年结转			平	
12			本月合计	72 028.38	72 028.38	平	
12			本年累计	72 028.38	72 028.38		

核算单位：信达进出口贸易有限公司　　制表：包瑞　　打印日期：2004.01.10

所得税总账

页号：1-1

科目：所得税(5701)　　2002.12～2002.12　　本币名称：人民币

2002年		凭证号数	摘　　要	借　方	贷　方	方向	余　额
月	日						
			上年结转			平	
12			本月合计	31 216.78	31 216.78	平	
12			本年累计	31 216.78	31 216.78		

核算单位：信达进出口贸易有限公司　　制表：包瑞　　打印日期：2004.01.10

3. 2002 年 12 月份的记账凭证

现金收款凭证

2002 年 12 月 7 日　　本币：人民币　单位：元

核算单位：[002]信达进出口贸易有限公司　　第 0001 号-0001/0001

摘　　要	会　　计　　科　　目	借方金额	贷方金额
归还借款	现金(1001)	15 000.00	
归还借款	其他应收款/员工应收款(1133999)		10 000.00
归还借款	其他应收款/员工应收款(1133999)		5 000.00
附单据数　　张	合计 壹万伍仟元整	15 000.00	15 000.00

财务主管：　记账：孙红　复核：孙红　出纳：孙小美　制单：孙小美　经办人：

现金收款凭证

2002 年 12 月 25 日　　本币：人民币　单位：元

核算单位：[002]信达出口贸易有限公司　　第 0002 号-0001/0001

摘　　要	会　　计　　科　　目	借方金额	贷方金额
调整 5 月份 2-6 凭证	现金(1001)	6 319.79	
调整 5 月份 2-6 凭证 2	营业费用/办公费(5501007)		259.79
收货款	应收账款/中谷株式会社(1131073)		6 060.00
附单据数　　张	合计 陆仟叁佰壹拾玖元柒角玖分	6 319.79	6 319.79

财务主管：　记账：孙红　复核：孙红　出纳：孙小美　制单：孙小美　经办人：

现金付款凭证

2002 年 12 月 8 日　　本币：人民币　单位：元

核算单位：[002]信达进出口贸易有限公司　　第 0001 号-0001/0001

摘　　要	会　　计　　科　　目	借方金额	贷方金额
快件费　　1	营业费用/办公费(5501007)	245.00	
餐费　　1	营业费用/业务招待费(5501006)	386.00	
验车费　　1	营业费用/修理费(5501013)	65.00	
商检费　　1	营业费用/报关费(5501016)	486.00	
商检费	现金(1001)		1 182.00
附单据数　　张	合计 壹仟壹佰捌拾贰元整	1 182.00	1 182.00

财务主管：　记账：孙红　复核：孙红　出纳：孙小美　制单：孙小美　经办人：

现金付款凭证

2002 年 12 月 15 日　　本币：人民币　单位：元

核算单位：[002]信达进出口贸易有限公司　　第 0002 号-0001/0002

摘　要		会　计　科　目	借方金额	贷方金额
修理空调	4	营业费用/修理费(5501013)	413.00	
车费	4	营业费用/差旅费(5501009)	65.00	
汽油费	2	营业费用/运输费(5501010)	284.50	
快件费	2	营业费用/办公费(5501007)	814.44	
车费	2	营业费用/差旅费(5501009)	591.00	
附单据数	张	合计	2 167.94	

财务主管：　记账：孙红　复核：孙红　出纳：孙小美　制单：孙小美　经办人：

现金付款凭证

2002 年 12 月 15 日　　本币：人民币　单位：元

核算单位：[002]信达进出口贸易有限公司　　第 0002 号-0002/0002

摘　要		会　计　科　目	借方金额	贷方金额
商检费	2	营业费用/报关费(5501016)	646.00	
商检费		现金(1001)		2 813.94
附单据数	张	合计 贰仟捌佰壹拾叁元玖角肆分	2 813.94	2 813.94

财务主管：　记账：孙红　复核：孙红　出纳：孙小美　制单：孙小美　经办人：

现金付款凭证

2002 年 12 月 15 日　　本币：人民币　单位：元

核算单位：[002]信达进出口贸易有限公司　　第 0003 号-0001/0002

摘　要		会　计　科　目	借方金额	贷方金额
餐费	3	营业费用/业务招待费(5501006)	4 659.00	
电费	3	营业费用/办公费(5501007)	773.00	
汽油费	3	营业费用/运输费(5501010)	150.00	
车费	3	营业费用/差旅费(5501009)	318.00	
商检费	3	营业费用/报关费(5501016)	989.00	
附单据数	张	合计	6 889.00	

财务主管：　记账：孙红　复核：孙红　出纳：孙小美　制单：孙小美　经办人：

现金付款凭证

2002 年 12 月 15 日　　本币：人民币　单位：元

核算单位：[002]信达进出口贸易有限公司　　第 0003 号-0002/0002

摘　要		会　计　科　目	借方金额	贷方金额
商检费		现金(1001)		6 889.00
附单据数	张	合计 陆仟捌佰捌拾玖元整	6 889.00	6 889.00

财务主管：　记账：孙红　复核：孙红　出纳：孙小美　制单：孙小美　经办人：

现金付款凭证

2002 年 12 月 15 日　　本币：人民币　单位：元

核算单位：[002]信达进出口贸易有限公司　　第 0004 号-0001/0001

摘　要		会　计　科　目	借方金额	贷方金额
商检费	1	营业费用/报关费(5501016)	50.00	
车费	4	营业费用/差旅费(5501009)	93.00	
餐费	3	营业费用/业务招待费(5501006)	100.00	
退聘工资	3	营业费用/工资(5501001)	2 304.00	
支付		现金(1001)		2 547.00
附单据数	张	合计 贰仟伍佰肆拾柒元整	2 547.00	2 547.00

财务主管：　记账：孙红　复核：孙红　出纳：孙小美　制单：孙小美　经办人：

现金付款凭证

2002 年 12 月 15 日　　本币：人民币　单位：元

核算单位：[002]信达进出口贸易有限公司　　第 0005 号-0001/0001

摘　要		会　计　科　目	借方金额	贷方金额
停车费	3	营业费用/差旅费(5501009)	250.00	
停车费		现金(1001)		250.00
附单据数	张	合计 贰佰伍拾元整	250.00	250.00

财务主管：　记账：孙红　复核：孙红　出纳：孙小美　制单：孙小美　经办人：

现金付款凭证

2002 年 12 月 15 日　　本币：人民币　单位：元

核算单位：[002]信达进出口贸易有限公司　　第 0006 号-0001/0001

摘　　要		会　计　科　目	借方金额	贷方金额
支付工资		应付工资(2151)	1 056.00	
电话费	1	营业费用/办公费(5501007)	170.84	
车费	3	营业费用/差旅费(5501009)	38.00	
单证费	3	营业费用/报关费(5501016)	1 440.00	
单证费		现金(1001)		2 704.84
附单据数	张	合计 贰仟柒佰零肆元捌角肆分	2 704.84	2 704.84

财务主管：　　记账：孙红　　复核：孙红　　出纳：孙小美　　制单：孙小美　　经办人：

现金付款凭证

2002 年 12 月 15 日　　本币：人民币　单位：元

核算单位：[002]信达进出口贸易有限公司　　第 0007 号-0001/0002

摘　　要		会　计　科　目	借方金额	贷方金额
汽车保养费	3	营业费用/修理费(5501013)	3 413.10	
汽油费	3	营业费用/运输费(5501010)	150.00	
停车费	3	营业费用/差旅费(5501009)	40.00	
快件费	2	营业费用/办公费(5501007)	12.00	
餐费	2	营业费用/业务招待费(5501006)	30.00	
附单据数	张	合计	3 645.10	0

财务主管：　　记账：孙红　　复核：孙红　　出纳：孙小美　　制单：孙小美　　经办人：

现金付款凭证

2002 年 12 月 15 日　　本币：人民币　单位：元

核算单位：[002]信达进出口贸易有限公司　　第 0007 号-0002/0002

摘　　要		会　计　科　目	借方金额	贷方金额
包干费	1	营业费用/办公费(5501007)	1 750.00	
包干费		现金(1001)		5 395.10
附单据数	张	合计 伍仟叁佰玖拾伍元壹角零分	5 395.10	5 395.10

财务主管：　　记账：孙红　　复核：孙红　　出纳：孙小美　　制单：孙小美　　经办人：

现金付款凭证

2002年12月15日

本币：人民币 单位：元

核算单位：[002]信达进出口贸易有限公司

第0008号-0001/0001

摘要		会计科目	借方金额	贷方金额
汽油费	2	营业费用/运输费(5501010)	200.00	
换证费	2	营业费用/修理费(5501013)	5.00	
换证费		现金(1001)		205.00
附单据数	张	合计 贰佰零伍元整	205.00	205.00

财务主管： 记账：孙红 复核：孙红 出纳：孙小美 制单：孙小美 经办人：

现金付款凭证

2002年12月15日

本币：人民币 单位：元

核算单位：[002]信达进出口贸易有限公司

第0009号-0001/0001

摘要		会计科目	借方金额	贷方金额
电话费	4	营业费用/办公费(5501007)	29.00	
车费	3	营业费用/差旅费(5501009)	51.00	
商检费	3	营业费用/报关费(5501016)	70.00	
商检费		现金(1001)		150.00
附单据数	张	合计 壹佰伍拾元整	150.00	150.00

财务主管： 记账：孙红 复核：孙红 出纳：孙小美 制单：孙小美 经办人：

现金付款凭证

2002年12月15日

本币：人民币 单位：元

核算单位：[002]信达进出口贸易有限公司

第0010号-0001/0001

摘要		会计科目	借方金额	贷方金额
拜访客户	3	营业费用/业务招待费(5501006)	155.00	
商检费	3	营业费用/报关费(5501016)	180.00	
配锁	2	营业费用/修理费(5501013)	16.00	
购买优盘	2	营业费用/办公费(5501007)	1 360.10	
购买优盘		现金(1001)		1 711.10
附单据数	张	合计 壹仟柒佰壹拾壹元壹角零分	1 711.10	1 711.10

财务主管： 记账：孙红 复核：孙红 出纳：孙小美 制单：孙小美 经办人：

现金付款凭证

2002年12月26日

本币：人民币　单位：元

核算单位：[002]信达进出口贸易有限公司

第0011号-0001/0002

摘　要		会　计　科　目	借方金额	贷方金额
电话费	2	营业费用/办公费(5501007)	130.40	
车费	2	营业费用/差旅费(5501009)	62.00	
统计表	4	营业费用/办公费(5501007)	220.00	
车费	4	营业费用/差旅费(5501009)	30.00	
购买灯管	4	营业费用/修理费(5501013)	479.60	
附单据数	张	合计	922.00	0

财务主管：　记账：孙红　复核：孙红　出纳：孙小美　制单：孙小美　经办人：

现金付款凭证

2002年12月26日

本币：人民币　单位：元

核算单位：[002]信达进出口贸易有限公司

第0011号-0002/0002

摘　要		会　计　科　目	借方金额	贷方金额
购买食品	3	营业费用/业务招待费(5501006)	500.00	
购买食品		现金(1001)		1 422.00
附单据数	张	合计 壹仟肆佰贰拾贰元整	1 422.00	1 422.00

财务主管：　记账：孙红　复核：孙红　出纳：孙小美　制单：孙小美　经办人：

现金付款凭证

2002年12月26日

本币：人民币　单位：元

核算单位：[002]信达进出口贸易有限公司

第0012号-0001/0001

摘　要		会　计　科　目	借方金额	贷方金额
办证费	1	营业费用/报关费(5501016)	120.00	
电话费	2	营业费用/办公费(5501007)	263.40	
电话费		现金(1001)		383.40
附单据数	张	合计 叁佰捌拾叁元肆角零分	383.40	383.40

财务主管：　记账：孙红　复核：孙红　出纳：孙小美　制单：孙小美　经办人：

现金付款凭证

2002 年 12 月 26 日　　本币：人民币　单位：元

核算单位：[002]信达进出口贸易有限公司　　第 0013 号-0001/0002

摘要		会计科目	借方金额	贷方金额
汽油费	3	营业费用/运输费(5501010)	150.00	
停车费	3	营业费用/差旅费(5501009)	110.00	
通行证	3	营业费用/办公费(5501007)	420.00	
商检费	3	营业费用/报关费(5501016)	741.00	
车费	3	营业费用/差旅费(5501009)	36.00	
附单据数	张	合计	1 457.00	0

财务主管：　记账：孙红　复核：孙红　出纳：孙小美　制单：孙小美　经办人：

现金付款凭证

2002 年 12 月 26 日　　本币：人民币　单位：元

核算单位：[002]信达进出口贸易有限公司　　第 0013 号-0002/0002

摘要		会计科目	借方金额	贷方金额
车费		现金(1001)		1 457.00
附单据数	张	合计 壹仟肆佰伍拾柒元整	1 457.00	1 457.00

财务主管：　记账：孙红　复核：孙红　出纳：孙小美　制单：孙小美　经办人：

现金付款凭证

2002 年 12 月 26 日　　本币：人民币　单位：元

核算单位：[002]信达进出口贸易有限公司　　第 0014 号-0001/0001

摘要		会计科目	借方金额	贷方金额
购买电脑盘片	4	营业费用/办公费(5501007)	1 600.00	
购买电脑盘片		现金(1001)		1 600.00
附单据数	张	合计 壹仟陆佰元整	1 600.00	1 600.00

财务主管：　记账：孙红　复核：孙红　出纳：孙小美　制单：孙小美　经办人：

现金付款凭证

2002 年 12 月 31 日　　本币：人民币　单位：元

核算单位：[002]信达进出口贸易有限公司　　第 0015 号-0001/0001

摘　要	会　计　科　目	借方金额	贷方金额
支付十二月工资	应付工资(2151)	320 000.00	
支付十二月工资	现金(1001)		320 000.00
附单据数　张	合计 叁拾贰万元整	320 000.00	320 000.00

财务主管：　记账：孙红　复核：孙红　出纳：孙小美　制单：孙小美　经办人：

银行收款凭证

2002 年 12 月 12 日　　本币：人民币　单位：元

核算单位：[002]信达进出口贸易有限公司　　第 0001 号-0001/0001

摘　要	会　计　科　目	借方金额	贷方金额
预收国外客户货款 2002.12.12	银行存款/中信实业银行上海分行(1002001)	78 675.27	
预收国外客户货款	预收账款/Bata Shoe Singapore(2131007)		28 141.64
预收国外客户货款	预收账款/Lam Leang Hang Pte Ltd(2131041)		50 533.63
附单据数　张	合计 柒万捌仟陆佰柒拾伍元贰角柒分	78 675.27	78 675.27

财务主管：　记账：孙红　复核：孙红　出纳：孙小美　制单：孙小美　经办人：

银行收款凭证

2002 年 12 月 12 日　　本币：人民币　单位：元

核算单位：[002]信达进出口贸易有限公司　　第 0002 号-0001/0001

摘　要	会　计　科　目	借方金额	贷方金额
划款 2002.12.12	银行存款/中信实业银行上海分行(1002001)	238 877.57	
划款	其他应付款/上海皮制品有限公司(2181010)		100 000.00
佣金返还	应付账款/佣金(2121996)		13 926.19
收货款	预收账款/Fujinaga Kakousho(2131047)		124 951.38
附单据数　张	合计 贰拾叁万捌仟捌佰柒拾柒元伍角柒分	238 877.57	238 877.57

财务主管：　记账：孙红　复核：孙红　出纳：孙小美　制单：孙小美　经办人：

银行收款凭证

2002 年 12 月 15 日

本币：人民币　单位：元

核算单位：[002]信达进出口贸易有限公司　　第 0003 号-0001/0001

摘　要	会　计　科　目	借方金额	贷方金额
划款 2002.12.15	银行存款/中信实业银行上海分行(1002001)	526 841.90	
划款	其他应付款/其他(2181009)		200 000.00
预收货款	预收账款/Sas Avance Diffusion(2131042)		181 655.91
预收货款	预收账款/Comon Ltd(2131045)		72 688.92
预收货款	预收账款/Comon Ltd(2131045)		72 497.07
附单据数　张	合计 伍拾贰万陆仟捌佰肆拾壹元玖角零分	526 841.90	526 841.90

财务主管：　记账：孙红　复核：孙红　出纳：孙小美　制单：孙小美　经办人：

银行收款凭证

2002 年 12 月 15 日

本币：人民币　单位：元

核算单位：[002]信达进出口贸易有限公司　　第 0004 号-0001/0001

摘　要	会　计　科　目	借方金额	贷方金额
预收货款 2002.12.15	银行存款/中国银行上海分行(1002002)	259 667.78	
预收货款	预收账款/Hanil Manpower(2131025)		231 984.67
预收货款	预收账款/Kaneyo CO(2131055)		15 803.29
预收货款	预收账款/Tsim Sha Tsui(2131056)		11 879.82
附单据数　张	合计 贰拾伍万玖仟陆佰陆拾柒元柒角捌分	259 667.78	259 667.78

财务主管：　记账：孙红　复核：孙红　出纳：孙小美　制单：孙小美　经办人：

银行收款凭证

2002 年 12 月 15 日

本币：人民币　单位：元

核算单位：[002]信达进出口贸易有限公司　　第 0005 号-0001/0001

摘　要	会　计　科　目	借方金额	贷方金额
预收货款	银行存款/中国银行上海分行(1002002)	371 828.85	
预收货款	预收账款/Romeo Juliette(2131024)		371 828.85
附单据数　张	合计 叁拾柒万壹仟捌佰贰拾捌元捌角伍分	371 828.85	371 828.85

财务主管：　记账：孙红　复核：孙红　出纳：孙小美　制单：孙小美　经办人：

银行收款凭证

2002 年 12 月 15 日 本币：人民币 单位：元

核算单位：[002]信达进出口贸易有限公司 第 0006 号-0001/0002

摘 要		会 计 科 目	借方金额	贷方金额
预收货款		银行存款/中国银行上海分行(1002002)	1 091 127.66	
预收货款		预收账款/Romeo Juliett(2131024)		413 157.35
预收货款		预收账款/Koyama Hosei(2131021)		88 551.13
预收货款		预收账款/Anz Shanghai(2131057)		222 529.15
预收货款		预收账款/Neomark LLC(2131058)		118 514.36
附单据数	张	合计	1 091 127.66	842 751.99

财务主管： 记账：孙红 复核：孙红 出纳：孙小美 制单：孙小美 经办人：

银行收款凭证

2002 年 12 月 15 日 本币：人民币 单位：元

核算单位：[002]信达进出口贸易有限公司 第 0006 号-0002/0002

摘 要		会 计 科 目	借方金额	贷方金额
预收货款		预收账款/Koyama Hosei(2131021)		45 185.56
预收货款		预收账款/Hanil Manpower(2131025)		203 190.11
附单据数	张	合计 壹佰零玖万壹仟壹佰贰拾柒元陆角陆分	1 091 127.66	1 091 127.66

财务主管： 记账：孙红 复核：孙红 出纳：孙小美 制单：孙小美 经办人：

银行收款凭证

2002 年 12 月 15 日 本币：人民币 单位：元

核算单位：[002]信达进出口贸易有限公司 第 0007 号-0001/0001

摘 要		会 计 科 目	借方金额	贷方金额
预收货款		银行存款/中国银行上海分行(1002002)	109 558.19	
预收货款		预收账款/Suzuki Corporation(2131014)		109 558.19
附单据数	张	合计 壹拾万零玖仟伍佰伍拾捌元壹角玖分	109 558.19	109 558.19

财务主管： 记账：孙红 复核：孙红 出纳：孙小美 制单：孙小美 经办人：

银行收款凭证

2002 年 12 月 15 日

本币：人民币　单位：元

核算单位：[002]信达进出口贸易有限公司　　第 0008 号-0001/0001

摘　要	会　计　科　目	借方金额	贷方金额
预收货款	银行存款/中信实业银行上海分行(1002001)	237 348. 12	
预收货款	预收账款/Xin Chang(2131046)		123 848. 03
预收货款	预收账款/Lam Leang Hang Pte Ltd(2131041)		113 500. 09
附单据数　　张	合计 贰拾叁万柒仟叁佰肆拾捌元壹角贰分	237 348. 12	237 348. 12

财务主管：　记账：孙红　复核：孙红　出纳：孙小美　制单：孙小美　经办人：

银行收款凭证

2002 年 12 月 15 日

本币：人民币　单位：元

核算单位：[002]信达进出口贸易有限公司　　第 0009 号-0001/0002

摘　要	会　计　科　目	借方金额	贷方金额
预收货款	银行存款/中信实业银行上海分行(1002001)	738 109. 79	
预收货款	应付账款/上海亚新鞋业有限公司(2121010)		9 000. 00
预收货款	预收账款/Merx Team AB(2131040)		59 839. 01
预收货款	预收账款/Fidelity(2131059)		459 243. 82
预收货款	预收账款/Sae Won(2131060)		150 187. 95
附单据数　　张	合计	738 109. 79	678 270. 78

财务主管：　记账：孙红　复核：孙红　出纳：孙小美　制单：孙小美　经办人：

银行收款凭证

2002 年 12 月 15 日

本币：人民币　单位：元

核算单位：[002]信达进出口贸易有限公司　　第 0009 号-0002/0002

摘　要	会　计　科　目	借方金额	贷方金额
预收货款	预收账款/Merx Team AB(2131040)		59 839. 01
附单据数　　张	合计 柒拾叁万捌仟壹佰零玖元柒角玖分	738 109. 79	738 109. 79

财务主管：　记账：孙红　复核：孙红　出纳：孙小美　制单：孙小美　经办人：

银行收款凭证

2002 年 12 月 15 日　　本币：人民币　单位：元

核算单位：[002]信达进出口贸易有限公司　　第 0010 号-0001/0002

摘　要	会　计　科　目	借方金额	贷方金额
预收货款	银行存款/中国银行上海分行(1002002)	333 914.00	
预收货款	预收账款/安控贸易(2131038)		96 435.34
预收货款	预收账款/Citiegcx(2131061)		82 565.35
预收货款	预收账款/Hanil Manpower(2131025)		109 629.92
预收货款	预收账款/Suzuki Corporation(2131014)		42 646.88
附单据数　　张	合计	333 914.00	331 277.49

财务主管：　记账：孙红　复核：孙红　出纳：孙小美　制单：孙小美　经办人：

银行收款凭证

2002 年 12 月 15 日　　本币：人民币　单位：元

核算单位：[002]信达进出口贸易有限公司　　第 0010 号-0002/0002

摘　要	会　计　科　目	借方金额	贷方金额
银行手续费	财务费用/手续费(5503004)		2 636.51
附单据数　　张	合计 叁拾叁万叁仟玖佰壹拾肆元整	333 914.00	333 914.00

财务主管：　记账：孙红　复核：孙红　出纳：孙小美　制单：孙小美　经办人：

银行收款凭证

2002 年 12 月 15 日　　本币：人民币　单位：元

核算单位：[002]信达进出口贸易有限公司　　第 0011 号-0001/0001

摘　要	会　计　科　目	借方金额	贷方金额
预收货款	银行存款/中国银行上海分行(1002002)	82 566.35	
预收货款	预收账款/Romeo Juliette(2131024)		82 566.35
附单据数　　张	合计 捌万贰仟伍佰陆拾陆元叁角伍分	82 566.35	82 566.35

财务主管：　记账：孙红　复核：孙红　出纳：孙小美　制单：孙小美　经办人：

银行收款凭证

2002年12月15日　　　　本币：人民币　单位：元

核算单位：[002]信达进出口贸易有限公司　　　　第0012号-0001/0001

摘　要	会　计　科　目	借方金额	贷方金额
预收货款	银行存款/中国银行上海分行(1002002)	1 100 787.62	
预收货款	其他应付款/上海皮制品有限公司(2181010)		500 000.00
预收货款	预收账款/Hanil Manpower(2131025)		207 228.35
预收货款	预收账款/安控贸易(2131038)		393 559.27
附单据数　　张	合计 壹佰壹拾万零柒佰捌拾柒元陆角贰分	1 100 787.62	1 100 787.62

财务主管：　记账：孙红　复核：孙红　出纳：孙小美　制单：孙小美　经办人：

银行收款凭证

2002年12月15日　　　　本币：人民币　单位：元

核算单位：[002]信达进出口贸易有限公司　　　　第0013号-0001/0001

摘　要	会　计　科　目	借方金额	贷方金额
利息	银行存款/中信实业银行上海分行(1002001)	272 008.10	
利息	财务费用/利息收入(5503001)		1 738.59
收货款	应收账款/温州永立(1131074)		29 000.00
收货款	预收账款/Citiegcx(2131061)		164 130.67
收货款	预收账款/Citiegcx(2131061)		77 138.84
附单据数　　张	合计 贰拾柒万贰仟零捌元壹角零分	272 008.10	272 008.10

财务主管：　记账：孙红　复核：孙红　出纳：孙小美　制单：孙小美　经办人：

银行收款凭证

2002年12月15日　　　　本币：人民币　单位：元

核算单位：[002]信达进出口贸易有限公司　　　　第0014号-0001/0001

摘　要	会　计　科　目	借方金额	贷方金额
预收货款	银行存款/中国银行上海分行(1002002)	45 554.20	
预收货款	预收账款/Wuerth Holding Gmbh(2131036)		45 554.20
附单据数　　张	合计 肆万伍仟伍佰伍拾肆元贰角零分	45 554.20	45 554.20

财务主管：　记账：孙红　复核：孙红　出纳：孙小美　制单：孙小美　经办人：

银行收款凭证

2002 年 12 月 15 日　　本币：人民币　单位：元

核算单位：[002]信达进出口贸易有限公司　　第 0015 号-0001/0001

摘　要		会　计　科　目	借方金额	贷方金额
收保证金		银行存款/中信实业银行上海分行(1002001)	350 804.85	
收保证金		其他货币资金(1009)		69 000.00
利息		财务费用/利息收入(5503001)		453.67
预收货款		预收账款/Fuji Miya(2131004)		281 304.33
退手续费		财务费用/手续费(5503004)		46.85
附单据数	张	合计 叁拾伍万零捌佰零肆元捌角伍分	350 804.85	350 804.85

财务主管：　记账：孙红　复核：孙红　出纳：孙小美　制单：孙小美　经办人：

银行收款凭证

2002 年 12 月 15 日　　本币：人民币　单位：元

核算单位：[002]信达进出口贸易有限公司　　第 0016 号-0001/0001

摘　要		会　计　科　目	借方金额	贷方金额
利息收入		银行存款/工行黄浦支行延支(1002003)	1 250.40	
利息收入		财务费用/利息收入(5503001)		1 250.40
附单据数	张	合计 壹仟贰佰伍拾元肆角零分	1 250.40	1 250.40

财务主管：　记账：孙红　复核：孙红　出纳：孙小美　制单：孙小美　经办人：

银行收款凭证

2002 年 12 月 15 日　　本币：人民币　单位：元

核算单位：[002]信达进出口贸易有限公司　　第 0017 号-0001/0002

摘　要		会　计　科　目	借方金额	贷方金额
预收货款		银行存款/中国银行上海分行(1002002)	256 452.38	
预收货款		预收账款/Woori Apparel(2131032)		78 889.17
预收货款		预收账款/Yagi And CO(2131062)		40 919.02
预收货款		预收账款/Yagi And CO(2131062)		20 587.62
预收货款		预收账款/Paterson(2131064)		82 567.35
附单据数	张	合计	256 452.38	222 963.16

财务主管：　记账：孙红　复核：孙红　出纳：孙小美　制单：孙小美　经办人：

银行收款凭证

2002 年 12 月 15 日　　本币：人民币　单位：元

核算单位：[002]信达进出口贸易有限公司　　第 0017 号-0002/0002

摘　要	会　计　科　目	借方金额	贷方金额
预收货款 JPY	预收账款/Tazumi Manufacture(2131063)		8 528.62
预收货款	预收账款/Tsujitai(2131028)		24 960.60
附单据数　张	合计 贰拾伍万陆仟肆佰伍拾贰元叁角捌分	256 452.38	256 452.38

财务主管：　记账：孙红　复核：孙红　出纳：孙小美　制单：孙小美　经办人：

银行收款凭证

2002 年 12 月 15 日　　本币：人民币　单位：元

核算单位：[002]信达进出口贸易有限公司　　第 0018 号-0001/0001

摘　要	会　计　科　目	借方金额	贷方金额
预收货款	银行存款/中信实业银行上海分行(1002001)	97 307.48	
预收货款	预收账款/Wincess Corp(2131065)		97 307.48
附单据数　张	合计 玖万柒仟叁佰零柒元肆角捌分	97 307.48	97 307.48

财务主管：　记账：孙红　复核：孙红　出纳：孙小美　制单：孙小美　经办人：

银行付款凭证

2002 年 12 月 15 日　　本币：人民币　单位：元

核算单位：[002]信达进出口贸易有限公司　　第 0001 号-0001/0002

摘　要	会　计　科　目	借方金额	贷方金额
划款	其他应付款/上海皮制品有限公司(2181010)	147 795.80	
银行手续费	财务费用/手续费(5503004)	152.50	
煤气表　4	营业费用/修理费(5501013)	930.00	
付货款	应付账款/上海永练皮具有限公司(2121007)	115 299.00	
包干费　1	营业费用/报关费(5501016)	3 819.10	
附单据数　张	合计	267 996.40	0

财务主管：　记账：孙红　复核：孙红　出纳：孙小美　制单：孙小美　经办人：

银行付款凭证

2002 年 12 月 15 日　　本币：人民币　单位：元

核算单位：[002]信达进出口贸易有限公司　　第 0001 号-0002/0002

摘　要		会　计　科　目	借方金额	贷方金额
包干费		银行存款/中信实业银行上海分行(1002001)		267 996.40
附单据数	张	合计 贰拾陆万柒仟玖佰玖拾陆元肆角零分	267 996.40	267 996.40

财务主管：　记账：孙红　复核：孙红　出纳：孙小美　制单：孙小美　经办人：

银行付款凭证

2002 年 12 月 15 日　　本币：人民币　单位：元

核算单位：[002]信达进出口贸易有限公司　　第 0002 号-0001/0002

摘　要		会　计　科　目	借方金额	贷方金额
包干费	2	营业费用/报关费(5501016)	1 570.00	
运费		应付账款/运费(2121997)	2 656.00	
包干费	2	营业费用/报关费(5501016)	1 270.00	
海运费		应付账款/运费(2121997)	5 395.00	
包干费	2	营业费用/报关费(5501016)	2 540.00	
附单据数	张	合计	13 431.00	0

财务主管：　记账：孙红　复核：孙红　出纳：孙小美　制单：孙小美　经办人：

银行付款凭证

2002 年 12 月 15 日　　本币：人民币　单位：元

核算单位：[002]信达进出口贸易有限公司　　第 0002 号-0002/0002

摘　要		会　计　科　目	借方金额	贷方金额
付货款		预付账款/倩凡服饰有限公司(1151007)	15 000.00	
付货款		银行存款/中信实业银行上海分行(1002001)		28 431.00
附单据数	张	合计 贰万捌仟肆佰叁拾壹元整	28 431.00	28 431.00

财务主管：　记账：孙红　复核：孙红　出纳：孙小美　制单：孙小美　经办人：

银行付款凭证

2002年12月15日　　本币：人民币　单位：元

核算单位：[002]信达进出口贸易有限公司　　第0003号-0001/0002

摘　要		会　计　科　目	借方金额	贷方金额
包干费	3	营业费用/报关费(5501016)	2 357.20	
支付货款		应付账款/嘉华(2121013)	89 100.00	
支付货款		应付账款/开封集团有限公司(2121044)	47 560.00	
支付货款		应付账款/佳立华(2121045)	55 944.00	
支付货款		应付账款/浦东信诚商业有限公司(2121036)	84 180.00	
附单据数	张	合计	279 141.20	0

财务主管：　记账：孙红　复核：孙红　出纳：孙小美　制单：孙小美　经办人：

银行付款凭证

2002年12月15日　　本币：人民币　单位：元

核算单位：[002]信达进出口贸易有限公司　　第0003号-0002/0002

摘　要		会　计　科　目	借方金额	贷方金额
支付货款		银行存款/中信实业银行上海分行(1002001)		279 141.20
附单据数	张	合计　贰拾柒万玖仟壹佰肆拾壹元贰角零分	279 141.20	279 141.20

财务主管：　记账：孙红　复核：孙红　出纳：孙小美　制单：孙小美　经办人：

银行付款凭证

2002年12月15日　　本币：人民币　单位：元

核算单位：[002]信达进出口贸易有限公司　　第0004号-0001/0001

摘　要		会　计　科　目	借方金额	贷方金额
支付工资		应付工资(2151)	42 419.10	
佣金		应付账款/Comon Ltd(2121046)	122 790.53	
支付货款		应付账款/泰成(2121031)	50 000.00	
支付货款		应付账款/上海永练皮具有限公司(2121007)	66 420.00	
支付货款		银行存款/中信实业银行上海分行(1002001)		281 629.63
附单据数	张	合计　贰拾捌万壹仟陆佰贰拾玖元陆角叁分	281 629.63	281 629.63

财务主管：　记账：孙红　复核：孙红　出纳：孙小美　制单：孙小美　经办人：

银行付款凭证

2002 年 12 月 15 日　　本币：人民币　单位：元

核算单位：[002]信达进出口贸易有限公司　　第 0005 号-0001/0001

摘　要	会　计　科　目	借方金额	贷方金额
银行手续费	财务费用/手续费(5503004)	1 174.20	
银行手续费	银行存款/中信实业银行上海分行(1002001)		1 174.20
附单据数　张	合计 壹仟壹佰柒拾肆元贰角零分	1 174.20	1 174.20

财务主管：　记账：孙红　复核：孙红　出纳：孙小美　制单：孙小美　经办人：

银行付款凭证

2002 年 12 月 15 日　　本币：人民币　单位：元

核算单位：[002]信达进出口贸易有限公司　　第 0006 号-0001/0001

摘　要	会　计　科　目	借方金额	贷方金额
支付货款	应付账款/乐清市登云(2121043)	7 257.60	
支付货款	银行存款/中信实业银行上海分行(1002001)		7 257.60
附单据数　张	合计 柒仟贰佰伍拾柒元陆角零分	7 257.60	7 257.60

财务主管：　记账：孙红　复核：孙红　出纳：孙小美　制单：孙小美　经办人：

银行付款凭证

2002 年 12 月 15 日　　本币：人民币　单位：元

核算单位：[002]信达进出口贸易有限公司　　第 0007 号-0001/0001

摘　要	会　计　科　目	借方金额	贷方金额
银行手续费	财务费用/手续费(5503004)	5.50	
货物运费　3	营业费用/报关费(5501016)	450.00	
支付货款	应付账款/上海制球公司(2121019)	177 290.00	
支付货款	银行存款/中信实业银行上海分行(1002001)		177 745.50
附单据数　张	合计 壹拾柒万柒仟柒佰肆拾伍元伍角零分	177 745.50	177 745.50

财务主管：　记账：孙红　复核：孙红　出纳：孙小美　制单：孙小美　经办人：

银行付款凭证

2002 年 12 月 15 日　　本币：人民币　单位：元

核算单位：[002]信达进出口贸易有限公司　　第 0008 号-0001/0002

摘　　要	会　计　科　目	借方金额	贷方金额
应交税金	应交税金/应交营业税(2171002)	3 063.54	
应交税金	应交税金/应交城建税(2171007)	214.45	
应交税金	其他应交款/教育费附加(2176001)	91.91	
应交税金	其他应交款/河道管理费(2176004)	30.64	
应交税金	应交税金/应交个人所得税(2171011)	510.19	
附单据数　　张	合计	3 910.73	0

财务主管：　记账：孙红　复核：孙红　出纳：孙小美　制单：孙小美　经办人：

银行付款凭证

2002 年 12 月 15 日　　本币：人民币　单位：元

核算单位：[002]信达进出口贸易有限公司　　第 0008 号-0002/0002

摘　　要	会　计　科　目	借方金额	贷方金额
应交税金	银行存款/中信实业银行上海分行(1002001)		3 910.73
附单据数　　张	合计 叁仟玖佰壹拾元柒角叁分	3 910.73	3 910.73

财务主管：　记账：孙红　复核：孙红　出纳：孙小美　制单：孙小美　经办人：

银行付款凭证

2002 年 12 月 15 日　　本币：人民币　单位：元

核算单位：[002]信达进出口贸易有限公司　　第 0009 号-0001/0001

摘　　要	会　计　科　目	借方金额	贷方金额
支付个调税	应交税金/应交个人所得税(2171011)	348.25	
支付个调税	银行存款/中信实业银行上海分行(1002001)		348.25
附单据数　　张	合计 叁佰肆拾捌元贰角伍分	348.25	348.25

财务主管：　记账：孙红　复核：孙红　出纳：孙小美　制单：孙小美　经办人：

银行付款凭证

2002 年 12 月 15 日　　本币：人民币　单位：元

核算单位：[002]信达进出口贸易有限公司　　第 0010 号-0001/0001

摘　　要	会　计　科　目	借方金额	贷方金额
银行手续费	财务费用/手续费(5503004)	77.90	
银行手续费	银行存款/中信实业银行上海分行(1002001)		77.90
附单据数　　张	合计 柒拾柒元玖角零分	77.90	77.90

财务主管：　记账：孙红　复核：孙红　出纳：孙小美　制单：孙小美　经办人：

银行付款凭证

2002 年 12 月 15 日　　本币：人民币　单位：元

核算单位：[002]信达进出口贸易有限公司　　第 0011 号-0001/0002

摘　　要	会　计　科　目	借方金额	贷方金额
支付货款	应付账款/上海亭君制衣有限公司(2121033)	53 819.70	
支付货款	应付账款/泰成(2121031)	80 000.00	
支付货款	预付账款/新联皮革厂(1151019)	181 655.91	
支付货款	应付账款/力士(2121047)	16 579.20	
支付货款	银行存款/中信实业银行上海分行(1002001)		587 717.81
附单据数　　张	合计	332 054.81	587 717.81

财务主管：　记账：孙红　复核：孙红　出纳：孙小美　制单：孙小美　经办人：

银行付款凭证

2002 年 12 月 15 日　　本币：人民币　单位：元

核算单位：[002]信达进出口贸易有限公司　　第 0011 号-0002/0002

摘　　要	会　计　科　目	借方金额	贷方金额
支付货款	应付账款/上海市第二皮鞋厂(2121005)	255 663.00	
附单据数　　张	合计 伍拾捌万柒仟柒佰壹拾柒元捌角壹分	587 717.81	587 717.81

财务主管：　记账：孙红　复核：孙红　出纳：孙小美　制单：孙小美　经办人：

银行付款凭证

2002 年 12 月 15 日　　本币：人民币　单位：元

核算单位：[002]信达进出口贸易有限公司　　第 0012 号-0001/0002

摘　要		会　计　科　目	借方金额	贷方金额
银行手续费		财务费用/手续费(5503004)	1.20	
包干费	2	营业费用/报关费(5501016)	522.90	
交通费	2	营业费用/差旅费(5501009)	5 000.00	
咨询费	2	营业费用/咨询费(5501022)	30 000.00	
电料费	2	营业费用/修理费(5501013)	16 379.00	
附单据数	张	合计	51 903.10	0

财务主管：　记账：孙红　复核：孙红　出纳：孙小美　制单：孙小美　经办人：

银行付款凭证

2002 年 12 月 15 日　　本币：人民币　单位：元

核算单位：[002]信达进出口贸易有限公司　　第 0012 号-0002/0002

摘　要		会　计　科　目	借方金额	贷方金额
电料费		银行存款/中国银行上海分行(1002002)		51 903.10
附单据数	张	合计 伍万壹仟玖佰零叁元壹角零分	51 903.10	51 903.10

财务主管：　记账：孙红　复核：孙红　出纳：孙小美　制单：孙小美　经办人：

银行付款凭证

2002 年 12 月 15 日　　本币：人民币　单位：元

核算单位：[002]信达进出口贸易有限公司　　第 0013 号-0001/0001

摘　要		会　计　科　目	借方金额	贷方金额
支付货款		应付账款/上海亭君制衣有限公司(2121033)	71 400.00	
包干费	3	营业费用/报关费(5501016)	6 000.00	
包干费		银行存款/中国银行上海分行(1002002)		77 400.00
附单据数	张	合计 柒万柒仟肆佰元整	77 400.00	77 400.00

财务主管：　记账：孙红　复核：孙红　出纳：孙小美　制单：孙小美　经办人：

银行付款凭证

2002 年 12 月 15 日　　本币：人民币　单位：元

核算单位：[002]信达进出口贸易有限公司　　第 0014 号-0001/0001

摘　要	会　计　科　目	借方金额	贷方金额
支付货款	应付账款/上海倩凡服饰有限公司(2121021)	34 720.07	
支付货款	应付账款/上海大利鞋业有限公司(2121015)	61 136.02	
支付货款	应付账款/青浦力威橡胶(2121001)	80 568.00	
支付货款	应付账款/嘉华(2121013)	45 000.00	
支付货款	银行存款/中国银行上海分行(1002002)		221 424.09
附单据数　张	合计 贰拾贰万贰仟肆佰贰拾肆元零角玖分	221 424.09	221 424.09

财务主管：　记账：孙红　复核：孙红　出纳：孙小美　制单：孙小美　经办人：

银行付款凭证

2002 年 12 月 15 日　　本币：人民币　单位：元

核算单位：[002]信达进出口贸易有限公司　　第 0015 号-0001/0002

摘　要	会　计　科　目	借方金额	贷方金额
支付运费	应付账款/运费(2121997)	16 103.00	
包干费　2	营业费用/报关费(5501016)	1 720.00	
包干费　2	营业费用/报关费(5501016)	1 200.00	
运费	应付账款/运费(2121997)	2 075.00	
快件费　2	营业费用/办公费(5501007)	225.00	
附单据数　张	合计	21 323.00	0

财务主管：　记账：孙红　复核：孙红　出纳：孙小美　制单：孙小美　经办人：

银行付款凭证

2002 年 12 月 15 日　　本币：人民币　单位：元

核算单位：[002]信达进出口贸易有限公司　　第 0015 号-0002/0002

摘　要	会　计　科　目	借方金额	贷方金额
快件费	银行存款/中国银行上海分行(1002002)		21 323.00
附单据数　张	合计 贰万壹仟叁佰贰拾叁元整	21 323.00	21 323.00

财务主管：　记账：孙红　复核：孙红　出纳：孙小美　制单：孙小美　经办人：

银行付款凭证

2002 年 12 月 15 日　　本币：人民币　单位：元

核算单位：[002]信达进出口贸易有限公司　　第 0016 号-0001/0001

摘　　要	会　计　科　目	借方金额	贷方金额
包干费　2	营业费用/报关费(5501016)	1 370.00	
运费	应付账款/运费(2121997)	10 366.70	
运费	银行存款/中国银行上海分行(1002002)		11 736.70
附单据数　张	合计 壹万壹仟柒佰叁拾陆元柒角零分	11 736.70	11 736.70

财务主管：　记账：孙红　复核：孙红　出纳：孙小美　制单：孙小美　经办人：

银行付款凭证

2002 年 12 月 15 日　　本币：人民币　单位：元

核算单位：[002]信达进出口贸易有限公司　　第 0017 号-0001/0001

摘　　要	会　计　科　目	借方金额	贷方金额
养路费　2	营业费用/运输费(5501010)	15 565.68	
包干费　2	营业费用/报关费(5501016)	742.85	
银行手续费	财务费用/手续费(5503004)	4.08	
银行手续费	银行存款/中国银行上海分行(1002002)		16 312.61
附单据数　张	合计 壹万陆仟叁佰壹拾贰元陆角壹分	16 312.61	16 312.61

财务主管：　记账：孙红　复核：孙红　出纳：孙小美　制单：孙小美　经办人：

银行付款凭证

2002 年 12 月 15 日　　本币：人民币　单位：元

核算单位：[002]信达进出口贸易有限公司　　第 0018 号-0001/0001

摘　　要	会　计　科　目	借方金额	贷方金额
划款	银行存款/中信实业银行上海分行(1002001)	147 795.80	
划款	银行存款/中国银行上海分行(1002002)		147 795.80
附单据数　张	合计 壹拾肆万柒仟柒佰玖拾伍元捌角零分	147 795.80	147 795.80

财务主管：　记账：孙红　复核：孙红　出纳：孙小美　制单：孙小美　经办人：

银行付款凭证

2002 年 12 月 15 日　　本币：人民币　单位：元

核算单位：[002]信达进出口贸易有限公司　　第 0019 号-0001/0001

摘　要	会　计　科　目	借方金额	贷方金额
划款	其他应收款/上海市皮制品有限公司(1133001)	50 000.00	
划款	银行存款/工行黄浦支行延支(1002003)		50 000.00
附单据数　　张	合计 伍万元整	50 000.00	50 000.00

财务主管：　记账：孙红　复核：孙红　出纳：孙小美　制单：孙小美　经办人：

银行付款凭证

2002 年 12 月 15 日　　本币：人民币　单位：元

核算单位：[002]信达进出口贸易有限公司　　第 0020 号-0001/0001

摘　要	会　计　科　目	借方金额	贷方金额
划款	其他应付款/上海皮制品有限公司(2181010)	200 000.00	
划款	银行存款/工行黄浦支行延支(1002003)		200 000.00
附单据数　　张	合计 贰拾万元整	200 000.00	200 000.00

财务主管：　记账：孙红　复核：孙红　出纳：孙小美　制单：孙小美　经办人：

银行付款凭证

2002 年 12 月 15 日　　本币：人民币　单位：元

核算单位：[002]信达进出口贸易有限公司　　第 0021 号-0001/0001

摘　要	会　计　科　目	借方金额	贷方金额
划款	其他应收款/员工应收款(1133999)	200 000.00	
划款	银行存款/工行黄浦支行延支(1002003)		200 000.00
附单据数　　张	合计 贰拾万元整	200 000.00	200 000.00

财务主管：　记账：孙红　复核：孙红　出纳：孙小美　制单：孙小美　经办人：

银行付款凭证

2002 年 12 月 15 日　　本币：人民币　单位：元

核算单位：[002]信达进出口贸易有限公司　　第 0022 号-0001/0001

摘　　要		会　计　科　目	借方金额	贷方金额
支付货款		应付账款/丹徒县庄纪制鞋厂分厂(2121018)	345 276.00	
支付货款		应付账款/荣心培服饰(2121049)	100 740.00	
支付货款		预付账款/倩凡服饰有限公司(1151007)	80 000.00	
支付货款		银行存款/中国银行上海分行(1002002)		526 016.00
附单据数	张	合计 伍拾贰万陆仟零壹拾陆元整	526 016.00	526 016.00

财务主管：　记账：孙红　复核：孙红　出纳：孙小美　制单：孙小美　经办人：

银行付款凭证

2002 年 12 月 15 日　　本币：人民币　单位：元

核算单位：[002]信达进出口贸易有限公司　　第 0023 号-0001/0001

摘　　要		会　计　科　目	借方金额	贷方金额
装修材料	4	营业费用/修理费(5501013)	1 650.00	
支付货款		应付账款/奇升(2121050)	363 444.01	
支付货款		银行存款/中国银行上海分行(1002002)		365 094.01
附单据数	张	合计 叁拾陆万伍仟零玖拾肆元零角壹分	365 094.01	365 094.01

财务主管：　记账：孙红　复核：孙红　出纳：孙小美　制单：孙小美　经办人：

银行付款凭证

2002 年 12 月 15 日　　本币：人民币　单位：元

核算单位：[002]信达进出口贸易有限公司　　第 0024 号-0001/0001

摘　　要		会　计　科　目	借方金额	贷方金额
支付货款		其他应收款/上海市皮制品有限公司(1133001)	40 000.00	
银行手续费		财务费用/手续费(5503004)	300.00	
咨询费	1	营业费用/咨询费(5501022)	49 637.30	
咨询费		银行存款/中信实业银行上海分行(1002001)		89 937.30
附单据数	张	合计 捌万玖仟玖佰叁拾柒元叁角零分	89 937.30	89 937.30

财务主管：　记账：孙红　复核：孙红　出纳：孙小美　制单：孙小美　经办人：

银行付款凭证

2002 年 12 月 15 日　　本币：人民币　单位：元

核算单位：[002]信达进出口贸易有限公司　　第 0025 号-0001/0002

摘　要		会　计　科　目	借方金额	贷方金额
电话费	1	营业费用/办公费(5501007)	174.40	
支付货款		应付账款/金旺(2121051)	93 440.00	
支付货款		应付账款/奇升(2121050)	330 079.99	
支付货款		应付账款/运费(2121997)	13 287.00	
支付货款		预付账款/上海亭君制衣有限公司(1151015)	50 000.00	
附单据数	张	合计	486 981.39	0

财务主管：　　记账：孙红　复核：孙红　出纳：孙小美　制单：孙小美　经办人：

银行付款凭证

2002 年 12 月 15 日　　本币：人民币　单位：元

核算单位：[002]信达进出口贸易有限公司　　第 0025 号-0002/0002

摘　要		会　计　科　目	借方金额	贷方金额
银行手续费		财务费用/手续费(5503004)	600.00	
支付货款		银行存款/中信实业银行上海分行(1002001)		487 581.39
附单据数	张	合计　肆拾捌万柒仟伍佰捌拾壹元叁角玖分	487 581.39	487 581.39

财务主管：　　记账：孙红　复核：孙红　出纳：孙小美　制单：孙小美　经办人：

银行付款凭证

2002 年 12 月 15 日　　本币：人民币　单位：元

核算单位：[002]信达进出口贸易有限公司　　第 0026 号-0001/0001

摘　要		会　计　科　目	借方金额	贷方金额
包干费	1	营业费用/报关费(5501016)	2 160.00	
支付货款		应付账款/丹徒县章鸿鞋业有限公司(2121025)	115 800.00	
支付贷款		预付账款/上海星亚鞋业(1151020)	9 000.00	
支付货款		银行存款/中信实业银行上海分行(1002001)		126 960.00
附单据数	张	合计　壹拾贰万陆仟玖佰陆拾元整	126 960.00	126 960.00

财务主管：　　记账：孙红　复核：孙红　出纳：孙小美　制单：孙小美　经办人：

银行付款凭证

2002 年 12 月 15 日　　本币：人民币　单位：元

核算单位：[002]信达进出口贸易有限公司　　第 0027 号-0001/0001

摘　要		会　计　科　目	借方金额	贷方金额
支付货款		应付账款/新宝鞋业(2121052)	271 056.00	
支付货款		应付账款/乘驷县华露(2121053)	97 675.20	
包干费	2	营业费用/报关费(5501016)	3 400.00	
出口货物费	2	营业费用/办公费(5501007)	1 218.00	
出口货物费		银行存款/中国银行上海分行(1002002)		373 349.20
附单据数	张	合计 叁拾柒万叁仟叁佰肆拾玖元贰角零分	373 349.20	373 349.20

财务主管：　记账：孙红　复核：孙红　出纳：孙小美　制单：孙小美　经办人：

银行付款凭证

2002 年 12 月 15 日　　本币：人民币　单位：元

核算单位：[002]信达进出口贸易有限公司　　第 0028 号-0001/0001

摘　要		会　计　科　目	借方金额	贷方金额
划款		其他应付款/上海皮制品有限公司(2181010)	38 478.20	
划款		其他应付款/上海皮制品有限公司(2181010)	200 000.00	
划款		银行存款/工行黄浦支行延支(1002003)		238 478.20
附单据数	张	合计 贰拾叁万捌仟肆佰柒拾捌元贰角零分	238 478.20	238 478.20

财务主管：　记账：孙红　复核：孙红　出纳：孙小美　制单：孙小美　经办人：

银行付款凭证

2002 年 12 月 15 日　　本币：人民币　单位：元

核算单位：[002]信达进出口贸易有限公司　　第 0029 号-0001/0001

摘　要		会　计　科　目	借方金额	贷方金额
银行手续费		财务费用/手续费(5503004)	16.32	
银行手续费		银行存款/中国银行上海分行(1002002)		16.32
附单据数	张	合计 壹拾陆元叁角贰分	16.32	16.32

财务主管：　记账：孙红　复核：孙红　出纳：孙小美　制单：孙小美　经办人：

银行付款凭证

2002 年 12 月 15 日　　本币：人民币　单位：元

核算单位：[002]信达进出口贸易有限公司　　第 0030 号-0001/0001

摘　要		会　计　科　目	借方金额	贷方金额
快件费	2	营业费用/办公费(5501007)	961.20	
包干费	2	营业费用/报关费(5501016)	3 110.60	
支付货款		应付账款/松江梦南针织厂(2121054)	107 690.40	
支付货款		预付账款/泉州华厦鞋服公司(1151021)	200 000.00	
支付货款		银行存款/中国银行上海分行(1002002)		311 762.20
附单据数	张	合计　叁拾壹万壹仟柒佰陆拾贰元贰角零分	311 762.20	311 762.20

财务主管：　记账：孙红　复核：孙红　出纳：孙小美　制单：孙小美　经办人：

银行付款凭证

2002 年 12 月 15 日　　本币：人民币　单位：元

核算单位：[002]信达进出口贸易有限公司　　第 0031 号-0001/0001

摘　要		会　计　科　目	借方金额	贷方金额
银行手续费		财务费用/手续费(5503004)	355.28	
修理餐具	4	营业费用/修理费(5501013)	3 020.00	
修理餐具		银行存款/中信实业银行上海分行(1002001)		3 375.28
附单据数	张	合计　叁仟叁佰柒拾伍元贰角捌分	3 375.28	3 375.28

财务主管：　记账：孙红　复核：孙红　出纳：孙小美　制单：孙小美　经办人：

银行付款凭证

2002 年 12 月 15 日　　本币：人民币　单位：元

核算单位：[002]信达进出口贸易有限公司　　第 0032 号-0001/0001

摘　要		会　计　科　目	借方金额	贷方金额
支付货款		预付账款/新联皮革厂(1151019)	63 308.36	
支付货款		应付账款/昆山艺新鞋厂(2121008)	37 893.59	
支付货款		应付账款/上海市箱包厂(2121014)	144 272.00	
支付货款		应付账款/Kah Kyouen(2121056)	119 345.98	
支付货款		银行存款/中信实业银行上海分行(1002001)		364 819.93
附单据数	张	合计　叁拾陆万肆仟捌佰壹拾玖元玖角叁分	364 819.93	364 819.93

财务主管：　记账：孙红　复核：孙红　出纳：孙小美　制单：孙小美　经办人：

银行付款凭证

2002 年 12 月 15 日　　　　本币：人民币　单位：元

核算单位：[002]信达进出口贸易有限公司　　　　第 0033 号-0001/0002

摘　　要		会　计　科　目	借方金额	贷方金额
支付货款		预付账款/威四(1151005)	100 000.00	
包干费	2	营业费用/报关费(5501016)	1 270.00	
海运费		应付账款/运费(2121997)	2 490.00	
支付货款		应付账款/泰成(2121031)	80 000.00	
银行手续费		财务费用/手续费(5503004)	4.08	
附单据数	张	合计	183 764.08	

财务主管：　记账：孙红　复核：孙红　出纳：孙小美　制单：孙小美　经办人：

银行付款凭证

2002 年 12 月 15 日　　　　本币：人民币　单位：元

核算单位：[002]信达进出口贸易有限公司　　　　第 0033 号-0002/0002

摘　　要		会　计　科　目	借方金额	贷方金额
银行手续费		银行存款/中国银行上海分行(1002002)		183 764.08
附单据数	张	合计 壹拾捌万叁仟柒佰陆拾肆元零角捌分	183 764.08	183 764.08

财务主管：　记账：孙红　复核：孙红　出纳：孙小美　制单：孙小美　经办人：

银行付款凭证

2002 年 12 月 15 日　　　　本币：人民币　单位：元

核算单位：[002]信达进出口贸易有限公司　　　　第 0035 号-0001/0001

摘　　要		会　计　科　目	借方金额	贷方金额
划款		其他应付款/上海皮制品有限公司(2181010)	80 000.00	
划款		银行存款/工行黄浦支行延支(1002003)		80 000.00
附单据数	张	合计 捌万元整	80 000.00	80 000.00

财务主管：　记账：孙红　复核：孙红　出纳：孙小美　制单：孙小美　经办人：

银行付款凭证

2002 年 12 月 15 日　　本币：人民币　单位：元

核算单位：[002]信达进出口贸易有限公司　　第 0036 号-0001/0002

摘　要	会　计　科　目	借方金额	贷方金额
备用金	现金(1001)	6 000.00	
保证金	其他货币资金(1009)	32 000.00	
银行手续费	财务费用/手续费(5503004)	10.50	
工资	银行存款/工行黄浦支行延支(1002003)	36 292.39	
银行手续费	财务费用/手续费(5503004)	370.00	
附单据数　张	合计	74 672.89	0

财务主管：　记账：孙红　复核：孙红　出纳：孙小美　制单：孙小美　经办人：

银行付款凭证

2002 年 12 月 15 日　　本币：人民币　单位：元

核算单位：[002]信达进出口贸易有限公司　　第 0034 号-0001/0002

摘　要	会　计　科　目	借方金额	贷方金额
银行手续费	财务费用/手续费(5503004)	5.28	
支付货款	预付账款/上海市制球厂(1151011)	80 000.00	
支付货款	预付账款/和弘服饰(1151004)	50 000.00	
支付货款	预付账款/上海亭君制衣有限公司(1151015)	70 000.00	
支付货款	应付账款/上海新雅食品厂(2121032)	36 083.75	
附单据数　张	合计	236 089.03	0

财务主管：　记账：孙红　复核：孙红　出纳：孙小美　制单：孙小美　经办人：

银行付款凭证

2002 年 12 月 15 日　　本币：人民币　单位：元

核算单位：[002]信达进出口贸易有限公司　　第 0034 号-0002/0002

摘　要	会　计　科　目	借方金额	贷方金额
支付货款	银行存款/中国银行上海分行(1002002)		236 089.03
附单据数　张	合计 贰拾叁万陆仟零捌拾玖元零角叁分	236 089.03	236 089.03

财务主管：　记账：孙红　复核：孙红　出纳：孙小美　制单：孙小美　经办人：

银行付款凭证

2002年12月15日　　本币：人民币　单位：元

核算单位：[002]信达进出口贸易有限公司　　第0035号-0001/0001

摘　要	会　计　科　目	借方金额	贷方金额
划款	其他应付款/业内财务皮革公司	80 000.00	
划款	银行存款/工行黄浦支行延分		80 000.00
附单据数　张	合计 捌万元整	80 000.00	80 000.00

财务主管：　记账：孙红　复核：孙红　出纳：孙小美　制单：孙小美　经办人：

银行付款凭证

2002年12月15日　　本币：人民币　单位：元

核算单位：[002]信达进出口贸易有限公司　　第0036号-0001/0002

摘　要	会　计　科　目	借方金额	贷方金额
备用金	现金/现金	6 000.00	
保证金	其他货币资金/保证金三部	32 000.00	
银行手续费	财务费用/银行费用一部	10.50	
一部工资	银行存款/工行黄浦支行延分	7 216.64	
二部工资	银行存款/工行黄浦支行延分	12 572.98	
三部工资	银行存款/工行黄浦支行延分	16 502.77	
银行手续费	财务费用/银行费用一部	370.00	
附单据数　张	合计	74 672.89	

财务主管：　记账：孙红　复核：孙红　出纳：孙小美　制单：孙小美　经办人：

银行付款凭证

2002年12月15日　　本币：人民币　单位：元

核算单位：[002]信达进出口贸易有限公司　　第0036号-0002/0002

摘　要	会　计　科　目	借方金额	贷方金额
支付货款	应付账款/嘉华(2121013)	55 944.00	
支付货款	银行存款/中信实业银行上海分行(1002001)		130 616.89
附单据数　张	合计 壹拾叁万零陆佰壹拾陆元捌角玖分	130 616.89	130 616.89

财务主管：　记账：孙红　复核：孙红　出纳：孙小美　制单：孙小美　经办人：

银行付款凭证

2002 年 12 月 15 日　　本币：人民币　单位：元

核算单位：[002]信达进出口贸易有限公司　　第 0037 号-0001/0001

摘　要	会　计　科　目	借方金额	贷方金额
包干费　1	营业费用/报关费(5501016)	357.30	
包干费	银行存款/中信实业银行上海分行(1002001)		357.30
附单据数　张	合计 叁佰伍拾柒元叁角零分	357.30	357.30

财务主管：　记账：孙红　复核：孙红　出纳：孙小美　制单：孙小美　经办人：

银行付款凭证

2002 年 12 月 15 日　　本币：人民币　单位：元

核算单位：[002]信达进出口贸易有限公司　　第 0038 号-0001/0001

摘　要	会　计　科　目	借方金额	贷方金额
银行手续费	财务费用/手续费(5503004)	1.20	
支付货款	应付账款/上海市箱包厂(2121014)	130 954.00	
支付货款	应付账款/服来格皮件(2121057)	318 180.00	
支付货款	银行存款/中国银行上海分行(1002002)		449 135.20
附单据数　张	合计 肆拾肆万玖仟壹佰叁拾伍元贰角零分	449 135.20	449 135.20

财务主管：　记账：孙红　复核：孙红　出纳：孙小美　制单：孙小美　经办人：

银行付款凭证

2002 年 12 月 15 日　　本币：人民币　单位：元

核算单位：[002]信达进出口贸易有限公司　　第 0039 号-0001/0001

摘　要	会　计　科　目	借方金额	贷方金额
佣金	应付账款/Romeo Juleeite(2121058)	30 843.82	
银行手续费	财务费用/手续费(5503004)	231.00	
支付货款	应付账款/上海市箱包厂(2121014)	62 014.00	
支付货款	银行存款/中信实业银行上海分行(1002001)		93 088.82
附单据数　张	合计 玖万叁仟零捌拾捌元捌角贰分	93 088.82	93 088.82

财务主管：　记账：孙红　复核：孙红　出纳：孙小美　制单：孙小美　经办人：

银行付款凭证

2002 年 12 月 15 日　　本币：人民币　单位：元

核算单位：[002]信达进出口贸易有限公司　　第 0040 号-0001/0001

摘　　要	会　计　科　目	借方金额	贷方金额
水费　　4	营业费用/办公费(5501007)	1 962.00	
水费	银行存款/中信实业银行上海分行(1002001)		1 962.00
附单据数　　张	合计 壹仟玖佰陆拾贰元整	1 962.00	1 962.00

财务主管：　记账：孙红　复核：孙红　出纳：孙小美　制单：孙小美　经办人：

银行付款凭证

2002 年 12 月 15 日　　本币：人民币　单位：元

核算单位：[002]信达进出口贸易有限公司　　第 0041 号-0001/0001

摘　　要	会　计　科　目	借方金额	贷方金额
划款	其他应收款/上海市皮制品有限公司(1133001)	10 000.00	
银行手续费	财务费用/手续费(5503004)	91.50	
银行手续费	银行存款/工行黄浦支行延支(1002003)		10 091.50
附单据数　　张	合计 壹万零玖拾壹元伍角零分	10 091.50	10 091.50

财务主管：　记账：孙红　复核：孙红　出纳：孙小美　制单：孙小美　经办人：

银行付款凭证

2002 年 12 月 15 日　　本币：人民币　单位：元

核算单位：[002]信达进出口贸易有限公司　　第 0042 号-0001/0001

摘　　要	会　计　科　目	借方金额	贷方金额
支付货款	应付账款/丹徒县庄纪制鞋厂分厂(2121018)	100 000.00	
支付货款	应付账款/康怡(2121059)	22 837.78	
支付货款	预付账款/上海星亚鞋业(1151020)	78 000.00	
银行手续费	财务费用/手续费(5503004)	4.08	
银行手续费	银行存款/中国银行上海分行(1002002)		200 841.86
附单据数　　张	合计 贰拾万零捌佰肆拾壹元捌角陆分	200 841.86	200 841.86

财务主管：　记账：孙红　复核：孙红　出纳：孙小美　制单：孙小美　经办人：

银行付款凭证

2002 年 12 月 15 日　　本币：人民币　单位：元

核算单位：[002]信达进出口贸易有限公司　　第 0043 号-0001/0001

摘　　要	会　计　科　目	借方金额	贷方金额
支付税金及招待费　3	营业费用/税金(5501028)	3 122.27	
支付税金及招待费　3	营业费用/税金(5501028)	3 324.35	
支付税金及招待费　2	营业费用/业务招待费(5501006)	24 000.00	
支付税金及招待费	银行存款/中国银行上海分行(1002002)		30 446.62
附单据数　　张	合计　叁万零肆佰肆拾陆元陆角贰分	30 446.62	30 446.62

财务主管：　　记账：孙红　复核：孙红　出纳：孙小美　制单：孙小美　经办人：

银行付款凭证

2002 年 12 月 15 日　　本币：人民币　单位：元

核算单位：[002]信达进出口贸易有限公司　　第 0044 号-0001/0002

摘　　要	会　计　科　目	借方金额	贷方金额
快递费　2	营业费用/办公费(5501007)	40 700.00	
包干费　2	营业费用/报关费(5501016)	19 800.00	
支付货款	应付账款/泰成(2121031)	100 000.00	
支付货款	应付账款/服来格皮件(2121057)	72 000.00	
支付货款	预付账款/上海亭君制衣有限公司(1151015)	100 000.00	
附单据数　　张	合计	332 500.00	0

财务主管：　　记账：孙红　复核：孙红　出纳：孙小美　制单：孙小美　经办人：

银行付款凭证

2002 年 12 月 15 日　　本币：人民币　单位：元

核算单位：[002]信达进出口贸易有限公司　　第 0044 号-0002/0002

摘　　要	会　计　科　目	借方金额	贷方金额
支付货款	银行存款/中国银行上海分行(1002002)		332 500.00
附单据数　　张	合计　叁拾叁万贰仟伍佰元整	332 500.00	332 500.00

财务主管：　　记账：孙红　复核：孙红　出纳：孙小美　制单：孙小美　经办人：

银行付款凭证

2002 年 12 月 15 日　　本币：人民币　单位：元

核算单位：[002]信达进出口贸易有限公司　　第 0045 号-0001/0001

摘　要		会　计　科　目	借方金额	贷方金额
银行手续费		财务费用/手续费(5503004)	5 216.40	
支付货款		应付账款/同乡市富鑫纺织(2121060)	81 648.00	
支付货款 EUR		应付账款/Officina Meo(2121061)	116 748.83	
备用金		现金(1001)	320 000.00	
备用金		银行存款/中信实业银行上海分行(1002001)		523 613.23
附单据数	张	合计 伍拾贰万叁仟陆佰壹拾叁元贰角叁分	523 613.23	523 613.23

财务主管：　记账：孙红　复核：孙红　出纳：孙小美　制单：孙小美　经办人：

银行付款凭证

2002 年 12 月 15 日　　本币：人民币　单位：元

核算单位：[002]信达进出口贸易有限公司　　第 0046 号-0001/0001

摘　要		会　计　科　目	借方金额	贷方金额
电话费	3	营业费用/办公费(5501007)	181.90	
电话费		银行存款/中信实业银行上海分行(1002001)		181.90
附单据数	张	合计 壹佰捌拾壹元玖角零分	181.90	181.90

财务主管：　记账：孙红　复核：孙红　出纳：孙小美　制单：孙小美　经办人：

银行付款凭证

2002 年 12 月 15 日　　本币：人民币　单位：元

核算单位：[002]信达进出口贸易有限公司　　第 0047 号-0001/0003

摘　要		会　计　科　目	借方金额	贷方金额
上交统筹费		其他应付款/工会经费(2181002)	7 425.76	
上交统筹费		其他应付款/教育经费(2181003)	5 569.32	
上交统筹费		其他应付款/养老金(2181004)	83 854.10	
上交统筹费		其他应付款/失业保险(2181005)	7 453.70	
上交统筹费		其他应付款/伤残保险(2181006)	5 962.90	
附单据数	张	合计	110 265.78	0

财务主管：　记账：孙红　复核：孙红　出纳：孙小美　制单：孙小美　经办人：

银行付款凭证

2002 年 12 月 15 日　　本币：人民币　单位：元

核算单位：[002]信达进出口贸易有限公司　　第 0047 号-0002/0003

摘　要	会　计　科　目	借方金额	贷方金额
上交统筹费	其他应付款/医疗保险(2181007)	44 722.20	
上交统筹费	其他应付款/养老金(2181004)	3 347.60	
上交统筹费	其他应付款/失业保险(2181005)	478.90	
上交统筹费	其他应付款/医疗保险(2181007)	956.00	
上交统筹费	其他应付款/住房公积金(2181008)	6 666.00	
附单据数　　张	合计	166 436.48	0

财务主管：　记账：孙红　复核：孙红　出纳：孙小美　制单：孙小美　经办人：

银行付款凭证

2002 年 12 月 15 日　　本币：人民币　单位：元

核算单位：[002]信达进出口贸易有限公司　　第 0047 号-0003/0003

摘　要	会　计　科　目	借方金额	贷方金额
上交统筹费	其他应付款/工会经费(2181002)	220.40	
上交统筹费	银行存款/中信实业银行上海分行(1002001)		166 656.88
附单据数　　张	合计 壹拾陆万陆仟陆佰伍拾陆元捌角捌分	166 656.88	166 656.88

财务主管：　记账：孙红　复核：孙红　出纳：孙小美　制单：孙小美　经办人：

转 账 凭 证

2002 年 12 月 31 日　　本币：人民币　单位：元

核算单位：[002]信达进出口贸易有限公司　　第 0001 号-0001/0006

摘　要	会　计　科　目	借方金额	贷方金额
02KG1068 银扣	财务费用/手续费(5503004)	735.54	
02KG1068 汇率调整	财务费用/汇兑损益(5503002)	1 041.28	
02KG1068 汇率调整	应收账款 La Golden Marketing(1131010)		1 776.82
02KG1066 银扣	财务费用/手续费(5503004)	1 343.72	
02KG1066 银扣	应收账款/Cinsano Trading(1131011)		1 343.72
附单据数　　张	合计	3 120.54	3 120.54

财务主管：　记账：孙红　复核：孙红　出纳：　制单：孙小美　经办人：

转 账 凭 证

2002 年 12 月 31 日　　本币：人民币　单位：元

核算单位：[002]信达进出口贸易有限公司　　第 0001 号-0002/0006

摘　要	会　计　科　目	借方金额	贷方金额
02KG1066 银扣	财务费用/汇兑损益(5503002)	300.45	
02KG1066 银扣	应收账款/Cinsano Trading(1131011)		300.45
02GH1125 银扣	财务费用/手续费(5503004)	123.96	
02GH1125 银扣	应收账款/Wong Brothers Shoe(1131005)		123.96
02GH1125 调整汇率	财务费用/汇兑损益(5503002)	121.26	
附单据数　张	合计	3 666.21	3 544.95

财务主管：　记账：孙红　复核：孙红　出纳：　制单：孙小美　经办人：

转 账 凭 证

2002 年 12 月 31 日　　本币：人民币　单位：元

核算单位：[002]信达进出口贸易有限公司　　第 0001 号-0003/0006

摘　要	会　计　科　目	借方金额	贷方金额
02GH1125 调整汇率	应收账款/Wong Brothers Shoe(1131005)		121.26
02KG1086,1084 银扣	财务费用/手续费(5503004)	140.49	
02KG1086,1084 银扣	应收账款/Bata Shoe(1131007)		140.49
02KG1086,1084	财务费用/汇兑损益(5503002)	51.38	
02KG1086,1084	应收账款/Bata Shoe(1131007)		51.38
附单据数　张	合计	3 858.08	3 858.08

财务主管：　记账：孙红　复核：孙红　出纳：　制单：孙小美　经办人：

转 账 凭 证

2002 年 12 月 31 日　　本币：人民币　单位：元

核算单位：[002]信达进出口贸易有限公司　　第 0001 号-0004/0006

摘　要	会　计　科　目	借方金额	贷方金额
02KG1113 银扣	财务费用/手续费(5503004)	264.47	
02KG1113 银扣	应收账款/P2Ltd(1131015)		264.47
02KG1113 调整汇率	财务费用/汇兑损益(5503002)	219.79	
02KG1113 调整汇率	应收账款/P2Ltd(1131015)		219.79
02KG1109 调整汇率	财务费用/手续费(5503004)	120.02	
附单据数　张	合计	4 462.36	4 342.34

财务主管：　记账：孙红　复核：孙红　出纳：　制单：孙小美　经办人：

转账凭证

2002 年 12 月 31 日

本币：人民币　单位：元

核算单位：[002]信达进出口贸易有限公司

第 0001 号-0005/0006

摘　　要	会　计　科　目	借方金额	贷方金额
02KG1109 调整汇率	应收账款/Schuh Art Limited(1131009)		120.02
02KG1075,76 调整汇率	财务费用/汇兑损益(5503002)	171.38	
02KG1075,76 调整汇率	应收账款/Q Marketing Group(1131012)		171.38
02KG1107 银扣	财务费用/手续费(5503004)	661.04	
02KG1107 银扣	应收账款/Shine Foundation Ltd(1131014)		661.04
附单据数　　　张	合计	5 294.78	5 294.78

财务主管：　记账：孙红　复核：孙红　出纳：　制单：孙小美　经办人：

转账凭证

2002 年 12 月 31 日

本币：人民币　单位：元

核算单位：[002]信达进出口贸易有限公司

第 0001 号-0006/0006

摘　　要	会　计　科　目	借方金额	贷方金额
02KG1107 调整汇率	财务费用/汇兑损益(5503002)	158.35	
02KG1107 调整汇率	应收账款/Shine Foundation Ltd(1131014)		158.35
附单据数　　　张	合计 伍仟肆佰伍拾叁元壹角叁分	5 453.13	5 453.13

财务主管：　记账：孙红　复核：孙红　出纳：　制单：孙小美　经办人：

转账凭证

2002 年 12 月 31 日

本币：人民币　单位：元

核算单位：[002]信达进出口贸易有限公司

第 0002 号-0001/0005

摘　　要	会　计　科　目	借方金额	贷方金额
02KH2130,2130-1 银扣	财务费用/手续费(5503004)	1 442.19	
02KH2130,2130-1 银扣	应收账款/Sankei Lightpack(1131020)		1 442.19
02KH2130,2130-1 汇率调整	财务费用/汇兑损益(5503002)	204.60	
02KH2130,2130-1 汇率调整	应收账款/Sankei Lightpack(1131020)		204.60
02KH2136-1,2142,43 银扣	财务费用/手续费(5503004)	247.94	
附单据数　　　张	合计	1 894.73	1 646.79

财务主管：　记账：孙红　复核：包瑞　出纳：　制单：孙红　经办人：

转账凭证

2002年12月31日　　本币：人民币　单位：元

核算单位：[002]信达进出口贸易有限公司　　第0002号-0002/0005

摘　要	会　计　科　目	借方金额	贷方金额
02KH2136-1,2142,43 调整汇率	财务费用/汇兑损益(5503002)	526.14	
02KH2136-1,2142,43 调整汇率	应收账款/Hanli Manpower(1131016)		774.08
02KH2154 银扣	财务费用/手续费(5503004)	2 181.41	
02KH2154 银扣	应收账款/Matsusho(1131021)		2 181.41
02KH2154 调整汇率	财务费用/汇兑损益(5503002)	43.51	
附单据数　张	合计	4 645.79	4 602.28

财务主管：　记账：孙红　复核：包瑞　出纳：　制单：孙红　经办人：

转账凭证

2002年12月31日　　本币：人民币　单位：元

核算单位：[002]信达进出口贸易有限公司　　第0002号-0003/0005

摘　要	会　计　科　目	借方金额	贷方金额
02KH2154 调整汇率	应收账款/Matsusho(1131021)		43.51
02KH2106 银扣	财务费用/手续费(5503004)	471.05	
02KH2106 银扣	应收账款/Yagi And(1131036)		471.05
02KH2106 调整汇率	财务费用/汇兑损益(5503002)	185.97	
02KH2106 调整汇率	应收账款/Yagi And(1131036)		185.97
附单据数　张	合计	5 302.81	5 302.81

财务主管：　记账：孙红　复核：包瑞　出纳：　制单：孙红　经办人：

转账凭证

2002年12月31日　　本币：人民币　单位：元

核算单位：[002]信达进出口贸易有限公司　　第0002号-0004/0005

摘　要	会　计　科　目	借方金额	贷方金额
02KH2123 银扣	财务费用/手续费(5503004)	359.65	
02KH2123 银扣	应收账款/Lets Communication(1131051)		359.65
02KH2123 调整汇率	财务费用/汇兑损益(5503002)	1 464.07	
02KH2123 调整汇率	应收账款/Lets Communication(1131051)		1 464.07
02KH2041,2041-1 汇率调整	财务费用/汇兑损益(5503002)	28.19	
附单据数　张	合计	7 154.72	7 126.53

财务主管：　记账：孙红　复核：包瑞　出纳：　制单：孙红　经办人：

转账凭证

2002年12月31日　　本币：人民币　单位：元

核算单位：[002]信达进出口贸易有限公司　　第0002号-0005/0005

摘　要	会　计　科　目	借方金额	贷方金额
02KH2041,2041-1汇率调整	应收账款/Tsjital(1131027)		28.19
02KH2083,2150银扣	财务费用/手续费(5503004)	3 570.39	
02KH2083,2150银扣	应收账款/Woori Apparei(1131028)		3 570.39
02KH2083,2150调整汇率	财务费用/汇兑损益(5503002)	346.62	
02KH2083,2150调整汇率	应收账款/Woori Apparei(1131028)		346.62
附单据数　张	合计 壹万壹仟零柒拾壹元柒角叁分	11 071.73	11 071.73

财务主管：　记账：孙红　复核：包瑞　出纳：　制单：孙红　经办人：

转账凭证

2002年12月31日　　本币：人民币　单位：元

核算单位：[002]信达进出口贸易有限公司　　第0003号-0001/0007

摘　要	会　计　科　目	借方金额	贷方金额
02KH3071调整汇率	财务费用/汇兑损益(5503002)	268.30	
02KH3071调整汇率	应收账款/Ankou International(1131054)		268.30
02KH3128,19,43-1,37调整汇率	财务费用/汇兑损益(5503002)	967.40	
02KH3128,19,43-1,37调整汇率	应收账款/Ankou International(1131054)		967.40
02KH3095,96,3116,3099调整汇率	财务费用/汇兑损益(5503002)	−1 122.83	
附单据数　张	合计	112.87	1 235.70

财务主管：　记账：孙红　复核：包瑞　出纳：　制单：孙红　经办人：

转账凭证

2002年12月31日　　本币：人民币　单位：元

核算单位：[002]信达进出口贸易有限公司　　第0003号-0002/0007

摘　要	会　计　科　目	借方金额	贷方金额
02KH3095,96,3116,3098调整汇率	应收账款/Lam Leong Hang Pte(1131057)		−1 122.83
02KH3050-6,3103银扣	财务费用/手续费(5503004)	1 184.84	
02KH3050-6,3103银扣	应收账款/Lam Leong Hang Pte(1131057)		1 184.84
02KH3050-6,3103汇率调整	财务费用/汇兑损益(5503002)	232.93	
02KH3050-6,3103汇率调整	应收账款/Lam Leong Hang Pte(1131057)		232.93
附单据数　张	合计	1 530.64	1 530.64

财务主管：　记账：孙红　复核：包瑞　出纳：　制单：孙红　经办人：

转账凭证

2002年12月31日 本币：人民币 单位：元

核算单位：[002]信达进出口贸易有限公司 第0003号-0003/0007

摘 要	会 计 科 目	借方金额	贷方金额
02KH3146,47银扣	财务费用/手续费(5503004)	661.18	
02KH3146,47银扣	应收账款/Merx Team AB(1131058)		661.18
02KH3146,47调整汇率	财务费用/汇兑损益(5503002)	217.16	
02KH3146,47调整汇率	应收账款/Merx Team AB(1131058)		217.16
02KH3133,3151调整汇率	财务费用/汇兑损益(5503002)	168.94	
附单据数 张	合计	2 577.92	2 408.98

财务主管： 记账：孙红 复核：包瑞 出纳： 制单：孙红 经办人：

转账凭证

2002年12月31日 本币：人民币 单位：元

核算单位：[002]信达进出口贸易有限公司 第0003号-0004/0007

摘 要	会 计 科 目	借方金额	贷方金额
02KH3133,3151调整汇率	应收账款/Fujinaga Kakousho(1131055)		168.94
02KH3123调整汇率	财务费用/汇兑损益(5503002)	90.72	
02KH3123调整汇率	应收账款/Fashion Fuji(1131063)		90.72
02KH3048,49银扣	财务费用/手续费(5503004)	1 801.68	
02KH3048,49银扣	应收账款/Group Massimo Dutti SA(1131065)		1 801.68
附单据数 张	合计	4 470.32	4 470.32

财务主管： 记账：孙红 复核：包瑞 出纳： 制单：孙红 经办人：

转账凭证

2002年12月31日 本币：人民币 单位：元

核算单位：[002]信达进出口贸易有限公司 第0003号-0005/0007

摘 要	会 计 科 目	借方金额	贷方金额
02KH3048,49调整汇率	财务费用/汇兑损益(5503002)	130.30	
02KH3048,49调整汇率	应收账款/Group Massimo Dutti SA(1131065)		130.30
02KH3125,56,45,34,27银扣	财务费用/手续费(5503004)	9 100.39	
02KH3125,56,45,34,27银扣	应收账款/Comon(1131066)		9 100.39
02KH3125,56,45,34,27调整汇率	财务费用/汇兑损益(5503002)	1 186.30	
附单据数 张	合计	14 887.31	13 701.01

财务主管： 记账：孙红 复核：包瑞 出纳： 制单：孙红 经办人：

转账凭证

2002 年 12 月 31 日　　本币：人民币　单位：元

核算单位：[002]信达进出口贸易有限公司　　第 0003 号-0006/0007

摘　　要	会　计　科　目	借方金额	贷方金额
02KH3125,56,45,34,27 调整汇率	应收账款/Comon(1131066)		1 186.30
02KH3169 银扣	财务费用/手续费(5503004)	303.23	
02KH3169 银扣	应收账款/Trigold Inc(1131064)		303.23
02KH3169 调整汇率	财务费用/汇兑损益(5503002)	55.60	
02KH3169 调整汇率	应收账款/Trigold Inc(1131064)		55.60
附单据数　　张	合计	15 246.14	15 246.14

财务主管：　记账：孙红　复核：包瑞　出纳：　制单：孙红　经办人：

转账凭证

2002 年 12 月 31 日　　本币：人民币　单位：元

核算单位：[002]信达进出口贸易有限公司　　第 0003 号-0007/0007

摘　　要	会　计　科　目	借方金额	贷方金额
02KH3069 银扣	财务费用/手续费(5503004)	851.21	
02KH3069 银扣	应收账款/Manel Mode Import Export(1131067)		851.21
02KH3069 调整汇率	财务费用/汇兑损益(5503002)	125.71	
02KH3069 调整汇率	应收账款/Manel Mode Import Export(1131067)		125.71
附单据数　　张	合计 壹万陆仟贰佰贰拾叁元零角陆分	16 223.06	16 223.06

财务主管：　记账：孙红　复核：包瑞　出纳：　制单：孙红　经办人：

转账凭证

2002 年 12 月 31 日　　本币：人民币　单位：元

核算单位：[002]信达进出口贸易有限公司　　第 0004 号-0001/0001

摘　　要	会　计　科　目	借方金额	贷方金额
调整汇率	其他应付款/金雄(2181013)	70.69	
调整汇率	财务费用/汇兑损益(5503002)		70.69
附单据数　　张	合计 柒拾元陆角玖分	70.69	70.69

财务主管：　记账：孙红　复核：包瑞　出纳：　制单：孙红　经办人：

转账凭证

2002 年 12 月 31 日　　本币：人民币　单位：元

核算单位：[002]信达进出口贸易有限公司　　第 0005 号-0001/0001

摘　要	会　计　科　目	借方金额	贷方金额
02KH3007 佣金	其他应付款/金雄(2181013)	28 929.31	
02KH3007 佣金	主营业务收入/外销(5101002)		28 929.31
附单据数　张	合计 贰万捌仟玖佰贰拾玖元叁角壹分	28 929.31	28 929.31

财务主管：　记账：孙红　复核：包瑞　出纳：　制单：孙红　经办人：

转账凭证

2002 年 12 月 31 日　　本币：人民币　单位：元

核算单位：[002]信达进出口贸易有限公司　　第 0006 号-0001/0001

摘　要	会　计　科　目	借方金额	贷方金额
收回代垫款	其他应收款/其他(1133998)	16 836.00	
收回代垫款	其他业务收入/出口代理收入(5102001)		16 836.00
附单据数　张	合计 壹万陆仟捌佰叁拾陆元整	16 836.00	16 836.00

财务主管：　记账：孙红　复核：包瑞　出纳：　制单：孙红　经办人：

转账凭证

2002 年 12 月 31 日　　本币：人民币　单位：元

核算单位：[002]信达进出口贸易有限公司　　第 0007 号-0001/0001

摘　要	会　计　科　目	借方金额	贷方金额
罚金收入	其他应付款/韩国世元(2181011)	35 028.00	
罚金收入	营业外收入(5301)		35 028.00
附单据数　张	合计 叁万伍仟零贰拾捌元整	35 028.00	35 028.00

财务主管：　记账：孙红　复核：包瑞　出纳：　制单：孙红　经办人：

转账凭证

2002 年 12 月 31 日　　本币：人民币　单位：元

核算单位：[002]信达进出口贸易有限公司　　第 0008 号-0001/0001

摘　要	会　计　科　目	借方金额	贷方金额
仓储费	营业费用/报关费(5501016)	36 540.00	
仓储费	营业外支出(5601)		36 540.00
附单据数　张	合计 叁万陆仟伍佰肆拾元整	36 540.00	36 540.00

财务主管：　记账：孙红　复核：包瑞　出纳：　制单：孙红　经办人：

转账凭证

2002 年 12 月 31 日　　本币：人民币　单位：元

核算单位：[002]信达进出口贸易有限公司　　第 0009 号-0001/0001

摘　要	会　计　科　目	借方金额	贷方金额
样品款	应收账款/中谷株式会社(1131073)	6 060.00	
样品款	主营业务收入/内销(5101001)		5 179.48
样品款	应交税金/应交增值税/销项税额/内销(2171001005001)		880.52
附单据数　张	合计 陆仟零陆拾元整	6 060.00	6 060.00

财务主管：　记账：孙红　复核：包瑞　出纳：　制单：孙红　经办人：

转账凭证

2002 年 12 月 31 日　　本币：人民币　单位：元

核算单位：[002]信达进出口贸易有限公司　　第 0010 号-0001/0001

摘　要	会　计　科　目	借方金额	贷方金额
进仓	库存商品(1243)	598.29	
进仓	应交税金/应交增值税/进项税额/内销(2171001001001)	101.71	
进仓	应付账款/奉贤裕兴橡胶厂(2121003)		700.00
附单据数　张	合计 柒佰元整	700.00	700.00

财务主管：　记账：孙红　复核：包瑞　出纳：　制单：孙红　经办人：

转账凭证

2002 年 12 月 31 日　　本币：人民币　单位：元

核算单位：[002]信达进出口贸易有限公司　　第 0011 号-0001/0001

摘　要	会　计　科　目	借方金额	贷方金额
进仓	库存商品(1243)	256.41	
进仓	应交税金/应交增值税/进项税额/内销(2171001001001)	43.59	
进仓	应付账款/回力橡胶制品公司(2121004)		300.00
附单据数　张	合计 叁佰元整	300.00	300.00

财务主管：　记账：孙红　复核：包瑞　出纳：　制单：孙红　经办人：

转账凭证

2002 年 12 月 31 日　　本币：人民币　单位：元

核算单位：[002]信达进出口贸易有限公司　　第 0012 号-0001/0001

摘　要	会　计　科　目	借方金额	贷方金额
02KH3062-A 进仓	库存商品(1243)	51 927.33	
02KH3062-A 进仓	应付账款/JLee International(2121039)		51 927.33
附单据数　张	合计 伍万壹仟玖佰贰拾柒元叁角叁分	51 927.33	51 927.33

财务主管：　记账：孙红　复核：包瑞　出纳：　制单：孙红　经办人：

转账凭证

2002年12月31日 本币：人民币 单位：元

核算单位：[002]信达进出口贸易有限公司 第0013号-0001/0001

摘 要	会 计 科 目	借方金额	贷方金额
02KH3081-A进仓	库存商品(1243)	127 291.84	
02KH3081-A进仓	应付账款/Concerla Nord Spa(2121041)		127 291.84
附单据数 张	合计 壹拾贰万柒仟贰佰玖拾壹元捌角肆分	127 291.84	127 291.84

财务主管： 记账：孙红 复核：包瑞 出纳： 制单：孙红 经办人：

转账凭证

2002年12月31日 本币：人民币 单位：元

核算单位：[002]信达进出口贸易有限公司 第0014号-0001/0001

摘 要	会 计 科 目	借方金额	贷方金额
02KH3067-A进仓	库存商品(1243)	98 384.80	
02KH3067-A进仓	应付账款/Concerla Nord Spa(2121041)		98 384.80
附单据数 张	合计 玖万捌仟叁佰捌拾肆元捌角零分	98 384.80	98 384.80

财务主管： 记账：孙红 复核：包瑞 出纳： 制单：孙红 经办人：

转账凭证

2002年12月31日 本币：人民币 单位：元

核算单位：[002]信达进出口贸易有限公司 第0015号-0001/0003

摘 要	会 计 科 目	借方金额	贷方金额
转账	预收账款/P2 Co Ltd(2131066)	144 364.99	
转账	应收账款/P2 Ltd(1131015)		144 364.99
转账	预收账款/Schuh Art Limited(2131003)	78 098.58	
转账	应收账款/Schuh Art Limited(1131009)		78 098.58
转账	预收账款/Q Marketing Group(2131005)	117 354.45	
附单据数 张	合计	339 818.02	222 463.57

财务主管： 记账：孙红 复核：包瑞 出纳： 制单：孙红 经办人：

转 账 凭 证

2002 年 12 月 31 日　　本币：人民币　单位：元

核算单位：[002]信达进出口贸易有限公司　　第 0015 号-0002/0003

摘　要	会　计　科　目	借方金额	贷方金额
转账	应收账款/Wong Brothers Shoe(1131005)		117 354.45
转账	预收账款/Wong Brother Shoe Factory(2131006)	78 777.91	
转账	应收账款/Wong Brothers Shoe(1131005)		78 777.91
转账	预收账款/Bata Shoe Singapore(2131007)	33 247.68	
转账	应收账款/Bata Shoe(1131007)		33 247.68
附单据数　张	合计	451 843.61	451 843.61

财务主管：　记账：孙红　复核：包瑞　出纳：　制单：孙红　经办人：

转 账 凭 证

2002 年 12 月 31 日　　本币：人民币　单位：元

核算单位：[002]信达进出口贸易有限公司　　第 0015 号-0003/0003

摘　要	会　计　科　目	借方金额	贷方金额
转账	预收账款/La Golden Marketing(2131067)	479 913.09	
转账	应收账款/La Golden Marketing(1131010)		479 913.09
转账	预收账款/Shine Goundation Ltd(2131009)	92 794.61	
转账	应收账款/Shine Foundation Ltd(1131014)		92 794.61
附单据数　张	合计 壹佰零贰万肆仟伍佰伍拾壹元叁角壹分	1 024 551.31	1 024 551.31

财务主管：　记账：孙红　复核：包瑞　出纳：　制单：孙红　经办人：

转 账 凭 证

2002 年 12 月 31 日　　本币：人民币　单位：元

核算单位：[002]信达进出口贸易有限公司　　第 0016 号-0001/0001

摘　要	会　计　科　目	借方金额	贷方金额
转账	其他应付款/其他(2181009)	300 000.00	
转账	其他应收款/上海市皮制品有限公司(1133001)		300 000.00
附单据数　张	合计 叁拾万元整	300 000.00	300 000.00

财务主管：　记账：孙红　复核：包瑞　出纳：　制单：孙红　经办人：

转账凭证

2002 年 12 月 31 日　　本币：人民币　单位：元

核算单位：[002]信达进出口贸易有限公司　　第 0017 号-0001/0001

摘　要	会　计　科　目	借方金额	贷方金额
转账	应付账款/湖州大钢集团公司转移印花厂(2121037)	335 168.60	
转账	预付账款/浙江省湖州大钢集团公司转移印花公司(1151016)		335 168.60
附单据数　张	合计　叁拾叁万伍仟壹佰陆拾捌元陆角零分	335 168.60	335 168.60

财务主管：　记账：孙红　复核：包瑞　出纳：　制单：孙红　经办人：

转账凭证

2002 年 12 月 31 日　　本币：人民币　单位：元

核算单位：[002]信达进出口贸易有限公司　　第 0018 号-0001/0004

摘　要	会　计　科　目	借方金额	贷方金额
转账	预收账款/Suzuki Corporation(2131014)	133 410.40	
转账	应收账款/Suzuki(1131086)		133 410.40
转账	预收账款/Sankei Lightpack(2131029)	134 925.36	
转账	应收账款/Sankei Lightpack(1131020)		134 925.36
转账	预收账款/Hanil Manpower(2131025)	353 283.84	
附单据数　张	合计	621 619.60	268 335.76

财务主管：　记账：孙红　复核：包瑞　出纳：　制单：孙红　经办人：

转账凭证

2002 年 12 月 31 日　　本币：人民币　单位：元

核算单位：[002]信达进出口贸易有限公司　　第 0018 号-0002/0004

摘　要	会　计　科　目	借方金额	贷方金额
转账	应收账款/Hanli Manpower(1131016)		353 283.84
转账	预收账款/Matsusho(2131018)	27 049.53	
转账	应收账款/Matsusho(1131021)		27 049.53
转账	预收账款/Lamasb(2131022)	117 508.66	
转账	应收账款/Lamasb(1131032)		117 508.66
附单据数　张	合计	766 177.79	766 177.79

财务主管：　记账：孙红　复核：包瑞　出纳：　制单：孙红　经办人：

转 账 凭 证

2002 年 12 月 31 日

本币：人民币 单位：元

核算单位：[002]信达进出口贸易有限公司

第 0018 号-0003/0004

摘 要	会 计 科 目	借方金额	贷方金额
转账	预收账款/Lets Communications(2131023)	963 811. 91	
转账	应收账款/Lets Communication(1131051)		963 811. 91
转账	预收账款/Tsujitai(2131028)	18 346. 97	
转账	应收账款/Tsjital(1131027)		18 346. 97
转账	预收账款/Woori Apparel(2131032)	229 337. 46	
附单据数 张	合计	1 977 674. 13	1 748 336. 67

财务主管： 记账：孙红 复核：包瑞 出纳： 制单：孙红 经办人：

转 账 凭 证

2002 年 12 月 31 日

本币：人民币 单位：元

核算单位：[002]信达进出口贸易有限公司

第 0018 号-0004/0004

摘 要	会 计 科 目	借方金额	贷方金额
转账	应收账款/Woori Apparei(1131028)		229 337. 46
附单据数 张	合计 壹佰玖拾柒万柒仟陆佰柒拾肆元壹角叁分	1 977 674. 13	1 977 674. 13

财务主管： 记账：孙红 复核：包瑞 出纳： 制单：孙红 经办人：

转 账 凭 证

2002 年 12 月 31 日

本币：人民币 单位：元

核算单位：[002]信达进出口贸易有限公司

第 0019 号-0001/0004

摘 要	会 计 科 目	借方金额	贷方金额
转账	预收账款/Ankou(2131068)	639 403. 69	
转账	应收账款/Ankou International(1131054)		639 403. 69
转账	预收账款/Lam Leang Hang Pte Ltd(2131041)	154 687. 35	
转账	应收账款/Lam Leong Hang Pte(1131057)		154 687. 35
转账	预收账款/Merx Team AB(2131040)	60 253. 70	
附单据数 张	合计	854 344. 74	794 091. 04

财务主管： 记账：孙红 复核：包瑞 出纳： 制单：孙红 经办人：

转账凭证

2002年12月31日　　本币：人民币　单位：元

核算单位：[002]信达进出口贸易有限公司　　第0019号-0002/0004

摘　要	会　计　科　目	借方金额	贷方金额
转账	应收账款/Merx Team AB(1131058)		60 253.70
转账	预收账款/Merx Team AB(2131040)	82 313.42	
转账	应收账款/Merx Team AB(1131058)		82 313.42
转账	预收账款/Fujinaga Kakousho(2131047)	112 601.83	
转账	应收账款/Fujinaga Kakousho(1131055)		112 601.83
附单据数　张	合计	1 049 259.99	1 049 259.99

财务主管：　记账：孙红　复核：包瑞　出纳：　制单：孙红　经办人：

转账凭证

2002年12月31日　　本币：人民币　单位：元

核算单位：[002]信达进出口贸易有限公司　　第0019号-0003/0004

摘　要	会　计　科　目	借方金额	贷方金额
转账	预收账款/Fashion Fuji(2131048)	59 504.40	
转账	应收账款/Fashion Fuji(1131063)		59 504.40
转账	预收账款/Group Massimo Dutti(2131053)	86 464.25	
转账	应收账款/Group Massimo Dutti SA(1131065)		86 464.25
转账	预收账款/Comon Ltd(2131045)	778 016.04	
附单据数　张	合计	1 973 244.68	1 195 228.64

财务主管：　记账：孙红　复核：包瑞　出纳：　制单：孙红　经办人：

转账凭证

2002年12月31日　　本币：人民币　单位：元

核算单位：[002]信达进出口贸易有限公司　　第0019号-0004/0004

摘　要	会　计　科　目	借方金额	贷方金额
转账	应收账款/Comon(1131066)		778 016.04
转账	预收账款/Trigold Inc(2131050)	37 089.50	
转账	应收账款/Trigold Inc(1131064)		37 089.50
附单据数　张	合计 贰佰零壹万零叁佰叁拾肆元壹角捌分	2 010 334.18	2 010 334.18

财务主管：　记账：孙红　复核：包瑞　出纳：　制单：孙红　经办人：

转账凭证

2002 年 12 月 31 日　　本币：人民币　单位：元

核算单位：[002]信达进出口贸易有限公司　　第 0020 号-0001/0001

摘　要	会　计　科　目	借方金额	贷方金额
转账	应付账款/上海大利鞋业有限公司(2121015)	14 198.00	
转账	预付账款/上海大利鞋业有限公司(1151010)		14 198.00
转账	应付账款/上海和弘服饰有限公司(2121017)	20 000.00	
转账	预付账款/和弘服饰(1151004)		20 000.00
附单据数　张	合计 叁万肆仟壹佰玖拾捌元整	34 198.00	34 198.00

财务主管：　记账：孙红　复核：包瑞　出纳：　制单：孙红　经办人：

转账凭证

2002 年 12 月 31 日　　本币：人民币　单位：元

核算单位：[002]信达进出口贸易有限公司　　第 0021 号-0001/0001

摘　要	会　计　科　目	借方金额	贷方金额
转账	应收账款/Manet Textil Handels Gmbh(1131060)	79 063.00	
转账	应收账款/Manel Mode Import Export(1131067)		79 063.00
附单据数　张	合计 柒万玖仟零陆拾叁元整	79 063.00	79 063.00

财务主管：　记账：孙红　复核：包瑞　出纳：　制单：孙红　经办人：

转账凭证

2002 年 12 月 31 日　　本币：人民币　单位：元

核算单位：[002]信达进出口贸易有限公司　　第 0022 号-0001/0001

摘　要	会　计　科　目	借方金额	贷方金额
转账	应付账款/新宝鞋业(2121052)	150 000.00	
转账	应付账款/羊锦皮革服装(2121002)	53 225.64	
转账	预付账款/宝新鞋业镇江有限公司(1151002)		150 000.00
转账	预付账款/上海锦羊皮革厂(1151003)		53 225.64
附单据数　张	合计 贰拾万零叁仟贰佰贰拾伍元陆角肆分	203 225.64	203 225.64

财务主管：　记账：孙红　复核：包瑞　出纳：　制单：孙红　经办人：

转账凭证

2002 年 12 月 31 日　　本币：人民币　单位：元

核算单位：[002]信达进出口贸易有限公司　　第 0023 号-0001/0001

摘　要	会　计　科　目	借方金额	贷方金额
转账	应付账款/上海倩凡服饰有限公司(2121021)	640 000.00	
转账	预付账款/倩凡服饰有限公司(1151007)		640 000.00
转账	应付账款/上海大利鞋业有限公司(2121015)	25 000.00	
转账	预付账款/上海大利鞋业有限公司(1151010)		25 000.00
附单据数　张	合计 陆拾陆万伍仟元整	665 000.00	665 000.00

财务主管：　记账：孙红　复核：包瑞　出纳：　制单：孙红　经办人：

转账凭证

2002 年 12 月 31 日　　本币：人民币　单位：元

核算单位：[002]信达进出口贸易有限公司　　第 0024 号-0001/0001

摘　要	会　计　科　目	借方金额	贷方金额
转账	应付账款/上海熊金皮革制品有限公司(2121038)	282 000.00	
转账	预付账款/金雄(1151013)		282 000.00
转账	应付账款/上海亭君制衣有限公司(2121033)	164 315.90	
转账	预付账款/上海亭君制衣有限公司(1151015)		164 315.90
附单据数　张	合计 肆拾肆万陆仟叁佰壹拾伍元玖角零分	446 315.90	446 315.90

财务主管：　记账：孙红　复核：包瑞　出纳：　制单：孙红　经办人：

转账凭证

2002 年 12 月 31 日　　本币：人民币　单位：元

核算单位：[002]信达进出口贸易有限公司　　第 0025 号-0001/0001

摘　要	会　计　科　目	借方金额	贷方金额
出货	应收账款/Q Marketing Group(1131012)	65 555.42	
出货	应收账款/Fuji Miya(1131008)	650 090.31	
出货	应收账款/Schuh Art Limited(1131009)	7 866.65	
出货	应收账款/Sae Won(1131075)	4 064.11	
出货	主营业务收入/外销(5101002)		727 576.49
附单据数　张	合计 柒拾贰万柒仟伍佰柒拾陆元肆角玖分	727 576.49	727 576.49

财务主管：　记账：孙红　复核：包瑞　出纳：　制单：孙红　经办人：

转 账 凭 证

2002 年 12 月 31 日 本币：人民币 单位：元

核算单位：[002]信达进出口贸易有限公司 第 0026 号-0001/0002

摘 要	会 计 科 目	借方金额	贷方金额
出运	应收账款/Lam Leong Hang Pte(1131057)	128 361.99	
出运	应收账款/Eriche Melkonian(1131076)	390 705.36	
出运	应收账款/SAS Avance Diffusion(1131077)	288 900.19	
出运	应收账款/Fujinaga Kakousho(1131055)	71 490.18	
出运	应收账款/Fashion Fuji(1131063)	65 239.24	
附单据数 张	合计	944 696.96	0

财务主管： 记账：孙红 复核：包瑞 出纳： 制单：孙红 经办人：

转 账 凭 证

2002 年 12 月 31 日 本币：人民币 单位：元

核算单位：[002]信达进出口贸易有限公司 第 0026 号-0002/0002

摘 要	会 计 科 目	借方金额	贷方金额
出运	应收账款/Ankou International(1131054)	42 655.72	
出运	应收账款/Comon(1131066)	275 879.07	
出运	应收账款/Nagoya Mosaic Tile(1131068)	89 810.69	
出运	应收账款/Merx Team AB(1131058)	61 006.27	
出运	主营业务收入/外销(5101002)		1 414 048.71
附单据数 张	合计 壹佰肆拾壹万肆仟零肆拾捌元柒角壹分	1 414 048.71	1 414 048.71

财务主管： 记账：孙红 复核：包瑞 出纳： 制单：孙红 经办人：

转 账 凭 证

2002 年 12 月 31 日 本币：人民币 单位：元

核算单位：[002]信达进出口贸易有限公司 第 0027 号-0001/0003

摘 要	会 计 科 目	借方金额	贷方金额
出运	应收账款/Koyama Hosei(1131044)	283 949.17	
出运	应收账款/Eader HK(1131078)	89 411.72	
出运	应收账款/Romeo Juliette Incoup(1131040)	787 642.63	
出运	应收账款/Imad AL(1131079)	267 436.50	
出运	应收账款/Xin Chang Fa Pty(1131069)	12 137.69	
附单据数 张	合计	1 440 577.71	0

财务主管： 记账：孙红 复核：包瑞 出纳： 制单：孙红 经办人：

转账凭证

2002年12月31日　　本币：人民币　单位：元

核算单位：[002]信达进出口贸易有限公司　　第0027号-0002/0003

摘　要	会　计　科　目	借方金额	贷方金额
出运	应收账款/Look Sharp(1131080)	224 105.19	
出运	应收账款/Hanli Manpower(1131016)	343 371.36	
出运	应收账款/Erdem Sahin(1131081)	2 690.09	
出运	应收账款/APlus Entrprises(1131082)	1 496.43	
出运	应收账款/Toku-on Trading(1131025)	4 171.71	
附单据数　张	合计	2 016 412.49	0

财务主管：　记账：孙红　复核：包瑞　出纳：　制单：孙红　经办人：

转账凭证

2002年12月31日　　本币：人民币　单位：元

核算单位：[002]信达进出口贸易有限公司　　第0027号-0003/0003

摘　要	会　计　科　目	借方金额	贷方金额
出运	主营业务收入/外销(5101002)		2 016 412.49
附单据数　张	合计 贰佰零壹万陆仟肆佰壹拾贰元肆角玖分	2 016 412.49	2 016 412.49

财务主管：　记账：孙红　复核：包瑞　出纳：　制单：孙红　经办人：

转账凭证

2002年12月31日　　本币：人民币　单位：元

核算单位：[002]信达进出口贸易有限公司　　第0028号-0001/0001

摘　要	会　计　科　目	借方金额	贷方金额
2%税金结转	库存商品(1243)	1 170.21	
2%税金结转	应交税金/应交增值税/进项税额转出(2171001003)		1 170.21
附单据数　张	合计 壹仟壹佰柒拾元贰角壹分	1 170.21	1 170.21

财务主管：　记账：孙红　复核：包瑞　出纳：　制单：孙红　经办人：

转账凭证

2002年12月31日　　本币：人民币　单位：元

核算单位：[002]信达进出口贸易有限公司　　第0029号-0001/0001

摘　要	会　计　科　目	借方金额	贷方金额
2%税金结转	库存商品(1243)	30 518.32	
2%税金结转	应交税金/应交增值税/进项税额转出(2171001003)		30 518.32
附单据数　张	合计 叁万零伍佰壹拾捌元叁角贰分	30 518.32	30 518.32

财务主管：　记账：孙红　复核：包瑞　出纳：　制单：孙红　经办人：

转账凭证

2002年12月31日　　本币：人民币　单位：元

核算单位：[002]信达进出口贸易有限公司　　第0030号-0001/0001

摘　要	会　计　科　目	借方金额	贷方金额
2%税金结转	库存商品(1243)	17 452.11	
2%税金结转	应交税金/应交增值税/进项税额转出(2171001003)		17 452.11
附单据数　张	合计 壹万柒仟肆佰伍拾贰元壹角壹分	17 452.11	17 452.11

财务主管：　记账：孙红　复核：包瑞　出纳：　制单：孙红　经办人：

转账凭证

2002年12月31日　　本币：人民币　单位：元

核算单位：[002]信达进出口贸易有限公司　　第0031号-0001/0001

摘　要	会　计　科　目	借方金额	贷方金额
进仓	库存商品(1243)	633 101.77	
进仓	应交税金/应交增值税/进项税额/外销(2171001001002)	9 946.83	
进仓	应付账款/昆山艺新鞋厂(2121008)		61 200.00
进仓	应付账款/乐清市登云(2121043)		7 257.60
进仓	应付账款/上海永练皮具有限公司(2121007)		574 591.00
附单据数　张	合计 陆拾肆万叁仟零肆拾捌元陆角零分	643 048.60	643 048.60

财务主管：　记账：孙红　复核：包瑞　出纳：　制单：孙红　经办人：

转账凭证

2002年12月31日　　本币：人民币　单位：元

核算单位：[002]信达进出口贸易有限公司　　第0032号-0001/0002

摘　要	会　计　科　目	借方金额	贷方金额
进仓	库存商品(1243)	1 790 985.11	
进仓	应交税金/应交增值税/进项税额/外销(2171001001002)	304 467.48	
进仓	应付账款/上海倩凡服饰有限公司(2121021)		310 131.56
进仓	应付账款/上海大利鞋业有限公司(2121015)		86 136.02
进仓	应付账款/丹徒县庄纪制鞋厂分厂(2121018)		345 276.00
附单据数　张	合计	2 095 452.59	741 543.58

财务主管：　记账：孙红　复核：包瑞　出纳：　制单：孙红　经办人：

转账凭证

2002年12月31日　　本币：人民币　单位：元

核算单位：[002]信达进出口贸易有限公司　　第0032号-0002/0002

摘　要	会　计　科　目	借方金额	贷方金额
进仓	应付账款/镇江达荣鞋业有限公司(2121028)		457 512.00
进仓	应付账款/上海制球公司(2121019)		277 290.00
进仓	应付账款/力士(2121047)		255 663.00
进仓	应付账款/奇升(2121050)		363 444.01
附单据数　张	合计 贰佰零玖万伍仟肆佰伍拾贰元伍角玖分	2 095 452.59	2 095 452.59

财务主管：　记账：孙红　复核：包瑞　出纳：　制单：孙红　经办人：

转账凭证

2002年12月31日　　本币：人民币　单位：元

核算单位：[002]信达进出口贸易有限公司　　第0033号-0001/0002

摘　要	会　计　科　目	借方金额	贷方金额
进仓	库存商品(1243)	947 372.02	
进仓	应交税金/应交增值税/进项税额/外销(2171001001002)	137 593.27	
进仓	应付账款/上海亭君制衣有限公司(2121033)		125 219.70
进仓	应付账款/上海熊金皮革制品有限公司(2121038)		436 843.13
进仓	应付账款/泰成(2121031)		145 378.46
附单据数　张	合计	1 084 965.29	707 441.29

财务主管：　记账：孙红　复核：包瑞　出纳：　制单：孙红　经办人：

转账凭证

2002年12月31日　　本币：人民币　单位：元

核算单位：[002]信达进出口贸易有限公司　　第0033号-0002/0002

摘　要	会　计　科　目	借方金额	贷方金额
进仓	应付账款/浙江凯丰(2121063)		47 560.00
进仓	应付账款/荣心培服饰(2121049)		100 740.00
进仓	应付账款/嘉华(2121013)		89 100.00
进仓	应付账款/嘉华(2121013)		55 944.00
进仓	应付账款/浦东信诚商业有限公司(2121036)		84 180.00
附单据数　张	合计 壹佰零捌万肆仟玖佰陆拾伍元贰角玖分	1 084 965.29	1 084 965.29

财务主管：　记账：孙红　复核：包瑞　出纳：　制单：孙红　经办人：

转账凭证

2002年12月31日　　本币：人民币　单位：元

核算单位：[002]信达进出口贸易有限公司　　第0034号-0001/0001

摘　要	会　计　科　目	借方金额	贷方金额
销售	应收账款/青浦商厦(1131083)	1 000.00	
销售	主营业务收入/内销(5101001)		854.70
销售	应交税金/应交增值税/销项税额/内销(2171001005001)		145.30
附单据数　张	合计 壹仟元整	1 000.00	1 000.00

财务主管：　记账：孙红　复核：包瑞　出纳：　制单：孙红　经办人：

转账凭证

2002年12月31日　　本币：人民币　单位：元

核算单位：[002]信达进出口贸易有限公司　　第0035号-0001/0001

摘　要	会　计　科　目	借方金额	贷方金额
暂估佣金	主营业务收入/外销(5101002)	24 279.99	
暂估佣金	应付账款/佣金(2121996)		24 279.99
附单据数　张	合计 贰万肆仟贰佰柒拾玖元玖角玖分	24 279.99	24 279.99

财务主管：　记账：孙红　复核：包瑞　出纳：　制单：孙红　经办人：

转账凭证

2002年12月31日　　本币：人民币　单位：元

核算单位：[002]信达进出口贸易有限公司　　第0036号-0001/0001

摘　要	会　计　科　目	借方金额	贷方金额
运费冲收入	主营业务收入/外销(5101002)	53 174.90	
运费冲收入	应付账款/佣金(2121996)		16 579.20
运费冲收入	应付账款/运费(2121997)		36 595.70
附单据数　张	合计 伍万叁仟壹佰柒拾肆元玖角零分	53 174.90	53 174.90

财务主管：　记账：孙红　复核：包瑞　出纳：　制单：孙红　经办人：

转账凭证

2002年12月31日　　本币：人民币　单位：元

核算单位：[002]信达进出口贸易有限公司　　第0037号-0001/0001

摘　要	会　计　科　目	借方金额	贷方金额
佣金冲收入	主营业务收入/外销(5101002)	122 790.53	
佣金冲收入	应付账款/佣金(2121996)		122 790.53
附单据数　张	合计 壹拾贰万贰仟柒佰玖拾元伍角叁分	122 790.53	122 790.53

财务主管：　记账：孙红　复核：包瑞　出纳：　制单：孙红　经办人：

转账凭证

2002年12月31日　　本币：人民币　单位：元

核算单位：[002]信达进出口贸易有限公司　　第0038号-0001/0001

摘　　要	会　计　科　目	借方金额	贷方金额
运费冲收入	主营业务收入/外销(5101002)	13 287.00	
运费冲收入	应付账款/运费(2121997)		13 287.00
附单据数　张	合计 壹万叁仟贰佰捌拾柒元整	13 287.00	13 287.00

财务主管：　记账：孙红　复核：包瑞　出纳：　制单：孙红　经办人：

转账凭证

2002年12月31日　　本币：人民币　单位：元

核算单位：[002]信达进出口贸易有限公司　　第0039号-0001/0001

摘　　要	会　计　科　目	借方金额	贷方金额
提2002.12个调税	应付工资(2151)	873.89	
提2002.12个调税	应交税金/应交个人所得税(2171011)		873.89
附单据数　张	合计 捌佰柒拾叁元捌角玖分	873.89	873.89

财务主管：　记账：孙红　复核：包瑞　出纳：　制单：孙红　经办人：

转账凭证

2002年12月31日　　本币：人民币　单位：元

核算单位：[002]信达进出口贸易有限公司　　第0040号-0001/0001

摘　　要	会　计　科　目	借方金额	贷方金额
计提工资1、2、3	营业费用/工资(5501001)	55 985.39	
计提工资	应付福利费/其他(2153004)	32.50	
计提工资	应付工资(2151)		56 017.89
附单据数　张	合计 伍万陆仟零壹拾柒元捌角玖分	56 017.89	56 017.89

财务主管：　记账：孙红　复核：包瑞　出纳：　制单：孙红　经办人：

转账凭证

2002年12月31日　　本币：人民币　单位：元

核算单位：[002]信达进出口贸易有限公司　　第0041号-0001/0002

摘　　要	会　计　科　目	借方金额	贷方金额
工资附加费转账1、2、3	营业费用/工会经费(5501003)	1 025.76	
工资附加费转账1、2、3	营业费用/职工教育经费(5501004)	769.32	
工资附加费转账1、2、3	营业费用/福利费(5501002)	7 180.32	
工资附加费转账	其他应付款/工会经费(2181002)		1 025.76
工资附加费转账	其他应付款/教育经费(2181003)		769.32
附单据数　张	合计	8 975.40	1 795.08

财务主管：　记账：孙红　复核：包瑞　出纳：　制单：孙红　经办人：

转账凭证

2002 年 12 月 31 日　　本币：人民币　单位：元

核算单位：[002]信达进出口贸易有限公司　　第 0041 号-0001/0001

摘　要	会　计　科　目	借方金额	贷方金额
工资附加费转账	应付福利费/计提金额(2153002)		7 180.32
附单据数　张	合计 捌仟玖佰柒拾伍元肆角零分	8 975.40	8 975.40

财务主管：　记账：孙红　复核：包瑞　出纳：　制单：孙红　经办人：

转账凭证

2002 年 12 月 31 日　　本币：人民币　单位：元

核算单位：[002]信达进出口贸易有限公司　　第 0042 号-0001/0002

摘　要	会　计　科　目	借方金额	贷方金额
单位承担统筹费 1、2、3	营业费用/养老保险(5501025)	11 854.10	
单位承担统筹费 1、2、3	营业费用/失业保险(5501026)	1 053.70	
单位承担统筹费 1、2、3	营业费用/残疾保险(5501027)	842.90	
单位承担统筹费	应付福利费/医疗保险(2153003)	6 322.20	
单位承担统筹费	其他应付款/养老金(2181004)		11 854.10
附单据数　张	合计	20 072.90	11 854.10

财务主管：　记账：孙红　复核：包瑞　出纳：　制单：孙红　经办人：

转账凭证

2002 年 12 月 31 日　　本币：人民币　单位：元

核算单位：[002]信达进出口贸易有限公司　　第 0042 号-0002/0002

摘　要	会　计　科　目	借方金额	贷方金额
单位承担统筹费	其他应付款/失业保险(2181005)		1 053.70
单位承担统筹费	其他应付款/伤残保险(2181006)		842.90
单位承担统筹费	其他应付款/医疗保险(2181007)		6 322.20
附单据数　张	合计 贰万零柒拾贰元玖角零分	20 072.90	20 072.90

财务主管：　记账：孙红　复核：包瑞　出纳：　制单：孙红　经办人：

转账凭证

2002 年 12 月 31 日　　本币：人民币　单位：元

核算单位：[002]信达进出口贸易有限公司　　第 0043 号-0001/0002

摘　　要	会　计　科　目	借方金额	贷方金额
个人扣款转账	应付工资(2151)	11 668.90	
个人扣款转账	其他应付款/养老金(2181004)		3 347.60
个人扣款转账	其他应付款/失业保险(2181005)		478.90
个人扣款转账	其他应付款/住房公积金(2181008)		6 666.00
个人扣款转账	其他应付款/医疗保险(2181007)		956.00
附单据数　张	合计	11 668.90	11 448.50

财务主管：　记账：孙红　复核：包瑞　出纳：　制单：孙红　经办人：

转账凭证

2002 年 12 月 31 日　　本币：人民币　单位：元

核算单位：[002]信达进出口贸易有限公司　　第 0043 号-0002/0002

摘　　要	会　计　科　目	借方金额	贷方金额
个人扣款转账	其他应付款/工会经费(2181002)		220.40
附单据数　张	合计 壹万壹仟陆佰陆拾捌元玖角零分	11 668.90	11 668.90

财务主管：　记账：孙红　复核：包瑞　出纳：　制单：孙红　经办人：

转账凭证

2002 年 12 月 31 日　　本币：人民币　单位：元

核算单位：[002]信达进出口贸易有限公司　　第 0044 号-0001/0001

摘　　要	会　计　科　目	借方金额	贷方金额
冲 7-37 凭证	主营业务收入/外销(5101002)	−122 790.53	
冲 7-37 凭证	应付账款/佣金(2121996)		−122 790.53
附单据数　张	合计 负壹拾贰万贰仟柒佰玖拾元伍角叁分	−122 790.53	−122 790.53

财务主管：　记账：孙红　复核：包瑞　出纳：　制单：孙红　经办人：

转账凭证

2002 年 12 月 31 日　　本币：人民币　单位：元

核算单位：[002]信达进出口贸易有限公司　　第 0045 号-0001/0001

摘　　要	会　计　科　目	借方金额	贷方金额
计提 0212 折旧 1、2、3、4	营业费用/折旧费(5501011)	5 683.36	
计提 0212 折旧	累计折旧(1502)		5 683.36
附单据数　张	合计 伍仟陆佰捌拾叁元叁角陆分	5 683.36	5 683.36

财务主管：　记账：孙红　复核：包瑞　出纳：　制单：孙红　经办人：

转账凭证

2002年12月31日　　本币：人民币　单位：元

核算单位：[002]信达进出口贸易有限公司　　第0046号-0001/0001

摘　　要	会　计　科　目	借方金额	贷方金额
调整5月份7-17凭证1、2、3	营业费用/创汇奖(5501021)	－23 622.50	
调整5月份7-17凭证	其他应付款/上海皮制品有限公司(2181010)		－23 622.50
附单据数　张	合计 负贰万叁仟陆佰贰拾贰元伍角零分	－23 622.50	－23 622.50

财务主管：　记账：孙红　复核：包瑞　出纳：　制单：孙红　经办人：

转账凭证

2002年12月31日　　本币：人民币　单位：元

核算单位：[002]信达进出口贸易有限公司　　第0047号-0001/0001

摘　　要	会　计　科　目	借方金额	贷方金额
转账	主营业务收入/外销(5101002)	2 490.00	
转账	应付账款/运费(2121997)		2 490.00
附单据数　张	合计 贰仟肆佰玖拾元整	2 490.00	2 490.00

财务主管：　记账：孙红　复核：包瑞　出纳：　制单：孙红　经办人：

转账凭证

2002年12月31日　　本币：人民币　单位：元

核算单位：[002]信达进出口贸易有限公司　　第0048号-0001/0001

摘　　要	会　计　科　目	借方金额	贷方金额
转账02KH3078,3064	应收账款/Tristol Dynamic(1131061)	192 431.02	
转账02KH3078,3064	应收账款/Fitt Well Shoe Corp(1131062)		192 431.02
附单据数　张	合计 壹拾玖万贰仟肆佰叁拾壹元零角贰分	192 431.02	192 431.02

财务主管：　记账：孙红　复核：包瑞　出纳：　制单：孙红　经办人：

转账凭证

2002年12月31日　　本币：人民币　单位：元

核算单位：[002]信达进出口贸易有限公司　　第0049号-0001/0001

摘　　要	会　计　科　目	借方金额	贷方金额
转账	其他应付款/阳明鞋业(2181012)	10 000.00	
转账	预付账款/苏州阳明鞋业有限公司(1151014)		10 000.00
附单据数　张	合计 壹万元整	10 000.00	10 000.00

财务主管：　记账：孙红　复核：包瑞　出纳：　制单：孙红　经办人：

转账凭证

2002 年 12 月 31 日　　本币：人民币　单位：元

核算单位：[002]信达进出口贸易有限公司　　第 0050 号-0001/0001

摘　　要	会　计　科　目	借方金额	贷方金额
转账	应付账款/苏州阳明鞋业有限公司(2121064)	220 000.00	
转账	预付账款/苏州阳明鞋业有限公司(1151014)		220 000.00
附单据数　张	合计 贰拾贰万元整	220 000.00	220 000.00

财务主管：　记账：孙红　复核：包瑞　出纳：　制单：孙红　经办人：

转账凭证

2002 年 12 月 31 日　　本币：人民币　单位：元

核算单位：[002]信达进出口贸易有限公司　　第 0051 号-0001/0001

摘　　要	会　计　科　目	借方金额	贷方金额
进仓	库存商品(1243)	4 160.00	
进仓	应付账款/上海市箱包厂(2121014)		4 160.00
附单据数　张	合计 肆仟壹佰陆拾元整	4 160.00	4 160.00

财务主管：　记账：孙红　复核：包瑞　出纳：　制单：孙红　经办人：

转账凭证

2002 年 12 月 31 日　　本币：人民币　单位：元

核算单位：[002]信达进出口贸易有限公司　　第 0052 号-0001/0001

摘　　要	会　计　科　目	借方金额	贷方金额
暂估佣金 02KH1082	主营业务收入/外销(5101002)	24 863.05	
暂估佣金 02KH1082	应付账款/佣金(2121996)		24 863.05
附单据数　张	合计 贰万肆仟捌佰陆拾叁元零角伍分	24 863.05	24 863.05

财务主管：　记账：孙红　复核：包瑞　出纳：　制单：孙红　经办人：

转账凭证

2002 年 12 月 31 日　　本币：人民币　单位：元

核算单位：[002]信达进出口贸易有限公司　　第 0053 号-0001/0003

摘　　要	会　计　科　目	借方金额	贷方金额
外销 02KG1131	应收账款 Bata Shoe(1131007)	28 183.87	
外销 02KG1148	应收账款/QMarketing Group(1131012)	17 831.08	
外销 02KG1046	应收账款/Fidelity Creation(1131004)	461 271.80	
外销 02KG1112	应收账款/Sae Won(1131075)	14 526.49	
外销 02KG1150	应收账款/Sae Won(1131075)	46 915.17	
附单据数　张	合计	568 728.41	0

财务主管：　记账：孙红　复核：包瑞　出纳：　制单：孙红　经办人：

转账凭证

2002年12月31日　　本币：人民币　单位：元

核算单位：[002]信达进出口贸易有限公司　　第0053号-0002/0003

摘　要	会　计　科　目	借方金额	贷方金额
外销02KG1143	应收账款/Sae Won(1131075)	26 631.89	
外销02KG1144	应收账款/Sae Won(1131075)	6 456.22	
外销02KG1137	应收账款/Sae Won(1131075)	15 602.52	
外销02KG1132	应收账款/Sae Won(1131075)	16 140.54	
外销02KG1128	应收账款/Sae Won(1131075)	44 870.70	
附单据数　张	合计	678 430.28	0

财务主管：　记账：孙红　复核：包瑞　出纳：　制单：孙红　经办人：

转账凭证

2002年12月31日　　本币：人民币　单位：元

核算单位：[002]信达进出口贸易有限公司　　第0053号-0003/0003

摘　要	会　计　科　目	借方金额	贷方金额
外销02KG1111	应收账款/Sae Won(1131075)	74 192.68	
外销02KG1165	应收账款/Wincess Corp(1131084)	97 451.12	
外销02KG1165	主营业务收入/外销(5101002)		850 074.08
附单据数　张	合计 捌拾伍万零柒拾肆元零角捌分	850 074.08	850 074.08

财务主管：　记账：孙红　复核：包瑞　出纳：　制单：孙红　经办人：

转账凭证

2002年12月31日　　本币：人民币　单位：元

核算单位：[002]信达进出口贸易有限公司　　第0054号-0001/0003

摘　要	会　计　科　目	借方金额	贷方金额
外销02KH2074	应收账款/Fabicity(1131022)	133 229.81	
外销02KH2136-2	应收账款/Hanli Manpower(1131016)	92 704.64	
外销02KH2139	应收账款/Hanli Manpower(1131016)	109 921.22	
外销02KH2139	应收账款/Hanli Manpower(1131016)	207 658.39	
外销02KH2152	应收账款/Romeo Juliette Incoup(1131040)	113 615.33	
附单据数　张	合计	657 129.39	0

财务主管：　记账：孙红　复核：包瑞　出纳：　制单：孙红　经办人：

转账凭证

2002年12月31日　　本币：人民币　单位：元

核算单位：[002]信达进出口贸易有限公司　　第0054号-0002/0003

摘　要	会　计　科　目	借方金额	贷方金额
外销 02KH2119-2	应收账款/Koyama Hosei(1131044)	57 361.00	
外销 02KH2119-3	应收账款/Koyama Hosei(1131044)	30 542.87	
外销 02KH2119-1	应收账款/Koyama Hosei(1131044)	199 422.58	
外销 02KH2119	应收账款/Koyama Hosei(1131044)	73 796.20	
外销 02KH2082-7	应收账款/Koyama Hosei(1131044)	40 674.16	
附单据数　张	合计	1 058 926.20	0

财务主管：　记账：孙红　复核：包瑞　出纳：　制单：孙红　经办人：

转账凭证

2002年12月31日　　本币：人民币　单位：元

核算单位：[002]信达进出口贸易有限公司　　第0054号-0003/0003

摘　要	会　计　科　目	借方金额	贷方金额
外销 02KH2119	应收账款/Koyama Hosei(1131044)	18 073.68	
外销 02KH2081/2084	应收账款/Yagi And(1131036)	5 208.43	
外销 02KH2081/2084	主营业务收入/外销(5101002)		1 082 208.31
附单据数　张	合计 壹佰零捌万贰仟贰佰零捌元叁角壹分	1 082 208.31	1 082 208.31

财务主管：　记账：孙红　复核：包瑞　出纳：　制单：孙红　经办人：

转账凭证

2002年12月31日　　本币：人民币　单位：元

核算单位：[002]信达进出口贸易有限公司　　第0055号-0001/0005

摘　要	会　计　科　目	借方金额	贷方金额
外销 02KH3103-1	应收账款/Lam Leong Hang Pte(1131057)	83 354.71	
外销 02KH3117	应收账款/Lam Leong Hang Pte(1131057)	74 099.15	
外销 02KH3117-1	应收账款/Lam Leong Hang Pte(1131057)	64 041.52	
外销 02KH3050-12	应收账款/Lam Leong Hang Pte(1131057)	77 707.02	
外销 02KH3050-10	应收账款/Lam Leong Hang Pte(1131057)	90 740.87	
附单据数　张	合计	389 943.27	0

财务主管：　记账：孙红　复核：包瑞　出纳：　制单：孙红　经办人：

转账凭证

2002 年 12 月 31 日

本币：人民币　单位：元

核算单位：[002]信达进出口贸易有限公司　　第 0055 号-0002/0005

摘　　要	会　计　科　目	借方金额	贷方金额
外销 02KH3050-11	应收账款/Lam Leong Hang Pte(1131057)	23 343.36	
外销 02KH3159	应收账款/Lam Leong Hang Pte(1131057)	66 413.60	
外销 02KH3152	应收账款/Lam Leong Hang Pte(1131057)	99 269.29	
外销 02KH3149	应收账款/Merx Team AB(1131058)	61 006.27	
外销 02KH3164	应收账款/Merx Team AB(1131058)	61 006.27	
附单据数　张	合计	700 982.06	0

财务主管：　记账：孙红　复核：包瑞　出纳：　制单：孙红　经办人：

转账凭证

2002 年 12 月 31 日

本币：人民币　单位：元

核算单位：[002]信达进出口贸易有限公司　　第 0055 号-0003/0005

摘　　要	会　计　科　目	借方金额	贷方金额
外销 02KH3161	应收账款/Ankou International(1131054)	96 580.03	
外销 02KH3176	应收账款/Comon(1131066)	127 386.11	
外销 02KH3197	应收账款/Fashion Fuji(1131063)	38 488.98	
外销 02KH3180	应收账款/Fujinaga Kakousho(1131055)	140 687.57	
外销 02KH3187	应收账款/Fujinaga Kakousho(1131055)	127 371.21	
附单据数　张	合计	1 231 495.96	0

财务主管：　记账：孙红　复核：包瑞　出纳：　制单：孙红　经办人：

转账凭证

2002 年 12 月 31 日

本币：人民币　单位：元

核算单位：[002]信达进出口贸易有限公司　　第 0055 号-0004/0005

摘　　要	会　计　科　目	借方金额	贷方金额
外销 02KH3195	应收账款/Fujinaga Kakousho(1131055)	13 657.38	
外销 02KH3078	应收账款/Fitt Well Shoe Corp(1131062)	116 807.85	
外销 02KH3064	应收账款/Fitt Well Shoe Corp(1131062)	133 956.55	
外销 02KH3196	应收账款/Company Shoes(1131085)	145 570.95	
外销 02KH3201	应收账款/Company Shoes(1131085)	101 098.30	
附单据数　张	合计	1 742 586.99	0

财务主管：　记账：孙红　复核：包瑞　出纳：　制单：孙红　经办人：

转账凭证

2002年12月31日 本币：人民币 单位：元

核算单位：[002]信达进出口贸易有限公司 第0055号-0005/0005

摘 要	会 计 科 目	借方金额	贷方金额
外销02KH3201	主营业务收入/外销(5101002)		1 742 586.99
附单据数 张	合计 壹佰柒拾肆万贰仟伍佰捌拾陆元玖角玖分	1 742 586.99	1 742 586.99

财务主管： 记账：孙红 复核：包瑞 出纳： 制单：孙红 经办人：

转账凭证

2002年12月31日 本币：人民币 单位：元

核算单位：[002]信达进出口贸易有限公司 第0056号-0001/0005

摘 要	会 计 科 目	借方金额	贷方金额
进仓02KG1131	库存商品(1243)	18 717.94	
进仓02KG1131	应交税金/应交增值税/进项税额/外销(2171001001002)	3 182.05	
进仓02KG1131	应付账款/昆山艺新鞋厂(2121008)		21 899.99
进仓02KG1148	库存商品(1243)	13 669.74	
进仓02KG1148	应交税金/应交增值税/进项税额/外销(2171001001002)	2 323.86	
附单据数 张	合计	37 893.59	21 899.99

财务主管： 记账：孙红 复核：包瑞 出纳： 制单：孙红 经办人：

转账凭证

2002年12月31日 本币：人民币 单位：元

核算单位：[002]信达进出口贸易有限公司 第0056号-0002/0005

摘 要	会 计 科 目	借方金额	贷方金额
进仓02KG1148	应付账款/昆山艺新鞋厂(2121008)		15 993.60
进仓02KG1046	库存商品(1243)	89 969.23	
进仓02KG1046	应交税金/应交增值税/进项税额/外销(2171001001002)	15 294.77	
进仓02KG1046	应付账款/新宝鞋业(2121052)		105 264.00
进仓02KG1046	库存商品(1243)	89 969.23	
附单据数 张	合计	233 126.82	143 157.59

财务主管： 记账：孙红 复核：包瑞 出纳： 制单：孙红 经办人：

转 账 凭 证

2002 年 12 月 31 日

本币：人民币　单位：元

核算单位：[002]信达进出口贸易有限公司　　第 0056 号-0003/0005

摘　　要	会　计　科　目	借方金额	贷方金额
进仓 02KG1046	应交税金/应交增值税/进项税额/外销(2171001001002)	15 294.77	
进仓 02KG1046	应付账款/新宝鞋业(2121052)		105 264.00
进仓 02KG1046	库存商品(1243)	89 969.23	
进仓 02KG1046	应交税金/应交增值税/进项税额/外销(2171001001002)	15 294.77	
进仓 02KG1046	应付账款/新宝鞋业(2121052)		105 264.00
附单据数　张	合计	353 685.59	353 685.59

财务主管：　记账：孙红　复核：包瑞　出纳：　制单：孙红　经办人：

转 账 凭 证

2002 年 12 月 31 日

本币：人民币　单位：元

核算单位：[002]信达进出口贸易有限公司　　第 0056 号-0004/0005

摘　　要	会　计　科　目	借方金额	贷方金额
进仓 02KG1046	库存商品(1243)	89 969.23	
进仓 02KG1046	应交税金/应交增值税/进项税额/外销(2171001001002)	15 294.77	
进仓 02KG1046	应付账款/新宝鞋业(2121052)		105 264.00
进仓 02KG1112/1150/1143	库存商品(1243)	244 964.27	
进仓 02KG1112/1150/1143	应付账款/上海永练皮具有限公司(2121007)		244 964.27
附单据数　张	合计	703 913.86	703 913.86

财务主管：　记账：孙红　复核：包瑞　出纳：　制单：孙红　经办人：

转 账 凭 证

2002 年 12 月 31 日

本币：人民币　单位：元

核算单位：[002]信达进出口贸易有限公司　　第 0056 号-0005/0005

摘　　要	会　计　科　目	借方金额	贷方金额
进仓 02KG1165	库存商品(1243)	69 784.62	
进仓 02KG1165	应交税金/应交增值税/进项税额/外销(2171001001002)	11 863.38	
进仓 02KG1165	应付账款/同乡市富鑫纺织(2121060)		81 648.00
附单据数　张	合计 柒拾捌万伍仟伍佰陆拾壹元捌角陆分	785 561.86	785 561.86

财务主管：　记账：孙红　复核：包瑞　出纳：　制单：孙红　经办人：

转账凭证

2002年12月31日　　本币：人民币　单位：元

核算单位：[002]信达进出口贸易有限公司　　第0057号-0005/0005

摘　　要	会　计　科　目	借方金额	贷方金额
不退税转账	库存商品(1243)	9 240.96	
不退税转账	应交税金/应交增值税/进项税额转出(2171001003)		9 240.96
附单据数　张	合计 玖仟贰佰肆拾元玖角陆分	9 240.96	9 240.96

财务主管：　记账：孙红　复核：包瑞　出纳：　制单：孙红　经办人：

转账凭证

2002年12月31日　　本币：人民币　单位：元

核算单位：[002]信达进出口贸易有限公司　　第0058号-0001/0001

摘　　要	会　计　科　目	借方金额	贷方金额
不退税转账	库存商品(1243)	11 614.22	
不退税转账	应交税金/应交增值税/进项税额转出(2171001003)		11 614.22
附单据数　张	合计 壹万壹仟陆佰壹拾肆元贰角贰分	11 614.22	11 614.22

财务主管：　记账：孙红　复核：包瑞　出纳：　制单：孙红　经办人：

转账凭证

2002年12月31日　　本币：人民币　单位：元

核算单位：[002]信达进出口贸易有限公司　　第0059号-0001/0001

摘　　要	会　计　科　目	借方金额	贷方金额
不退税转账	库存商品(1243)	25 057.10	
不退税转账	应交税金/应交增值税/进项税额转出(2171001003)		25 057.10
附单据数　张	合计 贰万伍仟零伍拾柒元壹角零分	25 057.10	25 057.10

财务主管：　记账：孙红　复核：包瑞　出纳：　制单：孙红　经办人：

转账凭证

2002年12月31日　　本币：人民币　单位：元

核算单位：[002]信达进出口贸易有限公司　　第0060号-0001/0009

摘　　要	会　计　科　目	借方金额	贷方金额
进仓02KH2074	库存商品(1243)	47 384.61	
进仓02KH2074	应交税金/应交增值税/进项税额/外销(2171001001002)	8 055.39	
进仓02KH2074	应付账款/上海市箱包厂(2121014)		55 440.00
进仓02KH2074	库存商品(1243)	72 369.23	
进仓02KH2074	应交税金/应交增值税/进项税额/外销(2171001001002)	12 302.77	
附单据数　张	合计	140 112.00	55 440.00

财务主管：　记账：孙红　复核：包瑞　出纳：　制单：孙红　经办人：

转账凭证

2002年12月31日　　本币：人民币　单位：元

核算单位：[002]信达进出口贸易有限公司　　第0060号-0002/0009

摘　要	会　计　科　目	借方金额	贷方金额
进仓02KH2074	应付账款/上海市箱包厂(2121014)		84 672.00
进仓02KH2136-2	库存商品(1243)	79 863.25	
进仓02KH2136-2	应交税金/应交增值税/进项税额/外销(2171001001002)	13 576.75	
进仓02KH2136-2	应付账款/金旺(2121051)		93 440.00
进仓02KH2152	库存商品(1243)	60 410.26	
附单据数　张	合计	293 962.26	233 552.00

财务主管：　记账：孙红　复核：包瑞　出纳：　制单：孙红　经办人：

转账凭证

2002年12月31日　　本币：人民币　单位：元

核算单位：[002]信达进出口贸易有限公司　　第0060号-0003/0009

摘　要	会　计　科　目	借方金额	贷方金额
进仓02KH2152	应交税金/应交增值税/进项税额/外销(2171001001002)	10 269.74	
进仓02KH2152	应付账款/丹徒县章鸿鞋业有限公司(2121025)		70 680.00
进仓02KH2151	库存商品(1243)	38 564.10	
进仓02KH2152	应交税金/应交增值税/进项税额/外销(2171001001002)	6 555.90	
进仓02KH2152	应付账款/丹徒县章鸿鞋业有限公司(2121025)		45 120.00
附单据数　张	合计	349 352.00	349 352.00

财务主管：　记账：孙红　复核：包瑞　出纳：　制单：孙红　经办人：

转账凭证

2002年12月31日　　本币：人民币　单位：元

核算单位：[002]信达进出口贸易有限公司　　第0060号-0004/0009

摘　要	会　计　科　目	借方金额	贷方金额
进仓02KH2139/2141	库存商品(1243)	92 307.68	
进仓02KH2139/2141	应交税金/应交增值税/进项税额/外销(2171001001002)	15 692.31	
进仓02KH2139/2141	应付账款/奇升(2121050)		107 999.99
进仓02KH2139/2141	库存商品(1243)	94 905.98	
进仓02KH2139/2141	应交税金/应交增值税/进项税额/外销(2171001001002)	16 134.02	
附单据数　张	合计	568 391.99	457 351.99

财务主管：　记账：孙红　复核：包瑞　出纳：　制单：孙红　经办人：

转账凭证

2002年12月31日

本币：人民币　单位：元

核算单位：[002]信达进出口贸易有限公司　第0060号-0005/0009

摘　要	会　计　科　目	借方金额	贷方金额
进仓02KH2139/2141	应付账款/奇升(2121050)		111 040.00
进仓02KH2139/41	库存商品(1243)	94 905.98	
进仓02KH2139/41	应交税金/应交增值税/进项税额/外销(2171001001002)	16 134.02	
进仓02KH2139/41	应付账款/奇升(2121050)		111 040.00
进仓02KH2119-3	库存商品(1243)	29 616.92	
附单据数　张	合计	709 048.91	679 431.99

财务主管：　记账：孙红　复核：包瑞　出纳：　制单：孙红　经办人：

转账凭证

2002年12月31日

本币：人民币　单位：元

核算单位：[002]信达进出口贸易有限公司　第0060号-0006/0009

摘　要	会　计　科　目	借方金额	贷方金额
进仓02KH2119-3	应交税金/应交增值税/进项税额/外销(2171001001002)	5 034.88	
进仓02KH2119-3	应付账款/上海倩凡服饰有限公司(2121021)		34 651.80
进仓02KH2119-2	库存商品(1243)	55 084.62	
进仓02KH2119-2	应交税金/应交增值税/进项税额/外销(2171001001002)	9 364.39	
进仓02KH2119-2	应付账款/上海倩凡服饰有限公司(2121021)		64 449.01
附单据数　张	合计	778 532.80	778 532.80

财务主管：　记账：孙红　复核：包瑞　出纳：　制单：孙红　经办人：

转账凭证

2002年12月31日

本币：人民币　单位：元

核算单位：[002]信达进出口贸易有限公司　第0060号-0007/0009

摘　要	会　计　科　目	借方金额	贷方金额
进仓02KH2119-1	库存商品(1243)	94 348.67	
进仓02KH2119-1	应交税金/应交增值税/进项税额/外销(2171001001002)	16 045.39	
进仓02KH2119-1	应付账款/上海倩凡服饰有限公司(2121021)		110 430.06
进仓02KH2119-1	库存商品(1243)	94 384.67	
进仓02KH2119-1	应交税金/应交增值税/进项税额/外销(2171001001002)	16 045.39	
附单据数　张	合计	999 392.92	888 962.86

财务主管：　记账：孙红　复核：包瑞　出纳：　制单：孙红　经办人：

转 账 凭 证

2002 年 12 月 31 日

本币：人民币　单位：元

核算单位：[002]信达进出口贸易有限公司

第 0060 号-0008/0009

摘　要	会　计　科　目	借方金额	贷方金额
进仓 02KH2119-1	应付账款/上海倩凡服饰有限公司(2121021)		110 430.06
进仓 02KH2119	库存商品(1243)	70 867.59	
进仓 02KH2119	应交税金/应交增值税/进项税额/外销(2171001001002)	12 047.49	
进仓 02KH2119	应付账款/上海倩凡服饰有限公司(2121021)		82 915.08
进仓 02KH2082-7	库存商品(1243)	41 259.17	
附单据数　张	合计	1 123 567.17	1 082 308.00

财务主管：　　记账：孙红　　复核：包瑞　　出纳：　　制单：孙红　　经办人：

转 账 凭 证

2002 年 12 月 31 日

本币：人民币　单位：元

核算单位：[002]信达进出口贸易有限公司

第 0060 号-0009/0009

摘　要	会　计　科　目	借方金额	贷方金额
进仓 02KH2082-7	应交税金/应交增值税/进项税额/外销(2171001001002)	7 014.06	
进仓 02KH2082-7	应付账款/上海倩凡服饰有限公司(2121021)		48 273.23
附单据数　张	合计 壹佰壹拾叁万零伍佰捌拾壹元贰角叁分	1 130 581.23	1 130 581.23

财务主管：　　记账：孙红　　复核：包瑞　　出纳：　　制单：孙红　　经办人：

转 账 凭 证

2002 年 12 月 31 日

本币：人民币　单位：元

核算单位：[002]信达进出口贸易有限公司

第 0061 号-0001/0013

摘　要	会　计　科　目	借方金额	贷方金额
进仓 02KH3103-1	库存商品(1243)	77 989.32	
进仓 02KH3103-1	应交税金/应交增值税/进项税额/外销(2171001001002)	13 258.18	
进仓 02KH3103-1	应付账款/上海亭君制衣有限公司(2121033)		91 247.50
进仓 02KH3117/3117-1	库存商品(1243)	44 558.12	
进仓 02KH3117/3117-1	应交税金/应交增值税/进项税额/外销(2171001001002)	7 574.88	
附单据数　张	合计	143 380.50	91 247.50

财务主管：　　记账：孙红　　复核：包瑞　　出纳：　　制单：孙红　　经办人：

转账凭证

2002 年 12 月 31 日　　本币：人民币　单位：元

核算单位：[002]信达进出口贸易有限公司　　第 0061 号-0002/0013

摘　要	会　计　科　目	借方金额	贷方金额
进仓 02KH3117/3117-1	应付账款/上海亭君制衣有限公司(2121033)		52 133.00
进仓 02KH3117/3117-1	库存商品(1243)	83 485.04	
进仓 02KH3117/3117-1	应交税金/应交增值税/进项税额/外销(2171001001002)	14 192.46	
进仓 02KH3117/3117-1	应付账款/上海亭君制衣有限公司(2121033)		97 677.50
进仓 02KH3050-12	库存商品(1243)	69 018.30	
附单据数　张	合计	310 076.30	241 058.00

财务主管：　记账：孙红　复核：包瑞　出纳：　制单：孙红　经办人：

转账凭证

2002 年 12 月 31 日　　本币：人民币　单位：元

核算单位：[002]信达进出口贸易有限公司　　第 0061 号-0003/0013

摘　要	会　计　科　目	借方金额	贷方金额
进仓 02KH3050-12	应付账款/上海亭君制衣有限公司(2121033)		69 018.30
进仓 02KH3050-10/11	库存商品(1243)	101 671.00	
进仓 02KH3050-10/11	应付账款/上海亭君制衣有限公司(2121033)		101 671.00
进仓 02KH3159/3152	库存商品(1243)	57 804.53	
进仓 02KH3159/3152	应交税金/应交增值税/进项税额/外销(2171001001002)	9 826.77	
附单据数　张	合计	479 378.60	411 747.30

财务主管：　记账：孙红　复核：包瑞　出纳：　制单：孙红　经办人：

转账凭证

2002 年 12 月 31 日　　本币：人民币　单位：元

核算单位：[002]信达进出口贸易有限公司　　第 0061 号-0004/0013

摘　要	会　计　科　目	借方金额	贷方金额
进仓 02KH3159/3152	上海亭君制衣有限公司(2121033)		67 631.30
进仓 02KH3159/3152	库存商品(1243)	96 152.05	
进仓 02KH3159/3152	应交税金/应交增值税/进项税额/外销(2171001001002)	16 345.85	
进仓 02KH3159/3152	应付账款/上海亭君制衣有限公司(2121033)		112 497.90
进仓 02KH3149	库存商品(1243)	47 815.38	
附单据数　张	合计	639 691.88	591 876.50

财务主管：　记账：孙红　复核：包瑞　出纳：　制单：孙红　经办人：

转账凭证

2002 年 12 月 31 日　　本币：人民币　单位：元

核算单位：[002]信达进出口贸易有限公司　　第 0061 号-0005/0013

摘　要	会　计　科　目	借方金额	贷方金额
进仓 02KH3149	应交税金/应交增值税/进项税额/外销(2171001001002)	8 128.62	
进仓 02KH3149	应付账款/嘉华(2121013)		55 944.00
进仓 02KH3164	库存商品(1243)	45 538.46	
进仓 02KH3164	应交税金/应交增值税/进项税额/外销(2171001001002)	7 741.54	
进仓 02KH3164	应付账款/嘉华(2121013)		53 280.00
附单据数　张	合计	701 100.50	701 100.50

财务主管：　记账：孙红　复核：包瑞　出纳：　制单：孙红　经办人：

转账凭证

2002 年 12 月 31 日　　本币：人民币　单位：元

核算单位：[002]信达进出口贸易有限公司　　第 0061 号-0006/0013

摘　要	会　计　科　目	借方金额	贷方金额
进仓 02KH3161	库存商品(1243)	92 043.08	
进仓 02KH3161	应交税金/应交增值税/进项税额/外销(2171001001002)	15 647.32	
进仓 02KH3161	应付账款/松江梦南针织厂(2121054)		107 690.40
进仓 02KH3176	库存商品(1243)	76 153.85	
进仓 02KH3176	应交税金/应交增值税/进项税额/外销(2171001001002)	12 946.15	
附单据数　张	合计	897 890.90	808 790.90

财务主管：　记账：孙红　复核：包瑞　出纳：　制单：孙红　经办人：

转账凭证

2002 年 12 月 31 日　　本币：人民币　单位：元

核算单位：[002]信达进出口贸易有限公司　　第 0061 号-0007/0013

摘　要	会　计　科　目	借方金额	贷方金额
进仓 02KH3176	应付账款/嘉华(2121013)		89 100.00
进仓 02KH3197	库存商品(1243)	34 974.36	
进仓 02KH3197	应交税金/应交增值税/进项税额/外销(2171001001002)	5 945.64	
进仓 02KH3197	应付账款/泰成(2121031)		40 920.00
进仓 02KH3180	库存商品(1243)	50 788.12	
附单据数　张	合计	989 549.02	938 810.90

财务主管：　记账：孙红　复核：包瑞　出纳：　制单：孙红　经办人：

转账凭证

2002 年 12 月 31 日　　本币：人民币　单位：元

核算单位：[002]信达进出口贸易有限公司　　第 0061 号-0008/0013

摘　要	会　计　科　目	借方金额	贷方金额
进仓 02KH3180	应交税金/应交增值税/进项税额/外销(2171001001002)	8 625.48	
进仓 02KH3180	应付账款/泰成(2121031)		59 363.60
进仓 02KH3180	库存商品(1243)	77 138.12	
进仓 02KH3180	应交税金/应交增值税/进项税额/外销(2171001001002)	13 113.48	
进仓 02KH3180	应付账款/泰成(2121031)		90 251.60
附单据数　张	合计	1 088 426.10	1 088 426.10

财务主管：　记账：孙红　复核：包瑞　出纳：　制单：孙红　经办人：

转账凭证

2002 年 12 月 31 日　　本币：人民币　单位：元

核算单位：[002]信达进出口贸易有限公司　　第 0061 号-0009/0013

摘　要	会　计　科　目	借方金额	贷方金额
进仓 02KH3187	库存商品(1243)	65 794.87	
进仓 02KH3187	应交税金/应交增值税/进项税额/外销(2171001001002)	11 185.13	
进仓 02KH3187	应付账款/泰成(2121031)		76 980.00
进仓 02KH3187	库存商品(1243)	49 960.24	
进仓 02KH3187	应交税金/应交增值税/进项税额/外销(2171001001002)	8 493.24	
附单据数　张	合计	1 223 859.58	1 165 406.10

财务主管：　记账：孙红　复核：包瑞　出纳：　制单：孙红　经办人：

转账凭证

2002 年 12 月 31 日　　本币：人民币　单位：元

核算单位：[002]信达进出口贸易有限公司　　第 0061 号-0010/0013

摘　要	会　计　科　目	借方金额	贷方金额
进仓 02KH3187	应付账款/泰成(2121031)		58 453.48
进仓 02KH3195	库存商品(1243)	12 410.26	
进仓 02KH3195	应交税金/应交增值税/进项税额/外销(2171001001002)	2 109.74	
进仓 02KH3195	应付账款/泰成(2121031)		14 520.00
进仓 02KH3064	库存商品(1243)	117 688.00	
附单据数　张	合计	1 356 067.58	1 238 379.58

财务主管：　记账：孙红　复核：包瑞　出纳：　制单：孙红　经办人：

转 账 凭 证

2002 年 12 月 31 日

本币：人民币　单位：元

核算单位：[002]信达进出口贸易有限公司　　第 0061 号-0011/0013

摘　　要	会　计　科　目	借方金额	贷方金额
进仓 02KH3064	应付账款/苏州阳明鞋业有限公司(2121064)		117 688.00
进仓 02KH3600	库存商品(1243)	102 312.00	
进仓 02KH3600	应付账款/苏州阳明鞋业有限公司(2121064)		102 312.00
进仓 02KH3196	库存商品(1243)	72 409.23	
进仓 02KH3196	应交税金/应交增值税/进项税额/外销(2171001001002)	12 309.57	
附单据数　张	合计	1 543 098.38	1 458 379.58

财务主管：　记账：孙红　复核：包瑞　出纳：　制单：孙红　经办人：

转 账 凭 证

2002 年 12 月 31 日

本币：人民币　单位：元

核算单位：[002]信达进出口贸易有限公司　　第 0061 号-0012/0013

摘　　要	会　计　科　目	借方金额	贷方金额
进仓 02KH3196	应付账款/昆山正光(2121065)		84 718.80
进仓 02KH3201	库存商品(1243)	98 387.08	
进仓 02KH3201	应交税金/应交增值税/进项税额/外销(2171001001002)	16 725.80	
进仓 02KH3201	应付账款/昆山正光(2121065)		115 112.88
进仓 02KH3196	库存商品(1243)	72 409.23	
附单据数　张	合计	1 730 620.49	1 658 211.26

财务主管：　记账：孙红　复核：包瑞　出纳：　制单：孙红　经办人：

转 账 凭 证

2002 年 12 月 31 日

本币：人民币　单位：元

核算单位：[002]信达进出口贸易有限公司　　第 0061 号-0013/0013

摘　　要	会　计　科　目	借方金额	贷方金额
进仓 02KH3196	应交税金/应交增值税/进项税额/外销(2171001001002)	12 309.57	
进仓 02KH3196	应付账款/昆山正光(2121065)		84 718.80
附单据数　张	合计 壹佰柒拾肆万贰仟玖佰叁拾元零角陆分	1 742 930.06	1 742 930.06

财务主管：　记账：孙红　复核：包瑞　出纳：　制单：孙红　经办人：

转账凭证

2002年12月31日 本币：人民币 单位：元

核算单位：[002]信达进出口贸易有限公司 第0062号-0001/0002

摘 要	会 计 科 目	借方金额	贷方金额
工资附加费1、2、3	营业费用/工会经费(5501003)	6 400.00	
工资附加费1、2、3	营业费用/职工教育经费(5501004)	4 800.00	
工资附加费1、2、3	营业费用/福利费(5501002)	44 800.00	
工资附加费	其他应付款/工会经费(2181002)		6 400.00
工资附加费	其他应付款/教育经费(2181003)		4 800.00
附单据数 张	合计	56 000.00	11 200.00

财务主管： 记账：孙红 复核：包瑞 出纳： 制单：孙红 经办人：

转账凭证

2002年12月31日 本币：人民币 单位：元

核算单位：[002]信达进出口贸易有限公司 第0062号-0002/0002

摘 要	会 计 科 目	借方金额	贷方金额
工资附加费	应付福利费/计提金额(2153002)		44 800.00
附单据数 张	合计 伍万陆仟元整	56 000.00	56 000.00

财务主管： 记账：孙红 复核：包瑞 出纳： 制单：孙红 经办人：

转账凭证

2002年12月31日 本币：人民币 单位：元

核算单位：[002]信达进出口贸易有限公司 第0063号-0001/0002

摘 要	会 计 科 目	借方金额	贷方金额
统筹费转账1、2、3	营业费用/养老保险(5501025)	72 000.00	
统筹费转账1、2、3	营业费用/失业保险(5501026)	6 400.00	
统筹费转账1、2、3	营业费用/残疾保险(5501027)	5 120.00	
统筹费转账	应付福利费/医疗保险(2153003)	38 400.00	
统筹费转账	其他应付款/养老金(2181004)		72 000.00
附单据数 张	合计	121 920.00	72 000.00

财务主管： 记账：孙红 复核：包瑞 出纳： 制单：孙红 经办人：

转账凭证

2002年12月31日　　本币：人民币　单位：元

核算单位：[002]信达进出口贸易有限公司　　第0063号-0002/0002

摘　要	会　计　科　目	借方金额	贷方金额
统筹费转账	其他应付款/失业保险(2181005)		6 400.00
统筹费转账	其他应付款/伤残保险(2181006)		5 120.00
统筹费转账	其他应付款/医疗保险(2181007)		38 400.00
附单据数　张	合计 壹拾贰万壹仟玖佰贰拾元整	121 920.00	121 920.00

财务主管：　记账：孙红　复核：包瑞　出纳：　制单：孙红　经办人：

转账凭证

2002年12月31日　　本币：人民币　单位：元

核算单位：[002]信达进出口贸易有限公司　　第0064号-0001/0001

摘　要	会　计　科　目	借方金额	贷方金额
工资转账3	营业费用/工资(5501001)	320 000.00	
工资转账	应付工资(2151)		320 000.00
附单据数　张	合计 叁拾贰万元整	320 000.00	320 000.00

财务主管：　记账：孙红　复核：包瑞　出纳：　制单：孙红　经办人：

转账凭证

2002年12月31日　　本币：人民币　单位：元

核算单位：[002]信达进出口贸易有限公司　　第0065号-0001/0001

摘　要	会　计　科　目	借方金额	贷方金额
收回广交会费用	应付账款/上海市箱包厂(2121014)	15 300.00	
收回广交会费用2	营业费用/参展费(5501017)		15 300.00
附单据数　张	合计 壹万伍仟叁佰元整	15 300.00	15 300.00

财务主管：　记账：孙红　复核：包瑞　出纳：　制单：孙红　经办人：

转账凭证

2002年12月31日　　本币：人民币　单位：元

核算单位：[002]信达进出口贸易有限公司　　第0066号-0001/0001

摘　要	会　计　科　目	借方金额	贷方金额
收回广交会费用	应付账款/上海市箱包厂(2121014)	18 200.00	
收回广交会费用2	营业费用/参展费(5501017)		18 200.00
附单据数　张	合计 壹万捌仟贰佰元整	18 200.00	18 200.00

财务主管：　记账：孙红　复核：包瑞　出纳：　制单：孙红　经办人：

转 账 凭 证

2002年12月31日　　本币：人民币　单位：元

核算单位：[002]信达进出口贸易有限公司　　第0067号-0001/0001

摘　要	会　计　科　目	借方金额	贷方金额
2%税金结转	库存商品(1243)	12 527.89	
2%税金结转	应交税金/应交增值税/进项税额转出(2171001003)		12 527.89
附单据数　张	合计 壹万贰仟伍佰贰拾柒元捌角玖分	12 527.89	12 527.89

财务主管：　记账：孙红　复核：包瑞　出纳：　制单：孙红　经办人：

转 账 凭 证

2002年12月31日　　本币：人民币　单位：元

核算单位：[002]信达进出口贸易有限公司　　第0068号-0001/0001

摘　要	会　计　科　目	借方金额	贷方金额
02KH1065,1141暂估成本	库存商品(1243)	26 073.18	
02KH1065,1141暂估成本	应付账款/上海亚新鞋业有限公司(2121010)		26 073.18
附单据数　张	合计 贰万陆仟零柒拾叁元壹角捌分	26 073.18	26 073.18

财务主管：　记账：孙红　复核：包瑞　出纳：　制单：孙红　经办人：

转 账 凭 证

2002年12月31日　　本币：人民币　单位：元

核算单位：[002]信达进出口贸易有限公司　　第0069号-0001/0001

摘　要	会　计　科　目	借方金额	贷方金额
02KH1085/1129佣金	主营业务收入/外销(5101002)	134 741.52	
02KH1085/1129佣金	应付账款/佣金(2121996)		134 741.52
附单据数　张	合计 壹拾叁万肆仟柒佰肆拾壹元伍角贰分	134 741.52	134 741.52

财务主管：　记账：孙红　复核：包瑞　出纳：　制单：孙红　经办人：

转 账 凭 证

2002年12月31日　　本币：人民币　单位：元

核算单位：[002]信达进出口贸易有限公司　　第0070号-0001/0001

摘　要	会　计　科　目	借方金额	贷方金额
2%税金结转	库存商品(1243)	26 634.47	
2%税金结转	应交税金/应交增值税/进项税额转出(2171001003)		26 634.47
附单据数　张	合计 贰万陆仟陆佰叁拾肆元肆角柒分	26 634.47	26 634.47

财务主管：　记账：孙红　复核：包瑞　出纳：　制单：孙红　经办人：

转账凭证

2002 年 12 月 31 日　　本币：人民币　单位：元

核算单位：[002]信达进出口贸易有限公司　　第 0071 号-0001/0001

摘　　要	会　计　科　目	借方金额	贷方金额
2%税金结转	库存商品(1243)	13 454.67	
2%税金结转	应交税金/应交增值税/进项税额转出(2171001003)		13 454.67
附单据数　张	合计 壹万叁仟肆佰伍拾肆元陆角柒分	13 454.67	13 454.67

财务主管：　　记账：孙红　　复核：包瑞　　出纳：　　制单：孙红　　经办人：

转账凭证

2002 年 12 月 31 日　　本币：人民币　单位：元

核算单位：[002]信达进出口贸易有限公司　　第 0072 号-0001/0001

摘　　要	会　计　科　目	借方金额	贷方金额
02KH3105,3124,3126佣金	主营业务收入/外销(5101002)	143 377.43	
02KH3105,3124,3126佣金	应付账款/佣金(2121996)		143 377.43
附单据数　张	合计 壹拾肆万叁仟叁佰柒拾柒元肆角叁分	143 377.43	143 377.43

财务主管：　　记账：孙红　　复核：包瑞　　出纳：　　制单：孙红　　经办人：

转账凭证

2002 年 12 月 31 日　　本币：人民币　单位：元

核算单位：[002]信达进出口贸易有限公司　　第 0073 号-0001/0003

摘　　要	会　计　科　目	借方金额	贷方金额
出运	应收账款/Suzuki(1131086)	367 706.34	
出运	应收账款/Einstein Industries(1131087)	170 446.75	
出运	应收账款/Roymart Luis(1131088)	59 471.68	
出运	应收账款/Tyjitai Co Ltd(1131089)	37 412.95	
出运	应收账款/Wuerth Holding(1131090)	57 386.82	
附单据数　张	合计	692 424.54	0

财务主管：　　记账：孙红　　复核：包瑞　　出纳：　　制单：孙红　　经办人：

转账凭证

2002 年 12 月 31 日　　本币：人民币　单位：元

核算单位：[002]信达进出口贸易有限公司　　第 0073 号-0002/0003

摘　要	会　计　科　目	借方金额	贷方金额
出运	应收账款/Synsheen(1131091)	157 227.48	
出运	应收账款/Yagi And(1131036)	288 685.97	
出运	应收账款/Taeumi Seisakusho(1131092)	9 601.22	
出运	应收账款/Kaneyo(1131031)	56 504.31	
出运	应收账款/Romeo Juliette Incoup(1131040)	737 822.42	
附单据数　张	合计	1 942 265.94	0

财务主管：　记账：孙红　复核：包瑞　出纳：　制单：孙红　经办人：

转账凭证

2002 年 12 月 31 日　　本币：人民币　单位：元

核算单位：[002]信达进出口贸易有限公司　　第 0073 号-0003/0003

摘　要	会　计　科　目	借方金额	贷方金额
出运	应收账款/Koyama Hosei(1131044)	304 550.46	
出运	应收账款/Woori Apparei(1131028)	95 189.45	
出运	主营业务收入/外销(5101002)		2 342 005.85
附单据数　张	合计 贰佰叁拾肆万贰仟零伍元捌角伍分	2 342 005.85	2 342 005.85

财务主管：　记账：孙红　复核：包瑞　出纳：　制单：孙红　经办人：

转账凭证

2002 年 12 月 31 日　　本币：人民币　单位：元

核算单位：[002]信达进出口贸易有限公司　　第 0074 号-0001/0002

摘　要	会　计　科　目	借方金额	贷方金额
确认销售	应收账款/Fuji Miya(1131008)	146 957.55	
确认销售	应收账款/Diggers(1131093)	125 665.77	
确认销售	应收账款/Fidelity Creation(1131004)	287 669.12	
确认销售	应收账款/Kedah Co(1131094)	33 306.63	
确认销售	应收账款/QMarketing Group(1131012)	345 963.78	
附单据数　张	合计	939 562.85	0

财务主管：　记账：孙红　复核：包瑞　出纳：　制单：孙红　经办人：

转账凭证

2002年12月31日　　本币：人民币　单位：元

核算单位：[002]信达进出口贸易有限公司　　第0074号-0002/0002

摘　要	会　计　科　目	借方金额	贷方金额
确认销售	应收账款/P2Ltd(1131015)	26 073.18	
确认销售	主营业务收入/外销(5101002)		965 636.03
附单据数　张	合计 玖拾陆万伍仟陆佰叁拾陆元零角叁分	965 636.03	965 636.03

财务主管：　记账：孙红　复核：包瑞　出纳：　制单：孙红　经办人：

转账凭证

2002年12月31日　　本币：人民币　单位：元

核算单位：[002]信达进出口贸易有限公司　　第0075号-0001/0001

摘　要	会　计　科　目	借方金额	贷方金额
确认销售	应收账款/Ankou International(1131054)	757 421.75	
确认销售	主营业务收入/外销(5101002)		757 421.75
附单据数　张	合计 柒拾伍万柒仟肆佰贰拾壹元柒角伍分	757 421.75	757 421.75

财务主管：　记账：孙红　复核：包瑞　出纳：　制单：孙红　经办人：

转账凭证

2002年12月31日　　本币：人民币　单位：元

核算单位：[002]信达进出口贸易有限公司　　第0076号-0001/0003

摘　要	会　计　科　目	借方金额	贷方金额
进仓 02KG1176/1153/1154	库存商品(1243)	70 685.88	
进仓 02KG1176/1153/1154	应付账款/常熟康乐皮件(2121066)		70 685.88
进仓 02KG1180	库存商品(1243)	98 910.77	
进仓 02KG1180	应交税金/应交增值税/进项税额/外销(2171001001002)	16 814.83	
进仓 02KG1180	应付账款/萧山浦阳(2121067)		115 725.60
附单据数　张	合计	186 411.48	186 411.48

财务主管：　记账：孙红　复核：包瑞　出纳：　制单：孙红　经办人：

转账凭证

2002年12月31日　　本币：人民币　单位：元

核算单位：[002]信达进出口贸易有限公司　　第0076号-0002/0003

摘　　要	会　计　科　目	借方金额	贷方金额
进仓 02KG1179/1183/1170	库存商品(1243)	166 134.88	
进仓 02KG1179/1183/1170	应交税金/应交增值税/进项税额/外销(2171001001002)	28 242.92	
进仓 02KG1179/1183/1170	应付账款/昆山艺新鞋厂(2121008)		194 377.80
进仓 02KG1171/1168/1167	库存商品(1243)	344 281.03	
进仓 02KG1171/1168/1167	应交税金/应交增值税/进项税额/外销(2171001001002)	58 527.77	
附单据数　张	合计	783 598.08	380 789.28

财务主管：　记账：孙红　复核：包瑞　出纳：　制单：孙红　经办人：

转账凭证

2002年12月31日　　本币：人民币　单位：元

核算单位：[002]信达进出口贸易有限公司　　第0076号-0003/0003

摘　　要	会　计　科　目	借方金额	贷方金额
进仓 02KG1171/1168/1167	应付账款/西湖晶纬(2121068)		402 808.80
进仓 02KG1183	库存商品(1243)	17 066.67	
进仓 02KG1183	应交税金/应交增值税/进项税额外销(2171001002)	2 901.33	
进仓 02KG1183	应付账款/方林工艺品有限公司(2121069)		19 968.00
附单据数　张	合计 捌拾万零叁仟伍佰陆拾陆元零角捌分	803 566.08	803 566.08

财务主管：　记账：孙红　复核：包瑞　出纳：　制单：孙红　经办人：

转账凭证

2002年12月31日　　本币：人民币　单位：元

核算单位：[002]信达进出口贸易有限公司　　第0077号-0001/0006

摘　　要	会　计　科　目	借方金额	贷方金额
进仓 02KH2128/2199/2200	库存商品(1243)	392 888.86	
进仓 02KH2128/2199/2200	应交税金/应交增值税/进项税额/外销(2171001001002)	66 791.06	
进仓 02KH2128/2199/2200	应付账款/上海市箱包厂(2121014)		459 679.92
进仓 02KH2128/2127/2129	库存商品(1243)	76 923.08	
进仓 02KH2128/2127/2129	应交税金/应交增值税/进项税额/外销(2171001001002)	13 076.92	
附单据数　张	合计	549 679.92	459 679.92

财务主管：　记账：孙红　复核：包瑞　出纳：　制单：孙红　经办人：

转账凭证

2002年12月31日　　本币：人民币　单位：元

核算单位：[002]信达进出口贸易有限公司　　第0077号-0002/0006

摘　　要	会　计　科　目	借方金额	贷方金额
进仓 02KH2128/2127/2129	应付账款/嘉华(2121013)		90 000.00
进仓 02KH2113/2113-1/2131	库存商品(1243)	33 620.08	
进仓 02KH2113/2113-1/2131	应付账款/上海康移(2121070)		33 620.08
进仓 02KH2162	库存商品(1243)	53 924.27	
进仓 02KH2162	应交税金/应交增值税/进项税额/外销(2171001001002)	9 167.12	
附单据数　张	合计	646 391.39	583 300.00

财务主管：　记账：孙红　复核：包瑞　出纳：　制单：孙红　经办人：

转账凭证

2002年12月31日　　本币：人民币　单位：元

核算单位：[002]信达进出口贸易有限公司　　第0077号-0003/0006

摘　　要	会　计　科　目	借方金额	贷方金额
进仓 02KH2162	应付账款/上海易动(2121071)		63 091.39
进仓 02KH2173/2148	库存商品(1243)	150 176.12	
进仓 02KH2173/2148	应交税金/应交增值税/进项税额/外销(2171001001002)	25 529.92	
进仓 02KH2173/2148	应付账款/四威(2121016)		175 706.06
进仓 02KH2127	库存商品(1243)	8 014.96	
附单据数　张	合计	830 112.41	822 097.45

财务主管：　记账：孙红　复核：包瑞　出纳：　制单：孙红　经办人：

转账凭证

2002年12月31日　　本币：人民币　单位：元

核算单位：[002]信达进出口贸易有限公司　　第0077号-0004/0006

摘　　要	会　计　科　目	借方金额	贷方金额
进仓 02KH2127	应交税金/应交增值税/进项税额/外销(2171001001002)	1 362.54	
进仓 02KH2127	应付账款/晋羽服饰有限公司(2121072)		9 377.50
进仓 02KH2155/2156-1/2156	库存商品(1243)	674 816.28	
进仓 02KH2155/2156-1/2156	应交税金/应交增值税/进项税额/外销(2171001001002)	108 774.80	
进仓 02KH2155/2156-1/2156	应付账款/上海倩凡服饰有限公司(2121021)		783 591.08
附单据数　张	合计	1 615 066.03	1 615 066.03

财务主管：　记账：孙红　复核：包瑞　出纳：　制单：孙红　经办人：

转账凭证

2002年12月31日　　本币：人民币　单位：元

核算单位：[002]信达进出口贸易有限公司　　第0077号-0005/0006

摘　要	会　计　科　目	借方金额	贷方金额
进仓02KH2168	库存商品(1243)	7 051.28	
进仓02KH2168	应交税金/应交增值税/进项税额/外销(2171001001002)	1 198.72	
进仓02KH2168	应付账款/靖江市帅新(2121073)		8 250.00
进仓02KH2160/2159/2153	库存商品(1243)	642 743.58	
进仓02KH2160/2159/2153	应交税金/应交增值税/进项税额/外销(2171001001002)	109 266.42	
附单据数　张	合计	2 375 326.03	1 623 316.03

财务主管：　记账：孙红　复核：包瑞　出纳：　制单：孙红　经办人：

转账凭证

2002年12月31日　　本币：人民币　单位：元

核算单位：[002]信达进出口贸易有限公司　　第0077号-0006/0006

摘　要	会　计　科　目	借方金额	贷方金额
进仓02KH2160/2159/2153	应付账款/丹徒县庄纪制鞋厂分厂(2121018)		752 010.00
附单据数　张	合计 贰佰叁拾柒万伍仟叁佰贰拾陆元零角叁分	2 375 326.03	2 375 326.03

财务主管：　记账：孙红　复核：包瑞　出纳：　制单：孙红　经办人：

转账凭证

2002年12月31日　　本币：人民币　单位：元

核算单位：[002]信达进出口贸易有限公司　　第0078号-0001/0002

摘　要	会　计　科　目	借方金额	贷方金额
进仓02KH3172/3178/3184	库存商品(1243)	450 410.25	
进仓02KH3172/3178/3184	应交税金/应交增值税/进项税额/外销(2171001001002)	76 569.75	
进仓02KH3172/3178/3184	应付账款/服来格皮件(2121057)		526 980.00
进仓02KH3182	库存商品(1243)	38 461.54	
进仓02KH3182	应交税金/应交增值税/进项税额/外销(2171001001002)	6 538.46	
附单据数　张	合计	571 980.00	526 980.00

财务主管：　记账：孙红　复核：包瑞　出纳：　制单：孙红　经办人：

转 账 凭 证

2002 年 12 月 31 日　　　　本币：人民币　单位：元

核算单位：[002]信达进出口贸易有限公司　　　　第 0078 号-0002/0002

摘　　要	会　计　科　目	借方金额	贷方金额
进仓 02KH3182	应付账款/荣心培服饰(2121049)		45 000.00
进仓 02KH3186/3185/3174	库存商品(1243)	183 861.72	
进仓 02KH3186/3185/3174	应交税金/应交增值税/进项税额/外销(2171001001002)	31 256.48	
进仓 02KH3186/3185/3174	应付账款/松江梦南针织厂(2121054)		215 118.20
附单据数　张	合计 柒拾捌万柒仟零玖拾捌元贰角零分	787 098.20	787 098.20

财务主管：　　记账：孙红　　复核：包瑞　　出纳：　　制单：孙红　　经办人：

转 账 凭 证

2002 年 12 月 31 日　　　　本币：人民币　单位：元

核算单位：[002]信达进出口贸易有限公司　　　　第 0079 号-0001/0001

摘　　要	会　计　科　目	借方金额	贷方金额
仓储费	其他应收款/其他(1133998)	70 000.00	
仓储费	其他业务收入/出口代理收入(5102001)		70 000.00
附单据数　张	合计 柒万元整	70 000.00	70 000.00

财务主管：　　记账：孙红　　复核：包瑞　　出纳：　　制单：孙红　　经办人：

转 账 凭 证

2002 年 12 月 31 日　　　　本币：人民币　单位：元

核算单位：[002]信达进出口贸易有限公司　　　　第 0080 号-0001/0001

摘　　要	会　计　科　目	借方金额	贷方金额
提税金	其他业务支出(5405)	4 645.73	
提税金	应交税金/应交营业税(2171002)		4 341.80
提税金	应交税金/应交城建税(2171007)		303.93
附单据数　张	合计 肆仟陆佰肆拾伍元柒角叁分	4 645.73	4 645.73

财务主管：　　记账：孙红　　复核：包瑞　　出纳：　　制单：孙红　　经办人：

转账凭证

2002 年 12 月 31 日

本币：人民币　单位：元

核算单位：[002]信达进出口贸易有限公司　　第 0081 号-0001/0001

摘　要	会　计　科　目	借方金额	贷方金额
业务招待费 3	营业费用/业务招待费(5501006)	20 858.00	
业务招待费	其他应付款/其他(2181009)		20 858.00
附单据数　张	合计 贰万零捌佰伍拾捌元整	20 858.00	20 858.00

财务主管：　记账：孙红　复核：包瑞　出纳：　制单：孙红　经办人：

转账凭证

2002 年 12 月 31 日

本币：人民币　单位：元

核算单位：[002]信达进出口贸易有限公司　　第 0082 号-0001/0001

摘　要	会　计　科　目	借方金额	贷方金额
提附加税	其他业务支出(5405)	130.25	
提附加税 1、2、3	营业费用/河道管理费(5501005)	43.42	
提附加税	其他应交款/教育费附加(2176001)		130.25
提附加税	其他应交款/河道管理费(2176004)		43.42
附单据数　张	合计 壹佰柒拾叁元陆角柒分	173.67	173.67

财务主管：　记账：孙红　复核：包瑞　出纳：　制单：孙红　经办人：

转账凭证

2002 年 12 月 31 日

本币：人民币　单位：元

核算单位：[002]信达进出口贸易有限公司　　第 0083 号-0001/0001

摘　要	会　计　科　目	借方金额	贷方金额
结转销售成本	主营业务成本/外销(5401002)	10 462 564.81	
结转销售成本	库存商品(1243)		10 462 564.81
附单据数　张	合计 壹仟零肆拾陆万贰仟伍佰陆拾肆元捌角壹分	10 462 564.81	10 462 564.81

财务主管：　记账：孙红　复核：包瑞　出纳：　制单：孙红　经办人：

转 账 凭 证

2002 年 12 月 31 日　　本币：人民币　单位：元

核算单位：[002]信达进出口贸易有限公司　　第 0084 号-0001/0001

摘　　要	会　计　科　目	借方金额	贷方金额
年末调整汇率	财务费用/汇兑损益(5503002)	5 249.76	
年末调整汇率	应收账款/汇率调整(1131999)		5 249.76
附单据数　张	合计 伍仟贰佰肆拾玖元柒角陆分	5 249.76	5 249.76

财务主管：　记账：孙红　复核：包瑞　出纳：　制单：孙红　经办人：

转 账 凭 证

2002 年 12 月 31 日　　本币：人民币　单位：元

核算单位：[002]信达进出口贸易有限公司　　第 0085 号-0001/0001

摘　　要	会　计　科　目	借方金额	贷方金额
年末调整汇率	财务费用/汇兑损益(5503002)	1 332.26	
年末调整汇率	应收账款/汇率调整(1131999)		1 332.26
附单据数　张	合计 壹仟叁佰叁拾贰元贰角陆分	1 332.26	1 332.26

财务主管：　记账：孙红　复核：包瑞　出纳：　制单：孙红　经办人：

转 账 凭 证

2002 年 12 月 31 日　　本币：人民币　单位：元

核算单位：[002]信达进出口贸易有限公司　　第 0086 号-0001/0001

摘　　要	会　计　科　目	借方金额	贷方金额
年末调整汇率	财务费用/汇兑损益(5503002)	342.75	
年末调整汇率	应收账款/汇率调整(1131999)		342.75
附单据数　张	合计 叁佰肆拾贰元柒角伍分	342.75	342.75

财务主管：　记账：孙红　复核：包瑞　出纳：　制单：孙红　经办人：

转 账 凭 证

2002 年 12 月 31 日　　本币：人民币　单位：元

核算单位：[002]信达进出口贸易有限公司　　第 0087 号-0001/0001

摘　　要	会　计　科　目	借方金额	贷方金额
年末调整汇率	财务费用/汇兑损益(5503002)	1 631.30	
年末调整汇率	应收账款/汇率调整(1131999)		1 631.30
附单据数　张	合计 壹仟陆佰叁拾壹元叁角零分	1 631.30	1 631.30

财务主管：　记账：孙红　复核：包瑞　出纳：　制单：孙红　经办人：

转 账 凭 证

2002 年 12 月 31 日　　本币：人民币　单位：元

核算单位：[002]信达进出口贸易有限公司　　第 0088 号-0001/0001

摘　要	会　计　科　目	借方金额	贷方金额
年末调整汇率	财务费用/汇兑损益(5503002)	147.03	
年末调整汇率	应收账款/汇率调整(1131999)		147.03
附单据数　张	合计 壹佰肆拾柒元零角叁分	147.03	147.03

财务主管：　记账：孙红　复核：包瑞　出纳：　制单：孙红　经办人：

转 账 凭 证

2002 年 12 月 31 日　　本币：人民币　单位：元

核算单位：[002]信达进出口贸易有限公司　　第 0089 号-0001/0001

摘　要	会　计　科　目	借方金额	贷方金额
年末调整汇率	财务费用/汇兑损益(5503002)	2 229.16	
年末调整汇率	预收账款/汇率调整(2131999)		2 229.16
附单据数　张	合计 贰仟贰佰贰拾玖元壹角陆分	2 229.16	2 229.16

财务主管：　记账：孙红　复核：包瑞　出纳：　制单：孙红　经办人：

转 账 凭 证

2002 年 12 月 31 日　　本币：人民币　单位：元

核算单位：[002]信达进出口贸易有限公司　　第 0090 号-0001/0001

摘　要	会　计　科　目	借方金额	贷方金额
年末调整汇率	财务费用/汇兑损益(5503002)	12 768.23	
年末调整汇率	预收账款/汇率调整(2131999)		12 768.23
附单据数　张	合计 壹万贰仟柒佰陆拾捌元贰角叁分	12 768.23	12 768.23

财务主管：　记账：孙红　复核：包瑞　出纳：　制单：孙红　经办人：

转 账 凭 证

2002 年 12 月 31 日　　本币：人民币　单位：元

核算单位：[002]信达进出口贸易有限公司　　第 0091 号-0001/0001

摘　要	会　计　科　目	借方金额	贷方金额
年末调整汇率	财务费用/汇兑损益(5503002)	6 958.95	
年末调整汇率	预收账款/汇率调整(2131999)		6 958.95
附单据数　张	合计 陆仟玖佰伍拾捌元玖角伍分	6 958.95	6 958.95

财务主管：　记账：孙红　复核：包瑞　出纳：　制单：孙红　经办人：

转 账 凭 证

2002 年 12 月 31 日　　本币：人民币　单位：元

核算单位：[002]信达进出口贸易有限公司　　第 0092 号-0001/0001

摘　　要	会　计　科　目	借方金额	贷方金额
提取所得税	所得税(5701)	31 216.78	
提取所得税	应交税金/应交所得税(2171005)		31 216.78
附单据数　张	合计　叁万壹仟贰佰壹拾陆元柒角捌分	31 216.78	31 216.78

财务主管：　记账：孙红　复核：包瑞　出纳：　制单：孙红　经办人：

转 账 凭 证

2002 年 12 月 31 日　　本币：人民币　单位：元

核算单位：[002]信达进出口贸易有限公司　　第 0093 号-0001/0001

摘　　要	会　计　科　目	借方金额	贷方金额
结转销售收入	主营业务收入/外销(5101002)	11 536 720.30	
结转销售收入	本年利润(3131)		11 536 720.30
附单据数　张	合计　壹仟壹佰伍拾叁万陆仟柒佰贰拾元叁角零分	11 536 720.30	11 536 720.30

财务主管：　记账：孙红　复核：包瑞　出纳：　制单：孙红　经办人：

转 账 凭 证

2002 年 12 月 31 日　　本币：人民币　单位：元

核算单位：[002]信达进出口贸易有限公司　　第 0094 号-0001/0001

摘　　要	会　计　科　目	借方金额	贷方金额
结转销售成本	本年利润(3131)	10 462 564.81	
结转销售成本	主营业务成本/外销(5401002)		10 462 564.81
附单据数　张	合计　壹仟零肆拾陆万贰仟伍佰陆拾肆元捌角壹分	10 462 564.81	10 462 564.81

财务主管：　记账：孙红　复核：包瑞　出纳：　制单：孙红　经办人：

转 账 凭 证

2002 年 12 月 31 日　　本币：人民币　单位：元

核算单位：[002]信达进出口贸易有限公司　　第 0095 号-0001/0001

摘　　要	会　计　科　目	借方金额	贷方金额
结转其他业务收入	其他业务收入/出口代理收入(5102001)	86 836.00	
结转其他业务收入	本年利润(3131)		86 836.00
附单据数　张	合计　捌万陆仟捌佰叁拾陆元整	86 836.00	86 836.00

财务主管：　记账：孙红　复核：包瑞　出纳：　制单：孙红　经办人：

转账凭证

2002 年 12 月 31 日　　本币：人民币　单位：元

核算单位：[002]信达进出口贸易有限公司　　第 0096 号-0001/0001

摘　要	会　计　科　目	借方金额	贷方金额
结转其他业务支出	本年利润(3131)	4 775.98	
结转其他业务支出	其他业务支出(5405)		4 775.98
附单据数　张	合计 肆仟柒佰柒拾伍元玖角捌分	4 775.98	4 775.98

财务主管：　记账：孙红　复核：包瑞　出纳：　制单：孙红　经办人：

转账凭证

2002 年 12 月 31 日　　本币：人民币　单位：元

核算单位：[002]信达进出口贸易有限公司　　第 0097 号-0001/0001

摘　要	会　计　科　目	借方金额	贷方金额
结转营业外收入	营业外收入(5301)	35 028.00	
结转营业外收入	本年利润(3131)		35 028.00
附单据数　张	合计 叁万伍仟零贰拾捌元整	35 028.00	35 028.00

财务主管：　记账：孙红　复核：包瑞　出纳：　制单：孙红　经办人：

转账凭证

2002 年 12 月 31 日　　本币：人民币　单位：元

核算单位：[002]信达进出口贸易有限公司　　第 0098 号-0001/0001

摘　要	会　计　科　目	借方金额	贷方金额
结转营业外支出	本年利润(3131)	−36 540.00	
结转营业外支出	营业外支出(5601)		−36 540.00
附单据数　张	合计 负叁万陆仟伍佰肆拾元整	−36 540.00	−36 540.00

财务主管：　记账：孙红　复核：包瑞　出纳：　制单：孙红　经办人：

转账凭证

2002 年 12 月 31 日　　本币：人民币　单位：元

核算单位：[002]信达进出口贸易有限公司　　第 0099 号-0001/0001

摘　要	会　计　科　目	借方金额	贷方金额
结转所得税	本年利润(3131)	31 216.78	
结转所得税	所得税(5701)		31 216.78
附单据数　张	合计 叁万壹仟贰佰壹拾陆元柒角捌分	31 216.78	31 216.78

财务主管：　记账：孙红　复核：包瑞　出纳：　制单：孙红　经办人：

转账凭证

2002年12月31日　　本币：人民币　单位：元

核算单位：[002]信达进出口贸易有限公司　　第0100号-0001/0001

摘　要	会　计　科　目	借方金额	贷方金额
结转销售费用	本年利润(3131)	823 339.41	
结转销售费用	营业费用/结转本年利润(5501099)		823 339.41
附单据数　张	合计 捌拾贰万叁仟叁佰叁拾玖元肆角壹分	823 339.41	823 339.41

财务主管：　记账：孙红　复核：包瑞　出纳：　制单：孙红　经办人：

转账凭证

2002年12月31日　　本币：人民币　单位：元

核算单位：[002]信达进出口贸易有限公司　　第0101号-0001/0001

摘　要	会　计　科　目	借方金额	贷方金额
结转财务费用	本年利润(3131)	65 831.67	
结转财务费用	财务费用/结转本年利润(5503099)		65 831.67
附单据数　张	合计 陆万伍仟捌佰叁拾壹元陆角柒分	65 831.67	65 831.67

财务主管：　记账：孙红　复核：包瑞　出纳：　制单：孙红　经办人：

转账凭证

2002年12月31日　　本币：人民币　单位：元

核算单位：[002]信达进出口贸易有限公司　　第0102号-0001/0001

摘　要	会　计　科　目	借方金额	贷方金额
本年利润结转利润分配	本年利润(3131)	229 110.27	
本年利润结转利润分配	利润分配/未分配利润(3141015)		229 110.27
附单据数　张	合计 贰拾贰万玖仟壹佰壹拾元贰角柒分	229 110.27	229 110.27

财务主管：　记账：孙红　复核：包瑞　出纳：　制单：孙红　经办人：

4. 2002年12月份的部分原始凭证

转账凭证与附件——原始凭证的数量对照表

转账凭证编号	原始凭证数量	转账凭证编号	原始凭证数量	转账凭证编号	原始凭证数量	转账凭证编号	原始凭证数量
6	1	13	2	41	1	67	1
7	1	25	15	42	1	70	2
8	2	30	2	43	1	71	1
9	1	33	2	45	1	75	11
10	2	34	1	52	2	79	1
11	2	35	3	63	1	80	2
12	2	40	1	64	1	83	3

上海信达进出口有限公司

上海信达有限公司内部转账凭证（转账凭证 7 号附件）

2002 年 12 月 30 日　　编号：

摘要	科目 借方	科目 贷方	千	百	十	万	千	百	十	元	角	分
一部新联罚金收入	20901/1029 209 韩国世元	541 营业外收入			¥	3	5	0	2	8	0	0
	合计				¥	3	5	0	2	8	0	0

主管：　　记账：　　制单：

上海信达进出口有限公司

上海信达有限公司内部转账凭证（转账凭证 8 号附件）

2002 年 12 月 30 日　　编号：

摘要	科目 借方	科目 贷方	千	百	十	万	千	百	十	元	角	分
一部仓储费超期费用	503 包干费	542 营业外支出			¥	3	6	5	4	0	0	0
	合计				¥	3	6	5	4	0	0	0

主管：　　记账：　　制单：

上海市商业统一发票（转账凭证 6 号附件）

记　账　联

沪Ⅱ(22) 01-1748567

购货单位上海佳谊服饰有限公司　　2002 年 12 月 4 日

货号	品名规格	计量单位	数量	单价	十	万	千	百	十	元	角	分
	收回代垫运费				¥	1	6	8	3	6	0	0
合计人民币（大写）	壹万陆仟捌佰叁拾陆元整				¥	1	6	8	3	6	0	0

第三联 记账联

企业（盖章有效）　　财务　　开单　　营业执照号
税务登记号
银行账号

地址

上海市商业统一发票（转账凭证 9 号附件）

记　账　联

沪Ⅱ(22) 01-1748569

购货单位中谷株世会社　　2002 年 12 月 6 日

货号	品名规格	计量单位	数量	单价	十	万	千	百	十	元	角	分
	样品款		10			¥	6	0	6	0	0	0
合计人民币（大写）	陆仟零陆拾元整					¥	6	0	6	0	0	0

第三联 记账联

企业（盖章有效）　　财务　　开单　　营业执照号
税务登记号
银行账号

地址

上海市公路货运代理发票(转账凭证 8 号附件)

发 票 联

沪Ⅰ02-0646125

公司名称	上海信达进出口有限公司	地　址		代　理收费项目	金额 万	千	百	十	元	角	分
联 系 人		地　址									
运输方式	铁路(快、慢件) 公路 水路 航空			包装材料费							
发运日期		售 票 号		包装人工费							
发运(港)		到运(港)		仓储费							
付款方式		银行帐号		市内驳运费							
货　名				装卸费							
				唛头票签费							
件　数		包　装	重　量	市外运费							
				路桥费							
市内转运:		里　程		货运代理费							
				超期费	3	6	5	4	0	0	0
代理运杂费合计(大写)叁万陆仟伍佰肆拾零元零角零分					3	6	5	4	0	0	0
备　注											

第二联 发票联

开票单位(盖章有效)　　开票人　　2002 年 7 月 10 日

(上海市陆上运输管理处统一印制)

印章:上海市(2) 地方税务局监制

印章:上海加…有限公司 31011631256424 发票专用章

上海增值税专用发票(转账凭证 10 号附件)

发 票 联

3100012140　　No. 01925973

开票日期:2002 年 03 月 22 日

购货单位	名　称:上海信达进出口有限公司 纳税人识别号:310048734078800 地 址、电 话:江西路 6 号 开户行及账号:中信实业银行上海分行 086780-8230006658	密码区	>6+9/−7/237−9<*/35371 加密版本号:01 9/1*0*5<7+/0+611>903< 3100012140 −751505<*1/788588*1<0 01925973 8*8029/202−*12750>>90

货物或应税劳务名称	规格型号	单　位	数　量	单　价	金　额	税率	税　额
		张	70	8.547009	598.29	17%	101.71
合　计					￥598.29		￥101.71
价税合计(大写)	⊗柒佰元整				(小写)￥700.00		

销货单位	名　称:上海奉贤兴裕橡塑厂 纳税人识别号:31022613405790X 地 址、电 话:奉贤新寺西湾　T:57492130 开户行及账号:新寺信用社 327658-12011007309	备注	印章:上海奉贤兴裕橡塑厂 31022613405790X 发票专用章

第二联 发票联 购货方记账凭证

收款人:　　复核:　　开票人:　　销货单位(盖章):

印章:上海 国家税务局监制

上海信达公司制革部物资进仓单(转账凭证 10 号附件)

No. 0015345

交货单位 上海奉贤兴裕橡塑厂　收货仓库　进仓日期 2002 年 12 月 8 日　验收日期 年 月 日

名称	规格	计值单位	申请进仓数量		单价	金额								实收数量		单价	金额								✓
						十	万	千	百	十	元	角	分				十	万	千	百	十	元	角	分	
沿条		张		70					5	9	8	2	9												
合计	伍佰玖拾捌元贰角玖分																								

(二)财会结算凭证

仓库主管　保管　检验　业务主管　复核　制单 一部

上海信达公司制革部物资进仓单(转账凭证 11 号附件)

No. 0015344

交货单位 上海回力橡胶制品有限公司　收货仓库　进仓日期 2002 年 4 月 8 日　验收日期 年 月 日

名称	规格	计值单位	申请进仓数量		单价	金额								实收数量		单价	金额								✓
						十	万	千	百	十	元	角	分				十	万	千	百	十	元	角	分	
沿条		双		700					2	5	6	4	1							2	5	6	4	1	
合计	贰佰伍拾陆元肆角壹分																								

(二)财会结算凭证

仓库主管　保管　检验　业务主管　复核　制单

COMMERCIAL INVOICE(转账凭证 12 号附件)

1) Shipper/Export J. LEE CO. LTD. RM 2119, C-DAERIM ACRO DONG, , SEOUL, TEL: 529-5432	8) NO. & date of invoice 1418JLG 23, MAY 2002 9) NO. & Date of L/C 20000LC0200645 020521
2) For account & risk of messengers. SHANGHAI IMP AND EXP CO., LID. 2F NO. 56 JIANGXI ROAD(M) SHANGHAI CHINA	10) L/C issuing bank CITIC INDUSRIAL BANK SHANGHAI
3) Notify party SHANGHAI KANGHONG IMP AND EXP CO., LTD. 2F NO ROAD(M) SHANGHAI CHINA	11) Remarks * CONSIGNEE: TO ORDER * CONTRACT NO.:02KH3062-A * FREIGHT PREPAID
4) Port of loading: KOREAN PORT(BUSAN) 5) Final destination: SHANGHAI PORT, CHINA	
6) Carrier: TIAN SHUN 017W 7) Sailing on or about: 25, MAY 2002	12) Terms of delivery CIF SHANGHAI PORT

8) Marks & numbers of PKGS	14) Description of goods	15) Quantity	16) Unit Price	17) Amount

100PCT MICRO POLAR FLEECE 300G/Y

	DESCRIPTION	QUANTITY	U/PRICE	AMOUNT
SHANGHAI KANGHONG				
(C & C CO., LTD)	1) BLACK	1 105 YDS	U$2.10	USD 2 320.50
ITEM: MICRO POLAR FLEECE	2) CIEL	450 YDS	U$2.10	USD 945.00
CLR:	3) SEIGLE	1 070 YDS	U$2.10	USD 2 247.00
CT NO.: 1-30	4) RED	365 YDS	U$2.10	USD 766.50
	TOTAL	2 990 YDS		USD 6 279.00

上海增值税专用发票(转账凭证 11 号附件)

发 票 联

No. 01443369

开票日期:2002 年 4 月 4 日

购货单位			
名　　称	上海信达进出口有限公司	税务登记号	310048734078800
地址、电话	江西路 6 号	开户银行及账号	中信实业银行上海分行 086780-8230006658

货物或应税劳务名称	规格型号	计量单位	数量	单价	金额 万	千	百	十	元	角	分	税率(%)	税额 万	千	百	十	元	角	分
沿条		双	200	1.282051		¥	2	5	6	4	1	17			¥	4	3	5	9
合　计						¥	2	5	6	4	1	17			¥	4	3	5	9

价税合计(大写)	⊗拾⊗万⊗仟叁佰零拾零元零角零分　(小写)¥300.00
备　注	

销货单位			
名　　称	上海回力橡胶制品有限公司	税务登记号	310229007308116
地址、电话	青浦凤溪镇北葛村 59772002	开户银行及账号	32744902011064025

销售单位(章):　　收款人:　　复核:　　开票人:朱琴

第二联:发票联 购货方记账凭证

上海信达公司制革部物资进仓单(转账凭证 12 号附件)

No. 0015704

交货单位 J. LEE INTERNATIONAL LTD　收货仓库　进仓日期　年　月　日　验收日期 2002 年 11 月 29 日

名　称	规格	计值单位	申请进仓数量	单价	金额 十	万	千	百	十	元	角	分	实收数量	单价	金额 十	万	千	百	十	元	角	分	✓
瑶粒绒面料	022 3062-A												2990码		¥	5	1	9	2	7	3	3	
合　计															¥	5	1	9	2	7	3	3	

仓库主管　保管　检验　业务主管　复核　制单

(二)财会结算凭证

上海信达公司制革部物资进仓单(转账凭证 13 号附件)

No. 0015705

交货单位 CONCERLA NORD SPA　收货仓库　进仓日期　年　月　日　验收日期　年　月　日

名　称	规格	计值单位	申请进仓数量	单价	金额 十	万	千	百	十	元	角	分	实收数量	单价	金额 百	十	万	千	百	十	元	角	分	✓
鹿皮	02 3081-A												650米²		¥	1	2	7	2	9	1	8	4	
合　计															¥	1	2	7	2	9	1	8	4	

仓库主管　保管　检验　业务主管　复核　制单

(二)财会结算凭证

转账凭证 13 号附件

Sede leg　　produzione		SHANGHAI	IMP AND EXP CO.，LTD.
Vra Ginse 50-36020 CAMPOLONGO SUL BRENTA(VI)			
Utticr Vic Astico 34-36030 Fara Vic. no(VI)-ITALY		2F NO.	ROAD(M)
Tel. +39-0445 397065-Fax+39 0445 897626		SHANGHAI, CHINA	
Cap. Sor　624 000 000 i. v E-mail：concerianord @ assind. vi. it			81-A
Iscr Res Impr. Vicenza. C. F e P. IVA 02320550243			

N. DDT	DATA D. DT	COD. CLIENTE	PARTITA IVA	UTO DOC UMENIO	N FAG	NUMERO NUMBER	DATA /DATE
		KANG	CLIENTE/VAT	Fattura		140	01/07/21

CONDE IN DI PAGAMENTO/PAYMENT TERM IRREVOCABLE L/C AT SIGHT		BANCA D APPOGGIO YOUR PANK CIIIC INDUSTRIAL BANK SHANGHAI
SPEDVZIOME/SHIPMENT BY JAS/JET AIR SERVICE	PORTO/CARRIAGE CIF SHANGHAI AIRPORT,CHINA	AGENTE/AGENT

COODE ARTICOLO	DESCRIZIONE	OUANTITA	U. M.	PREZZO	IMPORTO NETTO
	IRREVOCABLE DOCUMENTARY CREDIT AT SIGHT NO. 20000L C0200817 DEER SKIN COL. BLACK SEL. A 540SQ. N DEER SKIN COL. DARK BROWN SEL. A 110SQ. M THICKNESS 0. 7/0. 8MM NEATLY EDGE ------------------------------ 650SQ. M AT USD23. 68/SQ. M TOTAL：CIF SHANGHAI AIRPORT USD15，392. 00 D. D. T. NR. 975 DEL 01/07/2002				
CZWCV0099D	DEER SKIN COL. BLACK SEL. A	54 000	m^2	2 368	12 787. 20
CZWCV0218D	DEER SKIN COL. DARK BROWN SEL. A	11 000	m^2	2 368	2 604. 80
	CONTRACT NO. 02KH3081-A BENEFICIARY： CONCERLA NORD SPA 36020 CAMPOLONGO SUL BRENTA (VI) ITALY VIA GIUSTI，56 TEL：39 0445 397065 FAX：0445897621 LEATHER IN NO. 12 PACKAGES ON PALLET GROSS WEIGHT KGS 323 NET WEIGHT KGS 275 COMMERCIAL INVOICE CONOERIA NORD/S. P. A. *Bsa Lahux*				

15 392. 00	SC	SCONTO	TOTALE NETTO 15 392. 00	CONDIZIONI DI VENDITA：
650. 00	VARIE			
527. 45	CIVA N8A	IVA	IVA	NI ArT. 8/AB
15 392. 00		TOTALE IVA 0. 00		BPO VAIUTA　USD　　TORATE TOTR
15 392. 00				

2002 年 12 月份信达公司一部销售明细汇总表(转账凭证 25 附件)

12 月份	一部外销销售							
序号	客户	公司发票号码	号码	品名	数量	金额(USD)	汇率	金额(RMB)
1	Q marketing group ltd 3078	02 1083	264	鞋	6 000	7 920.00	8.2772	65 555.42
2	fujimiya co.,ltd 3077	02 1142	338	包	874	7 498.92	8.2772	62 070.06
3	fujimiya co.,ltd	02 1133	336	包	260	2 230.80	8.2772	18 464.78
4	fujimiya co.,ltd	02 1129	332	包	180	1 544.40	8.2772	12 783.31
5	fujimiya co.,ltd	02 1100	268	包	64	549.12	8.2772	4 545.18
6	fujimiya co.,ltd	02 1104	269	包	702	6 023.16	8.2772	49 854.90
7	fujimiya co.,ltd	02 1093	267	包	2 632	22 582.56	8.2772	186 920.37
8	fujimiya co.,ltd	02 1070	255	包	2 899	24 873.42	8.2772.	205 882.27
9	fujimiya co.,ltd	02 1166	527	包	840	6 300.00	8.2772	52 146.36
10	fujimiya co.,ltd	02 1156	349	包	115	862.50	8.2772	7 139.09
11	fujimiya co.,ltd	02 1147	342	包	450	3 375.00	8.2772	27 935.55
12	fujimiya co.,ltd	02 1160	350·	包	360	2 700.00	8.2772	22 348.44
13	schuh art limited	02 1149	345	鞋	1 152	950.40	8.2772	7 866.65
14	sae won trading co.,ltd	样品款		牛皮		491.00	8.2772	4 064.11
	合计					87 901.28		727 576.49

上海信达进出口有限公司(转账凭证 25 号附件)

SHANGHAI XIN DA IMPORT & EXPORT CO. , LTD

出口专用

中国上海江西路 6 号　邮编　200002
No. 6 JiangXi Road Shanghai 200002 China
Tel：0086-21-63021237(DEPT 1)　Fax：0086-21-63021234(DEPT 1)
0086-21-63021238(DEPT 2)　0086-21-63021235(DEPT 2)
0086-21-63021239(DEPT 3)　0086-21-63021236(DEPT 3)

No. 0000264

To:
客户名称：Q MARKETING GROUP LTD
U. S. A.

记　账
ENTRY

发票号码 Invoice Number 02-1083
定单或合约号 Sales Confirmation No. 02-1111
发票日期 Date of Invoice AUG 1，2002

装船口岸 From 上　海 SHANGHAI　　目的地 To CHICAGO

信用证号数 Letter of Credit No. T/T　　开证银行 Issued by

唛头号码 Marks & Numbers	数量货品名称 Quantities and Descriptions	总值 Amount
	P/O No：2375-R	
	S/2 BLACK/WHITE VELOUR SLIPPER	
QMC	SH-4　6000SET　US$1.32	US$7 920
P. O. #2375		
ITEM：VELOUR SLIPPERS-MED		
ITEM#SH-4A/4B/4C		
QTY. 20		
CTN：		
MADE IN CHINA	PACKED IN 300CTNS ONLY.	
	G. W. 1800KGS	
	N. W. 1200KGS	

上海信达进出口有限公司
SHANGHAI XIN DA IMPORT & EXPORT CO. , LTD

We hereby certify that the above mentioned goods are of Chinese Origin.

营业注册号：310616
税务登记号：310048734078800

上海信达进出口有限公司(转账凭证 25 号附件)

出口专用

SHANGHAI XIN DA IMPORT & EXPORT CO. ,LTD

中国上海江西路 6 号 邮编 200002
No. 6 JiangXi Road Shanghai 200002 China

Tel: 0086-21-63021237(DEPT 1) Fax: 0086-21-63021234(DEPT 1) No. 0000338
0086-21-63021238(DEPT 2) 0086-21-63021235(DEPT 2)
0086-21-63021239(DEPT 3) 0086-21-63021236(DEPT 3)

To: FUJIMIYA CO. ,LTD.
客户名称:
4-4-24,HOKIMA,ADACMI-KU,
TOKYO,JAPAN
TEL:31-3-3859-0085

记 账
ENTRY

发票号码 Invoice Number 02-1142
定单或合约号 Sales Confirmation No. 02-1037
发票日期 Date of Invoice OCT. 31, 2002

装船口岸 From 上 海 SHANGHAI　　目的地 To YOKOHAMA, JAPAN

信用证号数 Letter of Credit No. BY T/T　　开证银行 Issued by

唛头号码 Marks & Numbers	数量货品名称 Quantities and Descriptions	总值 Amount
		FOB SHANGHAI
A. S.	BAGS 874PCS USD 8.58/PC	USD 7 498.92
	PACKED IN 122 CARTONS ONLY. G. W. 950KGS N. W. 830KGS	

上海信达进出口有限公司
SHANGHAI XIN DA IMPORT & EXPORT CO. ,LTD

We hereby certify that the above mentioned goods are of Chinese Origin.

营业注册号: 310616
税务登记号: 310048734078800

上海信达进出口有限公司（转账凭证 25 号附件）

SHANGHAI XIN DA IMPORT & EXPORT CO. ,LTD

出口专用

中国上海江西路 6 号　　邮编　200002

No. 6 JiangXi Road Shanghai 200002 China

Tel：0086-21-63021237(DEPT 1)　Fax：0086-21-63021234(DEPT 1)　No. 0000336

0086-21-63021238(DEPT 2)　0086-21-63021235(DEPT 2)

0086-21-63021239(DEPT 3)　0086-21-63021236(DEPT 3)

To：FUJIMIYA CO. ,LTD.

客户名称：

4-4-25,HOKIMA,ADACHI-KU,

TOKYO,JAPAN

TEL:31-3-3859-0085

记　账

ENTRY

发票号码 Invoice Number 02-1133

定单或合约号 Sales Confirmation No. 02-1037

发票日期 Date of Invoice OCT. 22, 2002

装船口岸 From 上　海 SHANGHAI　　目的地 To TOKYO, JAPAN

信用证号数 Letter of Credit No. BY T/T　　开证银行 Issued by

唛头号码 Marks & Numbers	数量货品名称 Quantities and Descriptions	总值 Amount
		FOB SHANGHAI
F. J.	BAGS　260PCS　USD 8. 58/PC	USD 2 230. 80
	PACKED IN 36 CARTONS ONLY. G. W. 250KGS N. W. 210KGS	

上海信达进出口有限公司

SHANGHAI XIN DA IMPORT & EXPORT CO. ,LTD

We hereby certify that the above mentioned goods are of Chinese Origin.

营业注册号：310616

税务登记号：310048734078800

上海信达进出口有限公司（转账凭证 25 号附件）

出口专用

SHANGHAI XIN DA IMPORT & EXPORT CO. ,LTD

中国上海江西路 6 号　邮编　200002

No. 6 JiangXi Road Shanghai 200002 China

Tel：0086-21-63021237(DEPT 1)　Fax：0086-21-63021234(DEPT 1)

0086-21-63021238(DEPT 2)　0086-21-63021235(DEPT 2)

0086-21-63021239(DEPT 3)　0086-21-63021236(DEPT 3)

No. 0000332

To：FUJIMIYA CO. ,LTD.

客户名称：

4-4-25，HOKIMA，ADACHI-KU，

TOKYO，JAPAN

TEL：31-3-3859-0085

记　账
ENTRY

发票号码 Invoice Number 02-1129

定单或合约号 Sales Confirmation No. 02-1037

发票日期 Date of Invoice OCT. 9，2002

装船口岸 From 上　海 SHANGHAI　目的地 To TOKYO，JAPAN

信用证号数 Letter of Credit No. BY T/T　开证银行 Issued by

唛头号码 Marks & Numbers	数量货品名称 Quantities and Descriptions	总　值 Amount
		FOB SHANGHAI
F. J.	BAGS　180PCS　USD 8. 58/PC	USD 1 544. 40
	PACKED IN 25 CARTONS ONLY. C. W. 135KGS N. G. 105KGS	

上海信达进出口有限公司

SHANGHAI XIN DA IMPORT & EXPORT CO. ,LTD

We hereby certify that the above mentioned goods are of Chinese Origin.

营业注册号：310616

税务登记号：310048734078800

上海信达进出口有限公司(转账凭证 25 号附件)

SHANGHAI XIN DA IMPORT & EXPORT CO. ,LTD

出口专用

中国上海江西路 6 号　邮编 200002

No. 6 JiangXi Road Shanghai 200002 China

Tel: 0086-21-63021237(DEPT 1)　Fax: 0086-21-63021234(DEPT 1)　No. 0000268

0086-21-63021238(DEPT 2)　0086-21-63021235(DEPT 2)

0086-21-63021239(DEPT 3)　0086-21-63021236(DEPT 3)

To: FUJIMIYA CO. ,LTD.

客户名称:

4-4-25,HOKIMA,ADACHI-KU,

TOKYO,JAPAN

TEL:31-3-3859-0085

记　账

ENTRY

发票号码 Invoice Number 02-1100

定单或合约号 Sales Confirmation No. 02-1037

发票日期 Date of Invoice AUG. 26, 2002

装船口岸 From 上海 SHANGHAI　目的地 To TOKYO, JAPAN

信用证号数 Letter of Credit No. BY T/T　开证银行 Issued by

唛头号码 Marks & Numbers	数量货品名称 Quantities and Descriptions	总值 Amount
		FOB SHANGHAI
F. J.	BAGS 64PCS USD 8. 58/PC	USD 549. 12
	PACKED IN 4 CARTONS ONLY. C. W. 44KGS N. W. 38KGS	

上海信达进出口有限公司

SHANGHAI XIN DA IMPORT & EXPORT CO. ,LTD

We hereby certify that the above mentioned goods are of Chinese Origin.

营业注册号: 310616

税务登记号: 310048734078800

上海信达进出口有限公司（转账凭证 25 号附件）

SHANGHAI XIN DA IMPORT & EXPORT CO. ,LTD

出口专用

中国上海江西路 6 号　邮编　200002

No. 6 JiangXi Road Shanghai 200002 China

Tel：0086-21-63021237(DEPT 1)　Fax：0086-21-63021234(DEPT 1)　No. 0000269

0086-21-63021238(DEPT 2)　0086-21-63021235(DEPT 2)

0086-21-63021239(DEPT 3)　0086-21-63021236(DEPT 3)

To：FUJIMIYA CO. ,LTD.
客户名称：
4-4-25,HOKIMA,ADACHI-KU,
TOKYO,JAPAN
TEL:31-3-3859-0085

记　账
ENTRY

发票号码
Invoice Number 02-1104

定单或合约号
Sales Confirmation No. 02-1037

发票日期
Date of Invoice AUG. 30，2002

装船口岸 上　海
From SHANGHAI

目的地
To TOKYO，JAPAN

信用证号数
Letter of Credit No. BY T/T

开证银行
Issued by

唛头号码 Marks & Numbers	数量货品名称 Quantities and Descriptions	总值 Amount
		FOB SHANGHAI
F. J.	BAGS 702PCS USD 8. 58/PC	USD 6 023. 16
	PACKED IN 120 CARTONS ONLY. C. W. 780KGS N. W. 710KGS	

上海信达进出口有限公司
SHANGHAI XIN DA IMPORT & EXPORT CO. ,LTD

We hereby certify that the above mentioned goods are of Chinese Origin.

营业注册号：310616
税务登记号：310048734078800

上海信达进出口有限公司（转账凭证 25 号附件）

SHANGHAI XIN DA IMPORT & EXPORT CO. ,LTD

出口专用

中国上海江西路 6 号　　邮编　200002

No. 6 JiangXi Road Shanghai 200002 China

Tel：0086-21-63021237(DEPT 1)　Fax：0086-21-63021234(DEPT 1)　　No.　0000267

0086-21-63021238(DEPT 2)　　0086-21-63021235(DEPT 2)

0086-21-63021239(DEPT 3)　　0086-21-63021236(DEPT 3)

To：FUJIMIYA CO. ,LTD.

客户名称：

4-4-25, HOKIMA, ADACHI-KU,

TOKYO, JAPAN

TEL: 31-3-3859-0085

记　账
ENTRY

发票号码
Invoice Number　02-1093

定单或合约号
Sales Confirmation No.　02-1037

发票日期
Date of Invoice　AUG. 23, 2002

装船口岸 From　上　海 SHANGHAI　　目的地 To　TOKYO, JAPAN

信用证号数 Letter of Credit No.　BY T/T　　开证银行 Issued by

唛头号码 Marks & Numbers	数量货品名称 Quantities and Descriptions	总值 Amount
		FOB SHANGHAI
F. J.	BAGS　2 632 PCS　USD 8. 58/PC	USD 22 582. 56
	PACKED IN 382 CARTONS ONLY. C. W. 2 500KGS N. W. 2 170KGS	

上海信达进出口有限公司

SHANGHAI XIN DA IMPORT & EXPORT CO. ,LTD

We hereby certify that the above mentioned goods are of Chinese Origin.

营业注册号：310616

税务登记号：310048734078800

上海信达进出口有限公司（转账凭证 25 号附件）

出口专用

SHANGHAI XIN DA IMPORT & EXPORT CO.,LTD

中国上海江西路 6 号 邮编 200002

No. 6 JiangXi Road Shanghai 200002 China

Tel：0086-21-63021237(DEPT 1) Fax：0086-21-63021234(DEPT 1) No. 0000255

0086-21-63021238(DEPT 2) 0086-21-63021235(DEPT 2)

0086-21-63021239(DEPT 3) 0086-21-63021236(DEPT 3)

To：FUJIMIYA CO.,LTD.

客户名称：

4-4-25,HOKIMA,ADACHI-KU,

TOKYO,JAPAN

TEL:31-3-3859-0085

记 账
ENTRY

发票号码 Invoice Number 02-1070

定单或合约号 Sales Confirmation No. 02-1037

发票日期 Date of Invoice AUG. 8，2002

装船口岸 From 上 海 SHANGHAI　　目的地 To YOKOHAMA，JAPAN

信用证号数 Letter of Credit No. BY T/T　　开证银行 Issued by

唛头号码 Marks & Numbers	数量货品名称 Quantities and Descriptions	总值 Amount
		FOB SHANGHAI
F. J.	BAGS 2 899 PCS USD 8.58/PC	USD 24 873.42
	PACKED IN 384 CARTONS ONLY. C. W. 2 320KGS N. W. 1 940KGS	

上海信达进出口有限公司

SHANGHAI XIN DA IMPORT & EXPORT CO.,LTD

We hereby certify that the above mentioned goods are of Chinese Origin.

营业注册号：310616

税务登记号：310048734078800

上海信达进出口有限公司（转账凭证 25 号附件）

出口专用

SHANGHAI XIN DA IMPORT & EXPORT CO. ,LTD

中国上海江西路 6 号　邮编 200002
No. 6 JiangXi Road Shanghai 200002 China
Tel：0086-21-63021237(DEPT 1)　Fax：0086-21-63021234(DEPT 1)　No. 0000527
0086-21-63021238(DEPT 2)　0086-21-63021235(DEPT 2)
0086-21-63021239(DEPT 3)　0086-21-63021236(DEPT 3)

To：FUJIMIYA CO. ,LTD.
客户名称：
4-4-25, HOKIMA, ADACHI-KU,
TOKYO, JAPAN
TEL：31-3-3859-0085

记　账
ENTRY

发票号码 Invoice Number 02-1166
定单或合约号 Sales Confirmation No. 02-1058
发票日期 Date of Invoice DEC. 5，2002

装船口岸 From 上海 SHANGHAI　目的地 To YOKOHAMA, JAPAN

信用证号数 Letter of Credit No. BY T/T　开证银行 Issued by

唛头号码 Marks & Numbers	数量货品名称 Quantities and Descriptions	总值 Amount
		FOB SHANGHAI
A. S.	BAGS　840 PCS　USD 7. 50/PC	USD 6 300. 00
	PACKED IN 112 CARTONS ONLY. G. W. 800KGS N. W. 400KGS	

上海信达进出口有限公司
SHANGHAI XIN DA IMPORT & EXPORT CO. ,LTD

We hereby certify that the above mentioned goods are of Chinese Origin.

营业注册号：310616
税务登记号：310048734078800

上海信达进出口有限公司（转账凭证 25 号附件）

出口专用

SHANGHAI XIN DA IMPORT & EXPORT CO. ,LTD

中国上海江西路6号　邮编　200002

No. 6 JiangXi Road Shanghai 200002 China

Tel：0086-21-63021237(DEPT 1)　Fax：0086-21-63021234(DEPT 1)　No. 0000349

0086-21-63021238(DEPT 2)　0086-21-63021235(DEPT 2)

0086-21-63021239(DEPT 3)　0086-21-63021236(DEPT 3)

To：FUJIMIYA CO. ,LTD.

客户名称：

4-4-25，HOKIMA，ADACHI-KU，

TOKYO，JAPAN

TEL：31-3-3859-6085

记　账

ENTRY

发票号码 Invoice Number 02-1156

定单或合约号 Sales Confirmation No. 02-1063

发票日期 Date of Invoice NOV. 20，2002

装船口岸 From 上海 SHANGHAI　目的地 To TOKYO，JAPAN

信用证号数 Letter of Credit No. BY T/T　开证银行 Issued by

唛头号码 Marks & Numbers	数量货品名称 Quantities and Descriptions	总值 Amount
		FOB SHANGHAI
F. J.	BAGS　115 PCS　USD 7. 50/PC	USD 862. 50
	PACKED IN 10 CARTONS ONLY. C. W. 97KGS N. W. 77KGS	

上海信达进出口有限公司

SHANGHAI XIN DA IMPORT & EXPORT CO. ,LTD

We hereby certify that the above mentioned goods are of Chinese Origin.

营业注册号：310616

税务登记号：310048734078800

上海信达进出口有限公司（转账凭证 25 号附件）

出口专用

SHANGHAI XIN DA IMPORT & EXPORT CO. ,LTD

中国上海江西路 6 号　　邮编　200002
No. 6 JiangXi Road Shanghai 200002 China
Tel：0086-21-63021237(DEPT 1)　Fax：0086-21-63021234(DEPT 1)
0086-21-63021238(DEPT 2)　0086-21-63021235(DEPT 2)
0086-21-63021239(DEPT 3)　0086-21-63021236(DEPT 3)

No. 0000342

To：FUJIMIYA CO. ,LTD.
客户名称：
4-4-25,HOKIMA,ADACHI-KU,
TOKYO,JAPAN
TEL:31-3-3859-6085

记　账
ENTRY

发票号码
Invoice Number 024-1147

定单或合约号
Sales Confirmation No. 022-1063

发票日期
Date of Invoice NOV. 7，2002

装船口岸 From 上海 SHANGHAI　　目的地 To YOKOHAMA，JAPAN

信用证号数 Letter of Credit No. BY T/T　　开证银行 Issued by

唛头号码 Marks & Numbers	数量货品名称 Quantities and Descriptions	总值 Amount
		FOB SHANGHAI
F. J.	BAGS　450 PCS　USD 7. 50/PC	USD 3 375. 00
	PACKED IN 57 CARTONS ONLY. C. W. 350KGS N. W. 300KGS	

上海信达进出口有限公司
SHANGHAI XIN DA IMPORT & EXPORT CO. ,LTD

We hereby certify that the above mentioned goods are of Chinese Origin.

营业注册号：310616
税务登记号：310048734078800

上海信达进出口有限公司（转账凭证 25 号附件）

出口专用

SHANGHAI XIN DA IMPORT & EXPORT CO. ,LTD

中国上海江西路 6 号　邮编 200002
No. 6 JiangXi Road Shanghai 200002 China

Tel：0086-21-63021237(DEPT 1)　Fax：0086-21-63021234(DEPT 1)　No. 0000350
0086-21-63021238(DEPT 2)　0086-21-63021235(DEPT 2)
0086-21-63021239(DEPT 3)　0086-21-63021236(DEPT 3)

To：FUJIMIYA CO. ,LTD.
客户名称：
4-4-25,HOKIMA,ADACHI-KU,
TOKYO,JAPAN
TEL:31-3-3859-0085

记　账
ENTRY

发票号码
Invoice Number 02-1160
定单或合约号
Sales Confirmation No. 02-000063
发票日期
Date of Invoice NOV. 25, 2002

装船口岸 From 上海 SHANGHAI　目的地 To YOKOHAMA

信用证号数 Letter of Credit No. BY T/T　开证银行 Issued by

唛头号码 Marks & Numbers	数量货品名称 Quantities and Descriptions	总值 Amount
		FOB SHANGHAI
A. S.	BAGS　360 PCS　USD 7. 50/PC	USD 2 700. 00
	PACKED IN 18 CARTONS ONLY. C. W. 150KGS N. W. 130KGS	

上海信达进出口有限公司
SHANGHAI XIN DA IMPORT & EXPORT CO. ,LTD

We hereby certify that the above mentioned goods are of Chinese Origin.

营业注册号：310616
税务登记号：310048734078800

上海信达进出口有限公司(转账凭证 25 号附件)

SHANGHAI XIN DA IMPORT & EXPORT CO. ,LTD

出口专用

中国上海江西路 6 号　　邮编　200002

No. 6 JiangXi Road Shanghai 200002 China

Tel: 0086-21-63021237(DEPT 1)　Fax: 0086-21-63021234(DEPT 1)　No. 0000345

0086-21-63021238(DEPT 2)　0086-21-63021235(DEPT 2)

0086-21-63021239(DEPT 3)　0086-21-63021236(DEPT 3)

To:

客户名称: SCHUA ART LIMITED
HONGKONG

记　账
ENTRY

发票号码 Invoice Number 02-1149

定单或合约号 Sales Confirmation No. 02-1128

发票日期 Date of Invoice NOV. 07, 2002

装船口岸 From 上　海 SHANGHAI　　目的地 To ROTTERDAM

信用证号数 Letter of Credit No.　　开证银行 Issued by

唛头号码 Marks & Numbers	数量货品名称 Quantities and Descriptions	总值 Amount
O/No. ART No. COLOUR: BLACK ROTTERDAM C/No.	41 269 SHOES AS PER SALES CONFIRMATION No. 3SC069 DD. 11. 09. 2002 864 PRS　USD 0. 80/PR 288 PRS　USD 0. 90/PR 1 152 PRS COST O/NO 36 37 38 39 40 41 42 43 44 45 36 144 216 216 144 108 108 108 36 36 =36PRS×32CTNS COLOUR: BLACK PACKED IN 32CTNS ONLY C. W. 406KGS N. W. 342KGS	 USD 691. 20 USD 259. 20 USD 950. 40 C&F ROTTERDAM

上海信达进出口有限公司

SHANGHAI XIN DA IMPORT & EXPORT CO. ,LTD

We hereby certify that the above mentioned goods are of Chinese Origin.

营业注册号: 310616

税务登记号: 310048734078800

上海信达进出口有限公司(转账凭证 25 号附件)

SHANGHAI XIN DA IMPORT & EXPORT CO. ,LTD

No. 6 JiangXi Road, Shanghai, 200002 China

Tel: 63201234 Fax: 0086-21-6302-1234

To: SAE WON TRADING CO. ,LTD.
696-14 SULMOONDONG, ILSAN-GU
KOYANG-CITY KYUNGGI KOREA

发 票
INVOICE

发票号码
Invoice Number

定单或合约号码
Sales Confirmation No.

发票日期
Date of Invoice DEC. 11, 2002

装船口岸 From 上海 SHANGHAI 目的地 To

信用证号数 Letter of Credit No. 开证银行 Issued by

唛头号码 Marks & Numbers	数量与货品名称 Quantities and Descriptions	总值 Amount
N/M	FREIGHT FEE	USD 491.00

上海信达进出口有限公司
SHANGHAI XIN DA IMPORT & EXPORT CO. ,LTD

We hereby certify that the above mentioned goods are of Chinese Origin.

上海信达进出口公司出口成本转账单(转账凭证 30 号附件)

(三)部 2002 年 12 月 单位:元

出口商品总成本			计量单位	单价	商品金额	进项税金转入金额	合计金额	(备注)应收出口退税	
出口发票号码	商品名称	商品数量						退税率	退税金额
02 3111	西裤	2 100	条	29.06	61 025.64	0.00	61 025.64	17%	10 374.36
02 3050-8	西裤	3 102	条	17.35	53 819.70		53 819.70		0.00
02 3067-3081	手套	104	付	26.61	2 768.00	55.36	2 823.36	15%	415.20
02 3067-3081	手套	152	付	27.15	4 127.38	82.55	4 209.93	15%	619.11
02 3067-3081	手套	186	付	30.03	5 584.77	111.70	5 696.47	15%	837.72
02 3067-3081	手套	260	付	27.18	7 066.67	141.33	7 208.00	15%	1 060.00
02 3067-3081	手套	260	付	27.18	7 066.67	141.33	7 208.00	15%	1 060.00

（续表）

出口商品总成本			计量单位	单价	商品金额	进项税金转入金额	合计金额	（备注）应收出口退税	
出口发票号码	商品名称	商品数量						退税率	退税金额
02 3067-3081	手套	300	付	28.00	8 397.44	167.95	8 565.39	15%	1 259.62
02 3067-3081	手套	300	付	28.00	8 397.44	167.95	8 565.39	15%	1 259.62
02 3067-3081	手套	184	付	28.00	5 150.43	103.01	5 253.44	15%	772.56
02 3067-3081	手套	275	付	35.91	9 876.50	197.53	10 074.03	15%	1 481.48
02 3067-3081	手套	275	付	35.91	9 876.50	197.53	10 074.03	15%	1 481.48
02 3067-3081	手套	275	付	35.91	9 876.50	197.53	10 074.03	15%	1 481.48
02 3067-3081	手套	275	付	35.91	9 876.50	197.53	10 074.03	15%	1 481.48
02 3067-3081	手套	250	付	32.74	8 185.90	163.72	8 349.62	15%	1 227.89
02 3067-3081	手套	250	付	32.74	8 185.90	163.72	8 349.62	15%	1 227.89
02 3067-3081	手套	164	付	32.74	5 369.95	107.40	5 477.35	15%	805.49
02 3067-3081	手套	150	付	33.56	5 033.33	100.67	5 134.00	15%	755.00
02 3067-3081	手套	150	付	33.56	5 033.33	100.67	5 134.00	15%	755.00
02 3067-3081	手套	150	付	33.27	4 991.03	99.82	5 090.85	15%	748.65
02 3067-3081	手套	120	付	32.43	3 891.28	77.83	3 969.11	15%	583.69
02 3067-3081	手套	60	付	32.43	1 945.64	38.91	1 984.55	15%	291.85
02 3067-3081	手套	88	付	27.84	2 449.71	48.99	2 498.70	15%	367.46
02 3067-1	手套	140	付	47.69	6 676.92	133.54	6 810.46	15%	1 001.54
02 3067-1	手套	140	付	47.69	6 676.92	133.54	6 810.46	15%	1 001.54
02 3067-1	手套	140	付	47.69	6 676.92	133.54	6 810.46	15%	1 001.54
02 3062	手套	530	付	14.89	7 891.11	157.82	8 048.93	15%	1 183.67
02 3062	手套	530	付	14.89	7 891.11	157.82	8 048.93	15%	1 183.67
02 3062	手套	530	付	14.89	7 891.11	157.82	8 048.93	15%	1 183.67
02 3062	手套	568	付	14.21	8 073.37	161.47	8 234.84	15%	1 211.01
02 3062	手套	568	付	14.21	8 073.37	161.47	8 234.84	15%	1 211.01
02 3062	手套	568	付	14.21	8 073.37	161.47	8 234.84	15%	1 211.01
02 3062	手套	568	付	14.21	8 073.37	161.47	8 234.84	15%	1 211.01
02 3062	手套	568	付	14.21	8 073.37	161.47	8 234.84	15%	1 211.01
02 3062	手套	500	付	16.68	8 341.88	166.84	8 508.72	15%	1 251.28
02 3062	手套	500	付	16.68	8 341.88	166.84	8 508.72	15%	1 251.28
02 3062	手套	500	付	16.68	8 341.88	166.84	8 508.72	15%	1 251.28
02 3062	手套	500	付	16.68	8 341.88	166.84	8 508.72	15%	1 251.28
02 3062	手套	500	付	16.68	8 341.88	166.84	8 508.72	15%	1 251.28

（续表）

出口商品总成本			计量单位	单价	商品金额	进项税金转入金额	合计金额	（备注）应收出口退税	
出口发票号码	商品名称	商品数量						退税率	退税金额
02 3062	手套	500	付	16.68	8 341.88	166.84	8 508.72	15%	1 251.28
02 3062	手套	500	付	16.68	8 341.88	166.84	8 508.72	15%	1 251.28
02 3062	手套	500	付	16.68	8 341.88	166.84	8 508.72	15%	1 251.28
02 3062	手套	420	付	16.68	7 007.18	140.14	7 147.32	15%	1 051.08
02 3062	手套	585	付	12.68	7 415.00	148.30	7 563.30	15%	1 112.25
02 3062	手套	585	付	12.68	7 415.00	148.30	7 563.30	15%	1 112.25
02 3062	手套	585	付	12.68	7 415.00	148.30	7 563.30	15%	1 112.25
02 3062	手套	260	付	26.51	6 893.33	137.87	7 031.20	15%	1 034.00
02 3062	手套	260	付	26.51	6 893.33	137.87	7 031.20	15%	1 034.00
02 3062	手套	210	付	26.51	5 567.70	111.35	5 679.05	15%	835.16
02 3062-1	手套	320	付	25.50	8 161.37	163.23	8 324.60	15%	1 224.21
02 3062-1	手套	320	付	25.50	8 161.37	163.23	8 324.60	15%	1 224.21
02 3062-1	手套	320	付	25.50	8 161.37	163.23	8 324.60	15%	1 224.21
02 3062-1	手套	320	付	25.50	8 161.37	163.23	8 324.60	15%	1 224.21
02 3062-1	手套	320	付	25.50	8 161.37	163.23	8 324.60	15%	1 224.21
02 3162.3163	鞋料	3 596	双	6.89	24 787.81	991.51	25 779.32	13%	3 222.42
02 3162.3163	鞋料	4 824	双	8.33	40 174.63	1 606.99	41 781.62	13%	5 222.70
02 3150.3154	鞋料	500	双	16.55	8 273.50	330.94	8 604.44	13%	1 075.56
02 3150.3154	鞋料	5 660	双	7.52	42 580.17	1 703.21	44 283.38	13%	5 535.42
02 3160	鞋料	510	双	16.55	8 438.97	337.56	8 776.53	13%	1 097.07
02 3139	健腹器	2 520	只	16.13	40 649.57	812.99	41 462.56	15%	6 097.44
02 3153.3153-1	毯子	6 900	条	6.24	43 051.28	861.03	43 912.31	15%	6 457.69
02 3153.3153-1	毯子	6 900	条	6.24	43 051.28	861.03	43 912.31	15%	6 457.69
02 3170	椅子	5 400	只	14.10	76 153.85	1 523.08	77 676.93	15%	11 423.08
02 3093、3115、3140	砖块	10 000	块	0.80	8 000.00		8 000.00		0.00
02 3093、3115、3140	砖块	10 000	块	1.60	16 000.00		16 000.00		0.00
02 3093、3115、3140	砖块	60 000	块	1.00	60 180.00		60 180.00		0.00
02 3148	箱包	592	只	80.77	47 815.38	956.31	48 771.69	15%	7 172.31
					947 372.02	17 452.11	964 824.06		120 141.26

制表人：　　　　　　　　　　　　复核人：

上海信达进出口公司出口商品采购成本转账清单(转账凭证 33 号附件)

(三)部　　　　2002 年 12 月　　　　单位：元

供货单位名称	增值税发票号	出口发票号	商品名称	商品数量	计量单位	单价	商品金额	增值税金额	合计金额	备注
上海君亭制衣有限公司	2925809	02 3111	西裤	2 100	条	29.06	61 025.64	10 374.36	71 400.00	
上海君亭制衣有限公司	46640	02 3050-8	西裤	3 102	条	17.35	53 819.70		53 819.70	
上海金熊皮革公司	2225379	02 3067-3081	手套	104	付	26.61	2 768.00	470.56	3 238.56	
上海金熊皮革公司	2225380	02 3067-3081	手套	152	付	27.15	4 127.38	701.66	4 829.04	
上海金熊皮革公司	2225381	02 3067-3081	手套	186	付	30.03	5 584.77	949.41	6 534.18	
上海金熊皮革公司	2225382	02 3067-3081	手套	260	付	27.18	7 066.67	1 201.33	8 268.00	
上海金熊皮革公司	2225383	02 3067-3081	手套	260	付	27.18	7 066.67	1 201.33	8 268.00	
上海金熊皮革公司	2225384	02 3067-3081	手套	300	付	28.00	8 397.44	1 427.56	9 825 00	
上海金熊皮革公司	2225385	02 3067-3081	手套	300	付	28.00	8 397.44	1 427.56	9 825.00	
上海金熊皮革公司	2225386	02 3067-3081	手套	184	付	28.00	5 150.43	875.57	6 026.00	
上海金熊皮革公司	2225387	02 3067-3081	手套	275	付	35.91	9 876.50	1 679.00	11 555.50	
上海金熊皮革公司	2225388	02 3067-3081	手套	275	付	35.91	9 876.50	1 679.00	11 555.50	
上海金熊皮革公司	2225389	02 3067-3081	手套	275	付	35.91	9 876.50	1 679.00	11 555.50	
上海金熊皮革公司	2225390	02 3067-3081	手套	275	付	35.91	9 876.50	1 679.00	11 555.50	
上海金熊皮革公司	2225391	02 3067-3081	手套	250	付	32.74	8 185.90	1 391.60	9 577.50	
上海金熊皮革公司	2225392	02 3067-3081	手套	250	付	32.74	8 185.90	1 391.60	9 577.50	
上海金熊皮革公司	2225393	02 3067-3081	手套	164	付	32.74	5 369.95	912.89	6 282.84	
上海金熊皮革公司	2225394	02 3067-3081	手套	150	付	33.56	5 033.33	855.67	5 889.00	
上海金熊皮革公司	2225396	02 3067-3081	手套	150	付	33.56	5 033.33	855.67	5 889.00	
上海金熊皮革公司	2225397	02 3067-3081	手套	150	付	33.27	4 991.03	848.47	5 839.50	
上海金熊皮革公司	2225398	02 3067-3081	手套	120	付	32.43	3 891.28	661.52	4 552.80	
上海金熊皮革公司	2225399	02 3067-3081	手套	60	付	32.43	1 945.64	330.76	2 276.40	

（续表）

供货单位名称	增值税发票号	出口发票号	商品名称	商品数量	计量单位	单价	商品金额	增值税金额	合计金额	备注
上海金熊皮革公司	2225400	02 3067-3081	手套	88	付	27.84	2 449.71	416.45	2 866.16	
上海金熊皮革公司	2225376	02 3067-1	手套	140	付	47.69	6 676.92	1 135.08	7 812.00	
上海金熊皮革公司	2225377	02 3067-1	手套	140	付	47.69	6 676.92	1 135.08	7 812.00	
上海金熊皮革公司	2225378	02 3067-1	手套	140	付	47.69	6 676.92	1 135.08	7 812.00	
上海金熊皮革公司	2232957	02 3062	手套	530	付	14.89	7 891.11	1 341.49	9 232.60	
上海金熊皮革公司	2232958	02 3062	手套	530	付	14.89	7 891.11	1 341.49	9 232.60	
上海金熊皮革公司	2232959	02 3062	手套	530	付	14.89	7 891.11	1 341.49	9 232.60	
上海金熊皮革公司	2232960	02 3062	手套	568	付	14.21	8 073.37	1 372.47	9 445.84	
上海金熊皮革公司	2232961	02 3062	手套	568	付	14.21	8 073.37	1 372.47	9 445.84	
上海金熊皮革公司	2232962	02 3062	手套	568	付	14.21	8 073.37	1 372.47	9 445.84	
上海金熊皮革公司	2232963	02 3062	手套	568	付	14.21	8 073.37	1 372.47	9 445.84	
上海金熊皮革公司	2232964	02 3062	手套	568	付	14.21	8 073.37	1 372.47	9 445.84	
上海金熊皮革公司	2232965	02 3062	手套	500	付	16.68	8 341.88	1 418.12	9 760.00	
上海金熊皮革公司	2232966	02 3062	手套	500	付	16.68	8 341.88	1 418.12	9 760.00	
上海金熊皮革公司	2232967	02 3062	手套	500	付	16.68	8 341.88	1 418.12	9 760.00	
上海金熊皮革公司	2232968	02 3062	手套	500	付	16.68	8 341.88	1 418.12	9 760.00	
上海金熊皮革公司	2232969	02 3062	手套	500	付	16.68	8 341.88	1 418.12	9 760.00	
上海金熊皮革公司	2232970	02 3062	手套	500	付	16.68	8 341.88	1 418.12	9 760.00	
上海金熊皮革公司	2232971	02 3062	手套	500	付	16.68	8 341.88	1 418.12	9 760.00	
上海金熊皮革公司	2232972	02 3062	手套	500	付	16.68	8 341.88	1 418.12	9 760.00	
上海金熊皮革公司	2232973	02 3062	手套	420	付	16.68	7 007.18	1 191.22	8 198.40	
上海金熊皮革公司	2232974	02 3062	手套	585	付	12.68	7 415.00	1 260.55	8 675.55	
上海金熊皮革公司	2232975	02 3062	手套	585	付	12.68	7 415.00	1 260.55	8 675.55	

（续表）

供货单位名称	增值税发票号	出口发票号	商品名称	商品数量	计量单位	单价	商品金额	增值税金额	合计金额	备注
上海金熊皮革公司	2223626	02 3062	手套	585	付	12.68	7 415.00	1 260.55	8 675.55	
上海金熊皮革公司	2223627	02 3062	手套	260	付	26.51	6 893.33	1 171.87	8 065.20	
上海金熊皮革公司	2223628	02 3062	手套	260	付	26.51	6 893.33	1 171.87	8 065.20	
上海金熊皮革公司	2223629	02 3062	手套	210	付	26.51	5 567.70	946.50	6 514.20	
上海金熊皮革公司	2232951	02 3062-1	手套	320	付	25.50	8 161.37	1 387.43	9 548.80	
上海金熊皮革公司	2232952	02 3062-1	手套	320	付	25.50	8 161.37	1 387.43	9 548.80	
上海金熊皮革公司	2232953	02 3062-1	手套	320	付	25.50	8 161.37	1 387.43	9 548.80	
上海金熊皮革公司	2232954	02 3062-1	手套	320	付	25.50	8 161.37	1 387.43	9 548.80	
上海金熊皮革公司	2232955	02 3062-1	手套	320	付	25.50	8 161.37	1 387.43	9 548.80	
上海成泰鞋业有限公司	00048761	02 3162.3163	鞋料	3 596	双	6.89	24 787.81	4 213.93	29 001.74	
上海成泰鞋业有限公司	00048762	02 3162.3163	鞋料	4 824	双	8.33	40 174.63	6 829.69	47 004.32	
上海成泰鞋业有限公司	00048763	02 3150.3154	鞋料	500	双	16.55	8 273.50	1 406.50	9 680.00	
上海成泰鞋业有限公司	00048764	02 3150.3154	鞋料	5 660	双	7.52	42 580.17	7 238.63	49 818.80	
上海成泰鞋业有限公司	00048765	02 3160	鞋料	510	双	16.55	8 438.97	1 434.63	9 873.60	
浙江凯丰有限公司	03869980	02 3139	健腹器	2 520	只	16.13	40 649.57	6 910.43	47 560.00	
上海荣心培服饰有限公司	00462049	02 3153.3153-1	毯子	6 900	条	6.24	43 051.28	7 318.72	50 370.00	
上海荣心培服饰有限公司	00462050	02 3153.3153-1	毯子	6 900	条	6.24	43 051.28	7 318.72	50 370.00	
龙海市嘉华家具有限公司	00697029	02 3170	椅子	5 400	只	14.10	76 153.85	12 946.15	89 100.00	
上海新城建材经营部	0049210	02 3093、3115、3140	砖块	10 000	块	0.80	8 000.00		8 000.00	
上海新城建材经营部	0217320	02 3093、3115、3140	砖块	10 000	块	1.60	16 000.00		16 000.00	
上海新城建材经营部	0215235	02 3093、3115、3140	砖块	60 000	块	1.00	60 180.00		60 180.00	
嘉兴嘉利华箱包	00286201	02 3148	箱包	592	只	80.77	47 815.38	8 128.62	55 944.00	
合计							947 372.02	137 593.27	1 084,965.29	

制表人：　　　　　　　　　　复核人：

上海增值税专用发票(转账凭证 34 号附件)

3100023140　　No. 01617910

此联为作报销、扣税凭证使用

开票日期:2002 年 12 月 18 日

购货单位	名　　称:上海青浦商榻橡胶制品厂 纳税人识别号:31022913422142X 地 址、电 话:商榻镇商周路 98 号　59281035 开户行及账号:农行商榻营业所 037810-00874005589	密码区	028170+2013+0＊><9　加密版本:01 95+/55222<3956/< 9>7752+7－＊39>>+ －＊12750>>08＊　01617910

货物或应税劳务名称	规格型号	单 位	数 量	单 价	金 额	税率	税 额
沿条		双	200	1.282051	256.41	17%	43.59
沿条		张	70	8.547009	598.29	17%	101.71
合 计					￥854.70		￥145.30
价税合计(大写)	⊗壹仟元整				(小写)￥1 000.00		

销货单位	名　　称:上海信达进出口有限公司 纳税人识别号:310048734078800 地 址、电 话:江西路 6 号　63021234 开户行及账号:中信实业银行上海分行 086780	备注	

收款人:　　　复核:　　　开票人:　　　销货单位:(章)

第二联 发票联 购货方记账凭证

上海信达进出口有限公司内部转账凭证(转账凭证 35 号附件)

2002 年 12 月 30 日　　　编号:

摘 要	科目 借 方	科目 贷 方	千	百	十	万	千	百	十	元	角	分
一部暂估佣金　02　1128　鞋	501	203						9	1	2	9	9
一部暂估佣金　谢艳　鞋	501	203				2	3	3	6	7	0	0
合 计						2	4	2	7	9	9	9

主管:　　　记账　　　制单:

上海信达公司制革部物资进仓单（转账凭证 35 号附件）

No. 0015724

交货单位　　收货仓库　　进仓日期 2002 年 12 月 12 日　　验收日期　　年　月　日

名称	规格	计值单位	申请进仓数量		单价	金额 十万	万	千	百	十	元	角	分	实收数量		单价	金额 十万	万	千	百	十	元	角	分	✓
暂估佣金			02	1128				¥	9	1	2	9	9												
合　计								¥	9	1	2	9	9												

（三）商品账记账凭证

仓库主管　　保管　　检验　　业务主管　　复核　　制单

上海信达公司制革部物资进仓单（转账凭证 35 号附件）

No. 0015725

交货单位　　收货仓库　　进仓日期 2002 年 12 月 18 日　　验收日期　　年　月　日

名称	规格	计值单位	申请进仓数量		单价	金额 十万	万	千	百	十	元	角	分	实收数量		单价	金额 十万	万	千	百	十	元	角	分	✓
暂估佣金						¥	2	3	3	6	7	0	0												
（0015957.971 少估）																									
YF02015-02.1113																									
补足少估佣金																									
合　计						¥	2	3	3	6	7	0	0												

（二）财会结算凭证

仓库主管　　保管　　检验　　业务主管　　复核　　制单

上海信达进出口有限公司工资转账单（转账凭证 40 号附件）

2002 年 12 月

借方科目	销售费用										应付福利费	合计
	贷方科目										贷方科目	
部门	应付工资								小计	应付工资	应付工资	
	工资	所得税	津贴	车贴	膳费	值班费	外聘	医贴		公积金	独生津贴	
三部	19 436.7	370.18	486	737	1 352	748		429.9	23 559.78	1 502	10	25 071.78
一部	9 278.6	164.33	152	205	416	154		190.6	10 560.53	666	2.5	11 229.03
二部	16 002.8	339.38	342	422.4	936	154		335.5	18 532.08	1 165	20	19 717.08
合　计	44 718.1	873.89	980	1 364.4	2 704	1 056	0	956	52 652.39	3 333	32.5	56 017.89

备注：信达进出口公司财务科人员工资由国泰公司列支。

上海信达进出口有限公司工资附加费转账（转账凭证 41 号附件）

2002 年 12 月

合　计	借方科目：销售费用			合　计
	贷方科目			
	其他应付款		应付福利费	
	工会经费	教育经费		
三部	456.46	342.34	3 195.19	3 993.99
一部	207.11	155.33	1 449.77	1 812.21
二部	362.19	271.65	2 535.36	3 169.2
合　计	1 025.76	769.32	7 180.32	8 975.4

上海信达进出口有限公司单位承担统筹费转账（转账凭证 42 号附件）

2002 年 12 月

部　门	工资总额	借方科目	销售费用		应付福利	合　计
		贷方科目：其他应付款				
		养老保险	失业保险	残疾保险	医疗保险	
三部	23 569.78	5 303.2	471.4	377.1	2 828.4	8 980.1
一部	10 563.03	2 376.7	211.3	169	1 267.6	4 024.6
二部	18 552.08	4 174.2	371	296.8	2 226.2	7 068.2
合　计	52 684.89	11 854.1	1 053.7	842.9	6 322.2	20 072.9

上海信达进出口有限公司个人扣款转账（转账凭证 43 号附件）

2002 年 12 月

部　门	借方科目	应　付　工　资				合　计
	贷方科目：其他应付款					
	养老保险	失业保险	公积金	医疗保险	工会经费	
三部	1 505.4	215.4	3 004	429.9	94.2	5 248.9
一部	667.8	95.4	1 332	190.6	45.8	2 331.6
二部	1 174.4	168.1	2 330	335.5	80.4	4 088.4
合　计	3 347.6	478.9	6 666	956	220.4	11 668.9

上海信达进出口有限公司内部转账凭证（转账凭证 45 号附件）

2002 年 12 月 31 日　　　　编号：

摘要	科目		金额									
	借方	贷方	千	百	十	万	千	百	十	元	角	分
提 2202.12 折旧一部	503	165						2	5	3	4	1
二部	503	165					1	7	7	7	5	7
三部	503	165					3	3	0	5	0	1
本部	503	165						3	4	7	3	7
	合计						5	6	8	3	3	6

主管：　　　　记账　　　　制单：

上海信达公司制革部物资进仓单（转账凭证 52 号附件）

No. 0015774

交货单位　　收货仓库　　进仓日期 2002 年 12 月 30 日　　验收日期　年　月　日

名称	规格	计值单位	申请进仓数量		单价	金额								实收数量		单价	金额								✓
						十	万	千	百	十	元	角	分				十	万	千	百	十	元	角	分	
样品包							¥	4	1	6	0	0	0												
合计							¥	4	1	6	0	0	0												

（四）业务部门留存

仓库主管　　保管　　检验　　业务主管　　复核　　制单

上海市工业统一发票（转账凭证 52 号附件）

发　票　联

沪Ⅱ(13) 011-0576525

购货单位：上海信达进出口公司　　　　2002 年 12 月 23 日

货号	品名规格或加工修理	计量单位	数量	单价	金额								备注
					十	万	千	百	十	元	角	分	
	样品费					¥	4	1	6	0	0	0	
合计人民币（大写）	肆仟壹佰陆拾元整					¥	4	1	6	0	0	0	

第二联　发票联

企业（盖章有效）　　财务　　开单　　营业执照号

税务登记号

地址　　　　银行账号

上海信达进出口有限公司单位承担统筹费转账(转账凭证 63 号附件)

2002 年 12 月

部门	工资总额	借方科目	销售费用		应付福利	合计
		贷方科目：其他应付款				
		养老保险	失业保险	残疾保险	医疗保险	
三部	320 000	72 000	6 400	5 120	38 400	121 920
一部	0	0	0	0	0	0
二部	0	0	0	0	0	0
合计	320 000	72 000	6 400	5 120	38 400	121 920

上海信达进出口有限公司工资转账单(转账凭证 64 号附件)

2002 年 12 月

借方科目	销售费用										应付福利费	合计
	贷方科目										贷方科目	
部门	应付工资								小计	应付工资	应付工资	
	工资	所得税	津贴	车贴	膳费	值班费	外聘	医贴		公积金	独生津贴	
三部	320 000								320 000			320 000
一部									0			0
二部									0			0
合计	320 000	0	0	0	0	0	0	0	320 000	0	0	320 000

上海信达进出口有限公司出口成本转账单(转账凭证 67 号附件)

(一部) 2002 年 12 月 单位：元

出口发票号	出口商品总成本		计量单位	单价	商品金额	进项税金转入金额	合计金额	退税率	退税金额
	商品名称	商品数量							
02 1176	包	564	只	2.67	1 505.88		1 505.88		0
02 1153、1154、1175、1177、1178	包	1 633	只	42.36	69 180.00		69 180.00		0
02 1180	鞋	12 192	双	8.11	98 910.77	1 978.22	100 888.99	15%	14 836.62
02 1179	鞋	2 016	双	9.40	18 953.85	379.08	19 332.93	15%	2 843.08
02 1179	鞋	7 506	双	6.66	49 970.77	999.42	50 970.19	15%	7 495.62
02 1183	鞋	930	双	10.60	9 856.41	197.13	10 053.54	15%	1 478.46
02 1170	鞋	20 040	双	4.36	87 353.85	1 747.08	89 100.93	15%	13 103.08

（续表）

出口发票号	出口商品总成本		计量单位	单价	商品金额	进项税金转入金额	合计金额	退税率	退税金额
	商品名称	商品数量							
02　1171	鞋	2 400	双	8.72	20 923.08	418.46	21 341.54	15%	3 138.46
02　1168	鞋	8 676	双	10.47	90 800.00	1 816.00	92 616.00	15%	13 620.00
02　1168	鞋	6 264	双	8.41	52 652.31	1 053.05	53 705.36	15%	7 897.85
02　1167	鞋	5 808	双	12.99	75 454.36	1 509.09	76 963.45	15%	11 318.15
02　1167	鞋	5 808	双	12.99	75 454.36	1 509.09	76 963.45	15%	11 318.15
02　1169	鞋	2 232	双	12.99	28 996.92	579.94	29 576.86	15%	4 349.54
02　1183	鞋	1 560	双	10.94	17 066.67	341.33	17 408.00	15%	2 560.00
合　　计					697 079.23	12 527.89	709 607.10		93 959.00

制表人：　　　　　　　　　　　　　复核人：

上海信达进出口公司出口成本转账单（转账凭证 70 号附件）

（二）部　　　　　　　　2002 年 12 月　　　　　　　　单位：元

出口发票号	出口商品总成本							（备注）应收出口退税	
	商品名称	商品数量	计量单位	单价	商品金额	进项税金转入金额	合计金额	退税率	退税金额
02　2128	包	650	只	67.32	43 755.56	875.11	44 630.67	15%	6 563.33
02　2199	包	1 140	只	28.16	32 103.52	642.07	32 745.59	15%	4 815.53
02　2199	包	1 824	只	23.94	43 671.77	873.44	44 545.21	15%	6 550.77
02　2199	包	1 896	只	25.66	48 647.25	972.95	49 620.20	15%	7 297.09
02　2199	包	1 200	只	28.22	33 865.44	677.31	34 542.75	15%	5 079.82
02　2200	包	300	只	32.69	9 807.69	196.15	10 003.84	15%	1 471.15
02　2200	包	900	只	24.10	21 692.32	433.85	22 126.17	15%	3 253.85
02　2200	包	900	只	25.13	22 615.39	452.31	23 067.70	15%	3 392.31
02　2127、2129	包	1 000	只	68.17	68 170.95	1 363.42	69 534.37	15%	10 225.64
02　2164	包	2 350	只	29.17	68 558.97	1 371.18	69 930.15	15%	10 283.85
02　2128	包	250	只	153.85	38 461.54	769.23	39 230.77	15%	5 769.23
02　2127、2129	包	250	只	153.85	38 461.54	769.23	39 230.77	15%	5 769.23
02　2113、2113-1	服装	151	套	151.24	22 837.78		22 837.78		

（续表）

出口发票号	出口商品总成本							(备注)应收出口退税	
	商品名称	商品数量	计量单位	单价	商品金额	进项税金转入金额	合计金额	退税率	退税金额
02　2131	服装	75	套	143.76	10 782.30		10 782.30		
02　2162	橡胶制品	15 072	只	3.58	53 924.27	1 078.49	55 002.76	15%	8 088.64
02　2173、2148	体育用品	13 830	只	5.17	71 511.59	1 430.23	72 941.82	15%	10 726.74
02　2173、2148	体育用品	5 000	付	15.73	78 664.53	1 573.29	80 237.82	15%	11 799.68
02　2127	包	550	个	14.57	8 014.96	160.30	8 175.26	15%	1 202.24
02　2156-1	服装	1 980	件	35.98	71 247.39	0	71 247.39	17%	12 112.06
02　2156-1	服装	1 980	件	35.98	71 247.39	0	71 247.39	17%	12 112.06
02　2156-1	服装	1 984	件	35.98	71 391.32	0	71 391.32	17%	12 136.52
02　2155	服装	1 478	件	14.55	21 500.78		21 500.78		
02　2156	服装	1 519	件	26.23	39 846.92	0	39 846.92	17%	6 773.98
02　2133	服装	1 435	件	10.59	15 198.91	0	15 198.91	17%	2 583.81
02　2114、2114-1	服装	750	件	14.87	11 151.00		11 151.00		
02　2116、2116-1	服装	140	件	16.52	2 312.80		2 312.80		
02　2146	服装	3 902	件	19.89	77 620.82	0	77 620.82	17%	13 195.54
02　2145	服装	5 729	件	16.27	93 191.00	0	93 191.00	17%	15 842.47
02　2145	服装	5 727	件	16.27	93 158.46	0	93 158.46	17%	15 836.94
02　2145	服装	5 727	件	16.27	93 158.46	0	93 158.46	17%	15 836.94
02　2146-1	服装	666	件	20.71	13 791.03	0	13 791.03	17%	2 344.48
02　2168	冲压件	100	件	70.51	7 051.28	141.03	7 192.31	15%	1 057.69
02　2160	鞋	5 004	双	51.28	256 615.38	5 132.31	261 747.69	15%	38 492.31
02　2159	鞋	5 004	双	51.28	256 615.38	5 132.31	261 747.69	15%	38 492.31
02　2153	鞋	840	双	49.33	41 435.89	828.72	42 264.61	15%	6 215.38
02　2153	鞋	720	双	56.13	40 410.26	808.21	41 218.47	15%	6 061.54
02　2153	鞋	480	双	46.79	22 461.54	449.23	22 910.77	15%	3 369.23
02　2153	鞋	540	双	46.68	25 205.13	504.10	25 709.23	15%	3 780.77
合　计					2 040 158.51	26 634.47	2 066 792.95		308 533.11

制单：　　　　　　　　　　　　　　复核：

上海信达进出口公司出口成本转账单(转账凭证 71 号附件)

(三)部　　2002 年 12 月　　单位：元

出口发票号码	出口商品总成本							(备注)应收出口退税	
	商品名称	商品数量	计量单位	单价	商品金额	进项税金转入金额	合计金额	退税率	退税金额
02 3172	手套	4 000	双	15.38	61 538.46	1 230.77	62 769.23	15%	9 230.77
02 3178	手套	6 000	双	15.38	92 307.69	1 846.15	94 153.84	15%	13 846.15
02 3184	手套	1 600	双	15.38	24 615.38	492.31	25 107.69	15%	3 692.31
02 3177	手套	10 000	双	15.38	153 846.15	3 076.92	156 923.07	15%	23 076.92
02 3179	手套	5 000	双	15.38	76 923.08	1 538.46	78 461.54	15%	11 538.46
02 3173	帽子	1 650	顶	24.96	41 179.49	823.59	42 003.08	15%	6 176.92
02 3182	毯子	6 000	条	6.41	38 461.54	769.23	39 230.77	15%	5 769.23
02 3186	针织品	7 920	条	9.55	75 621.54	1 512.43	77 133.97	15%	11 343.23
02 3186	针织品	7 200	顶	5.88	42 338.46	846.77	43 185.23	15%	6 350.77
02 3174	针织品	1 040	顶	9.54	9 921.37	198.43	10 119.80	15%	1 488.21
02 3174	针织品	750	双	13.99	10 491.46	209.83	10 701.29	15%	1 573.72
02 3185	针织品	7 200	条	6.32	45 488.89	909.78	46 398.67	15%	6 823.33
合　　计					672 733.51	13 454.67	686 188.18		100 910.03

制表人：　　　　复核人：

上海市商业统一发票(转账凭证 79 号附件)

记　账　联

沪Ⅱ(22) 01-1748570

购货单位：上海信达进出口有限公司　　2002 年 12 月 31 日

货　号	品名规格	计量单位	数　量	单　价	金额 十	万	千	百	十	元	角	分	备　注
	仓储费				¥	7	0	0	0	0	0	0	
合计人民币(大写)	柒万元整				¥	7	0	0	0	0	0	0	

第三联　记账联

企业(盖章有效)　　财务　　开单　　营业执照号
税务登记号
地址　　银行账号

上海信达进出口有限公司内部转账凭证(转账凭证 80 号附件)

2002 年 12 月 31 日　　编号：

摘　要	科目 借方	科目 贷方	千	百	十	万	千	百	十	元	角	分
计提营业税 86 836×5%	512	221			¥	4	3	4	1	8	0	
提城建税 4 341.8%×7%	512	221				¥	3	0	3	9	3	
	合	计			¥	4	6	4	5	7	3	

主管：　　记账　　制单：

上海信达进出口公司应交税金计算表(转账凭证 80 号附件)

2002 年 12 月

部门	计税金额	营业税		城建税		教育费附加		堤防费		义务兵费		河道费		合计
		税率	税额	税率	税额	税率	税额	税率	税额	税率	税额	税率	税额	
一部		5%	0	7%	0	3%	0	0%	0		0	1.00%	0	0
二部	86 836.00	5%	4 341.80	7%	303.93	3%	130.25	0%	0		0	1.00%	43.42	4 819.40
三部		5%	0	7%	0	3%	0	0%	0		0	1.00%	0	0
本部		5%	0	7%	0	3%	0	0%	0		0	1.00%	0	0
		5%	0	7%	0	3%	0	0%	0		0	1.00%	0	0
合计	86 836.00	5%	4 341.80	7%	303.93	3%	130.25	0%	0		0	1.00%	43.42	4 819.40
部门	计税金额	增值税		城建税		教育费附加		堤防费		义务兵费		河道费		合计
		税率	税额	税率	税额	税率	税额	税率	税额	税率	税额	税率	税额	
一部		17%		7%	0	3%	0	0%	0	0.0%	0	1.00%	0	0
二部		17%		7%	0	3%	0	0%	0	0.0%	0	1.00%	0	0
三部		17%		7%	0	3%	0	0%	0	0.0%	0	1.00%	0	0
合计	0	17%		7%	0	3%	0	0%	0	0.3%	0	0.25%	0	0

制表人:

2002年12月销售汇总表(三部)(转账凭证75号附件)

12月份	三	部			外销销售款			12月份	
序号	客户	外销发票号码	号码	品名	数量	金额(USD)	汇率	金额(RMB)	
1	shanghai ankou international trading	02 3172	434	手套	4 000	11 520.00	8.2772	95 353.34	
2	shanghai ankou international trading	02 3178	437	手套	6 000	12 351.00	8.2772	102 231.70	
3	shanghai ankou international trading	02 3184	447	手套	1 600	3 293.60	8.2772	27 261.79	
4	shanghai ankou international trading	02 3177	438	手套	10 000	20 585.00	8 2772	170.386.16	
5	shanghai ankou international trading	02 3179	439	手套	5 000	10 292.50	8.2772	85 193.08	
6	shanghai ankou international trading	02 3173	435	帽子	1 650	5 219.50	8.2772	43 202.85	
7	shanghai ankou international trading	02 3182	446	毯子	6 000	4 878.00	8.2772	40 376.18	
8	shanghai ankou international trading	02 3186	503	帽子	15 120	15 012.00	8.2772	124 257.33	
9	shanghai ankou international trading	02 3174	436	帽子	1 790	2 589.20	8.2772	21 431.33	
10	shanghai ankou international trading	02 3185	448	针织品	7 200	5 766.20	8.2772	47 727.99	
	合计					91 507.00		757 421.75	

上海信达进出口有限公司(转账凭证 75 号附件)

出口专用

SHANGHAI XIN DA IMPORT & EXPORT CO. ,LTD

中国上海江西路 6 号 邮编 200002

No. 6 JiangXi Road Shanghai 200002 China

Tel：0086-21-63021237(DEPT 1) Fax：0086-21-63021234(DEPT 1) No. 0000434

0086-21-63021238(DEPT 2) 0086-21-63021235(DEPT 2)

0086-21-63021239(DEPT 3) 0086-21-63021236(DEPT 3)

To:

客 户 名 称： SHANGHAI ANKOU TRADING CO. ,LTD.

记 账 **ENTRY**

发 票 号 码 Invoice Number 02-3172

定 单 或 合 约 号 Sales Confirmation No. 02-3172

发 票 日 期 Date of Invoice NOV. 12，2002

装船口岸 From 上 海 SHANGHAI

目的地 To KOBE

信用证号数 Letter of Credit No.

开证银行 Issued by

唛头号码 Marks & Numbers	数 量 货 品 名 称 Quantities and Descriptions	总 值 Amount
A. K.	PIGSKIN GLOVES 4 000 PRS @USD 2. 88	USD 11 520. 00
		USD 11 520. 00
		FOB SHANGHAI

上海信达进出口有限公司

SHANGHAI XIN DA IMP & EXP CO. ,LTD.

上海信达进出口有限公司

SHANGHAI XIN DA IMPORT & EXPORT CO. ,LTD

We hereby certify that the above mentioned goods are of Chinese Origin.

营业注册号：310616

税务登记号：310048734078800

上海信达进出口有限公司（转账凭证 75 号附件）

SHANGHAI XIN DA IMPORT & EXPORT CO. ,LTD

出口专用

中国上海江西路 6 号　邮编　200002
No. 6 JiangXi Road Shanghai 200002 China
Tel：0086-21-63021237(DEPT 1)　Fax：0086-21-63021234(DEPT 1)
0086-21-63021238(DEPT 2)　0086-21-63021235(DEPT 2)
0086-21-63021239(DEPT 3)　0086-21-63021236(DEPT 3)

No. 0000437

To：
客户名称：SHANGHAI ANKOU TRADING CO. ,LTD.

记　账
ENTRY

发票号码 Invoice Number 02-3178
定单或合约号 Sales Confirmation No. 02-3178
发票日期 Date of Invoice NOV. 15，2002

装船口岸 From 上　海 SHANGHAI　　目的地 To KOBE

信用证号数 Letter of Credit No.　　开证银行 Issued by

唛头号码 Marks & Numbers	数量货品名称 Quantities and Descriptions	总值 Amount
A. K.	GLOVES　6 000 PRS　@USD 2. 0585	USD 12 351. 00
		USD 12 351. 00
		FOB SHANGHAI

上海信达进出口有限公司
SHANGHAI XIN DA IMP & EXP CO. ,LTD.

上海信达进出口有限公司
SHANGHAI XIN DA IMPORT & EXPORT CO. ,LTD

We hereby certify that the above mentioned goods are of Chinese Origin.

营业注册号：310616
税务登记号：310048734078800

上海信达进出口有限公司(转账凭证 75 号附件)

出口专用

SHANGHAI XIN DA IMPORT & EXPORT CO. ,LTD

中国上海江西路 6 号　　邮编　200002
No. 6 JiangXi Road Shanghai 200002 China
Tel：0086-21-63021237(DEPT 1)　Fax：0086-21-63021234(DEPT 1)
0086-21-63021238(DEPT 2)　0086-21-63021235(DEPT 2)
0086-21-63021239(DEPT 3)　0086-21-63021236(DEPT 3)

No. 0000447

To:
客户名称：SHANGHAI ANKOU INTERNATIONAL TRADING CO. , LTD.

记　账
ENTRY

发票号码 Invoice Number 02-3184
定单或合约号 Sales Confirmation No. 02-3184
发票日期 Date of Invoice NOV. 12，2002

装船口岸 From 上海 SHANGHAI　目的地 To OSAKA

信用证号数 Letter of Credit No. ____　开证银行 Issued by ____

唛头号码 Marks & Numbers	数量货品名称 Quantities and Descriptions	总值 Amount
A. K.	PIGSKIN GLOVES　1 600 PRS　@USD 2. 0585	USD 3 293. 60
		USD 3 293. 60
		FOB SHANGHAI

上海信达进出口有限公司
SHANGHAI XIN DA IMP & EXP CO. ,LTD.

上海信达进出口有限公司
SHANGHAI XIN DA IMPORT & EXPORT CO. ,LTD

We hereby certify that the above mentioned goods are of Chinese Origin.

营业注册号：310616
税务登记号：310048734078800

上海信达进出口有限公司(转账凭证 75 号附件)

SHANGHAI XIN DA IMPORT & EXPORT CO. ,LTD

出口专用

中国上海江西路6号　邮编　200002

No. 6 JiangXi Road Shanghai 200002 China

Tel：0086-21-63021237(DEPT 1)　Fax：0086-21-63021234(DEPT 1)　No. 0000438

0086-21-63021238(DEPT 2)　0086-21-63021235(DEPT 2)

0086-21-63021239(DEPT 3)　0086-21-63021236(DEPT 3)

To:

客户名称：SHANGHAI ANKOU INTERNATIONAL TRADING CO., LTD.

记　账
ENTRY

发票号码 Invoice Number 02-3177

定单或合约号 Sales Confirmation No. 02-3177

发票日期 Date of Invoice NOV. 14，2002

装船口岸 From 上　海 SHANGHAI　目的地 To OSAKA

信用证号数 Letter of Credit No.　开证银行 Issued by

唛头号码 Marks & Numbers	数量货品名称 Quantities and Descriptions	总值 Amount
A. K.	PIGSKIN GLOVES 10 000 PRS @USD 2. 0585	USD 20 585. 00
		USD 20 585. 00
		FOB SHANGHAI

上海信达进出口有限公司

SHANGHAI XIN DA IMP & EXP CO. ,LTD.

上海信达进出口有限公司

SHANGHAI XIN DA IMPORT & EXPORT CO. ,LTD

We hereby certify that the above mentioned goods are of Chinese Origin.

营业注册号：310616

税务登记号：310048734078800

上海信达进出口有限公司（转账凭证 75 号附件）

出口专用

SHANGHAI XIN DA IMPORT & EXPORT CO. ,LTD

中国上海江西路 6 号　邮编　200002
No. 6 JiangXi Road Shanghai 200002 China
Tel：0086-21-63021237(DEPT 1)　Fax：0086-21-63021234(DEPT 1)
0086-21-63021238(DEPT 2)　0086-21-63021235(DEPT 2)
0086-21-63021239(DEPT 3)　0086-21-63021236(DEPT 3)

No. 0000439

To：
客户名称：SHANGHAI ANKOU INTERNATIONAL TRADING CO. , LTD.

记　账
ENTRY

发票号码 Invoice Number 02-3179
定单或合约号 Sales Confirmation No. 02-3179
发票日期 Date of Invoice NOV. 15，2002

装船口岸 From 上　海 SHANGHAI　目的地 To OSAKA

信用证号数 Letter of Credit No.　开证银行 Issued by

唛头号码 Marks & Numbers	数量货品名称 Quantities and Descriptions	总值 Amount
A. K.	PIGSKIN GLOVES　5 000 PRS　@USD 2. 0585	USD 10 292. 50
		USD 10 292. 50
		FOB SHANGHAI

上海信达进出口有限公司
SHANGHAI XIN DA IMP & EXP CO. ,LTD.

上海信达进出口有限公司
SHANGHAI XIN DA IMPORT & EXPORT CO. ,LTD

We hereby certify that the above mentioned goods are of Chinese Origin.

营业注册号：310616
税务登记号：310048734078800

上海信达进出口有限公司(转账凭证 75 号附件)

SHANGHAI XIN DA IMPORT & EXPORT CO. ,LTD

出口专用

中国上海江西路 6 号　邮编　200002
No. 6 JiangXi Road Shanghai 200002 China
Tel：0086-21-63021237(DEPT 1)　Fax：0086-21-63021234(DEPT 1)
0086-21-63021238(DEPT 2)　0086-21-63021235(DEPT 2)
0086-21-63021239(DEPT 3)　0086-21-63021236(DEPT 3)

No. 0000435

To:
客户名称：SHANGHAI ANKOU INTERNATIONAL TRADING CO. , LTD.

记　账
ENTRY

发票号码
Invoice Number 02-3173
定单或合约号
Sales Confirmation No. 02-3173
发票日期
Date of Invoice NOV. 12，2002

装船口岸 From 上　海 SHANGHAI　目的地 To KOBE

信用证号数 Letter of Credit No.　开证银行 Issued by

唛头号码 Marks & Numbers	数量货品名称 Quantities and Descriptions			总值 Amount
A. K.	LEATHER CAP			
	PBH—9707	550 PCS	@USD 3. 25	USD 1 787. 50
	PBH—9706	550 PCS	@USD 3. 47	USD 1 908. 50
	PBH—9705	550 PCS	@USD 2. 77	USD 1 523. 50
				USD 5 219. 50
				FOB SHANGHAI

上海信达进出口有限公司
SHANGHAI XIN DA IMP & EXP CO. ,LTD.

上海信达进出口有限公司
SHANGHAI XIN DA IMPORT & EXPORT CO. ,LTD

We hereby certify that the above mentioned goods are of Chinese Origin.

营业注册号：310616
税务登记号：310048734078800

上海信达进出口有限公司（转账凭证 75 号附件）

SHANGHAI XIN DA IMPORT & EXPORT CO. ,LTD

出口专用

中国上海江西路 6 号　邮编　200002
No. 6 JiangXi Road Shanghai 200002 China
Tel：0086-21-63021237(DEPT 1)　Fax：0086-21-63021234(DEPT 1)
0086-21-63021238(DEPT 2)　0086-21-63021235(DEPT 2)
0086-21-63021239(DEPT 3)　0086-21-63021236(DEPT 3)

No. 0000446

To:
客户名称：SHANGHAI ANKOU INTERNATIONAL TRADING CO., LTD.

记　账
ENTRY

发票号码 Invoice Number 02-3182
定单或合约号 Sales Confirmation No. 02-3182
发票日期 Date of Invoice NOV. 20, 2002

装船口岸 From 上　海 SHANGHAI　　目的地 To OSAKA

信用证号数 Letter of Credit No. ______　　开证银行 Issued by ______

唛头号码 Marks & Numbers	数量货品名称 Quantities and Descriptions	总值 Amount
A. K.	BLANKET　6 000 PRS　@USD 0. 813	USD 4 878. 00
		USD 4 878. 00
		CFR OSAKA

上海信达进出口有限公司
SHANGHAI XIN DA IMP & EXP CO. ,LTD.

上海信达进出口有限公司
SHANGHAI XIN DA IMPORT & EXPORT CO. ,LTD

We hereby certify that the above mentioned goods are of Chinese Origin.

营业注册号：310616
税务登记号：310048734078800

上海信达进出口有限公司（转账凭证 75 号附件）

SHANGHAI XIN DA IMPORT & EXPORT CO. ,LTD

出口专用

中国上海江西路 6 号　邮编　200002

No. 6 JiangXi Road Shanghai 200002 China

Tel：0086-21-63021237(DEPT 1)　Fax：0086-21-63021234(DEPT 1)　No. 0000503

0086-21-63021238(DEPT 2)　0086-21-63021235(DEPT 2)

0086-21-63021239(DEPT 3)　0086-21-63021236(DEPT 3)

To：

客户名称：SHANGHAI ANKOU INTERNATIONAL TRADING CO. , LTD.

记　账
ENTRY

发票号码 Invoice Number 02-3186

定单或合约号 Sales Confirmation No. 02-3186

发票日期 Date of Invoice NOV. 28，2002

装船口岸 From 上　海 SHANGHAI　目的地 To OSAKA

信用证号数 Letter of Credit No.　开证银行 Issued by

唛头号码 Marks & Numbers	数量货品名称 Quantities and Descriptions			总值 Amount
N/M	SCARF	1 800 PRS	@USD 0. 92	USD 1 656. 00
		6 120 PCS	@USD 1. 30	USD 7 956. 00
	HAT	7 200 PCS	@USD 0. 75	USD 5 400. 00
				USD 15 012. 00
				FOB SHANGHAI

上海信达进出口有限公司
SHANGHAI XIN DA IMP & EXP CO. ,LTD.

上海信达进出口有限公司
SHANGHAI XIN DA IMPORT & EXPORT CO. ,LTD

We hereby certify that the above mentioned goods are of Chinese Origin.

营业注册号：310616
税务登记号：310048734078800

上海信达进出口有限公司（转账凭证 75 号附件）

出口专用

SHANGHAI XIN DA IMPORT & EXPORT CO. ,LTD

中国上海江西路 6 号　邮编　200002
No. 6 JiangXi Road Shanghai 200002 China
Tel：0086-21-63021237(DEPT 1)　Fax：0086-21-63021234(DEPT 1)
0086-21-63021238(DEPT 2)　0086-21-63021235(DEPT 2)
0086-21-63021239(DEPT 3)　0086-21-63021236(DEPT 3)

No. 0000436

To：
客户名称：SHANGHAI ANKOU INTERNATIONAL TRADING CO.，LTD.

记　账
ENTRY

发票号码 Invoice Number 02-3174
定单或合约号 Sales Confirmation No. 02-3174
发票日期 Date of Invoice NOV. 12，2002

装船口岸 From 上　海 SHANGHAI　目的地 To TOKYO

信用证号数 Letter of Credit No. ______　开证银行 Issued by ______

唛头号码 Marks & Numbers	数量货品名称 Quantities and Descriptions			总值 Amount
N/M	GLOVES OBX-01	250 PCS	@USD 1. 46	USD 365. 00
	MUFFLER OBX-02	500 PCS	@USD 1. 93	USD 965. 00
	CAP CAP-001	240 PCS	@USD 1. 48	USD 355. 20
	CAP-002	800 PCS	@USD 1. 13	USD 904. 00
				USD 2 589. 20
				FOB SHANGHAI

上海信达进出口有限公司
SHANGHAI XIN DA IMP & EXP CO. ,LTD.

上海信达进出口有限公司
SHANGHAI XIN DA IMPORT & EXPORT CO. ,LTD

We hereby certify that the above mentioned goods are of Chinese Origin.

营业注册号：310616
税务登记号：310048734078800

上海信达进出口有限公司（转账凭证 75 号附件）

SHANGHAI XIN DA IMPORT & EXPORT CO. ,LTD

出口专用

中国上海江西路 6 号　邮编　200002
No. 6 JiangXi Road Shanghai 200002 China

Tel：0086-21-63021237(DEPT 1)　Fax：0086-21-63021234(DEPT 1)　No. 0000448
0086-21-63021238(DEPT 2)　0086-21-63021235(DEPT 2)
0086-21-63021239(DEPT 3)　0086-21-63021236(DEPT 3)

To：
客户名称：SHANGHAI ANKOU INTERNATIONAL TRADING CO., LTD.

记　账
ENTRY

发票号码 Invoice Number 02-3185
定单或合约号 Sales Confirmation No. 02-3185
发票日期 Date of Invoice NOV. 25，2002

装船口岸 From 上　海 SHANGHAI　目的地 To OSAKA

信用证号数 Letter of Credit No. ____　开证银行 Issued by ____

唛头号码 Marks & Numbers	数量货品名称 Quantities and Descriptions			总值 Amount
A. K.				
CCMMON	SCARF	7 200 PCS	@USD 0. 80086	USD 5 766. 20
				USD 5 766. 20
				FOB SHANGHAI

上海信达进出口有限公司
SHANGHAI XIN DA IMP & EXP CO. ,LTD.

上海信达进出口有限公司
SHANGHAI XIN DA IMPORT & EXPORT CO. ,LTD

We hereby certify that the above mentioned goods are of Chinese Origin.

营业注册号：310616
税务登记号：310048734078800

进出口一部进销存明细表(转账凭证 83 号附件)

2002.12

品名	期初		本月购入		本月销售		销售成本		期末	
	数量	实际金额	数量	实际金额	数量	销售金额	实际价	销售毛利	数量	实际金额
鞋类			92 292	1 370 604.24	92 292	1 303 084.99	1 370 604.24	−67 519.25	0	
皮带							0	0	0	
包			11 573	645 276.88	11 573	735 183.36	645 276.88	89 906.48	0	
熟革					4 560	249 400.32	0	249 400.32	−4 560	
手套						−24 863.05	0	−24 863.05	0	
线			2 016	71 180.31	2 016	97 451.12	71 180.31	26 270.81	0	
							0	0	0	
合计				2 087 061.43		2 360 256.74	2 087 061.43	273 195.31		

进出口二部进销存明细表(转账凭证 83 号附件)

2002.12

品名	期初		本月购入		本月销售		销售成本		期末	
	数量	实际金额	数量	实际金额	数量	销售金额	实际价	销售毛利	数量	实际金额
包类			121 690	901 454.39	121 690	1 023 264.19	901 454.39	121 809.8	0	
羽毛球拍							0	0	0	
票夹			56 660	398 309.14	56 660	436 076	398 309.14	37 766.86	0	
体育用品			43 490	376 065.33	43 490	393 470.36	376 065.33	17 405.03	0	
衣架							0	0	0	
球			7 800	241 740.02	7 800	257 069.8	241 740.02	15 329.78	0	
鞋类			26 539	1 531 511.7	26 539	1 653 012.77	1 531 511.7	121 501.07	0	
服装			61 410	1 359 103.71	61 410	1 546 973.07	1 359 103.71	187 869.36	0	
布类							0	0	0	
皮带扣							0	0	0	
手套							0	0	0	
杯套			15 072	55 002.76	15 072	57 386.82	55 002.76	2 384.06	0	
五金配件			100	7 192.31	100	9 601.22	7 192.31	2 408.91	0	
合计			332 761	4 870 379.36	332 761	5 376 854.23	4 870 379.36	506 474.87	0	0

上海信达进出口有限公司三部材料进销存报表（转账凭证 83 号附件）

2002.12.30

品名	期初		本月购入		本月销售		销售成本			销售毛利		
	数量	实际金额	数量	实际金额	数量	销售金额	计划价				数量	实际金额
栲胶	43.30	47 630.00								—	43.30	47 630.00
塑料	22.55	288 827.76								—	22.55	288 827.76
熟革	581.96	15 014.57								—	581.96	15 014.57
其他	1 010.00	18 180.00								—	1 010.00	18 180.00
										—	—	—
小计	1 657.81	369 652.33	—	—	—	—	—	—	—	—	1 657.81	369 652.33
							—	—				
手套			45 833.00	840 256.15	45 833.00	1 040 543.04	840 256.15			200 286.89	—	—
鞋类			86 452.00	903 272.88	86 452.00	954 368.21	903 272.88			51 095.33	—	—
包类			1 776.00	143 992.61	1 776.00	183 018.81	143 992.61			39 026.20	—	—
服装			19 422.00	645 523.70	19 422.00	707 331.51	645 523.70			61 807.81	—	—
布类							—			—	—	—
药							—			—	—	—
帽类							—			—	—	—
健身器							—			—	—	—
自行车配件							—			—	—	—
熟革(外)				277 603.97			277 603.97			−277 603.97	—	—
机电							—			—	—	—
家具			10 800.00	155 353.86	10 800.00	254 772.22	155 353.86			99 418.36	—	—
食品							—			—	—	—
其他							—			—	—	—
建筑材料			80 000.00	84 180.00	80 000.00	89 810.69	84 180.00			5 630.69	—	—
体育用品			2 520.00	41 462.56	2 520.00	42 655.72	41 462.56			1 193.16	—	—
针织品			62 260.00	281 422.90	62 260.00	481 617.42	281 422.90			200 194.52	—	—
毯子			19 800.00	127 055.39	19 800.00	45 491.71	127 055.39			−81 563.68	—	—
袜子							—			—	—	—
卫生洁具							—			—	—	—
小计			328 863.00	3 500 124.02	328 863.00	3 799 609.33	3 500 124.02		—	299 485.31	—	—
										—		
本月合计	1 657.81	369 652.33	328 863.00	3 500 124.02	328 863.00	3 799 609.33	3 500 124.02	—	—	299 485.31	1 657.81	369 652.33

制单：　　　　复核：

六、接受投资企业审计报告

审 计 报 告

上海国际制衣厂董事会：

我们接受委托，审计了贵公司2002年12月31日的资产负债表及2002年度利润表和现金流量表。这些会计报表由贵公司负责，我们的责任是对这些会计报表发表审计意见。我们的审计是依据中国注册会计师独立审计准则进行的。在审计过程中，我们结合贵公司的实际情况，实施了包括抽查会计记录等我们认为必要的审计程序。

我们认为，上述会计报表符合《企业会计准则》和《工业会计制度》的有关规定，在所有重大方面公允地反映了贵公司2002年12月31日的财务状况及2002年度经营成果和现金流量情况，会计处理方法的选用遵循了一贯性原则。

达华会计师事务所：（盖章）　　　　中国注册会计师：（签名、盖章）

中国上海　　　　2003年1月10日

徐星　鲁华

附经过审计后的会计报表

编者注：现在的审计报告格式与其相比已发生了较大的变动与修改。详见书末附录部分。

上海市地方企业二〇

资　产

编制单位：　　　　　　　　　　　　　　　　　　　　2002 年 12

资　　产	行次	年 初 数	年 末 数
货币资金	1	152 846.71	352 563.39
短期投资	2		
应收票据	3		
应收股利	4		
应收利息	5		
应收账款	6	74 327.47	1 345 572.57
其他应收款	7	742 195.27	647 195.27
预付账款	8		
期货保证金	9		
应收补贴款	10		
应收出口退税	11		
存货	12	726 260.47	116 461.09
其中：原材料	13	190 843.60	
产成品(库存商品)	14	407 053.10	102 460.36
待摊费用	15	2 820.41	74 169.67
待处理流动资产净损失	16	379 886.48	
一年内到期的长期债权投资	17		
其他流动资产	18		
流动资产合计	19	2 078 336.81	2 535 961.99
长期投资	20		
其中：长期股权投资	21		
长期债权投资	22		
*合并价差	23		
长期投资合计	24		
固定资产原价	25	641 327.70	641 327.70
减：累计折旧	26	510 866.77	520 694.74
固定资产净值	27	130 460.93	120 632.96
减：固定资产减值准备	28		
固定资产净额	29		
固定资产清理	30		
工程物资	31		
在建工程	32		
待处理固定资产净损失	33	24 000.00	
固定资产合计	34	154 460.93	120 632.96
无形资产	35		
其中：土地使用权	36		
递延资产(长期待摊费用)	37		
其中：固定资产修理	38		
固定资产改良支出	39		
其他长期资产	40		
其中：特准储备物资	41		
无形及其他资产合计	42		
递延税款借项	43		
资　产　合　计	44	2 232 797.74	2 656 594.95

○二年度会计决算报表

负　债　表

会地年企 01 表

月 31 日　　　　金额单位：元

负债和所有者权益	行次	年初数	年末数
短期借款	45		
应付票据	46		
应付账款	47	48 920.29	851 721.31
预收账款	48		
应付工资	49		
应付福利费	50	79 179.50	79 179.50
应付利润(股利)	51		
应交税金	52	5 857.54	38 376.47
其他应交款	53	336.30	1 103.45
其他应付款	54	408 741.54	408 741.54
预提费用	55	5 796.15	
预计负债	56		
一年内到期的长期负债	57		
其他流动负债	58		
流动负债合计	59	548 831.32	1 379 122.27
长期借款	60		
应付债券	61		
长期应付款	62		
专项应付款	63		
其他长期负债	64		
其中：特准储备资金	65		
长期负债合计	66		
递延税款贷项	67		
负债合计	68		
* 少数股东权益	69		
实收资本(股本)	70	700 000.00	700 000.00
国家资本	71		
集体资本	72		
法人资本	73		
其中：国有法人资本	74		
集体法人资本	75		
个人资本	76		
外商资本	77		
资本公积	78		
盈余公积	79	983 936.47	983 936.47
其中：法定盈余公积	80		
公益金	81		
补充流动资本	82		
* 未确认的投资损失(以“－”号填列)	83		
未分配利润	84	29.95	−406 463.79
* 外币报表折算差额	85		
所有者权益合计	86	1 683 966.42	1 277 472.68
	87		
负债和所有者权益合计	88	2 232 797.74	2 656 594.95

上海市财政局
会计报表监制章

上海市地方企业二〇

利润及利

编制单位：上海国际制衣厂 2002

项目	行次	上年实际数	本年实际数
一、主营业务收入	1	1 012 083.65	3 504 900.24
其中：出口产品(商品)销售收入	2		1 223 567.66
进口产品(商品)销售收入	3		
减：折扣与折让	4		
二、主营业务收入净额	5	1 012 083.65	3 504 900.24
减：(一) 主营业务成本	6	899 718.27	3 358 786.85
其中：出口产品(商品)销售成本	7		1 185 984.18
(二) 主营业务税金及附加	8	7 035.00	18 249.90
(三) 经营费用	9	39 743.58	26 187.39
(四) 其他	10		
加：(一) 递延收益	11		
(二) 代购代销收入	12		
(三) 其他	13		
三、主营业务利润(亏损以“—”号填列)	14	65 586.80	101 676.10
加：其他业务利润(亏损以“—”号填列)	15		
减：(一) 营业费用	16		
(二) 管理费用	17	149 511.57	103 103.97
(三) 财务费用	18	—22 921.88	—320.61
(四) 其他	19		
四、营业利润(亏损以“—”号填列)	20	—61 002.89	—1 107.26
加：(一) 投资收益(损失以“—”号填列)	21		
(二) 期货收益	22	51 266.76	
(三) 补贴收入	23		
其中：补贴前亏损企业补贴收入	24		
(四) 营业外收入	25	11 538.15	1 000.00
其中：处置固定资产净收益	26	9 268.15	
非货币性交易收益	27		
出售无形资产收益	28		
罚款净收入	29	2 270.00	
(五) 其他	30		1 000.00
其中：用以前年度含量工资结余弥补利润	31		
减：(一) 营业外支出	32	1 765.50	2 500.00

○二年度会计决算报表

润分配表

会地年企 02 表

年度 金额单位：元

项　　目	行次	上年实际数	本年实际数
其中：处置固定资产净损失	33	1 765.50	
债务重组损失	34		
罚款支出	35		2 500.00
捐赠支出	36		
（二）其他支出	37		
其中：结转的含量工资包干结余	38		
五、利润总额（亏损总额以“－”号填列）	39	36.52	－2 607.26
减：所得税	40	6.57	
* 少数股东损益	41		
加：* 未确认的投资损失（以“＋”号填列）	42		
六、净利润（净亏损以“－”号填列）	43	29.95	－2 607.26
加：（一）年初未分配利润	44		－403 856.53
（二）盈余公积补亏	45		
（三）其他调整因素	46		
七、可供分配的利润	47		
减：（一）单项留用的利润	48		
（二）补充流动资本	49		
（三）提取法定盈余公积	50		
（四）提取法定公益金	51		
（五）提取职工奖励及福利基金	52		
（六）提取储备基金	53		
（七）提取企业发展基金	54		
（八）利润归还投资	55		
（九）其他	56		
八、可供投资者分配的利润	57		
减：（一）应付优先股股利	58		
（二）提取任意盈余公积	59		
（三）应付普通股股利	60		
（四）转作资本（股本）的普通股股利	61		
（五）其他	62		
九、未分配利润	63		－406 463.79
其中：应由以后年度税前利润弥补的亏损（以“＋”号填列）	64		

上海市财政局
会计报表监制章

上海市地方企业二〇〇二年度会计决算报表

现金流量表

会地年企 03 表

编制单位：上海国际制衣厂　　2002 年度　　金额单位：元

项　　目	行次	金　　额
一、经营活动产生的现金流量：	1	—
销售商品、提供劳务收到的现金	2	2 525 035.41
收到的税费返还	3	
收到的其他与经营活动有关的现金	4	1 000.00
现金流入小计	5	2 526 035.41
购买商品、接受劳务支付的现金	6	1 939 219.09
支付给职工以及为职工支付的现金	7	183 310.00
支付的各项税费	8	128 102.62
支付的其他与经营活动有关的现金	9	75 687.02
现金流出小计	10	2 326 318.73
经营活动产生的现金流量净额	11	199 716.68
二、投资活动产生的现金流量：	12	—
收回投资所收到的现金	13	
取得投资收益所收到的现金	14	
处置固定资产、无形资产和其他长期资产所收回的现金净额	15	
收到的其他与投资活动有关的现金	16	
现金流入小计	17	
购建固定资产、无形资产和其他长期资产所支付的现金	18	
投资所支付的现金	19	
支付的其他与投资活动有关的现金	20	
现金流出小计	21	
投资活动产生的现金流量净额	22	
三、筹资活动产生的现金流量：	23	—
吸收投资所收到的现金	24	
借款所收到的现金	25	
收到的其他与筹资活动有关的现金	26	
现金流入小计	27	
偿还债务所支付的现金	28	
分配股利、利润或偿付利息所支付的现金	29	
支付的其他与筹资活动有关的现金	30	
现金流出小计	31	
筹资活动产生的现金流量净额	32	
四、汇率变动对现金的影响	33	

(续表)

项目	行次	金额
五、现金及现金等价物净增加额	34	199 716.68
补充资料：	35	—
1. 将净利润调节为经营活动现金流量：	36	—
净利润	37	−2 607.26
加：计提的资产减值准备	38	
固定资产折旧	39	9 827.97
无形资产摊销	40	
长期待摊费用摊销	41	
待摊费用减少(减：增加)	42	−71 349.26
预提费用增加(减：减少)	43	−5 796.15
处置固定资产、无形资产和其他长期资产的损失(减：收益)	44	
固定资产报废损失	45	
财务费用	46	
投资损失(减：收益)	47	
递延税款贷项(减：借项)	48	
存货的减少(减：增加)	49	609 799.38
经营性应收项目的减少(减：增加)	50	−1 176 245.10
经营性应付项目的增加(减：减少)	51	836 087.10
其他	52	
经营活动产生的现金流量净额	53	199 716.68
2. 不涉及现金收支的投资和筹资活动：	54	—
债务转为资本	55	
一年内到期的可转换公司债券	56	
融资租入固定资产	57	
其他	58	
3. 现金及现金等价物净增加情况：	59	—
现金的期末余额	60	352 563.39
减：现金的期初余额	61	152 846.71
加：现金等价物的期末余额	62	
减：现金等价物的期初余额	63	
现金及现金等价物净增加额	64	199 716.68
	65	
	66	

上海市财政局
会计报表监制章

七、预审情况

会计师事务所注册会计师已于2002年12月25日至2002年12月31日对被审计单位进行了预审。

(一)对被审计单位内部控制制度进行了控制测试

测试详情见“八、审计底稿”。

(二)对被审计单位2002年会计报表实施了部分实质性程序

查证结果如下:

1. 对2002年12月31日为止的

应收账款(50%)	其他应收款(30%)
应付账款(30%)	其他应付款(20%)
银行存款(100%)	预付账款(20%)
短期借款(100%)	预收账款(20%)

进行了函证。函证被审计单位的账面数没有差异,但是查证出其他应收款—国内—国泰公司余额为3 081 251.30元,其他应付款—国内—国泰公司余额为3 915 824.96元。

2. 对2002年12月31日的存货进行了监盘,审核后,确认存货审定后的金额为395 002.33元,其中原材料为369 652.33元,库存商品为25 350.00元(由于存货明细账品种多,其资料不在“六、接受投资企业审计报告”中列示)。

合同编号:(731107)银贷字第028508号

人民币借款合同

中信实业银行上海分行

人民币借款合同

借款人:上海信达进出口有限公司　　　　(以下简称甲方)

住所:东方路1234号

邮政编码:200127

电话:33230486

法定代表人:蔡一鸣

开户行及账户:中信银行上海分行086780-82300006668

贷款人:中信实业银行上海分行　　　　(以下简称乙方)

住所:上海市南京东路61号

邮政编码：200002

电话：63506350

法定代表人/负责人：冯杰

合同签订地点：上海

合同签订日期：2002年10月24日

甲方、乙方依据《合同法》、《贷款通则》等有关法律、法规，经平等协商一致，订立本合同。

第一条 贷款种类

乙方同意按本合同约定向甲方提供下列第1种类的贷款：

1. 短期贷款　　2. 中期贷款　　3. 长期贷款

第二条 贷款金额与贷款期限

本合同项下贷款金额为人民币(大写)：玖拾万元整

(小写)：900 000.00

本合同项下的贷款期限为6个月，自2002年11月5日至2003年5月5日。

第三条 贷款用途

甲方应将在本合同项下借入的本金用于收购出口商品，但乙方不对甲方运用该借入的贷款承担任何责任。

第四条 贷款利率与利息

1. 本贷款采用以下第1种方式确定利率：

(1) 短期贷款，根据本合同签订日的相应档次的法定贷款利率，为4.536%。本合同期内遇利率调整，不分段计息；

(2) 中长期贷款，根据本合同生效日相应档次的法定贷款利率，为________，每满一年后(分笔拨付的以第一笔贷款的发放日为准)，再按当时相应档次的法定贷款利率执行下年度利率。

2. 本贷款自实际提款日起计息，按季(月/季)结息，结息日为每季末月20日(每月的20日/每季度末月的20日)。

3. 首次付息日为2002年12月20日，如付息日逢非银行工作日，则应顺延至下个银行工作日支付利息，最后一笔借款到期时，利随本清。

第五条 提款

1. 甲方按下列计划提款，计划提款日应为银行工作日。

序　次	提　款　日　期	提　款　金　额
1	2002.11.5	90万元

2. 甲方应按本合同约定的提款日提款，如更改提款时间及/或提款金额，应在本合同约定的提款日之前五个银行工作日提前书面通知乙方，乙方同意给予甲方三个银行工作日的提款宽限期，宽限期满未提取的贷款自动取消，甲方不得再提款。

3. 甲方应于每次拟提款日前三个银行工作日向乙方提交不可撤销的提款通知书或借款凭证或其他提款通知。乙方审核同意后，凭此支付贷款，并以此作为该笔提款的借据。

第六条 还款方式

1. 甲方按下列计划偿还本金：

序 次	还 款 日 期	还 款 金 额
1	2003.5.5	90万元

2. 甲方所偿还之贷款本息，应汇入乙方指定的账户，账号为8230000668。

3. 甲方如需提前还款，则应于拟提前还款日前三十个日历日将不可撤销的提前还款计划以书面形式提交乙方，并取得乙方的同意。乙方有权按本合同约定的贷款期限和利率向甲方收取利息。

第七条 贷款展期

如甲方不能按期归还本合同项下贷款，需要办理贷款展期时，应在贷款到期前十五个银行工作日向乙方提出书面申请，经乙方审查同意，签订贷款展期协议。如乙方不同意展期，合同仍然有效。

第八条 贷款的担保

本合同项下贷款的担保方式为________，由乙方与担保人就本合同的具体担保事项签订编号为________担保合同。

第九条 甲方声明与保证

1. 甲方是根据中华人民共和国法律依法成立的中国法人或其他组织，具有签订和履行本合同所必需的民事权利能力和行为能力，能独立承担民事责任。

2. 甲方提供的与本贷款有关的一切文件、报表及陈述均是合法、真实、准确、完整的。

第十条 甲方的权利与义务

1. 甲方有权按本合同约定的期限和用途提取和使用贷款。

2. 甲方应按本合同的约定清偿贷款本金和利息。

3. 甲方应定期或随时应乙方要求，向乙方提供真实反映其经营和财务状况的报表及其他文件。

4. 在贷款期间内，甲方经营决策的任何重大改变，包括但不限于转股、改组、合并、分立、股份制改造、合资、合作、联营、承包、租赁、经营范围和注册资本变更等可能影响乙方权益的决策，应至少提前三十个日历日书面通知乙方并取得乙方的事先书面同意，落实贷款的清偿责任或提前清偿贷款或提供乙方认可的担保。

5. 甲方应积极配合乙方对其经营情况及贷款使用情况所做的调查了解及监督，乙方因甲方阻挠行为而发生的各种费用，均应由甲方承担。

6. 未经乙方事先书面同意，甲方不得采取任何方式转移或变相转移本合同项下的债务责任。

7. 甲方转让、出租或以本合同项下债务以外的债务设定担保等方式处分其重大资产及营业或营业收入的全部或重大部分，应至少提前三十个日历日书面通知乙方并取得乙方的事先书面同意。

8. 如发生对本合同的债务履行有重大不利影响的任何事件，包括但不限于涉及重大经济纠纷、停业、歇业、被宣告破产、解散、被吊销营业执照、被撤销、财务状况恶化等，甲方应立即书面通知乙方。

9. 如保证人出现停业、歇业、被宣告破产、解散、被吊销营业执照、被撤销以及经营亏损等情形，部分或全部丧失与本贷款相应的担保能力，或者作为本合同项下贷款担保的抵押物、质物、质押权利价值减少时，甲方应提供乙方认可的新的担保。

10. 在贷款期间，如甲方变更法人名称、法定代表人、项目负责人、住所、电话、传真等，应在变更后七个日历日内书面通知乙方。

第十一条 乙方的权利和义务

1. 乙方有权对甲方的经营情况及贷款的使用情况进行检查和了解。

2. 在甲方履行了本合同约定的义务、满足了放款条件的前提下，乙方应按期足额向甲方发放贷款。

3. 乙方应对甲方提供的有关甲方的资料、文件、信息保密，但法律、法规规定应当予以查询的除外。

第十二条 违约责任

1. 本合同生效后，甲乙双方均应履行本合同约定的义务，任何一方不履行或不完全履行本合同约定义务的，应当承担相应的违约责任。

2. 甲方未按本合同约定的提款日提取贷款的，乙方有权按本合同约定的利率按实际逾期天数计收违约金。

3. 乙方未按本合同约定提供贷款的，甲方有权要求乙方按本合同约定的利率按实际逾期天数支付违约金。

4. 出现下列情形之一，乙方有权终止本合同项下尚未提取的任何款项，并要求甲方立即偿还所有已提贷款、应付利息即其他费用，且乙方要求甲方偿还前述款项之日即为本合同项下的债务提前到期之日，乙方有权从甲方在乙方处开立的账户中直接扣款以抵偿甲方在本合同项下的债务。

1) 甲方没有按期偿还本合同项下的贷款本金、利息；

2) 甲方没有履行本合同第十条第三款至第九款约定的任何一项义务；

3) 甲方向乙方提交的与本贷款有关的证明和文件及本合同第九条的声明和保证被证明为不真实、不准确、不完整或故意使人误解；

4) 甲方全部停止偿还其债务，或不能或表示其不能偿还到期债务；

5) 甲方停业、歇业、被宣告破产、解散、被吊销营业执照、被撤销、涉及重大经济纠纷、财务状况恶化等；

6) 甲方住所、营业范围、法定代表人等工商登记事项发生变更或对外发生重大投资等情况使乙方债权实现受到严重影响或威胁的；

7) 甲方发生危及、损害或可能危及、损害乙方权益的其他事件。

5. 甲方未能按本合同约定的用途使用贷款的，乙方除行使本条第四款约定的权利外，有权对违约使用的部分自挪用之日起，根据违约使用天数按罚息利率0.5%计收罚息。

6. 对甲方在贷款期内不能按期支付的利息，乙方除行使本条第四款约定的权利外，有权按本合同利率计收复利；对逾期本金，有权根据实际逾期天数，按罚息利率0.21%计收罚息，并对未支付的利息及罚息计收复利。

7. 乙方因实现债权所发生的各项费用（包括但不限于诉讼费、差旅费、律师费等），均由甲方承担。

第十三条 义务的连续性

本合同项下甲方的一切义务均具有连续性，对其继承人、代理人、接管人、受让人及其合并、改组、更改名称等后的主体均具有完全的约束力。

第十四条　公证

如本合同的任何一方提出公证要求，本合同应在国家规定的公证机关进行公证，其费用由甲方承担。

第十五条　其他约定事项

第十六条　适用法律

本合同受中华人民共和国法律管辖，对甲乙双方均有拘束力。

第十七条　争议的解决

凡因本合同发生的及与本合同有关的任何争议，甲乙双方应协商解决；协商不成的双方均同意采取以下第2种方式解决：

1. 向________仲裁委员会申请仲裁；

2. 向乙方住所地人民法院提起诉讼。

第十八条　权利义务的累加性

乙方在本合同项下的权利是累加的，并不影响和排除乙方根据法律和其他合同对甲方所可以享有的任何权利。除非乙方书面表示，乙方对其任何权利的不行使、部分行使和/或延迟行使，均不构成对该权利的放弃或部分放弃，也不影响、阻止和妨碍乙方对该权利的继续行使或对任何其他权利的行使。

第十九条　合同的生效、变更与解除

1. 本合同经甲方法定代表人或委托代理人和乙方法定代表人或负责人或委托代理人签字并加盖公章后生效；有担保的，自担保合同生效之日起生效。

2. 本合同生效后，除本合同已有约定的外，甲乙任何一方均不得擅自变更或解除本合同；如确需变更或解除本合同，应经甲乙双方协商一致，并达成书面协议。

第二十条　其他

1. 甲方向乙方提交的贷款申请表和其他材料为本合同的一部分。

2. 本合同未尽事宜，甲乙双方可另行达成书面协议，作为本合同附件。本合同的任何附件、修改或补充均构成本合同不可分割的一部分，与本合同具有同等法律效力。

3. 如本合同的某条款或某条款的部分内容在现在或将来成为无效，该无效条款或该无效部分并不影响本合同及本合同其他条款或该条款其他内容的有效性。

4. 凡乙方就本合同给予甲方的任何通知、要求或其他通信，包括但不限于电传、电报、传真等函件，一经发出即被视为已送达甲方；邮政信函于邮寄之日起第三日即被视为已递交给甲方。

5. 本合同正本一式叁份，甲乙方担保人各执一份。

甲方：上海信达进出口有限公司　　　　乙方：中信银行上海分行

（上海信达进出口有限公司）　　　　（中信银行上海分行　贷款专用章）

法定代表人：　蔡一鸣　　　　法定代表人/负责人：　冯杰

（或委托代理人）　　　　（或委托代理人）

盖章　蔡一鸣　　　　盖章　冯杰

上海信达进出口有限公司进出口分公司银行余额调节表

开户银行： 2002 年 12 月 31 日 银行账号：

	调节前银行账面期末余额	819 097.35		调节前企业账面期末余额	538 371.02
	发生日期、内容、支票号	金额		发生日期、内容、支票号	金额
加：	1		加：	1 12 月 30 日	2 876.15
企业进账银行未进账务	2		企业进账银行未进账务	2 12 月 30 日	69 055.71
	3			3 12 月 31 日	78 292.45
	4			4 12 月 31 日	87 914.98
	5			5	
	6			6	
	7			7	
	8			8	
	9			9	
	10			10	
	小计			小计	238 139.29
	发生日期、内容、支票号	金额		发生日期、内容、支票号	金额
减：	1 12 月 31 日	22 800	减：	1 12 月 31 日	4.80
企业支出银行未支出账务	2 12 月 31 日	19 800	企业支出银行未支出账务	2 12 月 31 日	4.08
	3			3 12 月 31 日	4.08
	4			4	
	5			5	
	6			6	
	7			7	
	8			8	
	9			9	
	10			10	
	11			11	
	小计	42 600		小计	12.96
	调节后银行账面期末余额	819 097.35		调节后企业账面期末余额	819 097.35

制表人：储纳

中国银行对账单

2002 年 12 月 18 日 02 时 15 分 34 秒

机构号及名称：001 中国银行上海分行本部　　部门：02　　页数：200200022

邮编：200002　　地址：中国上海市中山东一路 23 号　　货币：CNY

户名：上海信达进出口有限公司

旧账号：403030180900106 1417　　上页余额：296 028.01

日　期	起息日	摘　　要	传票号	发生额
021202	021202	6800	6609000862	16 379.00
021202	021202	TS03A1515226/0205	9980567606	11 879.82
021202	021202	TS03A1514876/0205	9980560706	15 803.29
021202	021202	TS03A1525395/0205	99801592306	231 984.67
		(	0)余额：	539 316.79
021203	021203	6799	6610000649	30 000.00
021203	021203	6451	6610000785	5 000.00
		(	0)余额：	504 316.79
021204	021204		6608000401	71 400.00
021204	021204		6608000403	1.20
021204	021204	TS03A1541451/0205	9980735406	371 828.85
		(	0)余额：	804 744.44
021205	021205	6452	6667000613	522.90
021205	021205	TS03A1562052/0205	9981068606	45 185.56
		(	0)余额：	849 407.10
021206	021206		9980174901	80 568.00
020206	021206	5779	6613000160	61 136.02
021206	021206	5777	6613000161	34 720.07
021206	021206	5778	6613000637	3 275.00
021206	021206		9980174903	4.08
		(	0)余额：	669 703.93
021209	021209	6454	6610000543	17 823.00
021209	021209	5780	6613000716	225.00
021209	021209	TS03A1591958/0205	9981325806	203 190.11
		(	0)余额：	854 846.04
021210	021210	6455	6610000574	45 000.00
021210	021210	5781	6613000878	11 736.70
021210	021210	6453	6610000748	6 000.00
		(	0)余额：	792 109.34
021211	021211	TS03A1606856/0205	9980833106	118 514.36
021211	021211	TS03A1618365/0205	9981609206	222 529.15
		(	0)余额：	1 133 152.85
021212	021212	TS03A1621263/0205	9980755006	413 157.35
		(	0)余额：	1 546 310.20
021213	021213	5784	6613000721	15 565.68
021213	021213	TS03A1641842/0205	9981099806	88 551.13
021213	021213	CI3401640043/02-0104	9980609804	96 435.34
021213	021213		6610000952	109 558.19
		(	0)余额：	1 825 289.18
021216	021216	TS03A1654507/0205	9980921106	109 629.92
		(	0)余额：	1 934 919.10
021217	021217	5785	6613000812	80 000.00

本页余额：1 854 919.10

账号：09378601705001　　　　打印日期：2002-12-17-END-

尊敬的客户，现将对账单送上，请予以核对。如有不符务必于十五日内与我行联系，否则银行将视本对账单无误。谢谢。

联系电话：　　　　联系人：

客户邮编及地址：200002　江西路 6 号

中国银行对账单

2002 年 12 月 21 日 18 时 37 分 37 秒

机构号及名称：001 中国银行上海分行本部　　部门：02　　页数：200200023

邮编：200002　　地址：中国上海市中山东一路 23 号　　货币：CNY

户名：上海信达进出口有限公司

旧账号：403030180900 1061　　上页余额：1 854 919. 10

日期	起息日	摘要	传票号	发生额
021217	021217	TS03A1663280/0205	9980602706	16 379. 00
		(	0)余额：	1 937 484. 45
021218	021218		9980275901	345 276. 00
021218	021218		9980275903	4. 08
021218	021218	TS03A1677671/0205	9980784306	82 566. 35
		(	0)余额：	1 674 770. 72
021219	021219	6459	6610000609	363 444. 01
021219	021219		9980879001	271 056. 00
021219	021219		9980351601	97 675. 20
021219	021219	6460	6610001376	1 650. 00
021219	021219		9980338801	1 218. 00
021219	021219	6457	6610000827	742. 85
021219	021219		9980338803	4. 08
021219	021219		9980351603	4. 08
021219	021219		9980879003	4. 08
021219	021219	TS03A1699219/0205	9981036506	42 646. 88
		(	0)余额：	981 619. 30
021220	021220	6462	6610000378	100 740. 00
021220	021220	6461	6610001264	3 400. 00
		(	0)余额：	877 479. 30
021221	021221	AUTO TRAN	9999003826	880 115. 81
021221	021221	800109378601705001	9960375301	2 636. 51
		(	0)余额：	0. 00

本页余额：0

账号：09378601705001　　打印日期：2002-12-21-END-

尊敬的客户，现将对账单送上，请予以核对。如有不符务必于十五日内与我行联系，否则银行将视本对账单无误。谢谢。

联系电话：　　联系人：

客户邮编及地址：200002　江西路 6 号

中国银行对账单

2003 年 01 月 01 日 13 时 37 分 50 秒
机构号及名称:001 中国银行上海分行本部　部门：02　页数:200200001
邮编：200002　地址：中国上海市中山东一路 23 号　货币：CNY
户名：上海信达进出口有限公司
旧账号：4030301809001061　上页余额：0.00

日　期	起息日	摘　　要	传 票 号	发 生 额
021221	021221	AUTO TRAN	9999003827	880 115.81
		(	0)余额：	880 115.81
021223	021223		9980869401	200 000.00
021223	021223	5786	6613000268	107 690.40
021223	021223	6464	6667000811	3 110.60
021223	021223		9980869403	4.08
021223	021223	TS03A1724380/0203	9980780106	82 567.35
021223	021223	TS03A1727461/0203	9980903606	207 228.35
		(	0)余额：	859 106.43
021224	021224	6463	6609000665	961.20
021224	021224	TS03A1749842/0203	9981559406	8 528.62
021224	021224	TS03A1750700/0203	9981710806	24 960.60
021224	021224	CI3401743895/02-0103	9980960304	393 559.27
021224	021224	5787	6607000427	500 000.00
		(	0)余额：	1 785 193.72
021225	021225		9980487501	100 000.00
021225	021225		6608000501	80 000.00
021225	021225	5788	6613000386	3 760.00
021225	021225		9980487503	4.08
021225	021225		6608000503	1.20
		(	0)余额：	1 601 428.44
021226	021226	5789	6613000349	80 000.00
021226	021226		6608000801	70 000.00
021226	021226		6608000803	1.20
021226	021226	TS03A1775902/0205	9980781206	45 554.20
		(	0)余额：	1 496 981.44
021227	021227	5790	6613000773	130 954.00
021227	021227	6465	6610000658	50 000.00
		(	0)余额：	1 316 027.44
021230	021230		9980185601	318180.00
021230	021230		9980185603	4.08
021230	021230	TS03A1803278/0205	9980817206	2 876.15
021230	021230		6610000938	20 587.62
021230	021230		6610000939	40 919.02
021230	021230	CI3401806790/02-0103	9980862304	69 055.71
021230	021230		6610000937	78 889.17
		(	0)余额：	1 210 171.03
021231	021231		9980582201	100 000.00
021231	021231		6608001001	100 000.00
021231	021231		6608001007	100 000.00
021231	021231		6608001003	78 000.00
021231	021231		9980549301	72 000.00

本页余额：760 171.03

账号：09378601705001　　打印日期：2002-12-21-END-

尊敬的客户，现将对账单送上，请予以核对。如有不符务必于十五日内与我行联系，否则银行将视本对账单无误。谢谢。

联系电话：　　联系人：

客户邮编及地址：200002　江西路 6 号

中国银行对账单

2003 年 01 月 01 日 13 时 37 分 50 秒
机构号及名称：001 中国银行上海分行本部　　部门：02　　页数：200200002
邮编：200002　　地址：中国上海市中山东一路 23 号　　货币：CNY
户名：上海信达进出口有限公司
旧账号：4030301809001061　　上页余额：0.00

日期	起息日	摘要	传票号	发生额
021231	021231	6466	6609002545	36 083.75
021231	021231	6471	6609002407	24 000.00
021231	021231	6467	6610000581	22 837.78
021231	021231	6469	6610001352	17 900.00
021231	021231		6608001014	6 446.62
021231	021231		6608001009	4.08
021231	021231		9980549303	4.08
021231	021231		9980582203	4.08
021231	021231		6610001026	78 292.45
021231	021231	TS03A1803278/0205	9980670906	87 914.98
		(	0)余额：	819 097.35

账号：09378601705001　　　　打印日期：2002-12-31-END-

尊敬的客户，现将对账单送上，请予以核对。如有不符务必于十五日内与我行联系，否则银行将视本对账单无误。谢谢。

联系电话：　　　　联系人：

客户邮编及地址：200002　江西路 6 号

上海信达进出口有限公司进出口分公司银行余额调节表

开户银行：　　　　2002 年 12 月 31 日　　　　银行账号：

	调节前银行账面期末余额	51 866.10		调节前企业账面期末余额	51 866.10
	发生日期、内容、支票号	金额		发生日期、内容、支票号	金额
加：企业进账银行未进账务	1		加：企业进账银行未进账务	1	
	2			2	
	3			3	
	4			4	
	5			5	
	6			6	
	7			7	
	8			8	
	9			9	
	10			10	
	小计			小计	
	发生日期、内容、支票号	金额		发生日期、内容、支票号	金额
减：企业支出银行未支出账务	1		减：企业支出银行未支出账务	1	
	2			2	
	3			3	
	4			4	
	5			5	
	6			6	
	7			7	
	8			8	
	9			9	
	10			10	
	11			11	
	小计			小计	
	调节后银行账面期末余额	51 866.10		调节后企业账面期末余额	51 866.10

制表人：储纳

中国工商银行存款对账单

工行延安东路分理处　网点号：2346　2002 年 12 月 31 日　币种：人民币(本位币)　单位：元

账号：619024100266			户名：上海信达进出口有限公司				上页余额：940 688.81	
交易代码	凭证种类	凭证号	摘　要	借方发生额	贷方发生额	余　额	网点号	柜员号
2132	贷记凭证	919093		147 795.80	0	792 893.01	2346	2364
2132	贷记凭证	919094		50 000.00	0	742 893.01	2346	2364
2100	贷记凭证	919095		200 000.00	0	542 893.01	2346	2364
2100	贷记凭证	919096	二出贷 1	20 000.00	0	342 893.01	2346	2364
2100	贷记凭证	919098		38 478.20	0	304 414.81	2346	2364
2100	贷记凭证	919097		200 000.00	0	104 414.81	2346	2364
60012		0	利息	0.00	1 250.40	105 665.21	2346	1
2130		0		0.00	36 292.39	141 957.60	2346	2085
2100	贷记凭证	919100		80 000.00	0	61 957.60	2346	2364
2142		0		16.50	0	61 941.10	2346	5083
2142		0		75.00	0	61 866.10	2346	5083
2100	贷记凭证	250827	划转	10 000.00	0	51 866.10	2346	5083
						可用余额：51 866.10		

上海信达进出口有限公司银行余额调节表

开户银行：中信实业银行上海分行　2002 年 12 月 31 日　银行账号：086780-8230006658

	调节前银行账面期末余额	389 360.72		调节前企业账面期末余额	100 205.39
	发生日期、内容、支票号	金　额		发生日期、内容、支票号	金　额
加：	1		加：	1　12 月 25 日	125 611.01
企业进账银行未进账务	2		企业进账银行未进账务	2　12 月 30 日	17 804.36
	3			3　12 月 30 日	112 364.40
	4			4　12 月 31 日	33 386.06
	5			5	
	6			6	
	7			7	
	8			8	
	9			9	
	10			10	
	小计			小计	289 165.83
	发生日期、内容、支票号	金　额		发生日期、内容、支票号	金　额
减：	1		减：	1　12 月 23 日	10.50
企业支出银行未支出账务	2		企业支出银行未支出账务	2　12 月 31 日	
	3			3	
	4			4	
	5			5	
	6			6	
	7			7	
	8			8	
	9			9	
	10			10	
	11			11	
	小计			小计	10.50
	调节后银行账面期末余额	389 360.72		调节后企业账面期末余额	389 360.72

制表人：储纳

中信实业银行
CITIC INDUSTRIAL BANK

账 单
A/C Statement

户名 Name 上海信达进出口有限公司

账号 A/C No. 73110-1-01-823-00006658 货币 Currency RMB 打印日期 Print Date 2002/12/05 页数 Page 42

日期 Date	摘要 Particulars		起息日 Val. D.	借方 Debit	贷方 Credit	余额 Balance
	承前页 Forward Balance					1 038 017. 65
2002/12/02	交换扣账 支 00656087	73110101590011	2002/12/02	115 299. 00		922 718. 65
2002/12/02	同城转账	73110101710058	2002/12/02	2 357. 20		920 361. 45
2002/12/02	同城转账	73110101710060	2002/12/02	89 100. 00		831 261. 45
2002/12/02	同城转账	73110101710062	2002/12/02	7 935. 00		823 326. 45
2002/12/02	手工记账	73110101430035	2002/12/02		50 533. 63	873 860. 08
2002/12/03	同城转账	73110101710082	2002/12/03	147 795. 80		726 064. 28
2002/12/03	同城转账	73110101710084	2002/12/03	3 926. 00		722 138. 28
2002/12/03	手工记账	73110101430042	2002/12/03		28 141. 64	750 279. 92
2002/12/04	同城转账	73110101710116	2002/12/04	15 000. 00		735 279. 92
2002/12/04	同城转账	73110101710118	2002/12/04	47 560. 00		687 719. 92
2002/12/04	交换扣账 支 00656091	73110101590105	2002/12/04	1 570. 00		686 149. 92
2002/12/05	交换入账	73110101410007	2002/12/05		147 795. 80	833 945. 72
2002/12/05	交换扣账 支 00656089	73110101590032	2002/12/05	1 000. 00		832 945. 72
2002/12/05	柜台收费	73110101380002	2002/12/05	152. 50		832 793. 22
2002/12/05	客户转账	73110101710007	2002/12/05		100 000. 00	932 793. 22
2002/12/05	手工记账	73110101430007	2002/12/05	122 790. 53		810 002. 69
2002/12/05		73110101380034	2002/12/05	55 944. 00		754 058. 69
2002/12/05	柜台收费	73110101380037	2002/12/05	10. 50		754 048. 19
2002/12/05	同城转账	73110101710044	2002/12/05	84 180. 00		669 868. 19
2002/12/05		73110101380652	2002/12/05		13 926. 19	683 794. 38

此账单如有差错请于 10 日内寄回，否则，视为核对无误。
Please examine this statement. If no error is reported to this Bank within ten days, this statement will be considered as correct.

联系电话 Tel. 传真 Fax 业务章 Seal

中信实业银行
CITIC INDUSTRIAL BANK

账　单
A/C Statement

户名 Name　上海信达进出口有限公司

账号 A/C No.　73110-1-01-823-00006658　货币 Currency RMB　打印日期 Print Date 2002/12/10　页数 Page 43

日期 Date	摘要 Particulars		起息日 Val. D.	借方 Debit	贷方 Credit	余额 Balance
	承前页 Forward Balance					683 794.38
2002/12/05	手工记账	73110101430029	2002/12/05		124 951.38	808 745.76
2002/12/05	转账支取	73110101220020 LC通知费	2002/12/05	800.00		807 945.76
2002/12/06	柜台收费	73110101330006	2002/12/06	373.00		807 572.76
2002/12/06	交换扣账 支 00656030	73110101590007	2002/12/06	2 940.00		804 632.76
2002/12/06	交换扣账 支 00656088	73110101590036	2002/12/06	930.00		803 702.76
2002/12/06	手工记账	73110101430018	2002/12/06	50 000.00		753 702.76
2002/12/06	柜台收费	73110101430021	2002/12/06	1.20		753 701.56
2002/12/06	手工记账	73110101430042	2002/12/06		181 655.91	935 357.47
2002/12/06	手工记账	73110101430042	2002/12/06		72 497.07	1 007 854.54
2002/12/09	交换扣账 支 00656092	73110101590030	2002/12/09	879.10		1 006 975.44
2002/12/09	同城转账	73110101710038	2002/12/09	7 257.60		999 717.84
2002/12/09	柜台收费	73110101710039	2002/12/09	5.50		999 712.34
2002/12/09	交换扣账 支 00656093	73110101500137	2002/12/09	66 420.00		933 292.34
2002/12/09	手工记账	73110101410038	2002/12/09		72 688.92	1 005 981.26
2002/12/10	同城转账 支 00874427	73110101710007	2002/12/10	177 290.00		828 691.26
2002/12/10	同城转账	73110101710028	2002/12/10	337.00		828 354.26
2002/12/10	同城转账	73110101710029	2002/12/10	3 063.54		825 290.72
2002/12/10	同城转账	73110101710030	2002/12/10	65.89		825 224.83
2002/12/10	同城转账	73110101710036	2002/12/10	67.18		825 157.65
2002/12/10	同城转账	73110101710042	2002/12/10	51.79		825 105.86

此账单如有差错请于 10 日内寄回，否则，视为核对无误。
Please examine this statement. If no error is reported to this Bank within ten days, this statement will be considered as correct.

联系电话 Tel.　传真 Fax　业务章 Seal

中信实业银行
CITIC INDUSTRIAL BANK

账　　单
A/C Statement

户名 Name　上海信达进出口有限公司

账号 A/C No.　73110-1-01-823-00006658　　货币 Currency　RMB　　打印日期 Print Date　2002/12/12　　页数 Page　44

日期 Date	摘要 Particulars		起息日 Val. D.	借方 Debit	贷方 Credit	余额 Balance
	承前页 Forward Balance					825 105. 86
2002/12/10	同城转账	73110101710030	2002/12/10	32. 15		825 073. 71
2002/12/10	同城转账	73110101710030	2002/12/10	29. 24		825 044. 47
2002/12/10	同城转账	73110101710032	2002/12/10	23. 64		825 020. 83
2002/12/10	同城转账	73110101710033	2002/12/10	20. 80		825 000. 03
2002/12/10	同城转账	73110101710037	2002/12/10	18. 81		824 981. 22
2002/12/10	同城转账	73110101710038	2002/12/10	19. 84		824 961. 38
2002/12/10	同城转账	73110103710039	2002/12/10	18. 91		824 942. 47
2002/12/10	同城转账	73110103710037	2002/12/10	362. 41		824 580. 06
2002/12/10	同城转账	73110103710038	2002/12/10	147. 78		824 432. 28
2002/12/11	交换扣账 支 00656094	73110103710040	2002/12/11	42 419. 10		782 013. 18
2002/12/11	手工记账	73110103710012	2002/12/11	80 000. 00		702 013. 18
2002/12/11	柜台收费	73110103710015	2002/12/11	1. 20		702 011. 98
2002/12/11	柜台收费	73110103710014	2002/12/11	60. 00		701 951. 98
2002/12/12	手工记账	73110103710012	2002/12/12	53 819. 70		648 132. 28
2002/12/12	柜台收费	73110103710002	2002/12/12	1. 20		648 131. 08
2002/12/12	手工记账	73110103710036	2002/12/12	16 579. 20		631 551. 88
2002/12/12	同城转账	73110103710036	2002/12/12	255 663. 00		375 888. 88
2002/12/12	柜台收费	73110103710018	2002/12/12	15. 50		375 873. 38
2002/12/12	同城转账 支 00074433	73110103710012	2002/12/12	181 655. 91		194 217. 47
2002/12/12	交换入账	73110103710052	2002/12/12		200 000. 00	394 217. 47

此账单如有差错请于 10 日内寄回，否则，视为核对无误。
Please examine this statement. If no error is reported to this Bank within ten days, this statement will be considered as correct.

联系电话 Tel.　　传真 Fax　　业务章 Seal

中信实业银行
CITIC INDUSTRIAL BANK

账 单
A/C Statement

户名 Name 上海信达进出口有限公司

账号 A/C No. 73110-1-01-823-00006658　货币 Currency RMB　打印日期 Print Date 2002/12/20　页数 Page 45

日期 Date	摘要 Particulars		起息日 Val. D.	借方 Debit	贷方 Credit	余额 Balance
	承前页 Forward Balance					394 217.47
2002/12/12	手工记账	73110101430037	2002/12/12		123 848.03	518 065.50
2002/12/13	柜台收费	73110101330006	2002/12/13	300.00		517 765.50
2002/12/13	手工记账	73110101430053	2002/12/13		113 500.09	631 265.59
2002/12/16	客户转账	73110101710071	2002/12/16	40 000.00		591 265.59
2002/12/16	手工记账	73110101430049	2002/12/16		59 839.01	651 104.60
2002/12/16	手工记账	73110101430049	2002/12/16		59 839.01	710 943.61
2002/12/17	交换入账	73110101410099	2002/12/17		459 243.82	1 170 187.43
2002/12/17	转账支取	73110101220008	2002/12/17	600.00		1 169 587.43
2002/12/17		73110101530028 20000IT0200023	2002/12/17		150 187.95	1 319 775.38
2002/12/18	交换扣账 支 00656096	73110101590036	2002/12/18	49 637.30		1 270 138.08
2002/12/19	柜台收费	73110101330008	2002/12/19	350.00		1 269 788.08
2002/12/19	手工记账	73110101420004	2002/12/19		9 000.00	1 278 788.08
2002/12/20	手工记账	73110101430005	2002/12/20	50 000.00		1 228 788.08
2002/12/20	柜台收费	73110101430008	2002/12/20	1.20		1 228 786.88
2002/12/20	手工记账	73110101430013	2002/12/20	119 345.98		1 109 440.90
2002/12/20	同城转账 支 00874437	73110101710003	2002/12/20	330 079.99		779 360.91
2002/12/20	同城转账 支 00874438	73110101710010	2002/12/20	93 440.00		685 920.91
2002/12/20	同城转账 支 00874435	73110101710011	2002/12/20	174.40		685 746.51
2002/12/20	同城转账 支 00874436	73110101710012	2002/12/20	13 287.00		672 459.51
2002/12/20	支 10634017	73110101430046 货款	2002/12/20	115 800.00		556 659.51

此账单如有差错请于 10 日内寄回，否则，视为核对无误。
Please examine this statement. If no error is reported to this Bank within ten days, this statement will be considered as correct.

联系电话 Tel.　传真 Fax　业务章 Seal

中信实业银行
CITIC INDUSTRIAL BANK

账 单
A/C Statement

户名 Name 上海信达进出口有限公司
账号 A/C No. 73110-1-01-823-00006658　货币 Currency RMB　打印日期 Print Date 2002/12/25　页数 Page 46

日期 Date	摘要 Particulars		起息日 Val. D.	借方 Debit	贷方 Credit	余额 Balance
	承前页 Forward Balance					556 659.51
2002/12/20	手工记账	73110101430048	2002/12/20		164 130.67	720 790.18
2002/12/20	柜台收费	73110101430049	2002/12/20	4.08		720 786.10
2002/12/21	对公计息	73110191010212	2002/12/21		1 738.59	722 524.69
2002/12/21		73110191011863	2002/12/21	5 216.40		717 308.29
2002/12/23	交换扣账 支 00656095	73110101590075	2002/12/23	450.00		716 858.29
2002/12/23	同城转账 支 00874439	73110101710016	2002/12/23	63 308.36		653 549.93
2002/12/23	手工记账	73110101380013	2002/12/23	37 893.59		615 656.34
2002/12/23	柜台收费	73110101380015	2002/12/23	10.50		615 645.84
2002/12/23	柜台收费	73110101330007	2002/12/23	370.00		615 275.84
2002/12/24	交换扣账 支 00656099	73110101590066	2002/12/24	3 020.00		612 255.84
2002/12/24	现金支取 支 00656101	73110101660010 备用金	2002/12/24	6 000.00		606 255.84
2002/12/24	同城转账 支 00874440	73110101710006	2002/12/24	9 000.00		597 255.84
2002/12/24	同城转账 支 00874442	73110101710039	2002/12/24	36 292.39		560 963.45
2002/12/24	手工记账	73110101430026	2002/12/24		77 138.84	638 102.29
2002/12/24	转账支取	73110101430028	2002/12/24	32 000.00		606 102.29
2002/12/25	支 07109796	73110101430005	2002/12/25		69 453.67	675 555.96
2002/12/25	手工记账	73110101430054	2002/12/25	30 843.82		644 712.14
2002/12/25		73110101530006 20000IT0200143	2002/12/25		281 304.33	926 016.47
2002/12/25	现金存入	73110101070010	2002/12/25		29 000.00	955 016.47
2002/12/25	交换扣账 支 00656100	73110101410083	2002/12/25	144 272.00		810 744.47

此账单如有差错请于 10 日内寄回，否则，视为核对无误。
Please examine this statement. If no error is reported to this Bank within ten days, this statement will be considered as correct.

联系电话 Tel.　传真 Fax　业务章 Seal

中信实业银行
CITIC INDUSTRIAL BANK

账　单
A/C Statement

户名 Name 上海信达进出口有限公司
账号 A/C No. 73110-1-01-823-00006658　货币 Currency RMB　打印日期 Print Date 2002/12/31　页数 Page 47

日期 Date	摘要 Particulars		起息日 Val. D.	借方 Debit	贷方 Credit	余额 Balance
	承前页 Forward Balance					810 744. 47
2002/12/25	手工记账	73110101430073	2002/12/25		125 611. 01	936 355. 48
2002/12/26	交换扣账 支 00656102	73110101590039	2002/12/26	55 944. 00		880 411. 48
2002/12/26	交换入账	73110101410012	2002/12/26		46. 85	880 458. 33
2002/12/26	柜台收费	73110101330008	2002/12/26	31. 00		880 427. 33
2002/12/26	转账支取	73110101220016	2002/12/26	200. 00		880 227. 33
2002/12/26		73110101530019 20000IT0200178	2002/12/26		97 307. 48	977 534. 81
2002/12/27	交换扣账 支 00656097	73110101590032	2002/12/27	2 160. 00		975 374. 81
2002/12/27	交换扣账	73110101590057	2002/12/27	318. 00		975 056. 81
2002/12/27	交换扣账	73110101590063	2002/12/27	720. 00		974 336. 81
2002/12/27	交换扣账	73110101590064	2002/12/27	696. 00		973 640. 81
2002/12/27	交换扣账	73110101590065	2002/12/27	228. 00		973 412. 81
2002/12/27	交换扣账 支 00656103	73110101410097	2002/12/27	357. 30		973 055. 51
2002/12/30	交换扣账	73110101590199	2002/12/30	181. 90		972 873. 61
2002/12/30	转账支取	73110101430026	2002/12/30	116 748. 83		856 124. 78
2002/12/30	同城转账 支 00874444	73110101710073	2002/12/30	62 014. 00		794 110. 78
2002/12/30		73110101530014 20000IT0200211	2002/12/30		17 804. 36	811 915. 14
2002/12/30	转账存入	73110101430036	2002/12/30		112 364. 40	924 279. 54
2002/12/31	交换扣账 支 00656104	73110101590069	2002/12/31	81 648. 00		842 631. 54
2002/12/31	现金支取 支 00656106	73110101700002	2002/12/31	320 000. 00		522 631. 54
2002/12/31		73110101530016 20000IT0200222	2002/12/31		33 386. 06	556 017. 60

此账单如有差错请于 10 日内寄回，否则，视为核对无误。
Please examine this statement. If no error is reported to this Bank within ten days, this statement will be considered as correct.

联系电话 Tel.　传真 Fax　业务章 Seal

中信实业银行
CITIC INDUSTRIAL BANK

账 单
A/C Statement

户名 Name 上海信达进出口有限公司

账号 A/C No. 73110-1-01-823-00006658　货币 Currency RMB　打印日期 Print Date 2002/12/31　页数 Page 48

日期 Date	摘要 Particulars		起息日 Val. D.	借方 Debit	贷方 Credit	余额 Balance
	承前页 Forward Balance					556 017.60
2002/12/31	同城转账 支 00874445	73110101710099	2002/12/31	166 656.88		389 360.72
						'结转下年'

此账单如有差错请于10日内寄回,否则,视为核对无误。
Please examine this statement. If no error is reported to this Bank within ten days, this statement will be considered as correct.

联系电话 Tel.　传真 Fax　业务章 Seal

3. 企业没有设置"管理费用"科目,其财务部门(四部)发生的行政管理费用也在"营业费用"项目核算,建议对其作重分类调整。1～11月应列入"管理费用"的"营业费用"累计数为74 131.02元。

4. 企业2002年度适用15%的所得税税率。

5. 企业年度计税工资总额核定为80万元。

6. 业务招待费1～11月经审核确认为89 193.77元。

7. 对1～11月的证账资料已经实质性抽查测试,没有发现其他应调未调整项,亦不存在其他影响纳税调整的项目。

8. 2003年1月15～20日对其进行了正式的实质性程序。

(1) 1月15日上午盘点了库存现金,1月15日上午现金账面结存数1 828.12元,1月1～15日现金收入总额为173 659.90元,1月1～15日现金付出总额为174 355.19元。

现金盘点结果如下:

面 额	张 数	金 额
100	10	1 000
50	16	800
20	1	20
5	1	5
2	1	2
1	1	1
0.1	1	0.1
0.02	1	0.02
	合计	1 828.12

(2) 取得了固定资产折旧计算表。

上海信达进出口有限公司固定资产折旧计算表

二〇〇二年十二月

固定资产编号	固定资产名称	规格型号	计量单位	数量	投入使用年月	存放地点	使用部门	原值	残值	使用年限	月折旧	月初净值	本年折旧	年末累计折旧	年末净值
1	助动车		辆	1	2001.12	一部	一部	1 380	0	3	38.33	0	459.96	459.96	920.04
2	助动车		辆	1	2001.12	一部	一部	1 480	0	3	41.11	0	493.32	493.32	986.68
3	传真机		台	1	2001.12	一部	一部	588	0	5	9.8	0	117.6	117.6	470.4
4	计算机		台	1	2001.12	一部	一部	630	0	5	10.5	0	126	126	504
5	电脑		台	1	2001.12	一部	一部	5 520	0	5	92	0	1 104	1 104	4 416
6	空调		台	1	2001.12	一部	一部	1 110	0	5	18.5	0	222	222	888
7	空调		台	1	2001.12	一部	一部	2 590	0	5	43.17	0	518.04	518.04	2 071.96
	小　计							13 298	0		253.14		3 040.92	3 040.92	10 257.08
1	传真机		台	1	2001.12	二部	二部	768	0	5	12.8	0	153.6	153.6	614.4
2	助动车		辆	1	2001.12	二部	二部	3 645	0	3	101.25	0	1 215	1 215	2 430
3	助动车		辆	1	2001.12	二部	二部	3 645	0	3	101.25	0	1 215	1 215	2 430
4	助动车		辆	1	2001.12	二部	二部	3 645	0	3	101.25	0	1 215	1 215	2 430
5	空调		台	1	2001.12	二部	二部	900	0	5	15	0	180	180	720
6	空调		台	1	2001.12	二部	二部	2 100	0	5	35	0	420	420	1 680
7	空调		台	1	2001.12	二部	二部	3 380	0	5	56.33	0	675.96	675.96	2 704.04
8	电脑		台	1	2001.12	二部	二部	900	0	5	15	0	180	180	720
9	电脑		台	1	2001.12	二部	二部	900	0	5	15	0	180	180	720
10	服务部		台	1	2001.12	二部	二部	13 680	0	5	228	0	2 736	2 736	10 944
11	数码相机		台	1	2001.12	二部	二部	6 375	0	5	106.25	0	1 275	1 275	5 100
12	复印机		台	1	2001.12	二部	二部	7 241	0	5	120.68	0	1 448.16	1 448.16	5 792.84
13	电视机		台	1	2002.06	二部	二部	3 430	4%	5	54.88	0	329.28	329.28	3 100.72

14	笔记本电脑		台	1	2002.06	二部	二部	18 860	4%	5	301.76	0	1 810.56	1 810.56	17 049.44
15	打印机		台	1	2002.06	二部	二部	3 600	4%	5	57.6	0	345.6	345.6	3 254.4
16	电脑显示器		台	8	2002.09	二部	二部	25 600	4%	5	409.6	0	1 228.8	1 228.8	24 371.2
17	电脑显示器		台	1	2002.11	二部	二部	2 870	4%	5	45.92	0	45.92	45.92	2 824.08
	小　计							101 539			1 777.57	-	14 653.88	14 653.88	86 885.12
1	助动车		辆	1	2001.12	三部	三部	600	0	3	16.67	0	200.04	200.04	399.96
2	空调机		台	1	2001.12	三部	三部	1 575	0	5	26.25	0	315	315	1 260
3	空调		台	1	2001.12	三部	三部	1 575	0	5	26.25	0	315	315	1 260
4	空调		台	1	2001.12	三部	三部	1 575	0	5	26.25	0	315	315	1 260
5	空调		台	1	2001.12	三部	三部	1 575	0	5	26.25	0	315	315	1 260
6	数码相机		台	1	2001.12	三部	三部	5 395	0	5	89.92	0	1 079.04	1 079.04	4 315.96
7	复印机		台	1	2001.12	三部	三部	4 185	0	5	69.75	0	837	837	3 348
8	电脑		台	1	2001.12	三部	三部	4 060	0	5	67.67	0	812.04	812.04	3 247.96
9	轿车		台	1	2002.06	三部	三部	174 100	4%	10	1 392.8	0	9 749.6	9 749.6	164 350.40
10	电脑		台	1	2002.06	三部	三部	5 250	4%	5	84	0	504	504	4 746
11	复印机		台	1	2002.11	三部	三部	5 400	4%	5	86.4	0	86.4	86.4	5 313.6
	小计							205 290			1 912.21		14 528.12	14 528.12	190 761.88
1	空调机	台		1	2001.12	财务	财务	4 232	0	5	70.53		846.36	846.36	3 385.64
2	电脑	台		1	2002.03	财务	财务	3 800	0	5	63.33	0	633.3	633.3	3 166.7
3	电脑	台		1	2002.08	财务	财务	7 480	4%	5	119.68	0	478.72	478.72	7 001.28
4	电脑	台		1	2002.09	财务	财务	5 864.1	4%	5	93.83	0	281.49	281.49	5 582.61
	小计							21 376.1			347.37	0	2 239.87	2 239.87	19 136.23
	总计							3 415 503.1			4 290.56		34 462.79	34 462.79	307 040.31

八、审计底稿

(一) 审计底稿目录及标识

注册会计师在编制审计工作底稿时，为了节约时间、提高效率、方便阅读，可采用审计标识来代表某种审计含义。例如，用S代表与明细账核对一致。当我们审计某一科目总分类账余额，经与其明细分类账余额加计核对相符时，只要在总账余额旁写上S即可。否则要写上"已与明细分类账核对相符"，既费时、又累赘。用什么标识，代表什么含义，各会计师事务所可以自己确定。

每一审计项目在形成的一整套审计工作底稿前，应附有一张可使用的审计标识表，列出每种审计标识，并说明其含义。这样，既便于别人阅读，也可防止注册会计师自己日久遗忘。这里附一张通常应用的审计标识表，仅供参考。除了附一张总的审计标识表外，在每一张实质性程序工作底稿上，最好能注明该底稿上选用的审计标识含义，使阅读者阅读起来更方便。

此外，注册会计师在审计某一报表项目时，为了方便，也可增加一个事务所没有统一规定的审计标识，只要在有关的审计工作底稿上注明该标识的含义即可。

标　识	含　义
B	期初余额与上年审计后报表期末数核对相符
G	与总账核对相符
S	与明细账核对相符
T/B	与试算平衡表核对相符
F/S	与已审财务报表核对相符
α	与原始凭证核对相符
γ	与文件依据核对相符
C	已发询证函
C\	已收回询证函
∧	直栏数字加计，复核无误
<	横栏数字加计，复核无误
▲	重点符号
*	备注1
**	备注2
N/A	无此情况，不适用

(二) 计划阶段底稿

1. 承接审计业务底稿

(1) 被审计单位基本概况表。

立信会计师事务所

基 本 概 况 表

索引号：X1

审计业务约定书编号：(02)第 092 号

被审计单位名称	（中文）				法人代表		
	（英文）						
法定地址					电　话		
经济性质		所属行业		开业日期	邮　编		
经营范围					经营期限		
总资产额		净资产额		营业收入	税后利润		
投资者名称	注　册　资　本		实　收　资　本				
	金　额	出资比例％	金　额	占注册资本％			
东方集团							
社会公众							
合　计							
批准机关及证书号码					营业执照号码		
注册日期		主管工商机关	市工商行政管理局		主管税务机关	税务局第三税务所	
主要负责人	董事长		总经理		财务负责人		
办公地址		休假日	星期六、日		联系人		
委托项目	类别	会计报表审计	前注册会计师审计情况				
	目的						
	范围						
初步洽谈情况							
备注							
收费标准		人员安排					
时间安排					核准		

（2）审计业务约定书。

立信会计师事务所

审计业务约定书　　索引号：X2

No. ________

本约定书确认________（以下简称受托方）委托________会计师事务所（以下简称受托方）对________（被审计单位）的会计报表进行审计。现将双方的责任及有关事项约定如下：

（一）委托目的____________________

（二）审计范围____

二、双方的责任

（一）受托方责任

1. 受托方应按照《中华人民共和国注册会计师法》、中国注册会计师《独立审计准则》的要求，对被审计单位提供的会计报表和有关资料，实施必要的审计程序，出具事实、合法的审计报告。

2. 检查弊端不属于一般审计工作范围，但在审计过程中如发现被审计单位在会计核算、财务管理和财产物资管理方面存在问题，导致有产生重大弊端的可能，受托方可将其情况报告委托方。

3. 受托方在审计过程中，如发现被审计单位的内部控制有重大缺陷，也可将情况报告委托方。

4. 受托方按照约定的时间完成审计业务，出具审计报告。由于注册会计师的审计采取事后重点抽查，加上被审计单位内部控制固有的局限性和其他客观因素的制约，难免存在会计报表的某些重要方面反映失实，而注册会计师可能在审计中存在未予发现的情况。因此受托方的审计责任并不能替代、减轻或免除被审计单位的会计责任。

5. 受托方对在执行业务过程中知悉的商业秘密负有保密责任。除法律另有规定者外，未经委托方同意，受托方不得将被审计单位提供的资料泄露给委托方以外的第三者。

（二）委托方的责任

1. 委托方应对受托方开展审计工作给予充分的合作，提供必要的条件，并按受托方的要求，提供被审计单位完整的会计凭证、账册、报表以及其他在审计过程中所需要查看的各种文件资料。

2. 被审计单位对建立健全内部控制，保证会计资料的真实、合法、完整，保证会计报表充分披露有关信息和保护资产的安全完整承担全部责任。

3. 受托方认为需要发函向有关部门询证时，委托方应提供方便，并承担必要的费用。

4. 作为审计程序的一部分，被审计单位应提供一份审计声明书，对有关会计报表方面的情况作必要的说明。

5. 委托方应正确使用审计报告，由于使用不当所造成的后果，与受托方无关。

6. 委托方应按照约定的条件，及时足额支付业务费。

三、出具审计报告的时间要求

（一）委托方将于________年____月____日前提供审计所需的全部资料。

（二）受托方将于委托方提供审计所需的全部资料后45天之内出具审计报告。

如果审计过程中出现不可预见的情况，影响审计工作如期完成的，或者委托方要求加快出具审计报告的，均需通过双方协商变更约定事项。

四、业务费金额及支付方式

（一）本项事务费为人民币（大写）________元（差旅、食宿、翻译等费用另行计算）。

（二）上述审计费在本约定书经双方签署后，先支付50%，审计报告完成时，再支付其余的50%。

五、本约定书经双方签署后生效，约定事项全部完成后失效。

六、签约双方按照《中华人民共和国经济合同法》的规定承担违约责任。

七、本约定书一式两份，双方各执一份，并具有同等法律效力。

委 托 方：____________（盖章）	受 托 方：（盖章）
法定代表：（签章）	法 定 代 表：（签章）
地 址：	地 址：
电 话：	电 话：
传 真：	传 真：
联 系 人：	开户银行账号：（略）
签订日期：	签 订 日 期：

2. 计划底稿

(1) 总体审计计划底稿（新准则：总体审计策略）。

(2) 具体审计计划底稿。

索引号：2-1

审计风险初步评价表

标　　题	说　　明	风 险 评 价
被审计单位名称	上海信达进出口有限公司	
审计内容	2002年度会计报表审计	
委托人的动机	正常	
项目对独立性影响	不影响	
行业环境	一般	
产品销售情况	尚可	
企业背景	系　公司投资	大　一般　小·
去年是否经过审计	由本所审计	大　一般　小·
是否连续亏损	无亏损	大　一般　小·
资产负债率	30%左右	大　一般　小·
内部管理制度	尚齐全	大　一般　小·
有否潜亏因素	估计潜亏不大	大　一般　小·
事务所人员安排	虽然比较忙，但可以安排	无问题　较紧·　小
结论	根据上述情况，项目可以接受	

· 表示选定项。

索引号：4

经营环境及状况调查表

工　作　项　目	重　要　事　项　说　明
① 查阅客户所属行业资料 ② 参观经营生产过程和办公场所 ③ 询问管理当局和内审人员	1. 外部环境 上海信达进出口有限公司属于外贸企业。该公司在行业中属于较大的企业，具有一定声誉。 2. 企业生产条件 上海信达进出口有限公司成立一年，固定资产较新，劳动生产率较高。与同类企业比，人员相对较少。 3. 市场分析 上海信达进出口有限公司主要外销，次要是内销。价格比较稳定。

索引号：5

分析程序情况表

工　作　项　目	重　要　事　项　说　明
① 横向趋势分析表(X5－1) ② 资产负债表纵向趋势分析表(X5－2) ③ 利润表纵向趋势分析表(X5－3) ④ 比较趋势分析表(X5－4)	整体变动说明： 整体变动情况，尚属正常，无重大异常情况。固定资产变动超过30%，属于正常原因增加。 可能存在风险的项目和交易： 1. 产品生产成本核算及其销售成本结转； 2. 管理费用发生额的检查； 3. 财务费用发生额的检查，年末利息是否足额计提； 4. 销售收入的正确性，是否有提前实现销售收入情况； 5. 应收账款期末余额的检查。
编制人员：赵　桃　日期：	复核人员：吴　蓉　日期：

索引号：8

其他编制审计计划资料表

资　料　名　称	重　要　事　项　说　明
会计政策及变更情况(X8－1)	无重大变化。
审计策略(X8－2)	在预审和控制测试基础上，按报表项目进行实质性程序，子公司单独审计。
关联交易(往来)情况(X8－3)	
持续经营能力(X8－4)	无明显影响持续经营情况。
内控初步评估(X6)	已对企业进行预审，通过内控测试，了解企业内部控制比较好，无明显薄弱环节。
重要性标准初步评估(X8－5)	所有未调整不符事项总和不超过万元。
编制人员：赵　桃　日期：2003.1.4	复核人员：吴　蓉　日期：2003.1.5

索引号：8-1

会计政策调查表

序号	项 目	一 贯 政 策	当期变动情况
1	执行何种财务制度	股份制（ ），外商（ ），行业（√），乡镇（ ），集体（ ）。	
2	执行何种会计制度	股份制（ ），外商（ ），行业（√），乡镇（ ），集体（ ）。	
3	各种适用税率	所得税（15%），增值税（17%），营业税（ ），城建税（7%），土地增值税（ ）。教育费附加（3%），河道费（1%），（ ），消费税（ ）。	
4	合并报表编制范围	投资比例超过50%的单位个数（ ），合并单位个数（ ）。	
5	具体会计政策		
(1)	记账本位币	人民币（√），美元（ ），港币（ ），日元（ ），其他（ ）。	
(2)	有外币业务的科目	存款（√），借款（ ），应收（√），应付（√），预收（ ），预付（√）。	
	外币记账方法	1. 以外币增减业务发生时市场汇价（ ）或当月月初的市场汇价（√）记账；2. 按月末市场汇价折合记账本位币金额（√）调整。	
(3)	短期投资计价方法	按实际成本计价（√），期末是否考虑市价变动影响（√）。变现时按先进先出法（ ），加权平均法（ ）或个别计价法（√）计价。	
(4)	材料计价标准和方法	1. 按实际成本核算（√）。发出采用：先进先出法（ ），加权平均法（ ），个别计价法（√），后进先出法（ ）。2. 按计划（定额）成本核算（ ）。材料成本差异分摊方法：全部由完工产品成本负担（ ），在产成品与在产品成本之间分摊（ ）。	
(5)	产品成本计算方法	品种法（√），分类法（ ），定额比例法（ ），分批法（ ），分步法（ ）。	
	产成品发出核算计价方法	1. 按实际成本核算（√）。发出采用：先进先出法（ ），加权平均法（√），个别计价法（√）。2. 按计划（定额）成本核算（ ）。产成品成本差异分摊方法：全部由销售成本负担（ ），在产成品与销售成本之间分摊（ ）。	

索引号：8-2

审 计 策 略

工 作 项 目	重 要 事 项 说 明
是否进行预审及预审的内容	进行预审。预审内容：① 控制测试；② 根据账面资料，实地观察在建工程进度，是否账实相符；③ 选择应收账款中账龄长、金额大的客户进行函询；④ 亲临现场参加被审计单位第11月份末的存货盘点。
是否进行控制测试及测试领域	进行控制测试。测试领域：① 销售与收款循环；② 购置与付款循环；③ 存货与仓储循环；④ 货币资金收付控制测试。
实质性程序按业务循环还是按报表项目进行	实质性程序按报表项目结合业务循环进行。

（续表）

工作项目	重要事项说明
子公司和联营公司的审计方式（采用重点审计、一般审计、审阅或报表分析）	本所另行接受委托，对被审计单位的子公司单独进行审计并出具审计报告；对联营公司采用审阅会计报表方法。
合并报表时的分工与组织	在母子公司审定报表的基础上，会同母公司财务主管，用电脑编制合并报表。
编制人员：朱　　日期：2003.1.4　　复核人员：吴　蓉　　日期：2003.1.5	

索引号：8-3

交易往来情况调查表

关联方名称	与本企业关系		关联方名称	与本企业关系		
	母公司 全资子公司			本企业控股 非控股子公司 非控股子公司		
关联交易（往来）					本项总计	备注
物资采购						
产品销售						
劳务提供						
固定资产购入						
无形资产购入						
借入借款						
归还借款						
应收年末余额						
应付年末余额						
提供担保（年末余额）						
编制人员：朱　　复核人员：吴　蓉　　日期：2003.1.2						

索引号：8-4

持续经营能力调查表

序号	调查项目	勾选	
一、	大量经营亏损的调查	N/A	
	亏损情况分析：近几年连续亏损/亏损数额巨大		
	亏损波动很大/亏损趋势加剧		
	亏损原因分析：营业内亏损大/亏损因产品降价		
	亏损因成本上升/销量剧减		

（续表）

序号	调查项目	勾选
二、	了解偿债能力	N/A
	负债总额大于资产总额/无法偿还将到期之借款	
	长期资产过分依赖短期借款/拖欠股利	
	重要财务比率恶化	
三、	合同履行情况的了解	N/A
	因质量问题大量销售退货/未按合同及时收款	
	存在大量长期积欠的应收账款/没有	
	供货从赊销改变为付现送货/供货量不足	
四、	市场情况和产业政策了解	N/A
	丧失重要市场/经营特许权和许可证	
	丧失主要供货人/重要供应物资有短缺	
	劳动力市场紧张/开工率不足	
	法规规定或政府产业政策变化造成重大不利影响	
	属淘汰行业，面临关、停、并、转局面	
五、	非正常的波动和项目的了解	N/A
	在盈亏方面有非正常波动的项目	
	时盈时亏/大盈大亏	
	在资产负债价值方面有非正常波动/计价基础前后不一致	
六、	未决法律诉讼的了解	N/A
	有违反法律而引起的未决事项	
	有引起被勒令停业或不能偿付巨大赔款的判决	
七、	结论 本年度经营情况正常，无明显影响持续经营的情况	
编制人员：赵　桃　　复核人员：吴　蓉　　审阅人员：吕　萍　　日期：2003.1.2		

索引号：8-5

重要性标准初步估计表

年份或项目	税前利润法	总收入法	总资产法	
重要性比例	(3%～5%)	(0.5%～1%)	(0.5%～1%)	
重要性标准（绝对值）				
说明	(一) 方法适用范围： 1. 利润法用于比较稳定、回报率较合理的企业。 2. 收入法用于微利企业和商业企业。 3. 资产法用于金融、保险或其他资产大而利润小的企业。			

（续表）

说 明	（二）以上方法三者只用其一，不能三者同时使用。 （三）所有未调整不符事项金额总和不超过确定的重要性标准。 （四）应交税金不在重要性标准之内。 （五）重要性标准计算基础以当年未审数为主，适当参考前三年平均数。 （六）各账户和各交易层次重要性水平为会计报表层次重要性水平的 1/6～1/3。
部门经理对总体审计重要性标准的意见： 对审计中发现的需要调整的会计事项，征得被审计单位同意前提下，能调整的尽量调整而不受　　元的影响；反之，所有未调整不符事项金额总和不能超过　　元。 吕　萍 2003.1.2	

索引号：7

业务用工与收费预算表

（一）审计小组

职责分工	姓名	简签样式
项目负责人	吴　蓉	吴
助理人员	赵　桃	赵
助理人员	罗　芳	罗
助理人员	张　远	张
助理人员	陈　林	陈
助理人员	陆　云	陆
助理人员	李　兵	李

（二）预计时间进度：这项审计于 2002 年 11 月 10 日进驻审计现场，预计于 2003 年 2 月 20 日整理好底稿，写出审计报告送部门经理与主任会计师审核，估计工作日 43 天。具体进度安排为：

2002 年 11 月 10 日：审计小组进驻审计现场进行内部控制调查和控制测试，实地观察在建工程进度，对应收账款进行函询，并对损益类科目 1～10 月份的情况进行审计。预计 10 个工作日完成。

2002 年 11 月 30 日：审计小组分赴现场，监盘和抽查存货。预计 2 个工作日完成。

2002 年 12 月 10 日：编制审计计划。预计 5 个工作日完成。

2003 年 1 月 16 日：审计小组分赴现场进行终审工作，对各个会计科目进行实质性程序，并将审计中发现的事项用"审计差异调整表"形式予以反映。预计 20 个工作日完成。

2003 年 2 月 15 日：部门经理、主任会计师审核项目经理提交的工作底稿。预计 2 个工作日完成。

2003 年 2 月 18 日：同被审计单位交换意见，确定审计调整事项，审定会计报表，并会同被审计单位编制合并会计报表。预计 2 个工作日完成。

2003 年 2 月 22 日：撰写审计报告，打印、校对和装订审计报告。预计 2 个工作日完成。

（三）审计工费：预计为　　元

代垫费用：预计为 7 500.00 元，其中：

交通费：2 000.00 元　　电讯费：100.00 元

打印费：200.00 元　　食宿费：5 000.00 元

邮　费：　　复印费：200.00 元

索引号：7-1

审计人员工作安排表

7-1-1

职务	姓名	工作内容	预 计 时 间		实 际 时 间		差异原因
			开始工作日期	天数	开始工作日期	天数	
主任	徐星	① 听取工作汇报 ② 处理部门经理重大问题请示报告 ③ 审阅审计报告	2003.1.10 2003.2.18 2003.2.22	1天 1/2天 1/2天	2003.1.10 2003.2.18 2003.2.27	1天 1/2天 1/2天	
			小 计	2天		2天	
部门经理	吕萍	① 预审现场检查 ② 审核审计计划 ③ 向主任汇报 ④ 听项目经理汇报并审核工作底稿 ⑤ 现场检查 ⑥ 审定会计报表 ⑦ 完成审计报告	2002.11.15 2002.12.15 2003.1.30 2003.2.16 2003.2.18 2003.2.19 2003.2.21	1天 1天 1天 2天 1天 1天 2天	2002.11.15 2002.12.15 2003.1.30 2003.2.16 2003.2.18 2003.2.19 2003.2.26	1天 1天 1天 2天 1天 1天 2天	
			小 计	9天		9天	
项目经理	吴蓉	① 带领预审工作 ② 编制审计计划 ③ 带领实质性程序 ④ 向部门经理汇报 ⑤ 参与向主任汇报确定已审会计表 ⑥ 参与完成审计报告	2002.11.10 2002.12.10 2003.1.16 2003.2.16 2003.2.18 2003.2.21	10天 4天 20天 1天 2天 2天	2003.1.10 2002.12.10 2003.1.16 2003.2.16 2003.2.18 2003.2.26	11天 4天 22天 1天 2天 2天	客户提供资料拖延 工作量超过预计
			小 计	39天		42天	

7-1-2

职务	姓名	工作内容	预 计 时 间		实 际 时 间		差异原因
			开始工作日期	天数	开始工作日期	天数	
助理	赵桃 罗芳	① 内控调查、控制测试 ② 盘点 ③ 为编制审计计划收集资料 ④ 实质性程序(利润表) ⑤ 参与确定已审会计报表,编制合并报表	2002.11.10 2002.11.30 2002.12.12 2003.1.16 2003.2.18	10天 2天 4天 20天 2天	2002.11.10 2002.11.30 2002.12.12 2003.1.16 2003.2.24	11天 2天 4天 22天 2天	客户提供资料拖延 工作量超过预计
			小 计	38天	小 计	41天	

（续表）

职务	姓名	工作内容	预计时间		实际时间		差异原因
			开始工作日期	天数	开始工作日期	天数	
助理	张远 李兵	① 内控调查、控制测试、发询证函 ② 盘点 ③ 为编制审计计划收集资料 ④ 实质性程序(资产项目)	2002.11.10 2002.11.30 2002.12.10 2003.1.16	10天 2天 2天 20天	2002.11.10 2002.11.30 2002.12.10 2003.1.16	11天 2天 2天 22天	客户提供资料拖延 工作量超过预计
			小　计	34天	小　计	37天	
助理	陈林 陆云	① 预审1～10月份损益 ② 盘点 ③ 实质性程序(负债、所有者权益项目) ④ 为出具审计报告做辅助工作	2002.11.10 2002.11.30 2003.1.16 2003.2.26	10天 2天 20天 2天	2002.11.10 2002.11.30 2003.1.16 2003.2.26	11天 2天 22天 2天	客户提供资料拖延 工作量超过预计
			小　计	34天	小　计	37天	
其他	实习生(10人)	盘点	2002.11.30	1天	2002.11.30	1天	
			小　计 总　计	1天 272天	小　计 总　计	1天 293天	
部门经理	项目负责人：吴　蓉		日期：2003.2.22				

索引号：7-2

预计审计工费表

职　务	小时收费率	计　划		实　际		差异原因
		工　时	收　费	工　时	收　费	
主　任		16		16		
部门经理		72		72		
项目经理		312		336		
助理人员		1 696		1 840		
其他人员		80		80		
合　计		2 176		2 344		老客户优惠

（三）实施阶段底稿

内部控制调查和控制测试工作底稿

索引号：6

立信会计师事务所
内部控制的调查问卷

被审计单位名称：信达进出口有限公司

检查年度：2002年度

调查人员：罗　芳等　　　　　　　　　　　　　　日期：

复核人员：吴　蓉　　　　　　　　　　　　　　　日期：

结论：对销售与收款循环、采购与付款循环、存货与仓储循环及筹资与投资循环作内控调查，认为内部控制可信赖程度高；只是还有必要对上述循环作进一步控制测试。

目　录　　索引号

索引号：6-1-1

应调查项目内容	是	否	不适合	评述
1. 决策和管理层方面				
(1) 董事会是否独立，能否有效地对经营、管理实施控制？	√			所有重大事情都要经董事会批准
(2) 董事会是通过哪些措施实施控制的？	√			
(3) 重大投资、收购合并、财产抵押、购置重要资产和签订重要合同、协议是否经董事会批准？（摘录或复印董事会有关决议）	√			
(4) 重大购销业务，大额资金借贷和现金支付、资产调整、长期工程合同签订等是否经总经理核准？	√			
(5) 高层管理人员是否重视和了解内控？（与总经理交谈）是否及时采纳外部、内部审计人员所提出的建议？	√			
(6) 管理当局是否参与计划和预算的编制和审核？	√			
(7) 总经理层是否对财务报表进行独立的检查和分析？	√			
(8) 总经理层是否对有关经济业务的内部报告进行独立的检查和分析？	√			

（续表）

应调查项目内容	是	否	不适合	评述
(9) 总经理层是否对那些属于“非常或例外”事项及时作出反应？	√			
(10) 总经理层是否对财务和经营业务中失控情况，及时采取应急措施以使之恢复正常？	√			
(11) 会计系统和控制环境发生变化时，是否经总经理核准？（如有请企业提供书面核准程序）	√			
2. 组织机构方面				
(1) 公司本部、分部和子公司在重大生产经营方面的决策权限是否划分清楚？	√			
(2) 生产、经营和管理部门是否健全？（获取企业组织机构图复印件）	√			
(3) 上述部门所拥有的权力和应承担的责任是否有明确规定？组织内各级人员是否均已正确理解权、责划分情况？（请企业提供企业经济责任制复印件）	√			
(4) 采购和销售业务的执行、记录，交易和资产保管职能是否分开？（获取管理人员分工图）	√			
3. 管理制度方面				
(1) 对重大投资和购置活动是否有可行性研究并经财务部会审制度？	√			制度执行不严格考核制度未细化
(2) 企业内部是否有较严格的经济责任制，并对各部门完成业绩的好坏进行考核和奖惩？	√			
(3) 是否实行目标成本管理制度？（如有请企业提供复印件）		√		
(4) 是否有费用预算限额开支制度？（如有请企业提供复印件）	√			
(5) 是否有费用与成本分析考核制度？		√		
(6) 是否有材料与工时定额管理制度？（如有请企业提供复印件）	√			
(7) 是否对资金实行归口管理制度？（如有请企业提供复印件）	√			
(8) 资金使用前是否编制计划及授权审批？	√			
(9) 对存货是否有定期盘点制度？（请企业提供存货管理与盘点制度）	√			
(10) 对固定资产是否一年至少盘点一次？（请企业提供固定资产管理盘点制度）	√			
(11) 对企业主要资产是否有财产保险制度？	√			

索引号：6-1-2

应调查项目内容	是	否	不适合	评述
4. 人员配备方面				
(1) 各级管理部门员工是否具备必要业务知识和业务技能？	√			
(2) 上述人员是否经过必要的训练，有无定期培训和职务轮换制度？	√			
(3) 上述人员是否有岗位责任制度？（如有请企业提供复印件）	√			
(4) 是否有证据表明财务主管等重要财务管理人员的工作负担过重？		√		

（续表）

应调查项目内容	是	否	不适合	评　述
5. 信息系统方面				
(1) 企业是否定期编制生产、销售、采购、资金和成本计划？编制频率如何？（如有请企业提供当年计划）	√			每月编制
(2) 会计信息及相关业务信息的报告制度是否健全？（如有请企业提供有关制度）	√			
(3) 总经理在控制、评估业务活动时，是否使用会计、统计和业务资料？	√			
(4) 财务和业务部门是否向总经理报送如下资料：	√			
有关产品毛利率变动的分析报告；				
关于资金筹措和运用情况的报告；				
关于应收账款账龄分析报告或大额逾期账款清单；				
关于存货周转率或存货账龄的报告；				
有关重要的现金收支业务报告。				
6. 内部审计方面	√			
(1) 企业是否建立起内部审核部门？	√			
(2) 内部审核部门是否对董事会负责？				
(3) 内审部门是否承担监督、检查企业政策及业务规程的遵循执行情况的责任？	√			
(4) 是否在报告期对企业内部进行过内审？（请企业提供报告复印件）	√			作用不大
(5) 是否在报告期对子公司进行过内审？（请企业提供报告复印件）				
(6) 内审部门的工作是否富有成效？				
调查人员：曹　明　　　日期				

索引号：6-2-1

应调查项目内容	是	否	不适合	评　述
1. 财会主管方面				
(1) 会计和财务方面的事项，是集中于总部或母公司处理，还是按分权原则，由各子公司或分部分别处理，集中或分散程度如何？				基本集中处理
(2) 财会主管拥有哪些方面专业知识和技能，掌握的深度和训练程度如何？				大学会计专业毕业
(3) 财会主管是否能参加企业生产经营的重大决策？	√			
(4) 财会主管对重大支出是否亲自核准？	√			

（续表）

应调查项目内容	是	否	不适合	评述
2. 会计机构和人员方面				
(1) 财务会计机构是否独立？	√			
(2) 财务会计机构是否健全？	√			
(3) 财务会计机构人员是否充足？	√			
(4) 业务分工是否明确并考虑批准、执行和记录职能分开的内部牵制原则？	√			
(5) 出纳人员是否不兼管收入、费用、债权、债务账簿的登记工作以及稽核、会计档案保管工作？	√			
(6) 会计人员上岗前是否有足够的岗位培训？	√			
(7) 会计人员离职或轮换是否办理交接手续？	√			
(8) 会计人员流动是否频繁，是否发生过重要员工离职及被解雇等情况？		√		很少调动
3. 会计核算与管理方面				
(1) 银行日记账和现金日记账是否采用订本式？			√	已用电脑
(2) 有价证券、应收(付)票据是否设置了备查登记簿？	√			
(3) 原始凭证是否都经稽核人员和有关领导审核无误？	√			
(4) 是否有企业财务收支审批制度？（如有请企业提供复印件）	√			
(5) 空白支票和印章是否分开由专人保管？	√			
(6) 现金保险箱是否有专人掌握钥匙和密码？	√			
(7) 是否有会计核算业务手册？（如有请企业提供复印件）		√		按国家规定制度核算
(8) 是否有成本核算规程？（如有请企业提供复印件）	√			
(9) 固定资产总账是否每年与固定资产管理部门台账核对相符？	√			
(10) 存货总账是否每月与存货管理部门明细账核对相符？	√			
(11) 应收账款、其他应收款是否定期催收清理？	√			
4. 会计控制系统的变化				
(1) 近年来财会部门所承担的职能、财会部门组织和内部职责划分方面有何变化？		√		无重大变化
(2) 以前年度审计中是否发现会计系统控制中存在重大问题？（如有，列举问题）		√		
(3) 本年度会计系统控制有无重大改变？（如有，列举改变内容）		√		

索引号：6-2-2

(四)计算机系统

1. 硬件情况：

设备制造厂商： 设备系列/型号：

2. 软件情况：

操作系统名： 应用软件名： 使用语言：

外购：✓

自行开发： 委托开发：

3. 程序修订和使用人：张 山

编写或修改程序人：李 史

凭证输入人： 打印报表人：

总账： 制表人： 明细账：销货✓ 采购✓ 应收账款✓ 应付账款✓

现金收支✓ 存货✓ 固定资产✓ 在建工程✓ 工资✓ 成本核算✓

4. 内容控制措施：

输入分录的核对办法：当天输入分录，打印出来，专人复核

编制报表前核对程序：专人负责结账编表工作

是否有专人输入或修改：有

明细账是否每月(或满页)打印存档：是

计算机是否有防病毒措施：有

是否存放文件备份于安全之处：是

系统设计人员是否与操作人员分开：是

应用软件系统是否经财政局确认：是

人机并用时，总账是否核对相符：核对相符

5. 计算机系统的变化：

(1) 是否制定过计算机应用系统开发和维护规程并有效执行？有

(2) 计算机系统是否发生过故障或会计数据处理中是否发生过严重延误，是否找到故障或延误的原因？有，病毒造成

(3) 本年度计算机系统有无重大改变(如有，列举改变内容)。无

调查人员： 日期： 复核人员： 日期

索引号：6-3

序号	项 目	控制程序		备 注
		强	弱	
1	决策和管理层方面	✓		
2	组织机构方面	✓		
3	管理制度方面	✓		
4	人员配备方面	✓		
5	信息系统方面	✓		

（续表）

序号	项　　目	控制程序		备　　注
		强	弱	
6	内部审计方面	√		
7	财会主管方面	√		
8	会计机构和人员方面	√		
9	会计核算和管理方面	√		
10	计算机应用方面	√		
11	计算机内控方面	√		
调查人员：罗　芳　日期：2002.12.3　复核人员：吴　蓉　日期：2003.1.5				

索引号：6-4

调　查　项　目	是	否	不适合	备　　注
1. 所有的销货行为是否都有合同并经主管核准？			√	零星销售无合同
2. 签订合同前是否核准客户信用？	√			
3. 产品的单价及销货折扣的制定、调整是否经授权核准？	√			
4. 销售发票是否以审核后的销售合同为依据？			√	零星销售无合同
5. 发票是否按顺序号填列签发？	√			
6. 是否所有的销售发票都开出提货单并交给客户？	√			
7. 提货单是否经顾客签字确认？	√			
8. 发货前是否核对客户已付款？			√	
9. 产品发货时是否核对发票的装箱单？	√			
10. 销售日记账是否根据提货单及发票的入账联登记？	√			
11. 销货退回是否经审核批准？	√			
12. 销货退回是否开出红字发票及产品入库单？	√			
13. 退货是否经检验入库后退款？	√			
14. 应收账款是否有核对、催收制度？	√			
15. 坏账损失的处理是否经授权批准？	√			

索引号：6-5

调　查　项　目	是	否	不适合	备　　注
1. 原料的单价、数量是否与合同一致？			√	零星购置无合同
2. 原料的入库是否经验收合格，并同发票核对后才填写入库单？	√			
3. 原料的进项税、运费及运输中的损耗是否已合理计算？	√			
4. 固定资产和在建工程有无预算，并经授权批准？	√			
5. 已完工在建工程项目转入固定资产是否办理竣工验收及移交手续？	√			
6. 固定资产折旧方法的确定与变更是否经过董事会批准？	√			
7. 固定资产入厂、内部调拨是否履行一定手续？	√			

（续表）

调 查 项 目	是	否	不适合	备 注
8. 固定资产的取得、处置和出售是否有书面授权批准？	√			
9. 固定资产毁损、报废、清理是否经过技术鉴定和授权批准？	√			
10. 有无固定资产定期盘点制度并执行？	√			
11. 付款是否实行费用预算控制，并明确款项支付权限？		√		未明确付款权限
12. 货款支付与记账的职责是否分离？	√			
调查人员：张远、李兵　　日期：2002.12.16　　复核人员：吴　蓉　　日期 2003.1.5				

索引号：6-6

调 查 项 目	是	否	不适合	备 注
1. 是否建立成本核算与管理制度？	√			
2. 成本开支范围是否符合有关规定？	√			
3. 成本核算制度是否适合生产特点，并严格执行？	√			
4. 各成本项目的核算、制造费用的归集与分配、产品成本的结转是否严格按规定办理，前后期是否一致？	√			
5. 工资标准的制定及变动是否经授权批准？	√			

索引号：6-7

调 查 项 目	是	否	不适合	备 注
1. 大宗货物的采购是否都订有合同并经主管批准？	√			
2. 原料的领用是否经核准后开出领料单？	√			
3. 存货和固定资产是否有出门验证制度？	√			
4. 是否所有存货均设有永续盘存记录？	√			
5. 仓库存货（材料、半成品、成品）是否按种类、性质集中堆放并有醒目标记？	√			在建工程材料管理不严
6. 存货（材料、半成品、成品）是否定期盘点（盘点期间）？	√			年终
7. 存货的盘盈、盘亏是否经报批后入账？	√			
8. 仓库是否对呆滞、废损存货进行了清理？	√			
9. 存货的收发人与记账人是否分开？	√			
10. 委托外单位加工的材料，其发出、收回、结存情况是否有专人负责登记？是否定期与受托单位核对？	√			
11. 原料、成品的收发存月报表是否根据当月的入库单、领料单分别汇总编制？	√			
12. 产品是否有材料定额并以限额领料单控制领料？	√			
13. 半成品和成品完工是否及时办理交库手续？存货计价方法的确定与变更是否经董事会批准？	√			
14. 成本计算和费用分配方法的确定与变更是否经授权批准？	√			
调查人员：张远、李兵　　日期：2002.12.16　　复核人员：吴　蓉　　日期：2003.1.2				

结论：

1. 经内控问卷和简易测试后，认为存货与仓储循环的内控可信赖度为：

高(√)　　中(　　)　　低(　　)

2. 该循环是否需进一步作控制测试：

是(√)　　否(　　)

索引号：6-8

调查项目	是	否	不适合	备注
1. 购买证券、期货和远期外汇是否经董事会、高层管理机构和财务部门核准？	√			
2. 全部公司债券、股票、期货和外汇交易是否均经董事会授权的人员处理？	√			
3. 对巨额的上述交易是否对被授权者规定一定的限额，超过限额须获得董事会的批准？	√			
4. 是否由财务总监执行交易，但总监不负责会计记录？			√	无财务总监
5. 上述交易所得是否如数及时存入银行？	√			
6. 所有投资凭证是否放入保险箱内？	√			
7. 保险箱是否由两人以上同时开启？		√		由出纳一人负责
8. 是否定期盘点投资凭证并与会计记录核对？	√			
9. 证券保管人员是否不处理会计记录？	√			
10. 有价证券是否以被审单位的名义登记？	√			
11. 是否对每一种证券设立明细分类账并逐笔登记交易情况，记录盈亏？	√			
12. 重大借款和筹资行为是否经董事会批准？	√			
13. 融资借款是否均签订借款合同？	√			
14. 抵押担保是否获得授权批准？			√	尚无抵押担保
15. 利息支出是否按期入账，并划清资本性支出和收益性支出？	√			
16. 实收资本是否经中国注册会计师验证并作会计处理？	√			
17. 投资项目是否均经授权批准，投资金额是否及时记账？	√			
18. 与被投资单位签订投资合同、协议，是否获得被投资单位出具的投资证明？	√			有验资报告，无投资证明
19. 长期投资的核算是否符合有关财会制度，相关的投资收益会计处理是否正确？	√			
20. 是否按年编制资本预算并经董事会批准？	√			
21. 对投资收益按收益法计算的附属企业是否进行过审计？	√			

调查人员：罗芳等　　日期：2002.11.26　　复核人员：吴　蓉　　日期：2002.12.14

结论：

1. 经内控问卷和简易测试后，认为筹资与投资循环的内控可信赖度为：

高(√)　　中(　　)　　低(　　)

2. 该循环是否需进一步作控制测试：

是(　　)　　否(√)

索引号：6-9

业务循环	设计情况			执行情况			可否依赖			内控严重缺陷或不合理之处的简述
	好	中	差	完全	部分	无	高度	基本	不可	
销售与收款	√			√				√		
购置与付款	√			√				√		
生产循环以及工薪与人事	√			√				√		
仓储与存货	√			√				√		
融资与投资	√			√				V/		
结论	可高度信赖			基本可信赖			不可以信赖			备注
调查人员：罗芳等	日期：2002.11.1			复核人员：吴蓉			日期：2003.1.5			

索引号：Y

立信会计师事务所

控制测试

被审计单位名称：信达进出口有限公司

测试年度：

测试人员：赵　桃等　　　　日期：

复核人员：吴　蓉　　　　日期：

目　录　　　　索引号

1. 销售与收款循环　　Y1
2. 购货与付款循环　　Y2
3. 存货与仓储循环　　Y3
4. 筹资与投资循环　　（略）
5. 货币资金　　Y7

结论：

好，可以适当简化实质性程序。

索引号：Y1

立信会计师事务所

复核人员：吴　蓉　　日期：2002.11.20		
测试重点	常　规　测　试　程　序	索引号
按常规程序测试。吴蓉 2002.11.10	1. 抽取销售发票，作如下检查： (1) 核对销售发票、销售合同、销售订单所载明的品名、规格、数量、价格是否一致； (2) 检查销售合同、赊销是否经核准； (3) 核对相应的送货单副本，检查销售发票日期与送货日期是否一致； (4) 检查销售发票中所列商品的单价并与商品价目表核对； (5) 复核销售发票中列示的数量、单价和金额； (6) 从销售发票追查至销售记账凭证或销售记账凭证汇总表； (7) 从销售记账凭证或销售记账凭证汇总表追查至总分类账及明细分类账。	Y1-2 Y1-1
	2. 抽取一定时期内的销售发票，检查其是否连续编号，有否缺号，作废发票的处理是否正确。	Y1-3
	3. 抽取送货单，并与相关的销售发票核对，检查已发出的商品是否均已向顾客开出发票。	Y1-1
	4. 检查销售退回、折让、折扣的核准： (1) 检查销售退回是否具有对方税务局开具的有关证明； (2) 检查销售退回和折让是否附有按顺序编号并经主管人员核准的贷项通知单； (3) 检查退回的商品是否具有仓库签发的退货验收报告； (4) 退货商品冲销会计记录是否正确； (5) 销售退回与折让的批准与贷项通知单的签发职责是否分离； (6) 现金折扣是否经过适当授权，授权人与收款人的职责是否分离。	 Y7-2
	5. 抽取收款凭证，作如下检查： (1) 是否将记录收款与保管现金的职责分离； (2) 收到货款是否开具收款收据； (3) 是否定期核对记账、过账和送存银行的金额； (4) 是否定期编制银行存款余额调节表，其编制人是否与出纳保持职责分离； (5) 是否定期与顾客对账。	

单位名称：信达进出口有限公司　　测试人员：赵　桃等　　日期　2002.11.20

复核人员：吴　蓉　　日期　2002.12.22

索引号：Y1-1

调查人员：日期		
程序号	查　验　过　程　记　录	索引号
	测试情况：	
1	随机抽取2002年1～10月份开出的销售发票50份，作(1)～(7)项测试，测试相符率100%。	Y1-2
2	抽取6月份开出所有销售发票，发现编号连续、无缺号，只有3张作废发票均盖有“作废”印章。	（略）
3	将送货单和销售发票核对，未发现货发出不开具发票现象。	Y1-3
4	经查，1～10月份被审计单位未发生销售折扣、折让行为，有两笔销售退回：销售退回附有按顺序编号并经主管人员核准的贷项通知单，有仓库签发的退货验收报告，有对方税务部门开具的有关证明，会计处理正确。	（略）
5	收款凭证的检查在现金和银行存款控制测试时进行。	Y7-2
	测试结论： 该循环测试相符率高，可适当简化实质性程序。	

索引号：Y1-2

序号	发票号	购货单位名称	发票内容						销售合同				送货单			会计凭证					商品价目表	备注
			日期	品名	规格	数量	单价	金额	日期	编号	核对 1	核对 2	日期	编号	核对 3	日期	编号	核对 4	核对 5	核对 6	核对 7	
1																						
2																						
		合计																				

核对说明：

1. 与销售合同或销售订单所载明的品名、数量、金额一致。
2. 销售合同及赊销经主管核准。
3. 销售发票与送货单品名、数量、日期一致。
4. 发票内容、金额与记账凭证一致。
5. 发票销售额已正确记入销售明细账、应收账款(银行存款、现金)账。
6. 应交增值税计算正确。
7. 发票中商品单价与商品价目表持平。

有关测试说明及结论：

随机抽取2002年1～10月份销售业务50笔，共计销售金额24 006 135.78元，约占2002年1～10月份已实现销售收入的22%，测试相符率100%。

测试人员：赵 桃　　日期：2002.11.15　　复核人员：吴 蓉　　日期：2003.12.15

索引号：Y1-3

送货单编号	送货单内容					发票							备注
	日期	品名	规格	数量	金额	日期	编号	1	2	3	4		

核对说明：

1. 品名与送货单所列一致。
2. 规格与送货单所列一致。
3. 数量与送货单所列一致。
4. 所列发票业经核准。

有关测试说明及结论：

送货单与销售发票为四联单中不同联次的单据，编号相同。随机抽取10份送货单，日期、品名、规格、数量均一致，未发现发出商品不开发票现象。

测试人员：赵 桃　　日期：2002.12.16　　复核人员：吴 蓉　　日期：2003.1.2

索引号：Y-2

测试重点	常规测试程序	索引号
按常规程序测试。吴蓉	1. 抽取购货合同(或其他凭证)，对购货合同及请购单的下列内容进行核对： (1) 货物名称、规格、型号、请购量； (2) 授权批准、批准采购量、采购限价； (3) 单价、合计金额等。	Y2-2
	2. 审核与所抽取购货合同有关的供应商发票、验收报告、入库单、付款结算凭证、记账凭证，并追查至相关的明细账与总账。	Y2-2

（续表）

测试重点	常规测试程序	索引号
按常规程序测试。吴蓉	3. 固定资产和在建工程内部控制的符合性测试： (1) 抽查新增固定资产和在建工程项目有无预算，是否经过授权批准； (2) 抽查在建工程中付款是否均具有相应发票或其他原始凭证； (3) 抽查已完工在建工程转入的固定资产是否办理竣工验收和移交使用手续； (4) 抽查固定资产的折旧方法和折旧率是否符合规定，前后期是否一致； (5) 抽查固定资产的毁损、报废、清理是否经过技术鉴定和授权批准； (6) 抽查固定资产定期盘点制度是否得到遵循。	Y2-3
	4. 付款业务内部控制的控制测试。抽取付款凭证，作如下检查： (1) 检查是否实行费用预算控制，是否明确款项支付权限； (2) 编制付款凭证时，是否与订购合同、预(决)算计划、验收单和发票相核对； (3) 检查支付货款的付款凭证和银行存款日记账及有关明细账及总分类账的记录是否正确； (4) 核对检查计入有关明细账户的原始凭证，如订货单、验收单、购买发票的正确性、合法性及其金额是否与相关明细账一致，有关凭证是否经过批准； (5) 款项支付凭证是否及时入账，贷款支出与记账的职责是否分离。	Y7-3

索引号：Y2-1

复核人员：吴　蓉　　日期：2003.1.5		
程序号	查验过程记录	索引号
1、2	随机抽取2002年1～10月份的购货合同50份，同请购单、供应商发票、验收报告、入库单、付款凭证、记账凭证相核对并追查至明细账和总账，相符率100%。	Y2-2
3	固定资产和在建工程内部控制的符合性测试： (1) 抽查年内新增10项固定资产和2项在建工程项目，均有预算，经过董事会授权批准； (2) 在建工程中付款均具有发票或其他原始凭证； (3) 在建工程转入固定资产办理竣工验收和移交使用手续； (4) 固定资产折旧方法为直线法，折旧率符合规定，前后期一致； (5) 固定资产的毁损、报废、清理经过技术鉴定和授权批准； (6) 固定资产每年盘点一次。	Y2-3 (略) Y2-3
4	付款业务内控符合性测试在现金、银行存款符合性测试时进行。 测试结论： 该循环测试相符率高，可适当简化实质性测试审计程序。	Y7-3

索引号：Y2-2

序号	购货合同请购单编号	供货单位名称	购货合同、请购单内容								购货发票					入库单				会计凭证						备注
			日期	货物名称	规格	数量	单价	金额	核对		日期	编号	核对			日期	编号	核对		日期	编号	核对				
									1	2			3	4	5			6	7			8	9	10	11	

核对说明：

1. 采购合同经过授权批准。
2. 采购金额未超过采购限量、限价。
3. 购货发票的单价与购货合同一致。
4. 购货发票的品名、数量与购货合同一致。
5. 购货发票的金额与购货合同一致。
6. 入库单的品名与发票内容一致。
7. 入库单有保管员和经手人签名。
8. 发票购货额与付款结算凭证一致。
9. 付款凭证有经手人和主管签名。
10. 发票购货额已正确计入材料采购（原材料）账户和应付账款（银行存款、现金）账户。
11. 进项税金账务处理正确。

有关测试说明及结论：

随机抽取 2002 年 1～10 月份购货业务 50 笔，共计购货金额 11 863 954.76 元，约占 2002 年 1～10 月份购货总额的 25%，测试相符率 100%。

索引号：Y2-3

固定资产更新、报废程序

使用部门

索引号：Y3

测试重点	常规测试程序	索引号
按常规程序测试。 吴蓉 2002.12.19	1. 存货与仓储业务循环相关的内部控制的符合性测试： (1) 大额的存货采购是否签订购货合同，有无审批制度； (2) 存货的入库是否严格履行验收手续，对名称、规格、型号、数量、质量和价格等是否逐项核对，并及时入账； (3) 存货的发出手续是否按规定办理，是否及时登记仓库账并与会计记录核对； (4) 存货的采购、验收、保管、运输、付款等职责是否严格分离； (5) 存货的分检、堆放、仓储条件等是否良好； (6) 代保管、暂存物资的仓库记录是否单列，清晰可分； (7) 是否建立定期盘点制度，发生的盘盈、盘亏、毁损、报废是否及时按规定审批处理。	Y3-1
	2. 产品销售成本计价方法是否符合财务会计制度的规定，是否发生重大变更；如果采用计划成本、定额成本、标准成本，计算产品销售成本时所分配的各项成本差异和会计处理是否正确。	Y3-1

索引号：Y7-1

程序号	查 验 过 程 记 录	索引号
1	检查货币资金内控是否建立并严格执行： (1) 款项收支按规定程序和权限办理； (2) 未发现与被审计单位经营无关的款项收支情况； (3) 未发现出租、出借银行账户情况； (4) 出纳与会计职责严格分离； (5) 货币资金和有价证券妥善保管，现金每日盘点，银行存款每月同银行对账； (6) 无拨付所属和公司拨入资金的核算内容。	
2	随机抽取1～10月份间发生的收款业务50笔，作控制测试，测试相符率100%。	Y7-2
3	随机抽取1～10月份间发生的付款业务50笔，作控制测试，测试相符率100%。	Y7-3
4	抽取6月份的现金日记账、银行存款日记账，其发生额和余额同总账核对相符。	
5	银行存款日记账余额同银行对账单核对相符或调节相符。	（略）
6	银行存款调节表编制正确，未发现长期未达账项。	
7	外币资金的折算方法符合有关规定，同上年度一致。	
8	测试结论： 现金、银行存款收付款内控严密，执行情况良好，可以适当简化实质性测试审计程序。	

索引号：Y77

测试重点	常 规 测 试 程 序	索引号
按常规程序测试。 吴蓉 2002.12.16	由于现金和银行存款分散于各个循环，且其记录错误有时难以通过上述业务循环的控制测试发现，因此，一般应单独对现金和银行存款的内部控制进行测试。	
	1. 检查货币资金内部控制是否建立并严格执行： (1) 款项的收支是否按规定的程度和权限办理； (2) 是否存在与本单位经营无关的款项收支情况； (3) 是否存在出租、出借银行账户的情况； (4) 出纳与会计的职责是否严格分离； (5) 货币资金和有价证券是否妥善保管，是否定期盘点、核对； (6) 拨付所属资金、公司拨入资金的核算内容是否与内部往来混淆。	Y7-1
	2. 抽取收款凭证： (1) 核对收款凭证与存入银行账户解款单的日期和金额是否相符； (2) 核对现金、银行存款日记账的收入金额是否正确； (3) 核对收款凭证与银行对账单是否相符； (4) 核对收款凭证与应收账款明细账的有关记录是否相符； (5) 核对实收金额与销售发票是否一致。	Y7-2
	3. 抽取付款凭证： (1) 检查付款的授权批准手续是否符合规定； (2) 核对现金、银行存款日记账的付出金额是否正确； (3) 核对付款凭证与银行对账单是否相符； (4) 核对付款凭证与应收账款明细账的记录是否一致； (5) 核对实付金额与购货发票是否相符。	Y7-3
	4. 抽取一定期间的现金日记账、银行存款日记账与总账核对是否一致。	Y7-1
	5. 抽取一定期间的银行存款日记账与银行对账单核对是否一致。	Y7-1
	6. 抽取一定期间的银行存款余额调节表，查验其是否按月正确编制并经复核。	Y7-1
	7. 长期未达账款是否追查原因并及时处理。	Y7-1
	8. 检查外币资金的折算方法是否符合有关规定，是否与上年度一致。	Y7-1

立信会计师事务所

Shu Lun Pan Certified Public Accountants

审计工作底稿

（ 有限公司）

单位名称：________________

第______册 共______册

立信会计事务所

年 月 日

审计工作底稿索引

为便于整理、利用审计工作底稿，注册会计师根据各类工作底稿内在的特性通过索引方式进行组织。一般将具有同一性质或反映同一具体审计事项的审计工作底稿分别归类，本附录所列索引示例按综合类、业务类、备查类工作底稿归并，业务类工作底稿按照《年度会计报表审计法规指南》审计项目顺序，将资产、负债、所有者权益和损益项目再分别归类。以下列示审计工作底稿索引。

审计工作底稿索引示例

A——流动资产类工作底稿

B——长期投资类工作底稿

C——固定资产类工作底稿

D——无形资产及其他资产类工作底稿

E——

F——流动负债类工作底稿

G——长期负债类工作底稿

H——所有者权益类工作底稿

I——损益类工作底稿

J——须关注的重要事项

K——

M——备查类工作底稿

Z——综合类工作底稿

Y——业务类工作底稿

CT——控制测试工作底稿

A1——货币资金

A2——短期投资

A3——短期投资跌价准备

A4——应收票据

A5——应收股利

A6——应收利息

A7——应收账款

A8——坏账准备

A9——预付账款

A10——应收补贴款

A11——其他应收款

A12——存货

A13——存货跌价准备

A14——待摊费用

A15——待处理流动资产净损失

A16——一年内到期的长期债权投资

A17——其他流动资产
A18——
A19——
B1——长期股权投资
B2——长期债权投资
B3——长期投资减值准备
B4——
B5——
C1——固定资产
C2——累计折旧
C3——在建工程
C4——固定资产清理
C5——待处理固定资产净损失
C6——工程物资
D1——无形资产
D2——开办费
D3——长期待摊费用
F1——短期借款
F2——应付票据
F3——应付账款
F4——预收账款
F5——代销商品款
F6——应付工资
F7——应付福利费
F8——应付股利
F9——应交税金
F10——其他应交款
F11——其他应付款
F12——预提费用
F13——
F14——
G1——长期借款
G2——应付债券
G3——长期应付款
G4——住房周转金
G5——
G6——
H1——股本
H2——资本公积

H3——盈余公积
H4——未分配利润
H5——
H6——
I1——主营业务收入
I2——主营业务成本
I3——主营业务税金及附加
I4——存货跌价损失
I5——营业费用
I6——管理费用
I7——财务费用
I8——其他业务利润
I9——投资收益
I10——补贴收入
I11——营业外收入
I12——营业外支出
I13——以前年度损益调整
I14——所得税

表

客户______	签名 日期	
项目 调整分录汇总表		
______	编制人______ ______	索引号______
会计期间______	复核人______ ______	页 次______

序 号	调整内容及项目	索引号	调 整 金 额		影响利润 +(-)
			借 方	贷 方	

表

客户 ________	签名 日期	
项目 重分类分录汇总表		
________	编制人________ ________	索引号 ______
会计期间 ________	复核人________ ________	页 次 ______

序 号	重分类内容及重分类项目	索引号	重 分 类 金 额	
			借 方	贷 方

表

客户 ________	签名 日期	
项目 未调整不符事项汇总表		
________	编制人________ ________	索引号 ______
会计期间 ________	复核人________ ________	页 次 ______

序 号	未调整的内容及说明	索引号	未 调 整 金 额		备 注
			借 方	贷 方	

未予调整的影响：

项 目	金 额	百分比	计划百分比
1. 净利润	______	______	______
2. 净资产	______	______	______
3. 资产总额	______	______	______
4. 主营业务收入	______	______	______

结论：

表

客户 ____________　　签　名　　日　期

项目 资产负债表试算平衡表工作底稿　　编制人 ________ ________　　索引号 ________

会计期间 ____________　　复核人 ________ ________　　页　次 ________

项　目	审计前金额借方	调整金额		审定金额借方	重分类调整		报表反映数借方	项　目	审计前金额贷方	调整金额		审定金额贷方	重分类调整		报表反映数贷方
		借方	贷方		借方	贷方				借方	贷方		借方	贷方	
货币资金								短期借款							
短期投资								应付票据							
应收票据								应付账款							
应收股利								预收账款							
应收利息								应付工资							
应收账款								应付福利费							
其他应收款								应付股利							
预付账款								应交税金							
应收补贴款								其他应交款							
存货								其他应付款							
待摊费用								预提费用							
一年内到期的长期债权投资								预计负债							
其他流动资产								一年内到期的长期负债							
长期股权投资								其他流动负债							
长期债权投资															
固定资产原价								长期借款							
减：累计折旧								应付债券							
减：固定资产减值准备								长期应付款							
工程物资								专项应付款							
在建工程								其他长期负债							
固定资产清理								递延税款贷项							
无形资产								股本							
长期待摊费用								资本公积							
其他长期资产								盈余公积							
递延税款借项								其中：法定公益金							
								未分配利润							
合　计								合　计							

客户 ____________

项目 利润及利润分配表试算平衡表工作底稿

会计期间 ____________

签名 日期

编制人________ ________

复核人________ ________

索引号 ______

页 次 ______

项 目	审计前金额	调整金额		审定金额
		借方	贷方	
一、主营业务收入				
减：主营业务成本				
主营业务税金及附加				
二、主营业务利润				
加：其他业务利润				
减：营业费用				
管理费用				
财务费用				
三、营业利润				
加：投资收益				
补贴收入				
营业外收入				
减：营业外支出				
四、利润总额				
减：所得税				
五、净利润				
加：年初未分配利润				
其他转入				
六、可供分配的利润				
减：提取法定盈余公积				
提取法定公益金				
七、可供投资者分配的利润				
减：应付优先股股利				
提取任意盈余公积				
应付普通股股利				
转作股本的普通股股利				
八、未分配利润				

立信会计师事务所
Shu Lun Pan Certified Public Accountants

工作底稿

被审计单位：________ 审核员：______ 日期：______ 索引号： A1-1

审 查 项 目： 货币资金 所属时期：______ 复核员：______ 日期：______ 页 次：______

一、审计目标：

① 确定货币资金是否存在；② 确定货币资金的收支记录是否完整；③ 确定库存现金、银行存款以及其他货币资金的余额是否正确；④ 确定货币资金在会计报表上的披露是否恰当。

二、审计程序：

序号	内 容	索引号
1	核对总账余额与会计报表上的余额是否相符	
2	现金	A1-2
3	银行存款	A1-3
4	其他货币资金	A1-4

三、需说明的事项：

四、审定金额：

年 初 数	期 末 数

五、审计结论：

1. 本科目经审计后无调整事项，余额可以确认： □
2. 本科目经审计调整后，审计数可以确认： □
3. 因________原因，本科目余额不能确认： □

立信会计师事务所
Shu Lun Pan Certified Public Accountants

工作底稿

被审计单位：________ 审核员：______ 日期：______ 索引号：A1-2

审查项目：现　金 所属时期：______ 复核员：______ 日期：______ 页　次：______

一、审计目标：

① 确定现金是否存在；② 确定现金的收支记录是否完整；③ 确定库存现金的余额是否正确；④ 确定现金在会计报表上的披露是否恰当。

二、审计程序：

序号	内　　容	索引号
1	核对现金日记账与总账的余额是否相符	A1-2-1
2	会同被审计单位主管会计人员盘点库存现金，编制“库存现金盘点表”	A1-2-2
3	抽查大额现金收支的原始凭证	
4	抽查资产负债表日前后若干天的大额现金收支凭证	
5	如有外币，请检查非记账本位币折合记账本位币所采用的折算汇率是否正确	
6	其他	

三、需说明的事项：

四、审定金额：

年 初 数	期 末 数

五、审计结论：

1. 本科目经审计后无调整事项，余额可以确认：☐
2. 本科目经审计调整后，审计数可以确认：☐
3. 因__________原因，本科目余额不能确认：☐

立信会计师事务所
Shu Lun Pan Certified Public Accountants

工作底稿

被审计单位：________ 审核员：________ 日期：________ 索引号：A1-3
审查项目：银行存款 所属时期：________ 复核员：________ 日期：________ 页次：________

一、审计目标：

① 确定银行存款是否存在；② 确定银行存款的收支记录是否完整；③ 确定银行存款的余额是否正确；④ 确定银行存款在会计报表上的披露是否恰当。

二、审计程序：

序号	内容	索引号
1	核对银行存款日记账与总账的余额是否相符	A1-3-1
2	获取资产负债表日的"银行存款对账单"、"银行存款余额调节表"	A1-3-2
3	检查"银行存款余额调节表"中未达账项的真实性，以及资产负债表日后的进账情况	
4	银行存款中，如有一年以上的定期存款或限定用途的存款，要查明情况，作出记录	
5	抽查大额银行存款支出的原始凭证	
6	抽查资产负债表日前后若干天的大额银行存款收支凭证	
7	如有外币，请检查非记账本位币折合记账本位币所采用的折算汇率是否正确	
8	其他	

三、需说明的事项：

四、审定金额：

年初数	期末数

五、审计结论：

1. 本科目经审计后无调整事项，余额可以确认： □
2. 本科目经审计调整后，审计数可以确认： □
3. 因________原因，本科目余额不能确认： □

索引号：

银行往来询证函

致：中行××分行 编号：

本公司聘请的会计师事务所正在对本公司会计报表进行审计，按照《中国注册会计师独立审计准则》的要求，应当询证本公司与贵行的存款、贷款往来。下列数额出自本公司账簿记录，如与贵行记录相符，请在本函下端"数额证明无误"处签章证明；如有不符，请在"数额不符及需加说明事项"处详为指正，回函请直接寄至达华会计师事务所。

地址：上海市昆山路146号 邮编：200080

电话：3070768 传真：(021)3243522

1. 存款户 截至 年 月 日

银行账号	账户性质	原币金额	备注

2. 贷款户 截至 年 月 日

无贷款

有限公司

(公司印鉴)

年 月 日

数额证明无误

签章：　　　　　　日期：

数额不符及需加说明事项：

签章：中行××分行　　日期：年 月 日

立信会计师事务所
Shu Lun Pan Certified Public Accountants

工作底稿

被审计单位：________________ 审核员：________ 日期：________ 索引号：A2-1

审 查 项 目：短期投资、短期投资跌价准备 所属时期：______ 复核员：______ 日期：______ 页 次：______

一、审计目标：

① 确定有价证券是否存在；② 确定有价证券是否归被审计单位所有；③ 确定短期投资的增减变动及其收益(或损失)的记录是否完整；④ 确定短期投资年末余额是否正确；⑤ 确定短期投资的计价是否正确；⑥ 确定短期投资在会计报表上的披露是否恰当。

二、审计程序：

序号	内容	索引号
1	编制或获取短期投资明细表，核对与总账、报表的余额是否相符	
2	复核短期投资明细表，加计数是否准确，与明细账核对是否相符	
3	会同被审计单位主管会计人员盘点库存有价证券，编制"库存有价证券盘点表"	
4	在外保管的有价证券，应查阅有关保管的证明文件，必要时可向保管人函证	
5	检查有价证券购入、售出或兑现的原始凭证是否完整，会计处理是否正确	
6	查阅委托银行贷款等合同向银行或其他债务人函证检查会计处理是否正确	
7	检查短期投资成本计价方法(包括入账计价、处置计价)是否合理	
8	查验是否按"成本与市价孰低"法进行会计处理	
9	检查有无长期投资性质的短期投资项目，并作适当的说明和调整	
10	短期投资在资产负债表日的市值与其成本存在着显著差异时，应作出详细记录	
11	其他	

三、需说明的事项：

四、审定金额：

项目	年初数	期末数
短期投资		
短期投资跌价准备		

五、审计结论：

1. 本科目经审计后无调整事项，余额可以确认： □
2. 本科目经审计调整后，审计数可以确认： □
3. 因________________原因，本科目余额不能确认： □

PCPA 立信会计师事务所
Shu Lun Pan Certified Public Accountants

工作底稿

被审计单位：________ 审核员：________ 日期：________ 索引号：A1-4
审 查 项 目：其他货币资金 所属时期：________ 复核员：________ 日期：________ 页 次：________

一、审计目标：

① 确定其他货币资金是否存在；② 确定其他货币资金的收支记录是否完整；③ 确定其他货币资金的余额是否正确；④ 确定其他货币资金在会计报表上的披露是否恰当。

二、审计程序：

序号	内容	索引号
1	核对其他货币资金日记账与总账的余额是否相符	A1-4-1
2	向所有的外埠存款、银行汇票存款、银行本票存款函证年末余额	
3	抽查大额外埠存款、银行汇票存款、银行本票存款支出的原始凭证内容是否完整	
4	其他	

三、需说明的事项：

四、审定金额：

年 初 数	期 末 数

五、审计结论：

1. 本科目经审计后无调整事项，余额可以确认： ☐
2. 本科目经审计调整后，审计数可以确认： ☐
3. 因________原因，本科目余额不能确认： ☐

索引号：

会计师事务所
货币资金检查情况表(一)
（抽查大额收支）

年度

单位名称：________　　　　　　　　　　　　　　　　　　　　单位：元

日期	凭证编号	业务内容	对应科目	金额	核对内容								备注
					1	2	3	4	5	6	7	8	
2/10	银付 20	提现、发放工资	Dr. 现金	550 000.00	√	√	√	√					
2/15	现付 11	购买办公用品	Dr. 管理费用	600.00	√	√	√	√					
3/15	银收 14	收到货款	Cr. 应收账款	250 000.00	√	√	√	√					
⋮													
12/20	银付 5	提取备用金	Dr. 现金	2 000.00	√	√	√	√					

核对内容说明：		审计说明	
1. 原始凭证内容完整。	5.		抽查500元以上现金收支业务20笔，200 000元以上银行存款收支业务30笔，未发现异常业务。
2. 有授权批准。	6.		
3. 账务处理正确。	7.		
4. 与生产经营业务有关。	8.		

查验人员：罗　芳　　日期：________　　复核人员：吴　蓉　　日期：________

索引号：

会计师事务所
货币资金检查情况表(二)

(抽查年底前后大额收支)

年度

单位名称：________ 单位：元

日期	凭证编号	业务内容	对应科目	金额	核对内容								备注
					1	2	3	4	5	6	7	8	
12/20	现收 5	收回代垫差旅费	Cr. 其他应收款	1 000.00	√	√	√	×					
12/25	银收 30	收到货款	Cr. 应收账款	600 000.00	√	√	√	×					
12/28	银付 50	采购材料	Dr. 采购	1 100 000.00	√	√	√	×					
⋮													
1/2	银付 2	支付1996 年12 月水电费	Dr. 其他应付款	350 000.00	×	√	√	×					
1/5	银收 3	收到货款	Cr. 应收账款	1 200 000.00	√	√	√	×					
1/10	银付 10	提现、发放工资	Dr. 现金	550 000.00	√	√	√	×					
⋮													

核对内容说明：		审计说明
1. 原始凭证内容完整。	5.	抽查 年 12 月 20 日至 年 1 月 10 日间发生的所有 500.00 元以上现金收支业务，200 000.00 元以上银行存款收支业务，未发现异常业务。
2. 有授权批准。	6.	
3. 账务处理正确。	7.	
4. 属于跨期收支事项。	8.	

查验人员：罗 芳 日期：__________ 复核人员：吴 蓉 日期：__________

立信会计师事务所

Shu Lun Pan Certified Public Accountants

工作底稿

被审计单位：________________ 审核员：________ 日期：________ 索引号：A4-1

审 查 项 目：应收票据 所属时期：________ 复核员：________ 日期：________ 页 次：________

一、审计目标：

① 确定应收票据是否存在；② 确定应收票据是否归被审计单位所有；③ 确定应收票据增减变动的记录是否完整；④ 确定应收票据是否有效，可否收回；⑤ 确定应收票据年末余额是否正确；⑥ 确定应收票据在会计报表上的披露是否恰当。

二、审计程序：

序号	内 容	索引号
1	编制或获取应收票据明细表，核对与总账、报表的余额是否相符	
2	复核应收票据明细表，加计数是否准确、与明细账核对是否相符	
3	抽查部分票据，检查其内容是否正确	
4	监盘库存票据，并与应收票据登记簿的有关内容核对	
5	抽取部分票据向出票人函证	
6	验明应收票据的利息收入是否均已正确入账	
7	核对已贴现的应收票据，其贴现额与利息额的计算是否准确，会计处理方法是否恰当	
8	其他	

三、需说明的事项：

四、审定金额：

年 初 数	期 末 数

五、审计结论：

1. 本科目经审计后无调整事项，余额可以确认： □
2. 本科目经审计调整后，审计数可以确认： □
3. 因________原因，本科目余额不能确认： □

立信会计师事务所

Shu Lun Pan Certified Public Accountants

工作底稿

被审计单位：______________________ 审核员：________ 日期：________ 索引号：A7-1

审 查 项 目：应收账款 所属时期：________ 复核员：________ 日期：________ 页 次：________

一、审计目标：

① 确定应收账款是否存在；② 确定应收账款是否归被审计单位所有；③ 确定应收账款增减变动的记录是否完整；④ 确定应收账款是否可收回，坏账准备的计提是否恰当；⑤ 确定应收账款年末余额是否正确；⑥ 确定应收账款在会计报表上的披露是否恰当。

二、审计程序：

序号	内 容	索引号
1	编制或获取应收账款明细表，核对与总账、报表的余额是否相符	
2	复核应收账款明细表，加计数是否准确、与明细账核对是否相符	
3	选取账龄长、金额大的应收款项抽查有关文件、原始凭证等进行替代检查或进行函证	
4	未回函的，可再次复询，如不复询可采用替代审计程序进行检查	
5	检查有无可能产生坏账应收账款	
6	抽查有无不属于结算业务的债权，如有，应作出记录或作适当调整	
7	检查坏账损失的会计处理是否经授权批准	
8	对于用非记账本位币结算的应收账款，检查其采用的汇率及折算方法是否正确	
9	分析明细账余额，对于出现贷方余额的项目，应查明原因，必要时作重分类调整	
10	其他	

三、需说明的事项：

四、审定金额：

年 初 数	期 末 数

五、审计结论：

1. 本科目经审计后无调整事项，余额可以确认： ☐
2. 本科目经审计调整后，审计数可以确认： ☐
3. 因____________原因，本科目余额不能确认： ☐

索引号：

会计师事务所
应收账款检查情况表

年度

单位名称：________ 单位：元

日期	凭证编号	业务内容	对应科目	金额	核对内容								备注
					1	2	3	4	5	6	7	8	
4/4	银收15	收到××自行车厂货款	Dr. 银行存款	356 000.00	✓	✓	✓	✓					
6/7	转20	销售A产品	Dr. 收入	666 000.00	✓	✓	✓	✓					
⋮													
12/15	银收6	收到××汽车工具厂货款	Dr. 银行存款	567 000.00	✓	✓	✓	✓					

核对内容说明：

1. 原始凭证内容完整。 5.
2. 有授权批准。 6.
3. 账务处理正确。 7.
4. 属于结算业务的债权。 8.

审计说明：抽查未发函的应收账款原始凭证，抽查率20%，未发现异常业务；抽查12月份发生的200 000.00元以上债权业务，未发现异常业务。

查验人员：赵　桃　　日期：________　　复核人员：吴　蓉　　日期：________

索引号：

会计师事务所

应收账款函询未回替代程序检查表

年度

单位名称：____________ 单位：元

债务人名称	借方入账			审计日止是否收到	应收账款内容					拖欠原因	审计确认意见
	日期	凭证号	金额		事由	发票号	货名	数量	金额		
××汽车标牌厂	5/6	转 15	589 600.00	×	销售	015648	A-1	100	589 600.00	资金周转困难	确认
××五金交电公司	2/10	转 30	550 000.00	√	销售	012346	B-1	200	550 000.00		确认
××塑料机械公司	3/4	转 45	570 800.12	√	销售	013466	A-2	100	570 800.12		确认
合　计			1 710 400.12						1 710 400.12		

查验人员：赵　桃　　日期：________　　复核人员：吴　蓉　　日期：________

立信会计师事务所

Shu Lun Pan Certified Public Accountants

工作底稿

被审计单位：________ 审核员：________ 日期：________ 索引号：A8-1

审 查 项 目：坏账准备 所属时期：________ 复核员：________ 日期：________ 页 次：________

一、审计目标：

① 确定计提坏账准备比率是否恰当，坏账准备是否充分；② 确定坏账准备增减变动的记录是否完整；③ 确定坏账准备年末余额是否正确；④ 确定坏账准备在会计报表上的披露是否恰当。

二、审计程序：

序号	内 容	索引号
1	核对坏账准备明细账与总账、资产负债表的余额是否相符	
2	按计提坏账准备的范围、标准测算已提坏账准备是否充分，若有大额差异应进行调整	
3	检查年度内坏账损失的原因是否清楚，有无已作坏账损失处理后又收回的账款	
4	检查资产负债表日后仍未收回的长期挂账应收账款	
5	检查向债务人询证回函的例外事项及存有争执的余额	
6	检查坏账准备的贷方记录是否与列作坏账损失的账项一致	
7	复核计算坏账准备余额占应收账款余额的比率，并和以前年度的相关比率核对	
8	其他	

三、需说明的事项：

四、审定金额：

年 初 数	期 末 数

五、审计结论：

1. 本科目经审计后无调整事项，余额可以确认： ☐
2. 本科目经审计调整后，审计数可以确认： ☐
3. 因________原因，本科目余额不能确认： ☐

PCPA 立信会计师事务所

Shu Lun Pan Certified Public Accountants

工作底稿

被审计单位：________ 审核员：____ 日期：____ 索引号：A9-1

审查项目：预付货款 所属时期：____ 复核员：____ 日期：____ 页次：____

一、审计目标：

① 确定预付账款是否存在；② 确定预付账款是否归被审计单位所有；③ 确定预付账款增减变动的记录是否完整；④ 确定预付账款是否可收回，坏账准备的计提是否恰当；⑤ 确定预付账款年末余额是否正确；⑥ 确定预付账款在会计报表上的披露是否恰当。

二、审计程序：

序号	内容	索引号
1	编制或获取预付货款明细表、核对与总账、报表的余额是否相符	
2	复核预付货款明细表，加计数是否准确，与明细账核对是否相符	
3	请客户协助，在预付账款明细表上标出截止审计日已收到货物并已冲销预付账款的项目并检查有关凭证	
4	选择预付账款重要项目，抽查有关文件。原始凭证或进行函证	
5	未回函的，可再次复询，如不复询可采用替代方法进行检查	
6	对未发询证函的预付账款，应抽查有关原始凭证	
7	抽查入库记录，查核有无重复付款	
8	查核有无将同一笔已付清的货款在预付账款和应付账款这两个科目同时挂账的情况	
9	分析明细账余额，对于出现贷方余额的项目，应查明原因，必要时作重分类调整	

三、需说明的事项：

四、审定金额：

年初数	期末数

五、审计结论：

1. 本科目经审计后无调整事项，余额可以确认： □
2. 本科目经审计调整后，审计数可以确认： □
3. 因________原因，本科目余额不能确认： □

立信会计师事务所

Shu Lun Pan Certified Public Accountants

工作底稿

被审计单位：________________ 审核员：________ 日期：________ 索引号：A11-1

审 查 项 目：其他应收款 所属时期：________ 复核员：________ 日期：________ 页 次：________

一、审计目标：

① 确定其他应收款是否存在；② 确定其他应收款是否归被审计单位所有；③ 确定其他应收款增减变动的记录是否完整；④ 确定其他应收款是否可收回；⑤ 确定其他应收款年末余额是否正确；⑥ 确定其他应收款在会计报表上的披露是否恰当。

二、审计程序：

序号	内容	索引号
1	编制或获取其他应收款明细表、核对与总账、报表的余额是否相符	
2	复核其他应收款明细表，加计数是否准确，与明细账核对是否相符	
3	请客户协助，在其他应收款明细表上标明截止审计日已收回或转销的项目并检查有关凭证	
4	选择金额较大和异常的项目，检查原始凭证或签发询证函	
5	对发出询证函未能收回的，采用替代程序	
6	对于长期未能收回的项目，应查明原因，确定是否可能发生坏账损失	
7	审查转作坏账损失的项目，是否符合规定并办妥审批手续	
8	分析明细账余额，对于出现贷方余额的项目，应查明原因，必要时作重分类调整	
9	其他	

三、需说明的事项：

____

____

____

____

____

____

四、审定金额：

年 初 数	期 末 数

五、审计结论：

1. 本科目经审计后无调整事项，余额可以确认： ☐
2. 本科目经审计调整后，审计数可以确认： ☐
3. 因________原因，本科目余额不能确认： ☐

立信会计师事务所
Shu Lun Pan Certified Public Accountants

工作底稿

被审计单位：________ 审核员：________ 日期：________ 索引号：A14-1
审查项目：待摊费用 所属时期：________ 复核员：________ 日期：________ 页次：________

一、审计目标：

① 确定待摊费用会计政策是否恰当；② 确定待摊费用入账和转销的记录是否完整；③ 确定待摊费用年末余额是否正确；④ 确定待摊费用在会计报表上的披露是否恰当。

二、审计程序：

序号	内容	索引号
1	编制或获取待摊费用明细表，核对其合计与总账、报表余额是否相符	
2	复核待摊费用明细表，加计数是否准确，与明细账核对是否相符	
3	抽查大额待摊费用发生的原始凭证及相关文件、资料，以查核其发生额是否正确	
4	抽查大额待摊费用受益期的有关文件、资料，确认待摊费用受益期及其摊销额是否正确	
5	检查有无不属于待摊费用性质的会计事项，有无长期未结清的待摊费用	
6	其他	

三、需说明的事项：

四、审定金额：

年初数	期末数

五、审计结论：

1. 本科目经审计后无调整事项，余额可以确认： □
2. 本科目经审计调整后，审计数可以确认： □
3. 因________原因，本科目余额不能确认： □

立信会计师事务所
Shu Lun Pan Certified Public Accountants

工作底稿

被审计单位：________ 审核员：________ 日期：________ 索引号：A12-1

审 查 项 目：存　货 所属时期：________ 复核员：________ 日期：________ 页　次：________

一、审计目标：

① 确定存货是否存在；② 确定存货是否归被审计单位所有；③ 确定存货增减变动的记录是否完整；④ 确定存货的品质状况，存货跌价的计提是否合理；⑤ 确定存货的计价方法是否恰当；⑥ 确定存货年末余额是否正确；⑦ 确定存货在会计报表上的披露是否恰当。

二、审计程序：

序号	内　　容	索引号
1	核对各存货项目总账余额的合计数与报表是否相符	
2		
3		
4		
5		

三、需说明的事项：

1. 对存货数量、计价以及账务处理的查验见分科目查验程序

四、审定金额：

年　初　数	期　末　数

五、审计结论：

1. 本科目经审计后无调整事项，余额可以确认：☐
2. 本科目经审计调整后，审计数可以确认：☐
3. 因________原因，本科目余额不能确认：☐

PCPA 立信会计师事务所
Shu Lun Pan Certified Public Accountants

工作底稿

被审计单位：________ 审核员：________ 日期：________ 索引号：A12-4

审查项目：原材料 所属时期：________ 复核员：________ 日期：________ 页次：________

二、审计程序-原材料：

序号	内容	索引号
1	编制或获取原材料明细表，核对其合计与总账余额是否相符	
2	复核原材料明细表，加计数是否准确，与明细账核对是否相符	
3	查阅资产负债表日前后若干天的原材料增减变动情况，检查有无原材料跨期现象	
4	根据被审计单位原材料计价方法，抽查年末结存量比较大的原材料的计价是否正确	
5	抽查原材料发出的原始凭证是否齐全、内容是否完整，计价是否正确	
6	其他	

三、需说明的事项：

四、审定金额：

年初数	期末数

五、审计结论：

1. 本科目经审计后无调整事项，余额可以确认： □
2. 本科目经审计调整后，审计数可以确认： □
3. 因________原因，本科目余额不能确认： □

PCPA 立信会计师事务所
Shu Lun Pan Certified Public Accountants

工作底稿

被审计单位：________ 审核员：________ 日期：________ 索引号：A12-5
审查项目：包装物 所属时期：________ 复核员：________ 日期：________ 页次：________

二、审计程序-包装物：

序号	内容	索引号
1	编制或获取包装物明细表，核对其合计与总账余额是否相符	
2	复核包装物明细表，加计数是否准确，与明细账核对是否相符	
3	查阅资产负债表日前后若干天的包装物增减变动情况，检查有无包装物跨期现象	
4	根据被审计单位包装物计价方法，抽查年末结存量比较大的包装物的计价是否正确	
5	抽查包装物发出的原始凭证是否齐全、内容是否完整，计价是否正确	
6	其他	

三、需说明的事项：

四、审定金额：

年初数	期末数

五、审计结论：

1. 本科目经审计后无调整事项，余额可以确认： □
2. 本科目经审计调整后，审计数可以确认： □
3. 因________原因，本科目余额不能确认： □

立信会计师事务所
Shu Lun Pan Certified Public Accountants

工作底稿

被审计单位：________ 审核员：________ 日期：________ 索引号：A12-6
审查项目：低值易耗品 所属时期：________ 复核员：________ 日期：________ 页 次：________

二、审计程序-低值易耗品：

序号	内 容	索引号
1	编制或获取低值易耗品明细表，核对其合计与总账余额是否相符	
2	复核低值易耗品明细表，加计数是否准确，与明细账核对是否相符	
3	低值易耗品与固定资产的划分是否合理，其摊销方法及摊销金额的确定是否正确	
4	其他	

三、需说明的事项：

四、审定金额：

年 初 数	期 末 数

五、审计结论：

1. 本科目经审计后无调整事项，余额可以确认： □
2. 本科目经审计调整后，审计数可以确认： □
3. 因________原因，本科目余额不能确认： □

PCPA 立信会计师事务所

Shu Lun Pan Certified Public Accountants

工作底稿

被审计单位：________ 审核员：________ 日期：________ 索引号：A12-7

审 查 项 目：材料成本差异 所属时期：________复核员：________ 日期：________ 页 次：________

二、审计程序-材料成本差异：

序号	内 容	索引号
1	编制或获取材料成本差异明细表，核对其合计与总账余额是否相符	
2	复核材料成本差异明细表，加计数是否准确，与明细账核对是否相符	
3	检查“材料成本差异”账户发生额、转销额是否正确，年末余额是否恰当	
4	其他	

三、需说明的事项：

四、审定金额：

年 初 数	期 末 数

五、审计结论：

1. 本科目经审计后无调整事项，余额可以确认： □
2. 本科目经审计调整后，审计数可以确认： □
3. 因________原因，本科目余额不能确认： □

立信会计师事务所
Shu Lun Pan Certified Public Accountants

工作底稿

被审计单位：________ 审核员：________ 日期：________ 索引号：A12-8

审 查 项 目：委托加工物资 所属时期：________ 复核员：________ 日期：________ 页 次：________

二、审计程序-委托加工物资：

序号	内 容	索引号
1	编制或获取委托加工物资明细表，核对其合计与总账余额是否相符	
2	复核委托加工物资明细表，加计数是否准确，与明细账核对是否相符	
3	抽查委托加工物资发出收回的合同、凭证	
4	其他	

三、需说明的事项：

四、审定金额：

年 初 数	期 末 数

五、审计结论：

1. 本科目经审计后无调整事项，余额可以确认： □
2. 本科目经审计调整后，审计数可以确认： □
3. 因________原因，本科目余额不能确认： □

立信会计师事务所
Shu Lun Pan Certified Public Accountants

工作底稿

被审计单位：________ 审核员：________ 日期：________ 索引号：A12-11
审 查 项 目：自制半成品 所属时期：________ 复核员：________ 日期：________ 页 次：________

二、审计程序-自制半成品：

序号	内 容	索引号
1	编制或获取自制半成品明细表，核对其合计与总账余额是否相符	
2	复核自制半成品明细表，加计数是否准确，与明细账核对是否相符	
3	检查有无自制半成品跨期现象	
4	抽查年末结存量比较大的自制半成品的计价是否正确	
5	抽查自制半成品发出的原始凭证是否齐全、内容是否完整，计价是否正确	
6	其他	

三、需说明的事项：

四、审定金额：

年 初 数	期 末 数

五、审计结论：

1. 本科目经审计后无调整事项，余额可以确认： □
2. 本科目经审计调整后，审计数可以确认： □
3. 因________原因，本科目余额不能确认： □

PCPA 立信会计师事务所
Shu Lun Pan Certified Public Accountants

工作底稿

被审计单位：________ 审核员：________ 日期：________ 索引号：A12-12
审 查 项 目：产 成 品 所属时期：________ 复核员：________ 日期：________ 页 次：________

二、审计程序-产成品：

序号	内 容	索引号
1	编制或获取产成品明细表，核对其合计与总账余额是否相符 相符□，不相符□	
2	复核产成品明细表，加计数是否准确，与明细账核对是否相符 相符□，不相符□	
3	查阅资产负债表日前后若干天的产成品增减变动情况，检查有无产成品跨期现象	
4	根据被审计单位产成品计价方法，抽查年末结存量比较大的产成品的计价是否正确	
5	抽查产成品发出的原始凭证是否齐全、内容是否完整，计价是否正确	
6	抽查产成品交库单，核对其品种、数量和实际成本与生产成本的结转数是否相符	
7	抽查产成品的发出凭证，核对其品种、数量和实际成本与产品销售成本是否相符	
8	其他	

三、需说明的事项：

四、审定金额：

年 初 数	期 末 数

五、审计结论：

1. 本科目经审计后无调整事项，余额可以确认： □
2. 本科目经审计调整后，审计数可以确认： □
3. 因________原因，本科目余额不能确认： □

PCPA 立信会计师事务所

Shu Lun Pan Certified Public Accountants

工作底稿

被审计单位：__________ 审核员：______ 日期：______ 索引号：A12-13

审 查 项 目：分期收款发出商品 所属时期：______ 复核员：______ 日期：______ 页 次：______

二、审计程序：

序号	内 容	索引号
1	编制或获取该科目明细表，核对其合计与总账余额是否相符	
2	复核分期收款发出商品明细表，加计数是否准确，与明细账核对是否相符	
3	抽查大额分期收款发出商品的原始凭证及相关协议合同，确定是否按约定时间收回货款	
4	如有逾期或其他异常事项，由被审计单位作出合理解释，必要时进行函证	
5	其他	

三、需说明的事项：

四、审定金额：

年 初 数	期 末 数

五、审计结论：

1. 本科目经审计后无调整事项，余额可以确认：☐
2. 本科目经审计调整后，审计数可以确认：☐
3. 因__________原因，本科目余额不能确认：☐

立信会计师事务所
Shu Lun Pan Certified Public Accountants

工作底稿

被审计单位：________________ 审核员：______ 日期：______ 索引号：A12-____
审 查 项 目：________ 所属时期：______ 复核员：______ 日期：______ 页 次：______

二、审计程序：

序号	内 容	索引号
1	编制或获取　　　　明细表，核对其合计与总账余额是否相符	
2	复核　　　　明细表，加计数是否准确，与明细账核对是否相符	
3	查阅资产负债表日前后若干天的　　　　增减变动情况，检查有无产成品跨期现象	
4	根据被审计单位　　　　计价方法，抽查年末结存量比较大的　　　　的计价是否正确	
5	抽查　　　　发出的原始凭证是否齐全、内容是否完整，计价是否正确	
6	抽查　　　　交库单，核对其品种、数量和实际成本与　　　　成本的结转数是否相符	
7	抽查　　　　的发出凭证，核对其品种、数量和实际成本与产品销售成本是否相符	
8	其他	

三、需说明的事项：

四、审定金额：

年 初 数	期 末 数

五、审计结论：

1. 本科目经审计后无调整事项，余额可以确认： □
2. 本科目经审计调整后，审计数可以确认： □
3. 因__________原因，本科目余额不能确认： □

立信会计师事务所

Shu Lun Pan Certified Public Accountants

工作底稿

被审计单位：________ 审核员：____ 日期：____ 索引号：A12-

审 查 项 目： 存 货 所属时期：____ 复核员：____ 日期：____ 页 次：____

二、审计程序-存货盘点：

序号	内 容	索引号
1	检查资产负债表日存货的实际存在	
2	参与被审计单位存货盘点的：监督盘点计划的执行，并作适当抽点	
3	盘点结束后，选择数额较大、收发频繁的存货项目与永续盘存记录进行核对	
4	如未参与年末盘点，应在审计外勤工作时对存货进行抽盘	
5	获取并检查被审计单位期末存货盘点计划及存货盘点明细表、汇总表	
6	检查有无代他人保存和来料加工的存货，有无未作账务处理而置于(或寄存)他处的存货	
7	上述存货是否正确列示于存货盘点表中	
8	确定存货中属于残次、毁损、滞销积压的存货及其对当年损益的影响	
9	获取存货盘点盈亏调整和损失处理记录、检查重大存货盘亏和损失的原因	
10	其他	

三、需说明的事项：

立信会计师事务所
Shu Lun Pan Certified Public Accountants

工作底稿

被审计单位：________ 审核员：____ 日期：____ 索引号：A12-
审查项目：存 货 所属时期：____ 复核员：____ 日期：____ 页 次：____

二、审计程序-其他：

序号	内 容	索引号
1	对业已进账并纳入资产负债表内的受托代销商品、可参照存货的检查方法进行检查	
2	对未进账、资产负债表外的受托代销商品的检查，可依据“备查簿”进行实物盘点	
3	了解存货的保险情况和存货防护措施的完善程度，并作出相应记录	
4	商业企业“库存商品”比照“原材料”审核	
5	商业企业“加工商品”比照“委托加工材料”审核	
6	商业企业“商品进销差价”比照“材料成本差异”审核	
7	房地产企业“开发成本”比照“原材料”审核	
8	其他	

三、需说明的事项：

立信会计师事务所

PCPA

Shu Lun Pan Certified Public Accountants

工作底稿

被审计单位：________________ 审核员：________ 日期：________ 索引号：A13-1

审查项目：存货跌价准备 所属时期：________ 复核员：________ 日期：________ 页次：________

一、审计目标：

① 存货跌价准备的计提是否合理；② 确定存货跌价准备在会计报表上的披露是否恰当。

二、审计程序：

序号	内容	索引号
1	编制或获取该科目明细表，核对其合计与总账、报表余额是否相符	
2	复核存货跌价准备明细表，检查计提和结转的会计处理是否准确	
3	其他	

三、需说明的事项：

四、审定金额：

年初数	期末数

五、审计结论：

1. 本科目经审计后无调整事项，余额可以确认： □
2. 本科目经审计调整后，审计数可以确认： □
3. 因________原因，本科目余额不能确认： □

PCPA 立信会计师事务所

Shu Lun Pan Certified Public Accountants

工作底稿

被审计单位：________________ 审核员：________ 日期：________ 索引号：A15-1

审 查 项 目：待处理流动资产净损失 所属时期：________ 复核员：________ 日期：________ 页 次：________

一、审计目标：

① 确定待处理流动资产损溢的发生是否真实、转销是否合理；② 确定待处理流动资产损溢发生和转销的记录是否完整；③ 确定待处理流动资产损溢的年末余额是否正确；④ 确定待处理流动资产损溢在会计报表上的披露是否恰当。

二、审计程序：

序号	内 容	索引号
1	编制或获取该科目明细表，核对其合计与总账、报表余额是否相符	
2	复核该科目明细表，加计数是否准确，与明细账核对是否相符	
3	查明损溢原因，审查转销时的审批手续是否完备	
4	检查有无应予处理而未处理、长期挂账的待处理流动资产损溢	
5	检查其有关会计处理是否符合有关规定	
6	其他	

三、需说明的事项：

四、审定金额：

年 初 数	期 末 数

五、审计结论：

1. 本科目经审计后无调整事项，余额可以确认： □
2. 本科目经审计调整后，审计数可以确认： □
3. 因________原因，本科目余额不能确认： □

PCPA 立信会计师事务所
Shu Lun Pan Certified Public Accountants

工作底稿

被审计单位：______________________ 审核员：________ 日期：________ 索引号：A16-1

审 查 项 目：一年内到期的长期债券投资 所属时期：______ 复核员：______ 日期：______ 页 次：______

一、审计目标：

① 确定一年内到期的长期债券投资是否存在；② 确定一年内到期的长期债券投资是否归被审计单位所有；③ 确定一年内到期的长期债券投资的年末余额是否正确；④ 确定一年内到期的长期债券投资在会计报表上的披露是否恰当。

二、审计程序：

序号	内 容	索引号
1	编制或获取该科目明细表，核对其合计与总账、报表余额是否相符	
2	复核该科目明细表，加计数是否准确，与明细账核对是否相符	
3	其他	

三、需说明的事项：

四、审定金额：

年 初 数	期 末 数

五、审计结论：

1. 本科目经审计后无调整事项，余额可以确认： □
2. 本科目经审计调整后，审计数可以确认： □
3. 因________原因，本科目余额不能确认： □

立信会计师事务所

Shu Lun Pan Certified Public Accountants

工作底稿

被审计单位：________ 审核员：________ 日期：________ 索引号：A17-1

审 查 项 目：其他流动资产 所属时期：________ 复核员：________ 日期：________ 页 次：________

一、审计目标：

① 确定其他流动资产会计政策是否恰当；② 确定其他流动资产入账的记录是否完整；③ 确定其他流动资产年末余额是否正确；④ 确定其他流动资产在会计报表上的披露是否恰当。

二、审计程序：

序号	内容	索引号
1	编制或获取该科目明细表，核对其合计与总账、报表余额是否相符	
2	复核该科目明细表，加计数是否准确，与明细账核对是否相符	
3	其他	

三、需说明的事项：

四、审定金额：

年 初 数	期 末 数

五、审计结论：

1. 本科目经审计后无调整事项，余额可以确认： □
2. 本科目经审计调整后，审计数可以确认： □
3. 因________原因，本科目余额不能确认： □

立信会计师事务所

Shu Lun Pan Certified Public Accountants

工作底稿

被审计单位：______ 审核员：______ 日期：______ 索引号：B1-1

审查项目：长期股权投资 所属时期：______ 复核员：______ 日期：______ 页次：______

一、审计目标：

① 确定长期股权投资是否存在；② 确定长期股权投资是否归被审计单位所有；③ 确定长期股权投资的增减变动及其收益（或损失）的记录是否完整；④ 确定长期股权投资的计价方法（成本法或权益法）是否正确；⑤ 确定长期股权投资的年末余额是否正确；⑥ 确定长期股权投资在会计报表上的披露是否恰当。

二、审计程序：

序号	内容	索引号
1	编制或获取长期股权投资明细表，核对与总账、报表的余额是否相符	
2	复核长期股权投资明细表，加计数是否准确，与明细账核对是否相符	
3	检查长期股权投资入账基础，重大投资项目，应查阅董事会有关决议，并取证	
4	检查投资收益、应收股利和应计利息是否按规定恰当地进行了核算	
5	检查年度内长期股权投资增减变动的原始凭证，并追索其变动的原因及授权批准手续	
6	采用权益法的，应获取被投资单位业经注册会计师审计的年度会计报表	
7	检查长期股权投资与短期投资在分类上相互划转的会计处理是否正确	
8	了解长期股权投资的减值情况，对减值是否计提长期投资减值准备	
9	检查对外长期股权投资是否超过被审计单位净资产的50%	
10	其他	

三、需说明的事项：

______

______

______

______

______

四、审定金额：

年初数	期末数

五、审计结论：

1. 本科目经审计后无调整事项，余额可以确认： □
2. 本科目经审计调整后，审计数可以确认： □
3. 因______原因，本科目余额不能确认： □

PCPA 立信会计师事务所
Shu Lun Pan Certified Public Accountants

工作底稿

被审计单位：________ 审核员：________ 日期：________ 索引号：B2-1
审查项目：长期债权投资 所属时期：________ 复核员：________ 日期：________ 页次：________

一、审计目标：

① 确定长期债权投资购买、偿还及计息的记录是否完整；② 确定长期债权投资的年末余额是否正确；③ 确定长期债权投资在会计报表上的披露是否充分。

二、审计程序：

序号	内容	索引号
1	编制或获取长期债权投资明细表，核对与总账、报表的余额是否相符	
2	复核长期债权投资明细表，加计数是否准确，与明细账核对是否相符	
3	审阅债券购买的授权批准手续是否齐全，并作出必要记录	
4	检查应计利息的计算是否准确	
5	检查溢价或折价的摊销额的计算是否准确，会计处理是否正确	
6	检查对到期债券收回的会计处理是否正确	
7	检查一年内到期的长期债权投资是否转列流动资产	
8	了解长期债权投资的减值情况，对减值是否计提长期投资减值准备	
9	其他	

三、需说明的事项：

四、审定金额：

年初数	期末数

五、审计结论：

1. 本科目经审计后无调整事项，余额可以确认： □
2. 本科目经审计调整后，审计数可以确认： □
3. 因________原因，本科目余额不能确认： □

立信会计师事务所
Shu Lun Pan Certified Public Accountants

工作底稿

被审计单位：________ 审核员：________ 日期：________ 索引号：C1-1

审 查 项 目：固定资产 所属时期：________ 复核员：________ 日期：________ 页 次：________

一、审计目标：

① 确定固定资产是否存在；② 确定固定资产是否归被审计单位所有；③ 确定固定资产增减变动的记录是否完整；④ 确定固定资产的计价是否恰当；⑤ 确定固定资产的年末余额是否正确；⑥ 确定固定资产在会计报表上的披露是否恰当。

二、审计程序：

序号	内容	索引号
1	编制或获取固定资产增减变动明细表，核对与总账、报表的余额是否相符	
2	复核固定资产增减变动明细表，加计数是否准确，与明细账核对是否相符	
3	检查本年度增加固定资产的计价是否正确，凭证手续是否齐备	
4	对已经交付使用但尚未办理竣工结算等手续的固定资产，检查其是否已暂估入账	
5	实地抽查部分新增固定资产，确定其是否实际存在	
6	抽查有关所有权证明文件，确定固定资产是否归被审计单位所有	
7	检查本年度减少的固定资产是否经授权批准，是否正确及时入账	
8	复核固定资产保险范围、数额是否足够	
9	获取租入（含融资租入）、租出固定资产相关的证明文件，并检查其会计处理是否正确	
10	调查年度内未使用、不需用固定资产的状况，及未使用、不需用的起止时间	
11	检查资本性支出与收益性支出的划分是否恰当	
12	检查涉及固定资产购置约定的资本性支出	

三、需说明的事项：

四、审定金额：

年 初 数	期 末 数

五、审计结论：

1. 本科目经审计后无调整事项，余额可以确认： ☐
2. 本科目经审计调整后，审计数可以确认： ☐
3. 因________原因，本科目余额不能确认： ☐

立信会计师事务所

Shu Lun Pan Certified Public Accountants

工作底稿

被审计单位：________________ 审核员：________ 日期：________ 索引号：C2-1

审查项目：累计折旧 所属时期：________ 复核员：________ 日期：________ 页次：________

一、审计目标：

① 确定累计折旧增减变动的记录是否完整；② 确定折旧政策是否恰当；③ 确定累计折旧的年末余额是否正确；④ 确定累计折旧在会计报表上的披露是否恰当。

二、审计程序：

序号	内容	索引号
1	编制或获取累计折旧增减变动明细表，核对与总账、报表的余额是否相符	
2	复核累计折旧增减变动明细表，加计数是否准确，与明细账核对是否相符	
3	了解并确认固定资产折旧政策，计算复核本年度折旧的计提是否正确	
4	对已经交付使用但尚未办理竣工结算等手续的固定资产，检查其是否按规定计提折旧	
5	其他	

三、需说明的事项：

四、审定金额：

年初数	期末数

五、审计结论：

1. 本科目经审计后无调整事项，余额可以确认： □
2. 本科目经审计调整后，审计数可以确认： □
3. 因________原因，本科目余额不能确认： □

立信会计师事务所
Shu Lun Pan Certified Public Accountants

工作底稿

被审计单位：________ 审核员：________ 日期：________ 索引号：C3-1
审 查 项 目：在建工程 所属时期：________ 复核员：________ 日期：________ 页 次：________

一、审计目标：

① 确定在建工程是否存在；② 确定在建工程是否归被审计单位所有；③ 确定在建工程增减变动的记录是否完整；④ 确定在建工程的年末余额是否正确；⑤ 确定在建工程在会计报表上的披露是否恰当。

二、审计程序：

序号	内 容	索引号
1	编制或获取在建工程明细表，核对与总账、报表的余额是否相符	
2	复核在建工程明细表，加计数是否准确，与明细账核对是否相符	
3	检查在建工程项目、规模是否经授权批准	
4	抽查年度在建工程增加数的原始凭证是否齐全，会计处理是否正确	
5	检查已完工程项目以及其他转出数的原始凭证是否齐全，会计处理是否正确	
6	检查在建工程账户年末余额构成内容，并查看未安装设备的实际存在	
7	到工程现场实地观察、了解工程项目的实际完工进度	
8	检查是否存在已交付使用，但未办理竣工交付使用手续，未及时进行会计处理的项目	
9	检查在建工程合约，以确定约定资本性支出	
10	检查利息资本化的金额以及会计处理是否正确	
11	其他	

三、需说明的事项：

____
____
____
____
____

四、审定金额：

年 初 数	期 末 数

五、审计结论：

1. 本科目经审计后无调整事项，余额可以确认： ☐
2. 本科目经审计调整后，审计数可以确认： ☐
3. 因________原因，本科目余额不能确认： ☐

Shu Lun Pan Certified Public Accountants

工作底稿

被审计单位：________________ 审核员：________ 日期：________ 索引号：C4-1

审 查 项 目：固定资产清理 所属时期：________ 复核员：________ 日期：________ 页 次：________

一、审计目标：

① 确定固定资产清理的记录是否完整，反映的内容是否正确；② 确定固定资产清理的期末余额是否正确；③ 确定固定资产清理在会计报表上的披露是否恰当。

二、审计程序：

序号	内 容	索引号
1	编制或获取固定资产清理明细表，核对与总账、报表的余额是否相符	
2	复核固定资产清理明细表，加计数是否准确，与明细账核对是否相符	
3	检查固定资产清理的发生是否有正当理由，是否经技术部门鉴定，会计处理是否正确	
4	检查固定资产清理的转销是否查明原因并经适当授权批准，会计处理是否正确	
5	检查固定资产清理是否长期挂账，如有，应作出记录，必要时进行适当调整	
6	其他	

三、需说明的事项：

四、审定金额：

年 初 数	期 末 数

五、审计结论：

1. 本科目经审计后无调整事项，余额可以确认： ☐
2. 本科目经审计调整后，审计数可以确认： ☐
3. 因________原因，本科目余额不能确认： ☐

立信会计师事务所
Shu Lun Pan Certified Public Accountants

工作底稿

被审计单位：______ 审核员：______ 日期：______ 索引号：C5-1
审查项目：待处理固定资产净损失 所属时期：______ 复核员：______ 日期：______ 页次：______

一、审计目标：

① 确定待处理固定资产损溢的发生是否真实、转销是否合理；② 确定待处理固定资产损溢发生和转销的记录是否完整；③ 确定待处理固定资产损溢的年末余额是否正确；④ 确定待处理固定资产损溢在会计报表上的披露是否恰当。

二、审计程序：

序号	内容	索引号
1	编制或获取该科目明细表，核对与总账、报表的余额是否相符	
2	复核该科目明细表，加计数是否准确，与明细账核对是否相符	
3	获取固定资产盘亏、毁损、盘盈明细表，复核加计是否准确	
4	查明损溢原因，审查转销时的审批手续是否完备	
5	检查有无应予处理而未处理、长期挂账的待处理固定资产损溢	
6	检查其有关会计处理是否符合有关规定	
7	其他	

三、需说明的事项：

四、审定金额：

年初数	期末数

五、审计结论：

1. 本科目经审计后无调整事项，余额可以确认： □
2. 本科目经审计调整后，审计数可以确认： □
3. 因______原因，本科目余额不能确认： □

立信会计师事务所
Shu Lun Pan Certified Public Accountants

工作底稿

被审计单位：________ 审核员：________ 日期：________ 索引号：D1-1
审 查 项 目：无形资产 所属时期：________ 复核员：________ 日期：________ 页 次：________

一、审计目标：

①确定无形资产是否存在；②确定无形资产是否归被审计单位所有；③确定无形资产增减变动及其摊销的记录是否完整；④确定无形资产的摊销政策是否恰当；⑤确定无形资产的年末余额是否正确；⑥确定无形资产在会计报表上的披露是否恰当。

二、审计程序：

序号	内　容	索引号
1	编制或获取无形资产明细表，核对与总账、报表的余额是否相符	
2	复核无形资产明细表，加计数是否准确，与明细账核对是否相符	
3	获取有关文件、资料，检查无形资产的构成内容和计价依据	
4	检查以接受投资或购入方式取得的无形资产的价值是否分别与验资报告及资产评估结果确认书或合同协议等证明文件一致	
5	检查取得无形资产的法律程序是否完备	
6	检查无形资产的摊销方法，复核计算无形资产的摊销及其会计处理是否正确	
7	其他	

三、需说明的事项：

四、审定金额：

年初数	期末数

五、审计结论：

1. 本科目经审计后无调整事项，余额可以确认： □
2. 本科目经审计调整后，审计数可以确认： □
3. 因________原因，本科目余额不能确认： □

PCPA 立信会计师事务所
Shu Lun Pan Certified Public Accountants

工作底稿

被审计单位：________________ 审核员：________ 日期：________ 索引号：D3-1
审 查 项 目：开办费、长期待摊费用 所属时期：________ 复核员：________ 日期：________ 页 次：________

一、审计目标：

① 确定长期待摊费用会计政策是否恰当；② 确定长期待摊费用入账和转销的记录是否完整；③ 确定长期待摊费用年末余额是否正确；④ 确定长期待摊费用在会计报表上的披露是否恰当。

二、审计程序：

序号	内 容	索引号
1	编制或获取长期待摊费用明细表，核对与总账、报表的余额是否相符	
2	复核长期待摊费用明细表，加计数是否准确，与明细账核对是否相符	
3	检查开办费、租入固定资产改良及大修理支出等长期待摊费用是否经授权批准	
4	检查开办费、租入固定资产改良及大修理支出等长期待摊费用其会计处理是否正确	
5	检查长期待摊费用的摊销政策，复核计算其摊销及会计处理是否正确	
6	其地	

三、需说明的事项：

四、审定金额：

年 初 数	期 末 数

五、审计结论：

1. 本科目经审计后无调整事项，余额可以确认： □
2. 本科目经审计调整后，审计数可以确认： □
3. 因________原因，本科目余额不能确认： □

PCPA 立信会计师事务所
Shu Lun Pan Certified Public Accountants

工作底稿

被审计单位：________ 审核员：________ 日期：________ 索引号：F1-1
审 查 项 目：短期借款 所属时期：________ 复核员：________ 日期：________ 页 次：________

一、审计目标：

① 确定短期借款借入，偿还及计息的记录是否完整；② 确定短期借款的年末余额是否正确；③ 确定短期借款在会计报表上的披露是否充分。

二、审计程序：

序号	内容	索引号
1	编制或获取短期借款明细表，核对与总账、报表的余额是否相符	
2	复核短期借款明细表，加计数是否准确，与明细账核对是否相符	
3	向银行或其他债权人函证重大的短期借款	
4	对年度内增加的短期借款，检查借款合同和授权批准	
5	了解借款数额、借款条件、借款日期、还款期限、借款利率，并与相关会计记录进行核对	
6	对年度内减少的短期借款、检查相关会计记录和原始凭证，核实还款数额	
7	检查年末有无到期未偿还的借款，逾期借款是否办理了延期手续	
8	复核已计借款利息是否正确，如有未计利息应作出记录，必要时进行适当调整	
9	检查非记账本位币折合记账本位币采用的折算汇率，折算差额是否按规定进行会计处理	
10	其他	

三、需说明的事项：

四、审定金额：

年初数	期末数

五、审计结论：

1. 本科目经审计后无调整事项，余额可以确认： ☐
2. 本科目经审计调整后，审计数可以确认： ☐
3. 因________原因，本科目余额不能确认： ☐

立信会计师事务所
Shu Lun Pan Certified Public Accountants

工作底稿

被审计单位：__________ 审核员：______ 日期：______ 索引号：F2-1
审 查 项 目：应付票据 所属时期：______ 复核员：______ 日期：______ 页 次：______

一、审计目标：

① 确定应付票据的发生及偿还记录是否完整；② 确定应付票据的年末余额是否正确；③ 确定应付票据在会计报表上的披露是否充分。

二、审计程序：

序号	内容	索引号
1	编制或获取应付票据明细表，核对与总账、报表的余额是否相符	
2	复核应付票据明细表，加计数是否准确，与明细账核对是否相符	
3	向票据持有人函证，确定应付票据的余额是否正确	
4	复核票据利息是否足额计提，其会计处理是否正确	
5	检查逾期未付票据的原因	
6	如系有抵押的票据，应作出记录，并提请被审计单位进行必要的披露	
7	检查非记账本位币折合记账本位币采用的折算汇率，折算差额是否按规定进行会计处理	
8	其他	

三、需说明的事项：

四、审定金额：

年初数	期末数

五、审计结论：

1. 本科目经审计后无调整事项，余额可以确认： □
2. 本科目经审计调整后，审计数可以确认： □
3. 因__________原因，本科目余额不能确认： □

PCPA 立信会计师事务所
Shu Lun Pan Certified Public Accountants

工作底稿

被审计单位：________________ 审核员：________ 日期：________ 索引号：F3-1

审 查 项 目：应付账款 所属时期：________ 复核员：________ 日期：________ 页 次：________

一、审计目标：

① 确定应付账款的发生及偿还记录是否完整；② 确定应付账款的年末余额是否正确；③ 确定应付账款在会计报表上的披露是否充分。

二、审计程序：

序号	内 容	索引号
1	编制或获取应付账款明细表，核对与总账、报表的余额是否相符	
2	复核应付账款明细表，加计数是否准确，与明细账核对是否相符	
3	选择应付账款重要项目(包括零账户)，函证其余额是否正确	
4	根据回函情况，编制与分析函证结果汇总表，对未回函的，决定是否再次函证	
5	对未回函的重大项目，采用替代程序，确定其是否真实	
6	检查是否存在未入账的应付账款	
7	检查应付账款是否存在借方余额，决定是否进行重分类	
8	检查应付账款长期挂账的原因，并作出记录，必要时予以调整	
9	检查非记账本位币折合记账本位币采用的折算汇率，折算差额是否按规定进行会计处理	
10	其他	

三、需说明的事项：

四、审定金额：

年 初 数	期 末 数

五、审计结论：

1. 本科目经审计后无调整事项，余额可以确认： □
2. 本科目经审计调整后，审计数可以确认： □
3. 因________原因，本科目余额不能确认： □

立信会计师事务所

Shu Lun Pan Certified Public Accountants

工作底稿

被审计单位：________________ 审核员：________ 日期：________ 索引号：F4-1

审 查 项 目：预收账款 所属时期：________ 复核员：________ 日期：________ 页 次：________

一、审计目标：

① 确定预收账款的发生及偿还记录是否完整；② 确定预收账款的年末余额是否正确；③ 确定预收账款在会计报表上的披露是否充分。

二、审计程序：

序号	内 容	索引号
1	编制或获取预收账款明细表，核对与总账、报表的余额是否相符	
2	复核预收账款明细表，加计数是否准确，与明细账核对是否相符	
3	选择预收账款的若干重大项目函证，根据回函情况编制函证结果汇总表	
4	回函金额不符的，应查明原因并作出记录或适当调整	
5	未回函的，应再次函证或采用替代程序，确定其是否真实、正确	
6	检查预收账款是否存在借方余额，决定是否进行重分类	
7	检查预收账款长期挂账的原因，并作出记录，必要时予以调整	
8	其他	

三、需说明的事项：

四、审定金额：

年 初 数	期 末 数

五、审计结论：

1. 本科目经审计后无调整事项，余额可以确认： ☐
2. 本科目经审计调整后，审计数可以确认： ☐
3. 因________原因，本科目余额不能确认： ☐

立信会计师事务所
Shu Lun Pan Certified Public Accountants

工作底稿

被审计单位：______________ 审核员：______ 日期：______ 索引号：F6-1
审查项目：应付工资 所属时期：______ 复核员：______ 日期：______ 页次：______

一、审计目标：

① 确定应付工资的发生及支付记录是否完整；② 确定应付工资的年末余额是否正确；③ 确定应付工资在会计报表上的披露是否充分。

二、审计程序：

序号	内容	索引号
1	检查其他应付款长期挂账的原因，并作出记录，必要时予以调整	
2	通过分析性复核，检查年度工资有无异常波动情况，并查明原因，作出记录	
3	抽查应付工资的支付凭证，确定工资、奖金、津贴的计算是否符合有关规定	
4	抽查应付工资的支付凭证，有无授权批准和领款人签章	
5	将应付工资贷方发生额累计数与相关的成本、费用账户核对一致	
6	其他	

三、需说明的事项：

四、审定金额：

年初数	期末数

五、审计结论：

1. 本科目经审计后无调整事项，余额可以确认： □
2. 本科目经审计调整后，审计数可以确认： □
3. 因______原因，本科目余额不能确认： □

立信会计师事务所

Shu Lun Pan Certified Public Accountants

工作底稿

被审计单位：________________ 审核员：________ 日期：________ 索引号：F7-1

审 查 项 目：应付福利费 所属时期：________ 复核员：________ 日期：________ 页　次：________

一、审计目标：

① 确定应付福利费的计提和支出记录是否完整，计提依据是否合理；② 确定应付福利费的年末余额是否正确；③ 确定应付福利费在会计报表上的披露是否充分。

二、审计程序：

序号	内　　　　容	索引号
1	编制或获取应付福利费明细表，核对与总账、报表的余额是否相符	
2	复核应付福利费明细表，加计数是否准确，与明细账核对是否相符	
3	检查年度内应付福利费计提标准是否符合有关规定，计提金额是否正确	
4	抽查年度内应付福利费的使用情况，确定其是否符合规定用途	
5	其他	

三、需说明的事项：

四、审定金额：

年 初 数	期 末 数

五、审计结论：

1. 本科目经审计后无调整事项，余额可以确认：☐
2. 本科目经审计调整后，审计数可以确认：☐
3. 因________原因，本科目余额不能确认：☐

立信会计师事务所

Shu Lun Pan Certified Public Accountants

工作底稿

被审计单位：______ 审核员：______ 日期：______ 索引号：F8-1

审查项目：应付股利 所属时期：______ 复核员：______ 日期：______ 页次：______

一、审计目标：

① 确定未付利润的记录是否完整；② 确定未付利润的年末余额是否正确；③ 确定未付利润在会计报表上的披露是否充分。

二、审计程序：

序号	内容	索引号
1	编制或获取应付股利明细表，核对与总账、报表的余额是否相符	
2	复核应付股利明细表，加计数是否准确，与明细账核对是否相符	
3	检查应付利润原始凭证的内容和金额是否与明细账一致	
4	检查应付利润提取和支付的会计处理是否正确，依据是否充分	
5	其他	

三、需说明的事项：

四、审定金额：

年初数	期末数

五、审计结论：

1. 本科目经审计后无调整事项，余额可以确认： □
2. 本科目经审计调整后，审计数可以确认： □
3. 因______原因，本科目余额不能确认： □

立信会计师事务所

Shu Lun Pan Certified Public Accountants

工作底稿

被审计单位：________ 审核员：________ 日期：________ 索引号：F9-1

审 查 项 目：应交税金 所属时期：________ 复核员：________ 日期：________ 页 次：________

一、审计目标：

① 确定应计和已缴税金的记录是否完整；② 确定应交税金的年末余额是否正确；③ 确定应交税金在会计报表上的披露是否充分。

二、审计程序：

序号	内 容	索引号
1	编制或获取应交税金明细表，核对与总账、报表的余额是否相符	
2	复核应交税金明细表，加计数是否准确，与明细账核对是否相符	
3	查阅被审计单位纳税鉴定或纳税通知及征、免、减税的批准文件	
4	了解被审计单位适用的税种、计税基础、税率，以及征、免、减税的范围与期限	
5	核对年初未交税金与税务机关的认定数是否一致	
6	增值税	
7	所得税	
8	其他税	
9	其他	

三、需说明的事项：

四、审定金额：

年 初 数	期 末 数

五、审计结论：

1. 本科目经审计后无调整事项，余额可以确认： □
2. 本科目经审计调整后，审计数可以确认： □
3. 因________原因，本科目余额不能确认： □

立信会计师事务所
Shu Lun Pan Certified Public Accountants

工作底稿

被审计单位：________ 审核员：________ 日期：________ 索引号：F9-2

审查项目：应交税金 所属时期：________ 复核员：________ 日期：________ 页次：________

二、审计程序-增值税：

序号	内容	索引号
1	检查应缴增值税的计算是否正确	
2	复核国内采购货物、进口货物、购进的免税农产品，进项税额是否按规定进行了会计处理	
3	复核接受投资或捐赠、接受应税劳务应计的进项税额是否按规定进行了会计处理	
4	复核存货销售，或将存货用于投资、无偿馈赠他人、分配给股东应计的销项税额	
5	复核将自产、委托加工的产品用于非应税项目应计的销项税额是否正确计算	
6	复算因存货改变用途或发生非常损失应计的进项税额转出数是否正确计算	
7	检查出口货物退税的计算是否正确，是否按规定进行了会计处理	
8	其他	

三、需说明的事项：

PCPA 立信会计师事务所
Shu Lun Pan Certified Public Accountants

工作底稿

被审计单位：______ 审核员：____ 日期：____ 索引号：F9-3
审查项目：应交税金 所属时期：____ 复核员：____ 日期：____ 页 次：____

二、审计程序-所得税：

序号	内 容	索引号
1	确定应纳税所得额及企业所得税税率	
2	复核应缴企业所得税的计算是否正确，是否按规定进行了会计处理	
3	其他	

审计程序-其他税：

序号	内 容	索引号
1	检查应缴营业税的计算是否正确，是否接规定进行了会计处理	
2	检查应缴消费税的计算是否正确，是否按规定进行了会计处理	
3	检查应缴资源税的计算是否正确，是否按规定进行了会计处理	
4	检查应缴土地增值税的计算是否正确，是否按规定进行了会计处理	
5	检查除上述税项外的其他税项的计算是否正确，是否按规定进行了会计处理	
6	确定本年度应缴纳的税款，检查有关账簿记录和缴税凭证	

三、需说明的事项：

立信会计师事务所
Shu Lun Pan Certified Public Accountants

工作底稿

被审计单位：________ 审核员：________ 日期：________ 索引号：F10-1
审 查 项 目：其他应交款 所属时期：________ 复核员：________ 日期：________ 页 次：________

一、审计目标：

① 确定其他应交款的发生及偿还记录是否完整；② 确定其他应交款的年末余额是否正确；③ 确定其他应交款在会计报表上的披露是否充分。

二、审计程序：

序号	内 容	索引号
1	编制或获取其他应交款明细表，核对与总账、报表的余额是否相符	
2	复核其他应交款明细表，加计数是否准确，与明细账核对是否相符	
3		
4		
5		

三、需说明的事项：

四、审定金额：

年 初 数	期 末 数

五、审计结论：

1. 本科目经审计后无调整事项，余额可以确认： □
2. 本科目经审计调整后，审计数可以确认： □
3. 因________原因，本科目余额不能确认： □

PCPA 立信会计师事务所

Shu Lun Pan Certified Public Accountants

工作底稿

被审计单位：________ 审核员：______ 日期：______ 索引号：F11-1

审 查 项 目：其他应付款 所属时期：______ 复核员：______ 日期：______ 页 次：______

一、审计目标：

① 确定其他应付款的发生及偿还记录是否完整；② 确定其他应付款的年末余额是否正确；③ 确定其他应付款在会计报表上的披露是否充分。

二、审计程序：

序号	内　　容	索引号
1	编制或获取其他应付款明细表，核对与总账、报表的余额是否相符	
2	复核其他应付款明细表，加计数是否准确，与明细账核对是否相符	
3	选择金额较大和异常的明细账户余额，检查其原始凭证	
4	检查其他应付款是否存在借方余额，决定是否进行重分类	
5	其他	

三、需说明的事项：

四、审定金额：

年 初 数	期 末 数

五、审计结论：

1. 本科目经审计后无调整事项，余额可以确认： ☐
2. 本科目经审计调整后，审计数可以确认： ☐
3. 因________原因，本科目余额不能确认： ☐

PCPA 立信会计师事务所
Shu Lun Pan Certified Public Accountants

工作底稿

被审计单位：________ 审核员：________ 日期：________ 索引号：F12-1
审 查 项 目：预提费用 所属时期：________ 复核员：________ 日期：________ 页 次：________

一、审计目标：

① 确定预提费用的计提和转销记录是否完整；② 确定预提费用的年末余额是否正确；③ 确定预提费用在会计报表上的披露是否充分。

二、审计程序：

序号	内 容	索引号
1	编制或获取预提费用明细表，核对与总账、报表的余额是否相符	
2	复核预提费用明细表，加计数是否准确，与明细账核对是否相符	
3	抽查大额预提费用提取的记账凭证及相关文件资料，确定其预提额和会计处理是否正确	
4	抽查大额预提费用转销的记账凭证及相关文件资料是否齐全，其会计处理是否正确	
5	检查有无不属于预提费用性质的会计事项，有无长期未转销的预提费用	
6	其他	

三、需说明的事项：

四、审定金额：

年 初 数	期 末 数

五、审计结论：

1. 本科目经审计后无调整事项，余额可以确认： □
2. 本科目经审计调整后，审计数可以确认： □
3. 因________原因，本科目余额不能确认： □

PCPA 立信会计师事务所
Shu Lun Pan Certified Public Accountants

工作底稿

被审计单位：________ 审核员：________ 日期：________ 索引号：G1-1
审 查 项 目：长期借款 所属时期：________ 复核员：________ 日期：________ 页 次：________

一、审计目标：

① 确定长期借款借入、偿还及计息的记录是否完整；② 确定长期借款的年末余额是否正确；③ 确定长期借款在会计报表上的披露是否充分。

二、审计程序：

序号	内 容	索引号
1	编制或获取长期借款明细表，核对与总账的余额是否相符	
2	复核长期借款明细表，加计数是否准确，与明细账核对是否相符	
3	对年度内增加的长期借款，检查借款合同和授权批准	
4	向银行或其他债权人函证重大的长期借款	
5	对年度内减少的长期借款，检查相关会计记录和原始凭证，核实还款数额	
6	检查年末有无到期未偿还的借款，逾期借款是否办理了延期手续	
7	一年内到期的长期借款是否已转列流动负债	
8	复核已计借款利息是否正确，如有未计利息应作出记录，必要时进行适当调整	
9	长期借款利息资本化的会计处理是否正确	
10	检查非记账本位币折合记账本位币采用的折算汇率，折算差额是否按规定进行会计处理	
11	其他	

三、需说明的事项：

四、审定金额：

年 初 数	期 末 数

五、审计结论：

1. 本科目经审计后无调整事项，余额可以确认： ☐
2. 本科目经审计调整后，审计数可以确认： ☐
3. 因________原因，本科目余额不能确认： ☐

立信会计师事务所
Shu Lun Pan Certified Public Accountants

工作底稿

被审计单位：________ 审核员：______ 日期：______ 索引号：G2-1
审 查 项 目：应付债券 所属时期：______ 复核员：______ 日期：______ 页 次：______

一、审计目标：

① 确定应付债券发行、偿还及计息的记录是否完整；② 确定应付债券的年末余额是否正确；③ 确定应付债券在会计报表上的披露是否充分。

二、审计程序：

序号	内 容	索引号
1	编制或获取应付债券明细表，核对与总账、报表的余额是否相符	
2	复核应付债券明细表，加计数是否准确，与明细账核对是否相符	
3	审阅债券发行的授权批准手续是否齐全，并作出必要记录	
4	检查应计利息的计算是否准确	
5	检查溢价或折价的摊销额的计算是否准确，会计处理是否正确	
6	检查对到期债券偿还的会计处理是否正确	
7	检查一年内到期的应付债券是否转列流动负债	
8	其他	

三、需说明的事项：

四、审定金额：

年 初 数	期 末 数

五、审计结论：

1. 本科目经审计后无调整事项，余额可以确认： ☐
2. 本科目经审计调整后，审计数可以确认： ☐
3. 因________原因，本科目余额不能确认： ☐

立信会计师事务所

Shu Lun Pan Certified Public Accountants

工 作 底 稿

被审计单位：＿＿＿＿＿＿ 审核员：＿＿＿＿ 日期：＿＿＿＿ 索引号：G3-1

审 查 项 目：长期应付款 所属时期：＿＿＿＿ 复核员：＿＿＿＿ 日期：＿＿＿＿ 页 次：＿＿＿＿

一、审计目标：

① 确定长期应付款的发生、偿还及计息的记录是否完整；② 确定长期应付款的年末余额是否正确；③ 确定长期应付款在会计报表上的披露是否充分。

二、审计程序：

序号	内 容	索引号
1	编制或获取长期应付款明细表，核对与总账、报表的余额是否相符	
2	复核长期应付款明细表，加计数是否准确，与明细账核对是否相符	
3	审阅融资租赁的授权批准手续是否齐全，并作出必要记录	
4	向债权人函证重大的长期应付款	
5	检查融资租赁应计利息的计算是否准确，会计处理是否正确	
6	检查与长期应付款有关的汇兑损益是否按规定进行了会计处理	
7	检查一年内到期的长期应付款是否转列流动负债	
8	其他	

三、需说明的事项：

四、审定金额：

年 初 数	期 末 数

五、审计结论：

1. 本科目经审计后无调整事项，余额可以确认： □
2. 本科目经审计调整后，审计数可以确认： □
3. 因＿＿＿＿＿＿原因，本科目余额不能确认： □

PCPA 立信会计师事务所
Shu Lun Pan Certified Public Accountants

工作底稿

被审计单位：________ 审核员：____ 日期：____ 索引号：H1-1
审 查 项 目：股本(实收资本) 所属时期：____ 复核员：____ 日期：____ 页 次：____

一、审计目标：

① 确定实收资本的增减变动是否符合法律、法规和合同、章程的规定，记录是否完整；② 确定实收资本年末余额是否正确；③ 确定实收资本在会计报表上的披露是否恰当。

二、审计程序：

序号	内　　　　容	索引号
1	编制或获取实收资本明细表，核对与总账、报表的余额是否相符	
2	复核实收资本明细表，加计数是否准确，与明细账核对是否相符	
3	检查投资者是否已按合同、协议、章程约定时间缴付出资额	
4	其出资额是否已经中国注册会计师验证，已验资者，应查阅验资报告	
5	以外币出资的，检查其实收资本折算汇率是否符合规定，折算差额的会计处理是否正确	
6	检查实收资本增减变动的原因，查阅其是否与董事会纪要等有关法律性文件的规定一致	
7	其他	

三、需说明的事项：

四、审定金额：

年 初 数	期 末 数

五、审计结论：

1. 本科目经审计后无调整事项，余额可以确认： □
2. 本科目经审计调整后，审计数可以确认： □
3. 因________原因，本科目余额不能确认： □

PCPA 立信会计师事务所
Shu Lun Pan Certified Public Accountants

工作底稿

被审计单位：________________ 审核员：______ 日期：______ 索引号：H2-1

审 查 项 目：资本公积 所属时期：______ 复核员：______ 日期：______ 页 次：______

一、审计目标：

① 确定资本公积的增减变动是否符合法律、法规和合同，章程的规定，记录是否完整；② 确定资本公积年末余额是否正确；③ 确定资本公积在会计报表上的披露是否恰当。

二、审计程序：

序号	内 容	索引号
1	编制或获取资本公积明细表，核对与总账、报表的余额是否相符	
2	复核资本公积明细表，加计数是否准确，与明细账核对是否相符	
3	检查资本公积增减变动的内容及其依据，确认其增减变动的合法性和正确性	
4	资本折算差额的会计处理是否正确	
5	验证接受的实物捐赠是否按同类资产的市场价格或根据有关凭据所确定的价值入账	
6	验证对财产价值进行重估产生的增值是否经国有资产管理部门等机构确认	
7	验证资本公积转增实收资本是否经授权批准	
8	其他	

三、需说明的事项：

四、审定金额：

年 初 数	期 末 数

五、审计结论：

1. 本科目经审计后无调整事项，余额可以确认： □
2. 本科目经审计调整后，审计数可以确认： □
3. 因__________原因，本科目余额不能确认： □

立信会计师事务所
Shu Lun Pan Certified Public Accountants

工作底稿

被审计单位：________ 审核员：________ 日期：________ 索引号：H3-1

审 查 项 目：盈余公积 所属时期：________ 复核员：________ 日期：________ 页 次：________

一、审计目标：

① 确定盈余公积的增减变动是否符合法律、法规和合同、章程的规定，记录是否完整；② 确定盈余公积年末余额是否正确；③ 确定盈余公积在会计报表上的披露是否恰当。

二、审计程序：

序号	内 容	索引号
1	编制或获取盈余公积明细表，核对与总账、报表的余额是否相符	
2	复核盈余公积明细表，加计数是否准确，与明细账核对是否相符	
3	对盈余公积各明细项目的发生额，逐项审查其原始凭证	
4	检查盈余公积各明细项目的提取比例是否符合有关规定	
5	检查盈余公积减少数是否符合有关规定，会计处理是否正确	
6	检查动用公益金举办集体福利设施是否按规定冲减公益金并相应增加公积金	
7	其他	

三、需说明的事项：

____

四、审定金额：

年 初 数	期 末 数

五、审计结论：

1. 本科目经审计后无调整事项，余额可以确认： ☐
2. 本科目经审计调整后，审计数可以确认： ☐
3. 因________原因，本科目余额不能确认： ☐

PCPA 立信会计师事务所
Shu Lun Pan Certified Public Accountants

工作底稿

被审计单位：________ 审核员：________ 日期：________ 索引号：H4-1

审查项目：未分配利润 所属时期：________ 复核员：________ 日期：________ 页次：________

一、审计目标：

① 确定未分配利润增减变动的记录是否完整；② 确定未分配利润年末余额是否正确；③ 确定未分配利润在会计报表上的披露是否恰当。

二、审计程序：

序号	内容	索引号
1	编制或获取未分配利润明细表，核对与总账、报表的余额是否相符	
2	复核未分配利润明细表，加计数是否准确，与明细账核对是否相符	
3	检查利润分配比例是否符合合同、协议、章程以及董事会纪要的规定	
4	利润分配数额及年末未分配数额是否正确	
5	根据审计结果调整本年损益数，直接增减未分配利润，确定调整后的未分配利润数	
6	其他	

三、需说明的事项：

四、审定金额：

年初数	期末数

五、审计结论：

1. 本科目经审计后无调整事项，余额可以确认： □
2. 本科目经审计调整后，审计数可以确认： □
3. 因________原因，本科目余额不能确认： □

PCPA 立信会计师事务所
Shu Lun Pan Certified Public Accountants

工作底稿

被审计单位：________ 审核员：________ 日期：________ 索引号：I1-1

审 查 项 目：主营业务收入 所属时期：________ 复核员：________ 日期：________ 页 次：________

一、审计目标：

① 收入确认的依据是否充分合理；② 确定销售退回、销售折让是否经授权批准，会计处理是否及时、正确；③ 确定主营业务收入在会计报表上的披露是否恰当。

二、审计程序：

序号	内 容	索引号
1	编制或获取主营业务收入明细表，核对与总账、明细账、报表发生额是否相符	
2	检查收入的确认是否符合会计准则规定	
3	将本年度销售收入与上年度的进行比较，分析结构和价格变动是否正常	
4	比较本年度各月各种主营业务收入的波动情况，分析其变动趋势是否正常	
5	抽查销售业务的原始凭证（发票、运货单据），并追查至记账凭证及明细账	
6	实施截止日测试，抽查资产负债表日前后的销售收入与退货记录	
7	检查销售业务的会计处理有无跨年度现象，对跨年度的重大销售项目应予以调整	
8	结合对资产负债表日应收账款的函询程序，查明有无未经认可的大额销售	
9	检查销售退回与折让手续是否符合规定，是否按规定进行了会计处理	
10	检查以外币结算的主营业务收入的折算方法是否正确	
11	其他	

三、需说明的事项：

____

四、审定金额：

本年发生数：________

五、审计结论：

1. 本科目经审计后无调整事项，发生额可以确认： ☐
2. 本科目经审计调整后，审计数可以确认： ☐
3. 因________原因，本科目发生额不能确认： ☐

DCPA 立信会计师事务所

Shu Lun Pan Certified Public Accountants

工作底稿

被审计单位：__________ 审核员：______ 日期：______ 索引号：I2-1

审查项目：主营业务成本 所属时期：______ 复核员：______ 日期：______ 页 次：______

一、审计目标：

① 确定营业成本的记录是否完整；② 确定营业成本的计算是否正确；③ 确定营业成本与营业收入是否配比；④ 确定营业成本在会计报表上的披露是否恰当。

二、审计程序：

序号	内 容	索引号
1	编制或获取营业成本明细表，核对与总账、报表发生额是否相符	
2	复核营业成本明细表，加计数是否准确，与明细账核对是否相符	
3	编制生产成本及销售成本倒轧表	
4	分析比较本年度与上年度营业成本总额，以及本年度各月份的营业成本金额	
5	结合生产成本的审计，抽查销售成本结转数额的正确性，并检查其是否与销售收入配比	
6	检查销售成本账户中重大调整事项（如销售退回、委托代销商品）是否有其充分理由	
7	直接材料成本	
8	直接人工成本	
9	制造费用	
10	其他	

三、需说明的事项：

四、审定金额：

本年发生数：__________

五、审计结论：

1. 本科目经审计后无调整事项，发生额可以确认： ☐
2. 本科目经审计调整后，审计数可以确认： ☐
3. 因__________原因，本科目发生额不能确认： ☐

PCPA 立信会计师事务所

Shu Lun Pan Certified Public Accountants

工作底稿

被审计单位：________ 审核员：________ 日期：________ 索引号：I2-2

审 查 项 目：主营业务成本 所属时期：________ 复核员：________ 日期：________ 页 次：________

二、审计程序-直接材料：

序号	内容	索引号
1	抽查产品成本计算单，检查直接材料成本的计算是否正确	
2	材料费用的分配标准与计算方法是否合理和适当	
3	是否与材料费用分配汇总表中该产品分摊的直接材料费用相符	
4	抽查材料发出及领用的原始凭证，检查领料单的签发是否经过授权批准	
5	材料发出汇总表是否经过适当的人员复核，材料单位成本计价方法是否适当	
6	采用定额或标准成本的企业，检查直接材料成本差异的计算、分配与会计处理是否正确	
7	查明直接材料的定额成本、标准成本在本年度内有无重大变更	
8	其他	

三、需说明的事项：

PCPA 立信会计师事务所
Shu Lun Pan Certified Public Accountants

工作底稿

被审计单位：________ 审核员：________ 日期：________ 索引号：I2-3

审 查 项 目：主营业务成本 所属时期：________ 复核员：________ 日期：________ 页 次：________

二、审计程序-直接人工：

序号	内 容	索引号
1	检查直接人工成本的计算是否正确，人工费用的分配标准与计算方法是否合理和适当	
2	是否与人工费用分配汇总表中该产品分摊的直接人工费用相符	
3	年度直接人工成本与前期进行比较，查明其异常变动的原因	
4	比较本年度各个月份的人工费用发生额，如有异常波动，应查明原因	
5	应付工资的审查，抽查人工费用会计记录及会计处理是否正确	
6	用标准成本法的，应抽查直接人工成本差异的计算、分配与会计处理是否正确	
7	用标准成本法的，查明直接人工的标准成本在本年度内有无重大变动	
8	其他	

三、需说明的事项：

四、审定金额：

本年发生数：________

五、审计结论：

1. 本科目经审计后无调整事项，发生额可以确认： □
2. 本科目经审计调整后，审计数可以确认： □
3. 因________原因，本科目发生额不能确认： □

PCPA 立信会计师事务所
Shu Lun Pan Certified Public Accountants

工 作 底 稿

被审计单位：______ 审核员：______ 日期：______ 索引号：I2-4

审 查 项 目：主营业务成本 所属时期：______ 复核员：______ 日期：______ 页 次：______

二、审计程序-制造费用：

序号	内容	索引号
1	获取或编造费用汇总表，并与明细账、总账核对相符	
2	抽查制造费用中的重大数额项目及例外项目是否合理	
3	审阅制造费用明细账，检查其核算内容及范围是否正确，注意是否存在异常会计事项	
4	必要时，对制造费用实施截止日测试	
5	对于采用标准成本法的，应抽查标准制造费用的确定是否合理	
6	对于采用标准成本法的，制造费用差异率的计算、分配与会计处理是否正确	
7	对于采用标准成本法的，并查明标准制造费用在本年度内有无重大变动	
8	其他	

三、需说明的事项：

PCPA 立信会计师事务所
Shu Lun Pan Certified Public Accountants

工作底稿

被审计单位：________ 审核员：________ 日期：________ 索引号：I3-1
审 查 项 目：主营业务税金及附加 所属时期：________ 复核员：________ 日期：________ 页 次：________

一、审计目标：

① 确定营业税金及附加的记录是否完整；② 确定营业税金及附加的计算是否正确；③ 确定营业税金在会计报表上的披露是否适当。

二、审计程序：

序号	内　　容	索引号
1	编制或获取该科目明细表，核对与总账、报表发生额是否相符	
2	复核该科目明细表，加计数是否准确，与明细账核对是否相符	
3	按规定的适用税率计算复核本年度应纳消费税税额	
4	按规定的适用税率计算复核本年度应纳资源税税额	
5	其他	

三、需说明的事项：

1. 主营业务税金及附加应计数的查验见“增值税销项税金、消费税、营业税金及附加计算检查表”。

2. ________

四、审定金额：

本年发生数：________

五、审计结论：

1. 本科目经审计后无调整事项，发生额可以确认： □
2. 本科目经审计调整后，审计数可以确认： □
3. 因________原因，本科目发生额不能确认： □

立信会计师事务所
Shu Lun Pan Certified Public Accountants

工作底稿

被审计单位：________ 审核员：________ 日期：________ 索引号：I5-1

审 查 项 目：营业费用 所属时期：________ 复核员：________ 日期：________ 页 次：________

一、审计目标：

① 确定产品营业费用的记录是否完整；② 确定产品营业费用的计算是否正确；③ 确定产品营业费用在会计报表上的披露是否恰当。

二、审计程序：

序号	内容	索引号
1	编制或获取营业费用明细表，核对与总账、报表发生额是否相符	
2	复核产品营业费用明细表，加计数是否准确，与明细账核对是否相符	
3	检查其明细项目的设置是否符合规定的核算内容与范围	
4	将本年度产品营业费用与上年度的产品销售费用进行比较	
5	将本年度各个月份的产品营业费用进行比较，如有重大波动和异常情况应查明原因	
6	选择重要或异常的产品营业费用项目，检查其原始凭证是否合法，会计处理是否正确	
7	必要时，对营业费用实施截止日测试，检查有无跨期入账的现象	
8	其他	

三、需说明的事项：

四、审定金额：

本年发生数：________

五、审计结论：

1. 本科目经审计后无调整事项，发生额可以确认： □
2. 本科目经审计调整后，审计数可以确认： □
3. 因________原因，本科目发生额不能确认： □

立信会计师事务所

PCPA

Shu Lun Pan Certified Public Accountants

工作底稿

被审计单位：________ 审核员：________ 日期：________ 索引号：I6-1

审 查 项 目：管理费用 所属时期：________ 复核员：________ 日期：________ 页 次：________

一、审计目标：

① 确定管理费用的记录是否完整；② 确定管理费用的计算是否正确；③ 确定管理费用在会计报表上的披露是否恰当。

二、审计程序：

序号	内容	索引号
1	编制或获取管理费用明细表，核对与总账、报表发生额是否相符	
2	复核管理费用明细表，加计数是否准确，与明细账核对是否相符	
3	检查明细项目的设置是否符合规定的核算内容与范围	
4	将本年度管理费用与上年度的管理费用进行比较	
5	并将本年度各个月份的管理费用进行比较，如有重大波动和异常情况应查明原因	
6	选择重要或异常的管理费用项目，检查其原始凭证是否合法，会计处理是否正确	
7	必要时，对管理费用实施截止日测试，检查有无跨期入账的现象	
8	其他	

三、需说明的事项：

四、审定金额：

本年发生数：________

五、审计结论：

1. 本科目经审计后无调整事项，发生额可以确认： □
2. 本科目经审计调整后，审计数可以确认： □
3. 因________原因，本科目发生额不能确认： □

立信会计师事务所
Shu Lun Pan Certified Public Accountants

工作底稿

被审计单位：________ 审核员：____ 日期：____ 索引号：I7-1
审 查 项 目：财务费用 所属时期：____ 复核员：____ 日期：____ 页 次：____

一、审计目标：

① 确定财务费用的记录是否完整；② 确定财务费用的计算是否正确；③ 确定财务费用在会计报表上的披露是否恰当。

二、审计程序：

序号	内 容	索引号
1	编制或获取财务费用明细表，核对与总账、报表发生额是否相符	
2	复核财务费用明细表，加计数是否准确，与明细账核对是否相符	
3	检查明细项目的设置是否符合规定的核算内容与范围	
4	将本年度财务费用与上年度的财务费用进行比较	
5	并将本年度各个月份的财务费用进行比较，如有重大波动和异常情况应查明原因	
6	选择重要或异常的利息费用项目，检查其原始凭证是否合法，会计处理是否正确	
7	必要时，对财务费用实施截止日测试，检查有无跨期入账的现象	
8	审查汇兑损益明细账，检查汇兑损益计算方法是否正确，核对所用汇率是否正确	
9	对于从筹建期间汇兑损益转入的，应查明其摊销方法在前后期是否保持一致，摊销金额是否正确	
10	其他	

三、需说明的事项：

1. 利息支出应计数的查验见“短、长期借款利息检查情况表”。

2.

四、审定金额：

本年发生数：________

五、审计结论：

1. 本科目经审计后无调整事项，发生额可以确认： □
2. 本科目经审计调整后，审计数可以确认： □
3. 因________原因，本科目发生额不能确认： □

PCPA 立信会计师事务所

Shu Lun Pan Certified Public Accountants

工作底稿

被审计单位：________ 审核员：________ 日期：________ 索引号：I8-1

审查项目：其他业务利润 所属时期：________ 复核员：________ 日期：________ 页次：________

一、审计目标：

① 确定其他业务利润的记录是否完整；② 确定其他业务利润的计算是否正确；③ 确定其他业务利润在会计报表上的披露是否恰当。

二、审计程序：

序号	内容	索引号
1	编制或获取该科目明细表，核对与总账、报表发生额是否相符	
2	复核该科目明细表，加计数是否准确，与明细账核对是否相符	
3	抽查大额其他业务收支项目，检查原始凭证是否齐全，有无授权批准	
4	其他业务收入与其他业务支出是否配比，有关税金的计算是否正确，会计处理是否正确	
5	对异常的其他业务收支项目，应追查其入账依据及有关法律性文件是否充分	
6	其他	

三、需说明的事项：

四、审定金额：

本年发生数：________

五、审计结论：

1. 本科目经审计后无调整事项，发生额可以确认： ☐
2. 本科目经审计调整后，审计数可以确认： ☐
3. 因________原因，本科目发生额不能确认： ☐

立信会计师事务所
Shu Lun Pan Certified Public Accountants

工作底稿

被审计单位：______ 审核员：______ 日期：______ 索引号：I10-1

审 查 项 目：补贴收入 所属时期：______ 复核员：______ 日期：______ 页 次：______

一、审计目标：

① 确定补贴收入的记录是否完整；② 确定补贴收入的计算是否正确；③ 确定补贴收入在会计报表上的披露是否恰当。

二、审计程序：

序号	内 容	索引号
1	编制或获取补贴收入明细表，核对与总账、报表发生额是否相符	
2	复核补贴收入明细表，加计数是否准确，与明细账核对是否相符	
3	检查补贴收入的会计凭证，验证确定补贴收入的计算依据是否充分	
4	其他	

三、需说明的事项：

四、审定金额：

本年发生数：______

五、审计结论：

1. 本科目经审计后无调整事项，发生额可以确认： □
2. 本科目经审计调整后，审计数可以确认： □
3. 因______原因，本科目发生额不能确认： □

PCPA 立信会计师事务所
Shu Lun Pan Certified Public Accountants

工作底稿

被审计单位：________ 审核员：______ 日期：______ 索引号：I12-1

审 查 项 目：营业外支出 所属时期：______ 复核员：______ 日期：______ 页 次：______

一、审计目标：

① 确定营业外支出的记录是否完整；② 确定营业外支出的计算是否正确；③ 确定营业外支出在会计报表上的披露是否恰当。

二、审计程序：

序号	内容	索引号
1	编制或获取营业外支出明细表，核对与总账、报表发生额是否相符	
2	复核营业外支出明细表，加计数是否准确，与明细账核对是否相符	
3	抽查大额营业外支出，检查原始凭证是否齐全，有无授权批准及法律文本，会计处理是否正确	
4	其他	

三、需说明的事项：

四、审定金额：

本年发生数：________

五、审计结论：

1. 本科目经审计后无调整事项，发生额可以确认：☐
2. 本科目经审计调整后，审计数可以确认：☐
3. 因________原因，本科目发生额不能确认：☐

PCPA 立信会计师事务所
Shu Lun Pan Certified Public Accountants

工作底稿

被审计单位：______________________ 审核员：________ 日期：________ 索引号：I13-1

审 查 项 目：以前年度损益调整 所属时期：________ 复核员：________ 日期：________ 页 次：________

一、审计目标：

① 确定以前年度损益调整的记录是否完整；② 确定以前年度损益调整的计算是否正确；③ 确定以前年度损益调整在会计报表上的披露是否恰当。

二、审计程序：

序号	内 容	索引号
1	编制或获取该科目明细表，核对与总账、报表发生额是否相符	
2	复核该科目明细表，加计数是否准确，与明细账核对是否相符	
3	审查以前年度损益调整的内容是否真实、合理，会计处理是否正确	
4	对重大调整事项，应逐项核实其原因、依据和有关资料	
5	对重大调整事项，复核其金额的计算是否正确，并取证	
6	其他	

三、需说明的事项：

四、审定金额：

本年发生数：________________

五、审计结论：

1. 本科目经审计后无调整事项，发生额可以确认： ☐
2. 本科目经审计调整后，审计数可以确认： ☐
3. 因________________原因，本科目发生额不能确认： ☐

PCPA 立信会计师事务所
Shu Lun Pan Certified Public Accountants

工作底稿

被审计单位：__________ 审核员：______ 日期：______ 索引号：I14-1
审 查 项 目：所得税 所属时期：______ 复核员：______ 日期：______ 页 次：______

一、审计目标：

① 确定企业所得税的记录是否完整；② 确定企业所得税的计算是否正确；③ 确定企业所得税在会计报表上的披露是否恰当。

二、审计程序：

序号	内 容	索引号
1	编制或获取所得税明细表，核对与总账、报表发生额是否相符	
2	复核所得税明细表，加计数是否准确，与明细账核对是否相符	
3	核实应交所得税的计算依据，取得纳税鉴定，核对是否相符	
4	确定应纳税所得额，核实本年应交所得税	
5	应付税款法或纳税影响会计法的采用在前后期是否保持一致	
6	根据审计结果和税法规定，计算本年永久性差异和时间性差异，确定应纳税所得额	
7	对于采用纳税影响会计法的，应检查时间性差异是否转作递延税款借项和贷项	
8	以前年度递延税款应属本期负担部分，是否已转销，计入本年所得税	
9	检查以前年度损益调整对企业所得税的影响	
10	其他	

三、需说明的事项：

四、审定金额：

本年发生数：__________

五、审计结论：

1. 本科目经审计后无调整事项，发生额可以确认： □
2. 本科目经审计调整后，审计数可以确认： □
3. 因__________原因，本科目发生额不能确认： □

立信会计师事务所
Shu Lun Pan Certified Public Accountants

工作底稿

(通　用)

被审计单位：________________ 审核员：______ 日期：______ 索引号：______
审 查 项 目：__________ 所属时期：______ 复核员：______ 日期：______ 页　次：______

一、审计目标：

① 确定__________记录是否完整；② 确定__________的年末余额是否正确；③ 确定__________在会计报表上的披露是否充分。

二、审计程序：

序号	内　容	索引号
1	编制或获取　　　明细表，核对与总账、报表的余额是否相符	
2	复核　　　明细表，加计数是否准确，与明细账核对是否相符	
3		
4		
5		
6		
7		

三、需说明的事项：

____
____
____
____
____
____
____
____

四、审定金额：

本年发生数：__________

五、审计结论：

1. 本科目经审计后无调整事项，余额(发生额)可以确认：　☐
2. 本科目经审计调整后，审计数可以确认：　☐
3. 因__________原因，本科目余额(发生额)不能确认：　☐

九、参考答案

此部分仅提供给采用本书的模拟实习资料的指导教师使用。读者如有需要，请与立信会计出版社或者上海立信会计学院审计学系审计教研室联系。

联系方式：

高圣荣

邮箱：gaosr@Lixin. edu. cn

gao312@ citiz. net

手机：13501807891

办公电话：021-67705081

地址：上海市文翔路 2800 号　上海立信会计学院审计学系

邮编：201620

方辉

邮箱：hfang1997@126. com

办公电话：021-64411217

地址：上海市中山西路 2230 号　立信会计出版社

邮编：200235

十、答辩指导与提示

(一) 答辩方式

(1) 口头。

(2) 书面。

(二) 答辩内容

(1) 结合审计工作底稿的审阅,询问实习生实习内容、情况。

(2) 询问的问题既可以是被审计单位的情况,也可以是审计查证的情况,还可以是审计理论的问题,因为通过审计实践就是要将其提高到理论水准,以利于更好地指导审计实践。

(三) 答辩问题列示

(1) 为什么说会计的工作模式是聚焦的,而审计的工作模式是发散的?

(2) 审计工作程序为什么往往选择逆查?

(3) 审计工作底稿在“审计查证工艺”中的作用是什么?

(4) 审计在计划、实施、报告阶段分别需要编制哪些工作底稿?

(5) 审计查账的信息平台为什么往往建立在明细分类账上?

(6) 资产负债表、利润表、现金流量表揭示的有哪些不同之处? 哪张报表可能内含舞弊信息更多?

(7) 为什么分析程序不一定能保证审计结果的正确、可靠?

(8) 存货的实质性程序分别指向哪些项目审计目标?

(9) 为什么在对“短期借款”科目的实质性程序中可以考虑借鉴类似存货计价中的“先进先出法”原则?

(10) 审计证据的特性是什么? 试结合模拟实习说明之。

(11) 为什么说“审计重要性水平越大越好与越小越好”都是错误的?

(12) 试列举说明发表审计保留意见与否定意见的区别。

1. 标准审计报告与会计报告的格式

（2006 企业会计准则）

审计报告（标准审计报告格式）

ABC 股份有限公司全体股东：

我们审计了后附的 ABC 股份有限公司（以下简称 ABC 公司）财务报表，包括 20×1 年 12 月 31 日的资产负债表，20×1 年度的利润表、股东权益变动表和现金流量表以及财务报表附注。

一、管理层对财务报表的责任

按照企业会计准则和《××会计制度》的规定编制财务报表是 ABC 公司管理层的责任。这种责任包括：(1) 设计、实施和维护与财务报表编制相关的内部控制，以使财务报表不存在由于舞弊或错误而导致的重大错报；(2) 选择和运用恰当的会计政策；(3) 作出合理的会计估计。

二、注册会计师的责任

我们的责任是在实施审计工作的基础上对财务报表发表审计意见。我们按照中国注册会计师审计准则的规定执行了审计工作。中国注册会计师审计准则要求我们遵守职业道德规范，计划和实施审计工作以对财务报表是否不存在重大错报获取合理保证。

审计工作涉及实施审计程序，以获取有关财务报表金额和披露的审计证据。选择的审计程序取决于注册会计师的判断，包括对由于舞弊或错误导致的财务报表重大错报风险的评估。在进行风险评估时，我们考虑与财务报表编制相关的内部控制，以设计恰当的审计程序，但目的并非对内部控制的有效性发表意见。审计工作还包括评价管理层选用会计政策的恰当性和作出会计估计的合理性，以及评价财务报表的总体列报。

我们相信，我们获取的审计证据是充分、适当的，为发表审计意见提供了基础。

三、审计意见

我们认为，ABC 公司财务报表已经按照企业会计准则和《××会计制度》的规定编制，在所有重大方面公允反映了 ABC 公司 20×1 年 12 月 31 日的财务状况以及 20×1 年度的经营成果和现金流量。

××会计师事务所
（盖章）

中国注册会计师：×××
（签名并盖章）
中国注册会计师：×××
（签名并盖章）

中国××市

二〇×二年×月×日

资产负债表

会企 01 表

编制单位：　　　　____年____月____日　　　　单位：元

资　　产	期末余额	年初余额	负债和所有者权益(或股东权益)	期末余额	年初余额
流动资产：			流动负债：		
货币资金			短期借款		
交易性金融资产			交易性金融负债		
应收票据			应付票据		
应收账款			应付账款		
预付款项			预收款项		
应收利息			应付职工薪酬		
应收股利			应交税费		
其他应收款			应付利息		
存货			应付股利		
一年内到期的非流动资产			其他应付款		
其他流动资产			一年内到期的非流动负债		
流动资产合计			其他流动负债		
非流动资产：			流动负债合计		
可供出售金融资产			非流动负债：		
持有至到期投资			长期借款		
长期应收款			应付债券		
长期股权投资			长期应付款		
投资性房地产			专项应付款		
固定资产			预计负债		
在建工程			递延所得税负债		
工程物资			其他非流动负债		
固定资产清理			非流动负债合计		
生产性生物资产			负债合计		
油气资产			所有者权益(或股东权益)：		
无形资产			实收资本(或股本)		
开发支出			资本公积		
商誉			减：库存股		
长期待摊费用			盈余公积		
递延所得税资产			未分配利润		
其他非流动资产			所有者权益(或股东权益)合计		
非流动资产合计					
资产总计			负债和所有者权益(或股东权益)总计		

利　润　表

会企 02 表

编制单位：　　　　　　　　　　____年____月　　　　　　　　单位：元

项　　　　　目	本期金额	上期金额
一、营业收入		
减：营业成本		
营业税金及附加		
销售费用		
管理费用		
财务费用		
资产减值损失		
加：公允价值变动收益(损失以"－"号填列)		
投资收益(损失以"－"号填列)		
其中：对联营企业和合营企业的投资收益		
二、营业利润(亏损以"－"号填列)		
加：营业外收入		
减：营业外支出		
其中：非流动资产处置损失		
三、利润总额(亏损总额以"－"号填列)		
减：所得税费用		
四、净利润(净亏损以"－"号填列)		
五、每股收益		
(一) 基本每股收益		
(二) 稀释每股收益		

所有者权益变动表

会企 04 表

编制单位：　　　　　　　　　　　　　______年度　　　　　　　　　　　　单位：元

项　　目	本年金额						上年金额					
	实收资本（或股本）	资本公积	减:库存股	盈余公积	未分配利润	所有者权益合计	实收资本（或股本）	资本公积	减:库存股	盈余公积	未分配利润	所有者权益合计
一、上年年末余额												
加：会计政策变更												
前期差错更正												
二、本年年初余额												
三、本年增减变动金额(减少以“－”号填列)												
(一) 净利润												
(二) 直接计入所有者权益的利得和损失												
1. 可供出售金融资产公允价值变动净额												
2. 权益法下被投资单位其他所有者权益变动的影响												
3. 与计入所有者权益项目相关的所得税影响												
4. 其他												
上述(一)和(二)小计												
(三) 所有者投入和减少资本												
1. 所有者投入资本												
2. 股份支付计入所有者权益的金额												
3. 其他												
(四) 利润分配												
1. 提取盈余公积												
2. 对所有者(或股东)的分配												
3. 其他												
(五) 所有者权益内部结转												
1. 资本公积转增资本(或股本)												
2. 盈余公积转增资本(或股本)												
3. 盈余公积弥补亏损												
4. 其他												
四、本年年末金额												

一般企业现金流量表格式

现金流量表

会企03表

编制单位：　　　　　　　　　　____年____月　　　　　　　　　　单位：元

项　　　　目	本期金额	上期金额
一、经营活动产生的现金流量：		
销售商品、提供劳务收到的现金		
收到的税费返还		
收到其他与经营活动有关的现金		
经营活动现金流入小计		
购买商品、接受劳务支付的现金		
支付给职工以及为职工支付的现金		
支付的各项税费		
支付其他与经营活动有关的现金		
经营活动现金流出小计		
经营活动产生的现金流量净额		
二、投资活动产生的现金流量：		
收回投资收到的现金		
取得投资收益收到的现金		
处置固定资产、无形资产和其他长期资产收回的现金净额		
处置子公司及其他营业单位收到的现金净额		
收到其他与投资活动有关的现金		
投资活动现金流入小计		
购建固定资产、无形资产和其他长期资产支付的现金		
投资支付的现金		
取得子公司及其他营业单位支付的现金净额		
支付其他与投资活动有关的现金		
投资活动现金流出小计		
投资活动产生的现金流量净额		
三、筹资活动产生的现金流量：		
吸收投资收到的现金		

（续表）

项　　　　目	本 期 金 额	上 期 金 额
取得借款收到的现金		
收到其他与筹资活动有关的现金		
筹资活动现金流入小计		
偿还债务支付的现金		
分配股利、利润或偿付利息支付的现金		
支付其他与筹资活动有关的现金		
筹资活动现金流出小计		
筹资活动产生的现金流量净额		
四、汇率变动对现金及现金等价物的影响		
五、现金及现金等价物净增加额		
加：期初现金及现金等价物余额		
六、期末现金及现金等价物余额		

2. 资产负债表新旧表项对照表

资　产	旧 表 项 目	负债和所有者权益(或股东)	旧 表 项 目
流动资产：		流动负债：	
货币资金	同	短期借款	同
交易性金融资产	短期投资	交易性金融负债	※
应收票据	同	应付票据	同
应收账款	同	应付账款	同
预付款项	预付账款	预收款项	预收账款
应收利息	同	应付职工薪酬	应付工资＋应付福利费
应收股利	同	应交税费	应交税金＋其他应交款
其他应收款	同	应付利息	同
存货	同	应付股利	同
一年内到期的非流动资产	一年内到期的长期债权投资	其他应付款	同
		一年内到期的非流动负债	一年内到期的长期负债
其他流动资产	同	其他流动负债	同
流动资产合计		流动负债合计	
非流动资产：		非流动负债：	
可供出售金融资产	※	长期借款	同
持有至到期投资	长期债权投资	应付债券	同
长期应收款	※	长期应付款	同
长期股权投资	同	专项应付款	同
投资性房地产	※	预计负债	同
固定资产	同	递延所得税负债	递延所得税贷项
在建工程	同	其他非流动负债	其他长期负债
工程物资	同	非流动负债合计	
固定资产清理	同	负债合计	
生产性生物资产	※	所有者权益(或股东权益)	
油气资产	※	实收资本(或股本)	同
无形资产	同	资本公积	同
开发支出	※	减：库存股	
商誉	※	盈余公积	同
长期待摊费用	同	未分配利润	同
递延所得税资产	递延所得税借项	所有者权益(或股东权益)合计	
其他非流动资产	※		
非流动资产合计		负债和所有者权益(或股东权益)总计	
资产总计			

3. 利润表新旧表项对照表

项目	旧表项目
一、营业收入	主营业务收入＋其他业务收入
减：营业成本	主营业务成本＋其他业务成本(支出)
营业税金及附加	主营业务税金及附加＋其他业务支出中的税金
销售费用	营业费用
管理费用	同
财务费用	同
资产减值损失	管理费用＋营业外支出
加：公允价值变动收益(损失以"—"号填列)	※
投资收益(损失以"—"号填列)	同
其中：对联营企业和合营企业的投资收益	※
二、营业利润(亏损以"—"号填列)	
加：营业外收入	同
减：营业外支出	同
其中：非流动资产处置损失	※
三、利润总额(亏损总额以"—"号填列)	
减：所得税费用	所得税
四、净利润(净亏损以"—"号填列)	
五、每股收益：	
(一) 基本每股收益	
(二) 稀释每股收益	

4. 新旧会计科目对照表

顺序号	编号	新会计准则使用科目	原会计制度使用科目
		一、资　产　类	
1	1001	库存现金	现金
2	1002	银行存款	银行存款
3	1003	存放中央银行款项	※
4	1011	存放同业	※
5	1012	其他货币资金	其他货币资金
6	1021	结算备付金	※
7	1031	存出保证金	※
8	1101	交易性金融资产	短期投资
9	1111	买入返售金融资产	※
10	1121	应收票据	应收票据
11	1122	应收账款	应收账款
12	1123	预付账款	预付账款
13	1131	应收股利	应收股利
14	1132	应收利息	应收利息
15	1201	应收代位追偿款	其他应收款
16	1211	应收分保账款	※
17	1212	应收分保合同准备金	※
18	1221	其他应收款	※
19	1231	坏账准备	坏账准备
20	1301	贴现资产	※
21	1302	拆出资金	※
22	1303	贷款	※
23	1304	贷款损失准备	※
24	1311	代理兑付证券	※
25	1321	代理业务资产	※
26	1401	材料采购	物资采购
27	1402	在途物资	在途物资
28	1403	原材料	原材料

（续表）

顺序号	编号	新会计准则使用科目	原会计制度使用科目
29	1404	材料成本差异	材料成本差异
30	1405	库存商品	库存商品
31	1406	发出商品	分期收款发出商品
32	1407	商品进销差价	商品进销差价
33	1408	委托加工物资	委托加工物资
34	1411	周转材料	包装物、低值易耗品
35	1421	消耗性生物资产	※
36	1431	贵金属	※
37	1441	抵债资产	※
38	1451	损余物资	※
39	1461	融资租赁资产	※
40	1471	存货跌价准备	存货跌价准备
41	1501	持有至到期投资	※
42	1502	持有至到期投资减值准备	※
43	1503	可供出售金融资产	※
44	1511	长期股权投资	长期股权投资
45	1512	长期股权投资减值准备	长期投资减值准备
46	1521	投资性房地产	※
47	1531	长期应收款	长期应收款
48	1532	未实现融资收益	※
49	1541	存出资本保证金	※
50	1601	固定资产	固定资产
51	1602	累计折旧	累计折旧
52	1603	固定资产减值准备	固定资产减值准备
53	1604	在建工程	在建工程
54	1605	工程物资	工程物资
55	1606	固定资产清理	固定资产清理
56	1611	未担保余值	※
57	1621	生产性生物资产	※
58	1622	生产性生物资产累计折旧	※
59	1623	公益性生物资产	※
60	1631	油气资产	※
61	1632	累计折耗	※

（续表）

顺序号	编号	新会计准则使用科目	原会计制度使用科目
62	1701	无形资产	无形资产
63	1702	累计摊销	※
64	1703	无形资产减值准备	无形资产减值准备
65	1711	商誉	※
66	1801	长期待摊费用	长期待摊费用
67	1811	递延所得税资产	递延税款
68	1821	独立账户资产	※
69	1901	待处理财产损溢	待处理财产损溢
		二、负　债　类	
70	2001	短期借款	短期借款
71	2002	存入保证金	※
72	2003	拆入资金	※
73	2004	向中央银行借款	※
74	2011	吸收存款	※
75	2012	同业存放	※
76	2021	贴现负债	※
77	2101	交易性金融负债	※
78	2111	卖出回购金融资产款	※
79	2201	应付票据	应付票据
80	2202	应付账款	应付账款
81	2203	预收账款	预收账款
82	2211	应付职工薪酬	应付工资
83	2221	应交税费	应交税金
84	2231	应付利息	应付利息
85	2232	应付股利	应付股利
86	2241	其他应付款	其他应付款
87	2251	应付保单红利	※
88	2261	应付分保账款	※
89	2311	代理买卖证券款	※
90	2312	代理承销证券款	※
91	2313	代理兑付证券款	※
92	2314	代理业务负债	※
93	2401	递延收益	※

(续表)

顺序号	编号	新会计准则使用科目	原会计制度使用科目
94	2501	长期借款	长期借款
95	2502	应付债券	应付债券
96	2601	未到期责任准备金	※
97	2602	保险责任准备金	※
98	2611	保户储金	※
99	2621	独立账户负债	※
100	2701	长期应付款	长期应付款
101	2702	未确认融资费用	※
102	2711	专项应付款	专项应付款
103	2801	预计负债	预计负债
104	2901	递延所得税负债	递延税款
		三、共　同　类	
105	3001	清算资金往来	※
106	3002	货币兑换	※
107	3101	衍生工具	※
108	3201	套期工具	※
109	3202	被套期项目	※
		四、所有者权益	
110	4001	实收资本	实收资本(股本)
111	4002	资本公积	资本公积
112	4101	盈余公积	盈余公积
113	4102	一般风险准备	※
114	4103	本年利润	本年利润
115	4104	利润分配	利润分配
116	4201	库存股	※
		五、成　本　类	
117	5001	生产成本	生产成本
118	5101	制造费用	制造费用
119	5201	劳务成本	劳务成本
120	5301	研发支出	※
121	5401	工程施工	※
122	5402	工程结算	※
123	5403	机械作业	※

（续表）

顺序号	编号	新会计准则使用科目	原会计制度使用科目
		六、损　益　类	
124	6001	主营业务收入	主营业务收入
125	6011	利息收入	利息收入
126	6021	手续费及佣金收入	※
127	6031	保费收入	※
128	6041	租赁收入	※
129	6051	其他业务收入	其他业务收入
130	6061	汇兑损益	※
131	6101	公允价值变动损益	※
132	6111	投资收益	投资收益
133	6201	摊回保险责任准备金	※
134	6202	摊回赔付支出	※
135	6203	摊回分保费用	※
136	6301	营业外收入	营业外收入
137	6401	主营业务成本	主营业务成本
138	6402	其他业务成本	其他业务支出
139	6403	营业税金及附加	主营业务税金及附加
140	6411	利息支出	※
141	6421	手续费及佣金支出	※
142	6501	提取未到期责任准备金	※
143	6502	提取保险责任准备金	※
144	6511	赔付支出	※
145	6521	保单红利支出	※
146	6531	退保金	※
147	6541	分出保费	※
148	6542	分保费用	※
149	6601	销售费用	营业费用
150	6602	管理费用	管理费用
151	6603	财务费用	财务费用
152	6604	勘探费用	※
153	6701	资产减值损失	※
154	6711	营业外支出	营业外支出
155	6801	所得税费用	所得税
156	6901	以前年度损益调整	以前年度损益调整

5. 审计具体目标(新)

(1) 各类交易和事项相关的认定与具体审计目标。

认　定	各类认定的含义	各类认定对应的具体审计目标
发　生	记录的交易和事项已发生,且与被审计单位有关	已记录的交易是真实的
完整性	所有应当记录的交易和事项均已记录	已发生的交易确实已经记录
准确性	与交易和事项有关的金额及其他数据已恰当记录	已记录的交易是按正确金额反映的
截　止	交易和事项已记录于正确的会计期间	接近于资产负债表目的交易记录于恰当的期间
分　类	交易和事项已记录于恰当的账户	被审计单位记录的交易经过适当分类

(2) 期末账户余额相关的认定与具体审计目标。

认　定	各类认定的含义	各类认定对应的具体审计目标
存在	记录的资产、负债和所有者权益是存在的	记录的金额确实存在
权利和义务	记录的资产由被审计单位拥有或控制,记录的负债是被审计单位应当履行的偿还义务	资产归属于被审计单位,负债属于被审计单位的义务
完整性	所有应当记录的资产、负债和所有者权益均已记录	已存在的金额均已记录
计价和分摊	资产、负债和所有者权益以恰当的金额包括在财务报表中,与之相关的计价或分摊调整已恰当记录	资产、负债和所有者权益以恰当的余额包括在财务报表中,与之相关的计价或分摊调整已恰当记录

(3) 列报相关的认定与具体审计目标。

认　定	各类认定的含义	各类认定对应的具体审计目标
发生及权利和义务	披露的交易、事项和其他情况已发生,且与被审计单位有关	发生的交易、事项,或与被审计单位有关的交易和事项包括在财务报表中
完整性	所有应当包括在财务报表中的披露均已包括	应当披露的事项包括在财务报表中
分类和可理解性	财务信息已被恰当地列报和描述,且披露内容表述清楚	财务信息已被恰当地列报和描述,且披露内容表述清楚
准确性和计价	财务信息和其他信息已公允披露,且金额恰当	财务信息和其他信息已公允披露,且金额恰当

无论审计具体目标的表现形式如何变化,有一点却是共同的:审计最主要是从三个基本点去把握会计的实质——恰时恰目恰额,即恰当的时期或时点,恰当的报表项目或科目,恰当的发生额或余额。

6. 不同审计模式下的审计过程

阶段＼模式	制度基础审计模式	风险导向审计模式
计划阶段	(1) 调查了解被审计单位的基本情况； (2) 与被审计单位签订审计业务约定书； (3) 初步评价被审计单位的内部控制制度； (4) 确定重要性； (5) 分析审计风险； (6) 编制审计计划。	1. 接受业务委托 (1) 初步了解审计业务环境。在接受委托前，CPA应当初步了解审计业务环境； (2) 业务承接。只有在了解后认为符合专业胜任能力、独立性和应有的关注等职业道德要求，并且拟承接的业务具备准则要求的所有5个特征时，CPA才能将其作为审计业务予以承接； (3) 主要工作。包括：了解和评价审计对象的可审性；决策是否考虑接受委托；商定业务约定条款；签订审计业务约定书等。 2. 计划审计工作 (1) 在本期审计业务开始时开展的初步业务活动； (2) 制订总体审计策略； (3) 制订具体审计计划等。
实施阶段	(1) 对被审计单位内部控制制度的建立及遵守情况进行控制测试，并根据测试结果修订审计计划； (2) 对会计报表项目的数据进行实质性测试，并根据测试结果进行评价和鉴定。控制测试与实质性测试的关系，上述两项工作之间有着密切的关系。如果注册会计师认为被审计单位内部控制的可信赖程序较高，则实质性测试工作就可以大大减少；反之，实质性测试工作则大大增加，但不管何时，实质性测试工作必不可少。	1. 实施风险评估程序 (1) 了解被审计单位及其环境； (2) 识别和评估财务报表层次以及各类交易、账户余额、列报认定层次的重大风险，包括确定需要特别考虑的重大错报风险以及仅通过实质性程序无法应对的重大错报风险等。 2. CPA应当实施进一步审计程序，包括： (1) 控制测试(必要时或决定测试时)；只有存在下列情形之一，控制测试才是必要的：① 存评估认定层次重大错报风险时，预期控制的运行是有效的，CPA应当实施控制测试以支持评估结果；② 仅实施实质性程序不足以提供认定层次充分、适当的审计证据，CPA应当实施控制测试，以获取内部控制运行有效性的审计证据； (2) 实质性程序。实质性程序包括实质性分析程序和交易、账户余额、列报的细节测试。
完成阶段	(1) 整理、评价执行审计业务中收集到的审计证据； (2) 复核审计工作底稿； (3) 审计期后事项； (4) 汇总审计差异，并提请被审计单位调整； (5) 形成审计意见，编制审计报告； (6) 提出管理建议书。	(1) 审计期初余额、比较数据、期后事项和或有事项； (2) 考虑持续经营问题和获取管理层声明； (3) 汇总审计差异，并提请被审计单位调整或披露； (4) 复核审计工作底稿和财务报表； (5) 与管理层和治理层沟通； (6) 评价所有审计证据，形成审计意见；编制审计报告等。

主要参考书目

1. 财政部、中国注册会计师协会:《企业会计准则——2006》、《中国注册会计师执业准则——2006》,中国时代经济出版社 2006 年版。

2. 张维宾:《新编会计模拟实习——股份制企业分册(修订本)》,立信会计出版社 2006 年版。

3. 中国注册会计师协会:《审计》,中国财政经济出版社 2006 年版。

4. 陈力生、高圣荣:《新编审计学教程》,立信会计出版社 2005 年版。

5. 李荣梅、陈良民:《企业内部控制与审计》,经济科学出版社 2005 年版。

6. 李心合:《企业财务控制实务前沿》,中国财政经济出版社 2004 年版。

7. 中国注册会计师后续教育委员会:《年度会计报表审计实务——工作底稿编制》,中国财政经济出版社 2002 年版。